电力营销

常用法律法规便查手册

《电力营销常用法律法规便查手册》编委会　编

中国电力出版社
CHINA ELECTRIC POWER PRESS

图书在版编目（CIP）数据

电力营销常用法律法规便查手册/《电力营销常用法律法规便查手册》编委会编. —北京：中国电力出版社，2020.7（2023.3 重印）

ISBN 978-7-5198-4685-5

Ⅰ. ①电… Ⅱ. ①电… Ⅲ. ①电力工业—市场营销—电力法—中国—手册 Ⅳ. ①D922.292-62

中国版本图书馆 CIP 数据核字（2020）第 090796 号

出版发行：中国电力出版社
地　　址：北京市东城区北京站西街 19 号（邮政编码 100005）
网　　址：http://www.cepp.sgcc.com.cn
责任编辑：赵　鹏（010-63412555）
责任校对：黄　蓓　常燕昆　于　维
装帧设计：张俊霞　郝晓燕
责任印制：钱兴根

印　　刷：三河市百盛印装有限公司
版　　次：2020 年 7 月第一版
印　　次：2023 年 3 月北京第四次印刷
开　　本：787 毫米×1092 毫米　16 开本
印　　张：24.75
字　　数：627 千字
定　　价：65.00 元

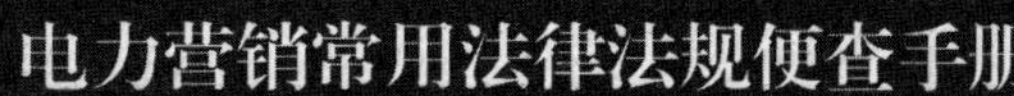

编　委　会

主　编　白如银

副主编　廖　楠　孙　逊　游福兴

成　员　刘永平　马　琦　万雅丽　马　悦

辛　洁　李雅男　刘　斌　刘　畅

刘　晨　张　雷　郑小贤

编者说明

本手册按照择要精选、实用够用、方便携带的原则，选编了 2022 年 12 月 31 日前国家颁布的电力营销工作中比较重要、常用的 101 件法律、行政法规、部门规章和规范性文件。

本手册内容主要按照电力营销业务开展各阶段的顺序，分为综合、供用电关系、电价电费、电能计量、电能保护、售电侧改革、涉电侵权处理、供电监管、其他九章，内容涵盖供用电双方权利义务、电能计量及电费回收、售电公司管理与增量配电业务、违章用电与窃电查处、电力行业监管以及仲裁与民事诉讼等方面。

本手册是电力营销专业法律工具书，主要供供电企业、增量配电公司、售电公司管理人员、业务人员以及供电、售电业务行政监督、监管人员、法律人员查阅使用。

凡收录的法律法规都可能被修改调整，请读者随时关注国家电力及相关领域立法的最新变化，在工作中注意引用最新的法律条文。

读者对本手册的修订意见、建议，请反馈至编者 E-mail：449076137@qq.com。

本书编委会

2023 年 3 月

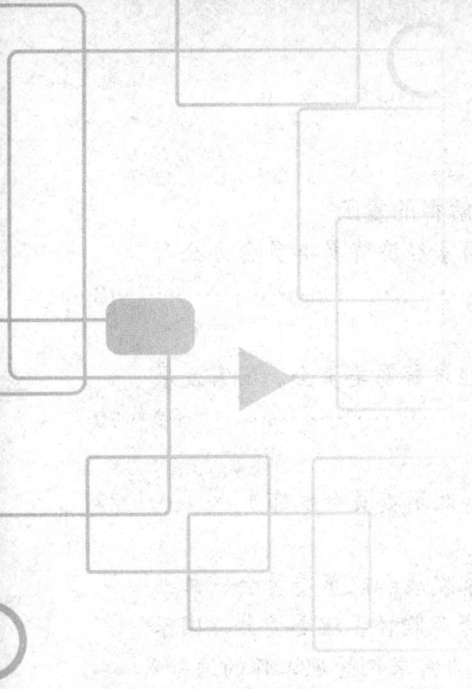

目录

二　供用电关系

三 电价电费

四 电能计量

五 电能保护

六　售电侧改革

七 涉电侵权处理

八 供电监管

九　其他

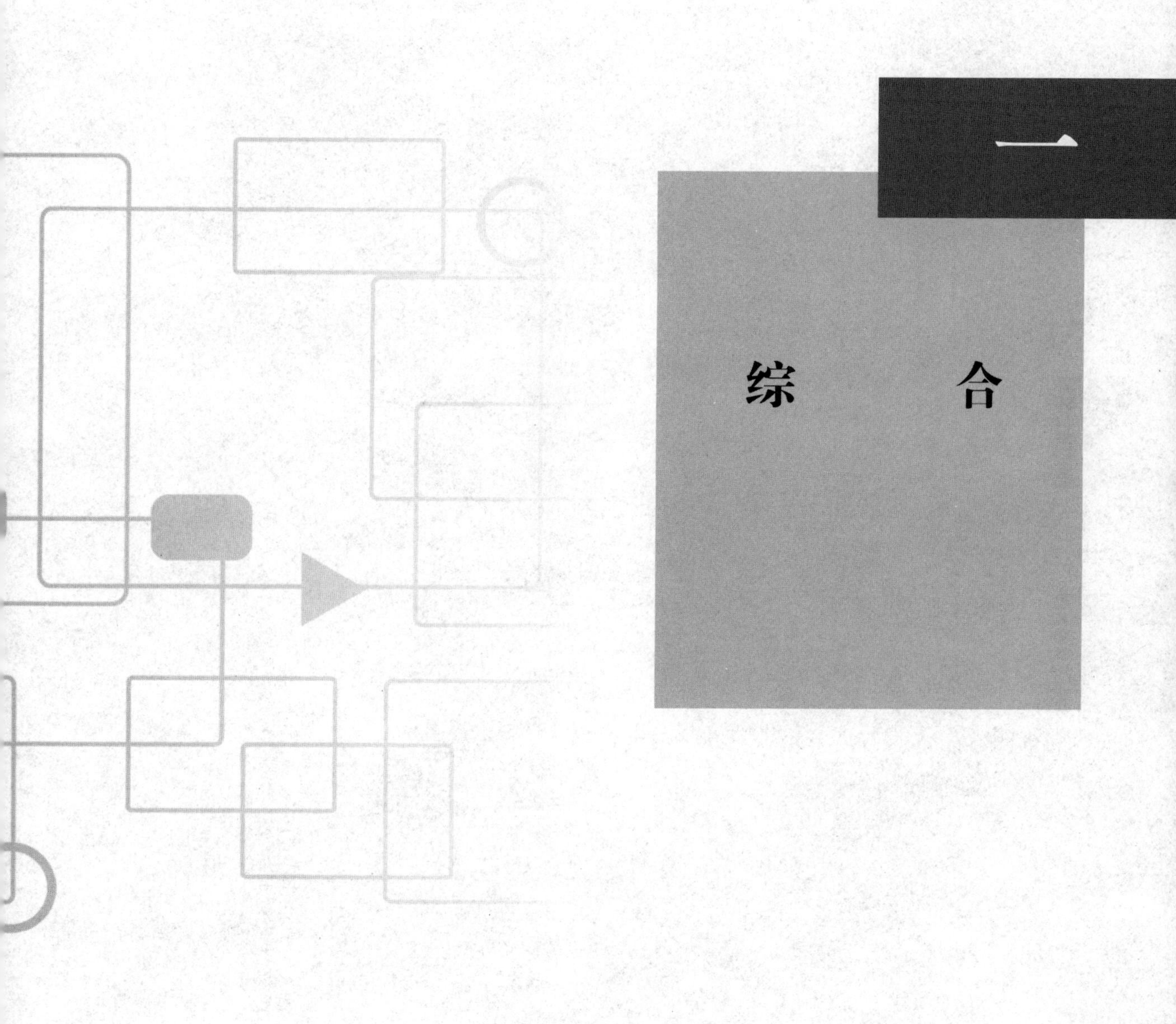

一

综 合

1-1 中华人民共和国民法典（节选）

（2020 年 5 月 28 日第十三届全国人民代表大会第三次会议通过）

第一编 总 则

第一章 基 本 规 定

第一条 为了保护民事主体的合法权益，调整民事关系，维护社会和经济秩序，适应中国特色社会主义发展要求，弘扬社会主义核心价值观，根据宪法，制定本法。

第二条 民法调整平等主体的自然人、法人和非法人组织之间的人身关系和财产关系。

第三条 民事主体的人身权利、财产权利以及其他合法权益受法律保护，任何组织或者个人不得侵犯。

第四条 民事主体在民事活动中的法律地位一律平等。

第五条 民事主体从事民事活动，应当遵循自愿原则，按照自己的意思设立、变更、终止民事法律关系。

第六条 民事主体从事民事活动，应当遵循公平原则，合理确定各方的权利和义务。

第七条 民事主体从事民事活动，应当遵循诚信原则，秉持诚实，恪守承诺。

第八条 民事主体从事民事活动，不得违反法律，不得违背公序良俗。

第九条 民事主体从事民事活动，应当有利于节约资源、保护生态环境。

第十条 处理民事纠纷，应当依照法律；法律没有规定的，可以适用习惯，但是不得违背公序良俗。

第十一条 其他法律对民事关系有特别规定的，依照其规定。

第十二条 中华人民共和国领域内的民事活动，适用中华人民共和国法律。法律另有规定的，依照其规定。

第二章 自 然 人

第一节 民事权利能力和民事行为能力

第十三条 自然人从出生时起到死亡时止，具有民事权利能力，依法享有民事权利，承担民事义务。

第十四条 自然人的民事权利能力一律平等。

第十五条 自然人的出生时间和死亡时间，以出生证明、死亡证明记载的时间为准；没有出生证明、死亡证明的，以户籍登记或者其他有效身份登记记载的时间为准。有其他证据足以推翻以上记载时间的，以该证据证明的时间为准。

第十七条 十八周岁以上的自然人为成年人。不满十八周岁的自然人为未成年人。

第十八条 成年人为完全民事行为能力人，可以独立实施民事法律行为。

十六周岁以上的未成年人，以自己的劳动收入为主要生活来源的，视为完全民事行为能力人。

第十九条 八周岁以上的未成年人为限制民事行为能力人，实施民事法律行为由其法定代理人代理或者经其法定代理人同意、追认；但是，可以独立实施纯获利益的民事法律行为或者与其年龄、智力相适应的民事法律行为。

第二十条 不满八周岁的未成年人为无民事行为能力人，由其法定代理人代理实施民事法律行为。

第二十一条 不能辨认自己行为的成年人为无民事行为能力人，由其法定代理人代理实施民事法律行为。

八周岁以上的未成年人不能辨认自己行为的，适用前款规定。

第二十二条 不能完全辨认自己行为的成年人为限制民事行为能力人，实施民事法律行为由其法定代理人代理或者经其法定代理人同意、追认；但是，可以独立实施纯获利益的民事法律行为或者与其智力、精神健康状况相适应的民事法律行为。

第二十三条 无民事行为能力人、限制民事行为能力人的监护人是其法定代理人。

第二十四条 不能辨认或者不能完全辨认自己行为的成年人，其利害关系人或者有关组织，可以向人民法院申请认定该成年人为无民事行为能力人或者限制民事行为能力人。

被人民法院认定为无民事行为能力人或者限制民事行为能力人的，经本人、利害关系人或者有关组织申请，人民法院可以根据其智力、精神健康恢复的状况，认定该成年人恢复为限制民事行为能力人或者完全民事行为能力人。

本条规定的有关组织包括：居民委员会、村民委员会、学校、医疗机构、妇女联合会、残疾人联合会、依法设立的老年人组织、民政部门等。

第二节 监 护

第二十八条 无民事行为能力或者限制民事行为能力的成年人，由下列有监护能力的人按顺序担任监护人：

（一）配偶；

（二）父母、子女；

（三）其他近亲属；

（四）其他愿意担任监护人的个人或者组织，但是须经被监护人住所地的居民委员会、村民委员会或者民政部门同意。

第三十四条 监护人的职责是代理被监护人实施民事法律行为，保护被监护人的人身权利、财产权利以及其他合法权益等。

监护人依法履行监护职责产生的权利，受法律保护。

监护人不履行监护职责或者侵害被监护人合法权益的，应当承担法律责任。

因发生突发事件等紧急情况，监护人暂时无法履行监护职责，被监护人的生活处于无人照料状态的，被监护人住所地的居民委员会、村民委员会或者民政部门应当为被监护人安排必要的临时生活照料措施。

第四节　个体工商户和农村承包经营户

第五十四条　自然人从事工商业经营，经依法登记，为个体工商户。个体工商户可以起字号。

第五十五条　农村集体经济组织的成员，依法取得农村土地承包经营权，从事家庭承包经营的，为农村承包经营户。

第五十六条　个体工商户的债务，个人经营的，以个人财产承担；家庭经营的，以家庭财产承担；无法区分的，以家庭财产承担。

农村承包经营户的债务，以从事农村土地承包经营的农户财产承担；事实上由农户部分成员经营的，以该部分成员的财产承担。

第三章　法　　人

第一节　一　般　规　定

第五十七条　法人是具有民事权利能力和民事行为能力，依法独立享有民事权利和承担民事义务的组织。

第五十八条　法人应当依法成立。

法人应当有自己的名称、组织机构、住所、财产或者经费。法人成立的具体条件和程序，依照法律、行政法规的规定。

设立法人，法律、行政法规规定须经有关机关批准的，依照其规定。

第五十九条　法人的民事权利能力和民事行为能力，从法人成立时产生，到法人终止时消灭。

第六十条　法人以其全部财产独立承担民事责任。

第六十一条　依照法律或者法人章程的规定，代表法人从事民事活动的负责人，为法人的法定代表人。

法定代表人以法人名义从事的民事活动，其法律后果由法人承受。

法人章程或者法人权力机构对法定代表人代表权的限制，不得对抗善意相对人。

第六十二条　法定代表人因执行职务造成他人损害的，由法人承担民事责任。

法人承担民事责任后，依照法律或者法人章程的规定，可以向有过错的法定代表人追偿。

第六十三条　法人以其主要办事机构所在地为住所。依法需要办理法人登记的，应当将主要办事机构所在地登记为住所。

第六十四条　法人存续期间登记事项发生变化的，应当依法向登记机关申请变更登记。

第六十五条　法人的实际情况与登记的事项不一致的，不得对抗善意相对人。

第六十六条　登记机关应当依法及时公示法人登记的有关信息。

第六十七条　法人合并的，其权利和义务由合并后的法人享有和承担。

法人分立的，其权利和义务由分立后的法人享有连带债权，承担连带债务，但是债权人和债务人另有约定的除外。

第六十八条　有下列原因之一并依法完成清算、注销登记的，法人终止：

（一）法人解散；

（二）法人被宣告破产；

（三）法律规定的其他原因。

法人终止，法律、行政法规规定须经有关机关批准的，依照其规定。

第六十九条　有下列情形之一的，法人解散：

（一）法人章程规定的存续期间届满或者法人章程规定的其他解散事由出现；

（二）法人的权力机构决议解散；

（三）因法人合并或者分立需要解散；

（四）法人依法被吊销营业执照、登记证书，被责令关闭或者被撤销；

（五）法律规定的其他情形。

第七十条　法人解散的，除合并或者分立的情形外，清算义务人应当及时组成清算组进行清算。

法人的董事、理事等执行机构或者决策机构的成员为清算义务人。法律、行政法规另有规定的，依照其规定。

清算义务人未及时履行清算义务，造成损害的，应当承担民事责任；主管机关或者利害关系人可以申请人民法院指定有关人员组成清算组进行清算。

第七十一条　法人的清算程序和清算组职权，依照有关法律的规定；没有规定的，参照适用公司法律的有关规定。

第七十二条　清算期间法人存续，但是不得从事与清算无关的活动。

法人清算后的剩余财产，按照法人章程的规定或者法人权力机构的决议处理。法律另有规定的，依照其规定。

清算结束并完成法人注销登记时，法人终止；依法不需要办理法人登记的，清算结束时，法人终止。

第七十三条　法人被宣告破产的，依法进行破产清算并完成法人注销登记时，法人终止。

第七十四条　法人可以依法设立分支机构。法律、行政法规规定分支机构应当登记的，依照其规定。

分支机构以自己的名义从事民事活动，产生的民事责任由法人承担；也可以先以该分支机构管理的财产承担，不足以承担的，由法人承担。

第七十五条　设立人为设立法人从事的民事活动，其法律后果由法人承受；法人未成立的，其法律后果由设立人承受，设立人为二人以上的，享有连带债权，承担连带债务。

设立人为设立法人以自己的名义从事民事活动产生的民事责任，第三人有权选择请求法人或者设立人承担。

第二节　营　利　法　人

第七十六条　以取得利润并分配给股东等出资人为目的成立的法人，为营利法人。

营利法人包括有限责任公司、股份有限公司和其他企业法人等。

第七十七条　营利法人经依法登记成立。

第七十八条 依法设立的营利法人，由登记机关发给营利法人营业执照。营业执照签发日期为营利法人的成立日期。

第八十三条 营利法人的出资人不得滥用出资人权利损害法人或者其他出资人的利益；滥用出资人权利造成法人或者其他出资人损失的，应当依法承担民事责任。

营利法人的出资人不得滥用法人独立地位和出资人有限责任损害法人债权人的利益；滥用法人独立地位和出资人有限责任，逃避债务，严重损害法人债权人的利益的，应当对法人债务承担连带责任。

第三节 非营利法人

第八十七条 为公益目的或者其他非营利目的成立，不向出资人、设立人或者会员分配所取得利润的法人，为非营利法人。

非营利法人包括事业单位、社会团体、基金会、社会服务机构等。

第八十八条 具备法人条件，为适应经济社会发展需要，提供公益服务设立的事业单位，经依法登记成立，取得事业单位法人资格；依法不需要办理法人登记的，从成立之日起，具有事业单位法人资格。

第八十九条 事业单位法人设理事会的，除法律另有规定外，理事会为其决策机构。事业单位法人的法定代表人依照法律、行政法规或者法人章程的规定产生。

第九十条 具备法人条件，基于会员共同意愿，为公益目的或者会员共同利益等非营利目的设立的社会团体，经依法登记成立，取得社会团体法人资格；依法不需要办理法人登记的，从成立之日起，具有社会团体法人资格。

第九十二条 具备法人条件，为公益目的以捐助财产设立的基金会、社会服务机构等，经依法登记成立，取得捐助法人资格。

依法设立的宗教活动场所，具备法人条件的，可以申请法人登记，取得捐助法人资格。法律、行政法规对宗教活动场所有规定的，依照其规定。

第四节 特别法人

第九十六条 本节规定的机关法人、农村集体经济组织法人、城镇农村的合作经济组织法人、基层群众性自治组织法人，为特别法人。

第九十七条 有独立经费的机关和承担行政职能的法定机构从成立之日起，具有机关法人资格，可以从事为履行职能所需要的民事活动。

第九十八条 机关法人被撤销的，法人终止，其民事权利和义务由继任的机关法人享有和承担；没有继任的机关法人的，由作出撤销决定的机关法人享有和承担。

第九十九条 农村集体经济组织依法取得法人资格。

法律、行政法规对农村集体经济组织有规定的，依照其规定。

第一百条 城镇农村的合作经济组织依法取得法人资格。

法律、行政法规对城镇农村的合作经济组织有规定的，依照其规定。

第一百零一条 居民委员会、村民委员会具有基层群众性自治组织法人资格，可以从事为履行职能所需要的民事活动。

未设立村集体经济组织的，村民委员会可以依法代行村集体经济组织的职能。

第四章　非 法 人 组 织

第一百零二条　非法人组织是不具有法人资格，但是能够依法以自己的名义从事民事活动的组织。

非法人组织包括个人独资企业、合伙企业、不具有法人资格的专业服务机构等。

第一百零三条　非法人组织应当依照法律的规定登记。

设立非法人组织，法律、行政法规规定须经有关机关批准的，依照其规定。

第一百零四条　非法人组织的财产不足以清偿债务的，其出资人或者设立人承担无限责任。法律另有规定的，依照其规定。

第一百零五条　非法人组织可以确定一人或者数人代表该组织从事民事活动。

第一百零六条　有下列情形之一的，非法人组织解散：

（一）章程规定的存续期间届满或者章程规定的其他解散事由出现；

（二）出资人或者设立人决定解散；

（三）法律规定的其他情形。

第一百零七条　非法人组织解散的，应当依法进行清算。

第一百零八条　非法人组织除适用本章规定外，参照适用本编第三章第一节的有关规定。

第五章　民　事　权　利

第一百零九条　自然人的人身自由、人格尊严受法律保护。

第一百一十条　自然人享有生命权、身体权、健康权、姓名权、肖像权、名誉权、荣誉权、隐私权、婚姻自主权等权利。

法人、非法人组织享有名称权、名誉权和荣誉权。

第一百一十一条　自然人的个人信息受法律保护。任何组织或者个人需要获取他人个人信息的，应当依法取得并确保信息安全，不得非法收集、使用、加工、传输他人个人信息，不得非法买卖、提供或者公开他人个人信息。

第一百一十三条　民事主体的财产权利受法律平等保护。

第一百一十四条　民事主体依法享有物权。

物权是权利人依法对特定的物享有直接支配和排他的权利，包括所有权、用益物权和担保物权。

第一百一十五条　物包括不动产和动产。法律规定权利作为物权客体的，依照其规定。

第一百一十六条　物权的种类和内容，由法律规定。

第一百一十七条　为了公共利益的需要，依照法律规定的权限和程序征收、征用不动产或者动产的，应当给予公平、合理的补偿。

第一百一十八条　民事主体依法享有债权。

债权是因合同、侵权行为、无因管理、不当得利以及法律的其他规定，权利人请求特定义务人为或者不为一定行为的权利。

第一百一十九条 依法成立的合同，对当事人具有法律约束力。

第一百二十条 民事权益受到侵害的，被侵权人有权请求侵权人承担侵权责任。

第一百二十一条 没有法定的或者约定的义务，为避免他人利益受损失而进行管理的人，有权请求受益人偿还由此支出的必要费用。

第一百二十二条 因他人没有法律根据，取得不当利益，受损失的人有权请求其返还不当利益。

第一百二十三条 民事主体依法享有知识产权。

知识产权是权利人依法就下列客体享有的专有的权利：

（一）作品；

（二）发明、实用新型、外观设计；

（三）商标；

（四）地理标志；

（五）商业秘密；

（六）集成电路布图设计；

（七）植物新品种；

（八）法律规定的其他客体。

第一百二十四条 自然人依法享有继承权。

自然人合法的私有财产，可以依法继承。

第一百二十五条 民事主体依法享有股权和其他投资性权利。

第一百二十六条 民事主体享有法律规定的其他民事权利和利益。

第一百二十九条 民事权利可以依据民事法律行为、事实行为、法律规定的事件或者法律规定的其他方式取得。

第一百三十条 民事主体按照自己的意愿依法行使民事权利，不受干涉。

第一百三十一条 民事主体行使权利时，应当履行法律规定的和当事人约定的义务。

第一百三十二条 民事主体不得滥用民事权利损害国家利益、社会公共利益或者他人合法权益。

第六章 民事法律行为

第一节 一 般 规 定

第一百三十三条 民事法律行为是民事主体通过意思表示设立、变更、终止民事法律关系的行为。

第一百三十四条 民事法律行为可以基于双方或者多方的意思表示一致成立，也可以基于单方的意思表示成立。

法人、非法人组织依照法律或者章程规定的议事方式和表决程序作出决议的，该决议行为成立。

第一百三十五条 民事法律行为可以采用书面形式、口头形式或者其他形式；法律、行政法规规定或者当事人约定采用特定形式的，应当采用特定形式。

第一百三十六条 民事法律行为自成立时生效，但是法律另有规定或者当事人另有约定的除外。

行为人非依法律规定或者未经对方同意，不得擅自变更或者解除民事法律行为。

第二节 意 思 表 示

第一百三十七条 以对话方式作出的意思表示，相对人知道其内容时生效。

以非对话方式作出的意思表示，到达相对人时生效。以非对话方式作出的采用数据电文形式的意思表示，相对人指定特定系统接收数据电文的，该数据电文进入该特定系统时生效；未指定特定系统的，相对人知道或者应当知道该数据电文进入其系统时生效。当事人对采用数据电文形式的意思表示的生效时间另有约定的，按照其约定。

第一百三十八条 无相对人的意思表示，表示完成时生效。法律另有规定的，依照其规定。

第一百三十九条 以公告方式作出的意思表示，公告发布时生效。

第一百四十条 行为人可以明示或者默示作出意思表示。

沉默只有在有法律规定、当事人约定或者符合当事人之间的交易习惯时，才可以视为意思表示。

第一百四十一条 行为人可以撤回意思表示。撤回意思表示的通知应当在意思表示到达相对人前或者与意思表示同时到达相对人。

第一百四十二条 有相对人的意思表示的解释，应当按照所使用的词句，结合相关条款、行为的性质和目的、习惯以及诚信原则，确定意思表示的含义。

无相对人的意思表示的解释，不能完全拘泥于所使用的词句，而应当结合相关条款、行为的性质和目的、习惯以及诚信原则，确定行为人的真实意思。

第三节 民事法律行为的效力

第一百四十三条 具备下列条件的民事法律行为有效：

（一）行为人具有相应的民事行为能力；

（二）意思表示真实；

（三）不违反法律、行政法规的强制性规定，不违背公序良俗。

第一百四十四条 无民事行为能力人实施的民事法律行为无效。

第一百四十五条 限制民事行为能力人实施的纯获利益的民事法律行为或者与其年龄、智力、精神健康状况相适应的民事法律行为有效；实施的其他民事法律行为经法定代理人同意或者追认后有效。

相对人可以催告法定代理人自收到通知之日起三十日内予以追认。法定代理人未作表示的，视为拒绝追认。民事法律行为被追认前，善意相对人有撤销的权利。撤销应当以通知的方式作出。

第一百四十六条 行为人与相对人以虚假的意思表示实施的民事法律行为无效。

以虚假的意思表示隐藏的民事法律行为的效力，依照有关法律规定处理。

第一百四十七条 基于重大误解实施的民事法律行为，行为人有权请求人民法院或者仲裁机构予以撤销。

第一百四十八条 一方以欺诈手段，使对方在违背真实意思的情况下实施的民事法律行为，受欺诈方有权请求人民法院或者仲裁机构予以撤销。

第一百四十九条 第三人实施欺诈行为，使一方在违背真实意思的情况下实施的民事法律行为，对方知道或者应当知道该欺诈行为的，受欺诈方有权请求人民法院或者仲裁机构予以撤销。

第一百五十条 一方或者第三人以胁迫手段，使对方在违背真实意思的情况下实施的民事法律行为，受胁迫方有权请求人民法院或者仲裁机构予以撤销。

第一百五十一条 一方利用对方处于危困状态、缺乏判断能力等情形，致使民事法律行为成立时显失公平的，受损害方有权请求人民法院或者仲裁机构予以撤销。

第一百五十二条 有下列情形之一的，撤销权消灭：

（一）当事人自知道或者应当知道撤销事由之日起一年内、重大误解的当事人自知道或者应当知道撤销事由之日起九十日内没有行使撤销权；

（二）当事人受胁迫，自胁迫行为终止之日起一年内没有行使撤销权；

（三）当事人知道撤销事由后明确表示或者以自己的行为表明放弃撤销权。

当事人自民事法律行为发生之日起五年内没有行使撤销权的，撤销权消灭。

第一百五十三条 违反法律、行政法规的强制性规定的民事法律行为无效。但是，该强制性规定不导致该民事法律行为无效的除外。

违背公序良俗的民事法律行为无效。

第一百五十四条 行为人与相对人恶意串通，损害他人合法权益的民事法律行为无效。

第一百五十五条 无效的或者被撤销的民事法律行为自始没有法律约束力。

第一百五十六条 民事法律行为部分无效，不影响其他部分效力的，其他部分仍然有效。

第一百五十七条 民事法律行为无效、被撤销或者确定不发生效力后，行为人因该行为取得的财产，应当予以返还；不能返还或者没有必要返还的，应当折价补偿。有过错的一方应当赔偿对方由此所受到的损失；各方都有过错的，应当各自承担相应的责任。法律另有规定的，依照其规定。

第四节 民事法律行为的附条件和附期限

第一百五十八条 民事法律行为可以附条件，但是根据其性质不得附条件的除外。附生效条件的民事法律行为，自条件成就时生效。附解除条件的民事法律行为，自条件成就时失效。

第一百五十九条 附条件的民事法律行为，当事人为自己的利益不正当地阻止条件成就的，视为条件已经成就；不正当地促成条件成就的，视为条件不成就。

第一百六十条 民事法律行为可以附期限，但是根据其性质不得附期限的除外。附生效期限的民事法律行为，自期限届至时生效。附终止期限的民事法律行为，自期限届满时失效。

第七章 代 理

第一节 一 般 规 定

第一百六十一条 民事主体可以通过代理人实施民事法律行为。

依照法律规定、当事人约定或者民事法律行为的性质，应当由本人亲自实施的民事法律行为，不得代理。

第一百六十二条 代理人在代理权限内，以被代理人名义实施的民事法律行为，对被代理人发生效力。

第一百六十三条 代理包括委托代理和法定代理。

委托代理人按照被代理人的委托行使代理权。法定代理人依照法律的规定行使代理权。

第一百六十四条 代理人不履行或者不完全履行职责，造成被代理人损害的，应当承担民事责任。

代理人和相对人恶意串通，损害被代理人合法权益的，代理人和相对人应当承担连带责任。

第二节 委 托 代 理

第一百六十五条 委托代理授权采用书面形式的，授权委托书应当载明代理人的姓名或者名称、代理事项、权限和期限，并由被代理人签名或者盖章。

第一百六十六条 数人为同一代理事项的代理人的，应当共同行使代理权，但是当事人另有约定的除外。

第一百六十七条 代理人知道或者应当知道代理事项违法仍然实施代理行为，或者被代理人知道或者应当知道代理人的代理行为违法未作反对表示的，被代理人和代理人应当承担连带责任。

第一百六十八条 代理人不得以被代理人的名义与自己实施民事法律行为，但是被代理人同意或者追认的除外。

代理人不得以被代理人的名义与自己同时代理的其他人实施民事法律行为，但是被代理的双方同意或者追认的除外。

第一百六十九条 代理人需要转委托第三人代理的，应当取得被代理人的同意或者追认。

转委托代理经被代理人同意或者追认的，被代理人可以就代理事务直接指示转委托的第三人，代理人仅就第三人的选任以及对第三人的指示承担责任。

转委托代理未经被代理人同意或者追认的，代理人应当对转委托的第三人的行为承担责任；但是，在紧急情况下代理人为了维护被代理人的利益需要转委托第三人代理的除外。

第一百七十条 执行法人或者非法人组织工作任务的人员，就其职权范围内的事项，以法人或者非法人组织的名义实施的民事法律行为，对法人或者非法人组织发生效力。

法人或者非法人组织对执行其工作任务的人员职权范围的限制，不得对抗善意相对人。

第一百七十一条 行为人没有代理权、超越代理权或者代理权终止后，仍然实施代理行为，未经被代理人追认的，对被代理人不发生效力。

相对人可以催告被代理人自收到通知之日起三十日内予以追认。被代理人未作表示的，视为拒绝追认。行为人实施的行为被追认前，善意相对人有撤销的权利。撤销应当以通知的方式作出。

行为人实施的行为未被追认的，善意相对人有权请求行为人履行债务或者就其受到的损害请求行为人赔偿。但是，赔偿的范围不得超过被代理人追认时相对人所能获得的利益。

相对人知道或者应当知道行为人无权代理的，相对人和行为人按照各自的过错承担责任。

第一百七十二条 行为人没有代理权、超越代理权或者代理权终止后，仍然实施代理行为，相对人有理由相信行为人有代理权的，代理行为有效。

第三节　代　理　终　止

第一百七十三条　有下列情形之一的，委托代理终止：

（一）代理期限届满或者代理事务完成；

（二）被代理人取消委托或者代理人辞去委托；

（三）代理人丧失民事行为能力；

（四）代理人或者被代理人死亡；

（五）作为代理人或者被代理人的法人、非法人组织终止。

第一百七十四条　被代理人死亡后，有下列情形之一的，委托代理人实施的代理行为有效：

（一）代理人不知道且不应当知道被代理人死亡；

（二）被代理人的继承人予以承认；

（三）授权中明确代理权在代理事务完成时终止；

（四）被代理人死亡前已经实施，为了被代理人的继承人的利益继续代理。

作为被代理人的法人、非法人组织终止的，参照适用前款规定。

第一百七十五条　有下列情形之一的，法定代理终止：

（一）被代理人取得或者恢复完全民事行为能力；

（二）代理人丧失民事行为能力；

（三）代理人或者被代理人死亡；

（四）法律规定的其他情形。

第八章　民　事　责　任

第一百七十六条　民事主体依照法律规定或者按照当事人约定，履行民事义务，承担民事责任。

第一百七十七条　二人以上依法承担按份责任，能够确定责任大小的，各自承担相应的责任；难以确定责任大小的，平均承担责任。

第一百七十八条　二人以上依法承担连带责任的，权利人有权请求部分或者全部连带责任人承担责任。

连带责任人的责任份额根据各自责任大小确定；难以确定责任大小的，平均承担责任。实际承担责任超过自己责任份额的连带责任人，有权向其他连带责任人追偿。

连带责任，由法律规定或者当事人约定。

第一百七十九条　承担民事责任的方式主要有：

（一）停止侵害；

（二）排除妨碍；

（三）消除危险；

（四）返还财产；

（五）恢复原状；

（六）修理、重作、更换；

（七）继续履行；

（八）赔偿损失；

（九）支付违约金；

（十）消除影响、恢复名誉；

（十一）赔礼道歉。

法律规定惩罚性赔偿的，依照其规定。

本条规定的承担民事责任的方式，可以单独适用，也可以合并适用。

第一百八十条　因不可抗力不能履行民事义务的，不承担民事责任。法律另有规定的，依照其规定。

不可抗力是不能预见、不能避免且不能克服的客观情况。

第一百八十一条　因正当防卫造成损害的，不承担民事责任。

正当防卫超过必要的限度，造成不应有的损害的，正当防卫人应当承担适当的民事责任。

第一百八十二条　因紧急避险造成损害的，由引起险情发生的人承担民事责任。

危险由自然原因引起的，紧急避险人不承担民事责任，可以给予适当补偿。

紧急避险采取措施不当或者超过必要的限度，造成不应有的损害的，紧急避险人应当承担适当的民事责任。

第一百八十三条　因保护他人民事权益使自己受到损害的，由侵权人承担民事责任，受益人可以给予适当补偿。没有侵权人、侵权人逃逸或者无力承担民事责任，受害人请求补偿的，受益人应当给予适当补偿。

第一百八十四条　因自愿实施紧急救助行为造成受助人损害的，救助人不承担民事责任。

第一百八十六条　因当事人一方的违约行为，损害对方人身权益、财产权益的，受损害方有权选择请求其承担违约责任或者侵权责任。

第一百八十七条　民事主体因同一行为应当承担民事责任、行政责任和刑事责任的，承担行政责任或者刑事责任不影响承担民事责任；民事主体的财产不足以支付的，优先用于承担民事责任。

第九章　诉　讼　时　效

第一百八十八条　向人民法院请求保护民事权利的诉讼时效期间为三年。法律另有规定的，依照其规定。

诉讼时效期间自权利人知道或者应当知道权利受到损害以及义务人之日起计算。法律另有规定的，依照其规定。但是，自权利受到损害之日起超过二十年的，人民法院不予保护，有特殊情况的，人民法院可以根据权利人的申请决定延长。

第一百八十九条　当事人约定同一债务分期履行的，诉讼时效期间自最后一期履行期限届满之日起计算。

第一百九十二条　诉讼时效期间届满的，义务人可以提出不履行义务的抗辩。

诉讼时效期间届满后，义务人同意履行的，不得以诉讼时效期间届满为由抗辩；义务人已经自愿履行的，不得请求返还。

第一百九十三条　人民法院不得主动适用诉讼时效的规定。

第一百九十四条　在诉讼时效期间的最后六个月内，因下列障碍，不能行使请求权的，诉讼时效中止：

（一）不可抗力；

（二）无民事行为能力人或者限制民事行为能力人没有法定代理人，或者法定代理人死亡、丧失民事行为能力、丧失代理权；

（三）继承开始后未确定继承人或者遗产管理人；

（四）权利人被义务人或者其他人控制；

（五）其他导致权利人不能行使请求权的障碍。

自中止时效的原因消除之日起满六个月，诉讼时效期间届满。

第一百九十五条 有下列情形之一的，诉讼时效中断，从中断、有关程序终结时起，诉讼时效期间重新计算：

（一）权利人向义务人提出履行请求；

（二）义务人同意履行义务；

（三）权利人提起诉讼或者申请仲裁；

（四）与提起诉讼或者申请仲裁具有同等效力的其他情形。

第一百九十六条 下列请求权不适用诉讼时效的规定：

（一）请求停止侵害、排除妨碍、消除危险；

（二）不动产物权和登记的动产物权的权利人请求返还财产；

（三）请求支付抚养费、赡养费或者扶养费；

（四）依法不适用诉讼时效的其他请求权。

第一百九十七条 诉讼时效的期间、计算方法以及中止、中断的事由由法律规定，当事人约定无效。

当事人对诉讼时效利益的预先放弃无效。

第一百九十八条 法律对仲裁时效有规定的，依照其规定；没有规定的，适用诉讼时效的规定。

第一百九十九条 法律规定或者当事人约定的撤销权、解除权等权利的存续期间，除法律另有规定外，自权利人知道或者应当知道权利产生之日起计算，不适用有关诉讼时效中止、中断和延长的规定。存续期间届满，撤销权、解除权等权利消灭。

第十章 期 间 计 算

第二百条 民法所称的期间按照公历年、月、日、小时计算。

第二百零一条 按照年、月、日计算期间的，开始的当日不计入，自下一日开始计算。

按照小时计算期间的，自法律规定或者当事人约定的时间开始计算。

第二百零二条 按照年、月计算期间的，到期月的对应日为期间的最后一日；没有对应日的，月末日为期间的最后一日。

第二百零三条 期间的最后一日是法定休假日的，以法定休假日结束的次日为期间的最后一日。

期间的最后一日的截止时间为二十四时；有业务时间的，停止业务活动的时间为截止时间。

第二百零四条 期间的计算方法依照本法的规定，但是法律另有规定或者当事人另有约定的除外。

第二编　物　　权

第一分编　通　　则

第一章　一 般 规 定

第二百零五条　本编调整因物的归属和利用产生的民事关系。

第二百零六条　国家坚持和完善公有制为主体、多种所有制经济共同发展，按劳分配为主体、多种分配方式并存，社会主义市场经济体制等社会主义基本经济制度。

国家巩固和发展公有制经济，鼓励、支持和引导非公有制经济的发展。

国家实行社会主义市场经济，保障一切市场主体的平等法律地位和发展权利。

第二百零七条　国家、集体、私人的物权和其他权利人的物权受法律平等保护，任何组织或者个人不得侵犯。

第二百零八条　不动产物权的设立、变更、转让和消灭，应当依照法律规定登记。动产物权的设立和转让，应当依照法律规定交付。

第二章　物权的设立、变更、转让和消灭

第一节　不 动 产 登 记

第二百零九条　不动产物权的设立、变更、转让和消灭，经依法登记，发生效力；未经登记，不发生效力，但是法律另有规定的除外。

依法属于国家所有的自然资源，所有权可以不登记。

第二百一十条　不动产登记，由不动产所在地的登记机构办理。

国家对不动产实行统一登记制度。统一登记的范围、登记机构和登记办法，由法律、行政法规规定。

第二百一十一条　当事人申请登记，应当根据不同登记事项提供权属证明和不动产界址、面积等必要材料。

第二百一十四条　不动产物权的设立、变更、转让和消灭，依照法律规定应当登记的，自记载于不动产登记簿时发生效力。

第二百一十五条　当事人之间订立有关设立、变更、转让和消灭不动产物权的合同，除法律另有规定或者当事人另有约定外，自合同成立时生效；未办理物权登记的，不影响合同效力。

第二百一十六条　不动产登记簿是物权归属和内容的根据。

不动产登记簿由登记机构管理。

第二百一十七条　不动产权属证书是权利人享有该不动产物权的证明。不动产权属证书记载的事项，应当与不动产登记簿一致；记载不一致的，除有证据证明不动产登记簿确有错误外，

以不动产登记簿为准。

第二百一十八条 权利人、利害关系人可以申请查询、复制不动产登记资料，登记机构应当提供。

第二百一十九条 利害关系人不得公开、非法使用权利人的不动产登记资料。

第二节 动 产 交 付

第二百二十四条 动产物权的设立和转让，自交付时发生效力，但是法律另有规定的除外。

第二百二十五条 船舶、航空器和机动车等的物权的设立、变更、转让和消灭，未经登记，不得对抗善意第三人。

第二百二十六条 动产物权设立和转让前，权利人已经占有该动产的，物权自民事法律行为生效时发生效力。

第二百二十七条 动产物权设立和转让前，第三人占有该动产的，负有交付义务的人可以通过转让请求第三人返还原物的权利代替交付。

第二百二十八条 动产物权转让时，当事人又约定由出让人继续占有该动产的，物权自该约定生效时发生效力。

第三节 其 他 规 定

第二百二十九条 因人民法院、仲裁机构的法律文书或者人民政府的征收决定等，导致物权设立、变更、转让或者消灭的，自法律文书或者征收决定等生效时发生效力。

第二百三十二条 处分依照本节规定享有的不动产物权，依照法律规定需要办理登记的，未经登记，不发生物权效力。

第三章 物 权 的 保 护

第二百三十三条 物权受到侵害的，权利人可以通过和解、调解、仲裁、诉讼等途径解决。

第二百三十四条 因物权的归属、内容发生争议的，利害关系人可以请求确认权利。

第二百三十五条 无权占有不动产或者动产的，权利人可以请求返还原物。

第二百三十六条 妨害物权或者可能妨害物权的，权利人可以请求排除妨害或者消除危险。

第二百三十七条 造成不动产或者动产毁损的，权利人可以依法请求修理、重作、更换或者恢复原状。

第二百三十八条 侵害物权，造成权利人损害的，权利人可以依法请求损害赔偿，也可以依法请求承担其他民事责任。

第二百三十九条 本章规定的物权保护方式，可以单独适用，也可以根据权利被侵害的情形合并适用。

第二分编 所 有 权

第四章 一 般 规 定

第二百四十条 所有权人对自己的不动产或者动产，依法享有占有、使用、收益和处分的权利。

第二百四十一条 所有权人有权在自己的不动产或者动产上设立用益物权和担保物权。用益物权人、担保物权人行使权利，不得损害所有权人的权益。

第二百四十二条 法律规定专属于国家所有的不动产和动产，任何组织或者个人不能取得所有权。

第五章 国家所有权和集体所有权、私人所有权

第二百四十六条 法律规定属于国家所有的财产，属于国家所有即全民所有。

国有财产由国务院代表国家行使所有权。法律另有规定的，依照其规定。

第二百五十四条 国防资产属于国家所有。

铁路、公路、电力设施、电信设施和油气管道等基础设施，依照法律规定为国家所有的，属于国家所有。

第二百六十条 集体所有的不动产和动产包括：

（一）法律规定属于集体所有的土地和森林、山岭、草原、荒地、滩涂；

（二）集体所有的建筑物、生产设施、农田水利设施；

（三）集体所有的教育、科学、文化、卫生、体育等设施；

（四）集体所有的其他不动产和动产。

第二百六十六条 私人对其合法的收入、房屋、生活用品、生产工具、原材料等不动产和动产享有所有权。

第二百六十九条 营利法人对其不动产和动产依照法律、行政法规以及章程享有占有、使用、收益和处分的权利。

营利法人以外的法人，对其不动产和动产的权利，适用有关法律、行政法规以及章程的规定。

第二百七十条 社会团体法人、捐助法人依法所有的不动产和动产，受法律保护。

第七章 相 邻 关 系

第二百八十八条 不动产的相邻权利人应当按照有利生产、方便生活、团结互助、公平合理的原则，正确处理相邻关系。

第二百八十九条 法律、法规对处理相邻关系有规定的，依照其规定；法律、法规没有规定的，可以按照当地习惯。

第二百九十条 不动产权利人应当为相邻权利人用水、排水提供必要的便利。

对自然流水的利用，应当在不动产的相邻权利人之间合理分配。对自然流水的排放，应当尊重自然流向。

第二百九十一条 不动产权利人对相邻权利人因通行等必须利用其土地的，应当提供必要的便利。

第二百九十二条 不动产权利人因建造、修缮建筑物以及铺设电线、电缆、水管、暖气和燃气管线等必须利用相邻土地、建筑物的，该土地、建筑物的权利人应当提供必要的便利。

第二百九十三条　建造建筑物，不得违反国家有关工程建设标准，不得妨碍相邻建筑物的通风、采光和日照。

第二百九十四条　不动产权利人不得违反国家规定弃置固体废物，排放大气污染物、水污染物、土壤污染物、噪声、光辐射、电磁辐射等有害物质。

第二百九十五条　不动产权利人挖掘土地、建造建筑物、铺设管线以及安装设备等，不得危及相邻不动产的安全。

第二百九十六条　不动产权利人因用水、排水、通行、铺设管线等利用相邻不动产的，应当尽量避免对相邻的不动产权利人造成损害。

第九章　所有权取得的特别规定

第三百一十一条　无处分权人将不动产或者动产转让给受让人的，所有权人有权追回；除法律另有规定外，符合下列情形的，受让人取得该不动产或者动产的所有权：

（一）受让人受让该不动产或者动产时是善意；

（二）以合理的价格转让；

（三）转让的不动产或者动产依照法律规定应当登记的已经登记，不需要登记的已经交付给受让人。

受让人依据前款规定取得不动产或者动产的所有权的，原所有权人有权向无处分权人请求损害赔偿。

当事人善意取得其他物权的，参照适用前两款规定。

第三百二十条　主物转让的，从物随主物转让，但是当事人另有约定的除外。

第三百二十一条　天然孳息，由所有权人取得；既有所有权人又有用益物权人的，由用益物权人取得。当事人另有约定的，按照其约定。

法定孳息，当事人有约定的，按照约定取得；没有约定或者约定不明确的，按照交易习惯取得。

第三百二十二条　因加工、附合、混合而产生的物的归属，有约定的，按照约定；没有约定或者约定不明确的，依照法律规定；法律没有规定的，按照充分发挥物的效用以及保护无过错当事人的原则确定。因一方当事人的过错或者确定物的归属造成另一方当事人损害的，应当给予赔偿或者补偿。

第四分编　担　保　物　权

第十六章　一　般　规　定

第三百八十六条　担保物权人在债务人不履行到期债务或者发生当事人约定的实现担保物权的情形，依法享有就担保财产优先受偿的权利，但是法律另有规定的除外。

第三百八十七条　债权人在借贷、买卖等民事活动中，为保障实现其债权，需要担保的，可以依照本法和其他法律的规定设立担保物权。

第三人为债务人向债权人提供担保的，可以要求债务人提供反担保。反担保适用本法和其他法律的规定。

第三百八十八条 设立担保物权，应当依照本法和其他法律的规定订立担保合同。担保合同包括抵押合同、质押合同和其他具有担保功能的合同。担保合同是主债权债务合同的从合同。主债权债务合同无效的，担保合同无效，但是法律另有规定的除外。

担保合同被确认无效后，债务人、担保人、债权人有过错的，应当根据其过错各自承担相应的民事责任。

第三百八十九条 担保物权的担保范围包括主债权及其利息、违约金、损害赔偿金、保管担保财产和实现担保物权的费用。当事人另有约定的，按照其约定。

第三百九十条 担保期间，担保财产毁损、灭失或者被征收等，担保物权人可以就获得的保险金、赔偿金或者补偿金等优先受偿。被担保债权的履行期限未届满的，也可以提存该保险金、赔偿金或者补偿金等。

第三百九十一条 第三人提供担保，未经其书面同意，债权人允许债务人转移全部或者部分债务的，担保人不再承担相应的担保责任。

第三百九十二条 被担保的债权既有物的担保又有人的担保的，债务人不履行到期债务或者发生当事人约定的实现担保物权的情形，债权人应当按照约定实现债权；没有约定或者约定不明确，债务人自己提供物的担保的，债权人应当先就该物的担保实现债权；第三人提供物的担保的，债权人可以就物的担保实现债权，也可以请求保证人承担保证责任。提供担保的第三人承担担保责任后，有权向债务人追偿。

第三百九十三条 有下列情形之一的，担保物权消灭：

（一）主债权消灭；

（二）担保物权实现；

（三）债权人放弃担保物权；

（四）法律规定担保物权消灭的其他情形。

第十七章 抵　押　权

第一节 一般抵押权

第三百九十四条 为担保债务的履行，债务人或者第三人不转移财产的占有，将该财产抵押给债权人的，债务人不履行到期债务或者发生当事人约定的实现抵押权的情形，债权人有权就该财产优先受偿。

前款规定的债务人或者第三人为抵押人，债权人为抵押权人，提供担保的财产为抵押财产。

第三百九十五条 债务人或者第三人有权处分的下列财产可以抵押：

（一）建筑物和其他土地附着物；

（二）建设用地使用权；

（三）海域使用权；

（四）生产设备、原材料、半成品、产品；

（五）正在建造的建筑物、船舶、航空器；

（六）交通运输工具；

（七）法律、行政法规未禁止抵押的其他财产。

抵押人可以将前款所列财产一并抵押。

第三百九十六条 企业、个体工商户、农业生产经营者可以将现有的以及将有的生产设备、原材料、半成品、产品抵押，债务人不履行到期债务或者发生当事人约定的实现抵押权的情形，债权人有权就抵押财产确定时的动产优先受偿。

第三百九十七条 以建筑物抵押的，该建筑物占用范围内的建设用地使用权一并抵押。以建设用地使用权抵押的，该土地上的建筑物一并抵押。

抵押人未依据前款规定一并抵押的，未抵押的财产视为一并抵押。

第三百九十八条 乡镇、村企业的建设用地使用权不得单独抵押。以乡镇、村企业的厂房等建筑物抵押的，其占用范围内的建设用地使用权一并抵押。

第三百九十九条 下列财产不得抵押：

（一）土地所有权；

（二）宅基地、自留地、自留山等集体所有土地的使用权，但是法律规定可以抵押的除外；

（三）学校、幼儿园、医疗机构等为公益目的成立的非营利法人的教育设施、医疗卫生设施和其他公益设施；

（四）所有权、使用权不明或者有争议的财产；

（五）依法被查封、扣押、监管的财产；

（六）法律、行政法规规定不得抵押的其他财产。

第四百条 设立抵押权，当事人应当采用书面形式订立抵押合同。

抵押合同一般包括下列条款：

（一）被担保债权的种类和数额；

（二）债务人履行债务的期限；

（三）抵押财产的名称、数量等情况；

（四）担保的范围。

第四百零一条 抵押权人在债务履行期限届满前，与抵押人约定债务人不履行到期债务时抵押财产归债权人所有的，只能依法就抵押财产优先受偿。

第四百零二条 以本法第三百九十五条第一款第一项至第三项规定的财产或者第五项规定的正在建造的建筑物抵押的，应当办理抵押登记。抵押权自登记时设立。

第四百零三条 以动产抵押的，抵押权自抵押合同生效时设立；未经登记，不得对抗善意第三人。

第四百零四条 以动产抵押的，不得对抗正常经营活动中已经支付合理价款并取得抵押财产的买受人。

第四百零五条 抵押权设立前，抵押财产已经出租并转移占有的，原租赁关系不受该抵押权的影响。

第四百零六条 抵押期间，抵押人可以转让抵押财产。当事人另有约定的，按照其约定。抵押财产转让的，抵押权不受影响。

抵押人转让抵押财产的，应当及时通知抵押权人。抵押权人能够证明抵押财产转让可能损害抵押权的，可以请求抵押人将转让所得的价款向抵押权人提前清偿债务或者提存。转让的价款超过债权数额的部分归抵押人所有，不足部分由债务人清偿。

第四百零七条 抵押权不得与债权分离而单独转让或者作为其他债权的担保。债权转让的，担保该债权的抵押权一并转让，但是法律另有规定或者当事人另有约定的除外。

第四百零八条 抵押人的行为足以使抵押财产价值减少的，抵押权人有权请求抵押人停止其行为；抵押财产价值减少的，抵押权人有权请求恢复抵押财产的价值，或者提供与减少的价值相应的担保。抵押人不恢复抵押财产的价值，也不提供担保的，抵押权人有权请求债务人提前清偿债务。

第四百零九条 抵押权人可以放弃抵押权或者抵押权的顺位。抵押权人与抵押人可以协议变更抵押权顺位以及被担保的债权数额等内容。但是，抵押权的变更未经其他抵押权人书面同意的，不得对其他抵押权人产生不利影响。

债务人以自己的财产设定抵押，抵押权人放弃该抵押权、抵押权顺位或者变更抵押权的，其他担保人在抵押权人丧失优先受偿权益的范围内免除担保责任，但是其他担保人承诺仍然提供担保的除外。

第四百一十条 债务人不履行到期债务或者发生当事人约定的实现抵押权的情形，抵押权人可以与抵押人协议以抵押财产折价或者以拍卖、变卖该抵押财产所得的价款优先受偿。协议损害其他债权人利益的，其他债权人可以请求人民法院撤销该协议。

抵押权人与抵押人未就抵押权实现方式达成协议的，抵押权人可以请求人民法院拍卖、变卖抵押财产。

抵押财产折价或者变卖的，应当参照市场价格。

第四百一十一条 依据本法第三百九十六条规定设定抵押的，抵押财产自下列情形之一发生时确定：

（一）债务履行期限届满，债权未实现；

（二）抵押人被宣告破产或者解散；

（三）当事人约定的实现抵押权的情形；

（四）严重影响债权实现的其他情形。

第四百一十二条 债务人不履行到期债务或者发生当事人约定的实现抵押权的情形，致使抵押财产被人民法院依法扣押的，自扣押之日起，抵押权人有权收取该抵押财产的天然孳息或者法定孳息，但是抵押权人未通知应当清偿法定孳息义务人的除外。

前款规定的孳息应当先充抵收取孳息的费用。

第四百一十三条 抵押财产折价或者拍卖、变卖后，其价款超过债权数额的部分归抵押人所有，不足部分由债务人清偿。

第四百一十四条 同一财产向两个以上债权人抵押的，拍卖、变卖抵押财产所得的价款依照下列规定清偿：

（一）抵押权已经登记的，按照登记的时间先后确定清偿顺序；

（二）抵押权已经登记的先于未登记的受偿；

（三）抵押权未登记的，按照债权比例清偿。

其他可以登记的担保物权，清偿顺序参照适用前款规定。

第四百一十五条 同一财产既设立抵押权又设立质权的，拍卖、变卖该财产所得的价款按照登记、交付的时间先后确定清偿顺序。

第四百一十六条 动产抵押担保的主债权是抵押物的价款，标的物交付后十日内办理抵押登记的，该抵押权人优先于抵押物买受人的其他担保物权人受偿，但是留置权人除外。

第四百一十七条 建设用地使用权抵押后，该土地上新增的建筑物不属于抵押财产。该建设用地使用权实现抵押权时，应当将该土地上新增的建筑物与建设用地使用权一并处分。但是，新增建筑物所得的价款，抵押权人无权优先受偿。

第四百一十八条 以集体所有土地的使用权依法抵押的，实现抵押权后，未经法定程序，不得改变土地所有权的性质和土地用途。

第四百一十九条 抵押权人应当在主债权诉讼时效期间行使抵押权；未行使的，人民法院不予保护。

第二节 最高额抵押权

第四百二十条 为担保债务的履行，债务人或者第三人对一定期间内将要连续发生的债权提供担保财产的，债务人不履行到期债务或者发生当事人约定的实现抵押权的情形，抵押权人有权在最高债权额限度内就该担保财产优先受偿。

最高额抵押权设立前已经存在的债权，经当事人同意，可以转入最高额抵押担保的债权范围。

第四百二十一条 最高额抵押担保的债权确定前，部分债权转让的，最高额抵押权不得转让，但是当事人另有约定的除外。

第四百二十二条 最高额抵押担保的债权确定前，抵押权人与抵押人可以通过协议变更债权确定的期间、债权范围以及最高债权额。但是，变更的内容不得对其他抵押权人产生不利影响。

第四百二十三条 有下列情形之一的，抵押权人的债权确定：

（一）约定的债权确定期间届满；

（二）没有约定债权确定期间或者约定不明确，抵押权人或者抵押人自最高额抵押权设立之日起满二年后请求确定债权；

（三）新的债权不可能发生；

（四）抵押权人知道或者应当知道抵押财产被查封、扣押；

（五）债务人、抵押人被宣告破产或者解散；

（六）法律规定债权确定的其他情形。

第四百二十四条 最高额抵押权除适用本节规定外，适用本章第一节的有关规定。

第十八章 质　　权

第一节 动产质权

第四百二十五条 为担保债务的履行，债务人或者第三人将其动产出质给债权人占有的，债务人不履行到期债务或者发生当事人约定的实现质权的情形，债权人有权就该动产优先受偿。

前款规定的债务人或者第三人为出质人，债权人为质权人，交付的动产为质押财产。

第四百二十六条 法律、行政法规禁止转让的动产不得出质。

第四百二十七条 设立质权，当事人应当采用书面形式订立质押合同。

质押合同一般包括下列条款：

（一）被担保债权的种类和数额；

（二）债务人履行债务的期限；

（三）质押财产的名称、数量等情况；

（四）担保的范围；

（五）质押财产交付的时间、方式。

第四百二十八条 质权人在债务履行期限届满前，与出质人约定债务人不履行到期债务时质押财产归债权人所有的，只能依法就质押财产优先受偿。

第四百二十九条 质权自出质人交付质押财产时设立。

第四百三十条 质权人有权收取质押财产的孳息，但是合同另有约定的除外。

前款规定的孳息应当先充抵收取孳息的费用。

第四百三十一条 质权人在质权存续期间，未经出质人同意，擅自使用、处分质押财产，造成出质人损害的，应当承担赔偿责任。

第四百三十二条 质权人负有妥善保管质押财产的义务；因保管不善致使质押财产毁损、灭失的，应当承担赔偿责任。

质权人的行为可能使质押财产毁损、灭失的，出质人可以请求质权人将质押财产提存，或者请求提前清偿债务并返还质押财产。

第四百三十三条 因不可归责于质权人的事由可能使质押财产毁损或者价值明显减少，足以危害质权人权利的，质权人有权请求出质人提供相应的担保；出质人不提供的，质权人可以拍卖、变卖质押财产，并与出质人协议将拍卖、变卖所得的价款提前清偿债务或者提存。

第四百三十四条 质权人在质权存续期间，未经出质人同意转质，造成质押财产毁损、灭失的，应当承担赔偿责任。

第四百三十五条 质权人可以放弃质权。债务人以自己的财产出质，质权人放弃该质权的，其他担保人在质权人丧失优先受偿权益的范围内免除担保责任，但是其他担保人承诺仍然提供担保的除外。

第四百三十六条 债务人履行债务或者出质人提前清偿所担保的债权的，质权人应当返还质押财产。

债务人不履行到期债务或者发生当事人约定的实现质权的情形，质权人可以与出质人协议以质押财产折价，也可以就拍卖、变卖质押财产所得的价款优先受偿。

质押财产折价或者变卖的，应当参照市场价格。

第四百三十七条 出质人可以请求质权人在债务履行期限届满后及时行使质权；质权人不行使的，出质人可以请求人民法院拍卖、变卖质押财产。

出质人请求质权人及时行使质权，因质权人怠于行使权利造成出质人损害的，由质权人承担赔偿责任。

第四百三十八条 质押财产折价或者拍卖、变卖后，其价款超过债权数额的部分归出质人所有，不足部分由债务人清偿。

第四百三十九条 出质人与质权人可以协议设立最高额质权。

最高额质权除适用本节有关规定外，参照适用本编第十七章第二节的有关规定。

第二节　权　利　质　权

第四百四十条　债务人或者第三人有权处分的下列权利可以出质：

（一）汇票、本票、支票；

（二）债券、存款单；

（三）仓单、提单；

（四）可以转让的基金份额、股权；

（五）可以转让的注册商标专用权、专利权、著作权等知识产权中的财产权；

（六）现有的以及将有的应收账款；

（七）法律、行政法规规定可以出质的其他财产权利。

第四百四十一条　以汇票、本票、支票、债券、存款单、仓单、提单出质的，质权自权利凭证交付质权人时设立；没有权利凭证的，质权自办理出质登记时设立。法律另有规定的，依照其规定。

第四百四十二条　汇票、本票、支票、债券、存款单、仓单、提单的兑现日期或者提货日期先于主债权到期的，质权人可以兑现或者提货，并与出质人协议将兑现的价款或者提取的货物提前清偿债务或者提存。

第四百四十三条　以基金份额、股权出质的，质权自办理出质登记时设立。

基金份额、股权出质后，不得转让，但是出质人与质权人协商同意的除外。出质人转让基金份额、股权所得的价款，应当向质权人提前清偿债务或者提存。

第四百四十四条　以注册商标专用权、专利权、著作权等知识产权中的财产权出质的，质权自办理出质登记时设立。

知识产权中的财产权出质后，出质人不得转让或者许可他人使用，但是出质人与质权人协商同意的除外。出质人转让或者许可他人使用出质的知识产权中的财产权所得的价款，应当向质权人提前清偿债务或者提存。

第四百四十五条　以应收账款出质的，质权自办理出质登记时设立。

应收账款出质后，不得转让，但是出质人与质权人协商同意的除外。出质人转让应收账款所得的价款，应当向质权人提前清偿债务或者提存。

第四百四十六条　权利质权除适用本节规定外，适用本章第一节的有关规定。

第三编　合　　同

第一分编　通　　则

第一章　一　般　规　定

第四百六十三条　本编调整因合同产生的民事关系。

第四百六十四条　合同是民事主体之间设立、变更、终止民事法律关系的协议。

婚姻、收养、监护等有关身份关系的协议，适用有关该身份关系的法律规定；没有规定的，可以根据其性质参照适用本编规定。

第四百六十五条 依法成立的合同，受法律保护。

依法成立的合同，仅对当事人具有法律约束力，但是法律另有规定的除外。

第四百六十六条 当事人对合同条款的理解有争议的，应当依据本法第一百四十二条第一款的规定，确定争议条款的含义。

合同文本采用两种以上文字订立并约定具有同等效力的，对各文本使用的词句推定具有相同含义。各文本使用的词句不一致的，应当根据合同的相关条款、性质、目的以及诚信原则等予以解释。

第二章 合同的订立

第四百六十九条 当事人订立合同，可以采用书面形式、口头形式或者其他形式。

书面形式是合同书、信件、电报、电传、传真等可以有形地表现所载内容的形式。

以电子数据交换、电子邮件等方式能够有形地表现所载内容，并可以随时调取查用的数据电文，视为书面形式。

第四百七十条 合同的内容由当事人约定，一般包括下列条款：

（一）当事人的姓名或者名称和住所；

（二）标的；

（三）数量；

（四）质量；

（五）价款或者报酬；

（六）履行期限、地点和方式；

（七）违约责任；

（八）解决争议的方法。

当事人可以参照各类合同的示范文本订立合同。

第四百七十一条 当事人订立合同，可以采取要约、承诺方式或者其他方式。

第四百七十二条 要约是希望与他人订立合同的意思表示，该意思表示应当符合下列条件：

（一）内容具体确定；

（二）表明经受要约人承诺，要约人即受该意思表示约束。

第四百七十三条 要约邀请是希望他人向自己发出要约的表示。拍卖公告、招标公告、招股说明书、债券募集办法、基金招募说明书、商业广告和宣传、寄送的价目表等为要约邀请。

商业广告和宣传的内容符合要约条件的，构成要约。

第四百七十四条 要约生效的时间适用本法第一百三十七条的规定。

第四百七十五条 要约可以撤回。要约的撤回适用本法第一百四十一条的规定。

第四百七十六条 要约可以撤销，但是有下列情形之一的除外：

（一）要约人以确定承诺期限或者其他形式明示要约不可撤销；

（二）受要约人有理由认为要约是不可撤销的，并已经为履行合同做了合理准备工作。

第四百七十七条 撤销要约的意思表示以对话方式作出的，该意思表示的内容应当在受要约人作出承诺之前为受要约人所知道；撤销要约的意思表示以非对话方式作出的，应当在受要约人作出承诺之前到达受要约人。

第四百七十八条 有下列情形之一的，要约失效：

（一）要约被拒绝；

（二）要约被依法撤销；

（三）承诺期限届满，受要约人未作出承诺；

（四）受要约人对要约的内容作出实质性变更。

第四百七十九条 承诺是受要约人同意要约的意思表示。

第四百八十条 承诺应当以通知的方式作出；但是，根据交易习惯或者要约表明可以通过行为作出承诺的除外。

第四百八十一条 承诺应当在要约确定的期限内到达要约人。

要约没有确定承诺期限的，承诺应当依照下列规定到达：

（一）要约以对话方式作出的，应当即时作出承诺；

（二）要约以非对话方式作出的，承诺应当在合理期限内到达。

第四百八十二条 要约以信件或者电报作出的，承诺期限自信件载明的日期或者电报交发之日开始计算。信件未载明日期的，自投寄该信件的邮戳日期开始计算。要约以电话、传真、电子邮件等快速通讯方式作出的，承诺期限自要约到达受要约人时开始计算。

第四百八十三条 承诺生效时合同成立，但是法律另有规定或者当事人另有约定的除外。

第四百八十四条 以通知方式作出的承诺，生效的时间适用本法第一百三十七条的规定。

承诺不需要通知的，根据交易习惯或者要约的要求作出承诺的行为时生效。

第四百八十五条 承诺可以撤回。承诺的撤回适用本法第一百四十一条的规定。

第四百八十六条 受要约人超过承诺期限发出承诺，或者在承诺期限内发出承诺，按照通常情形不能及时到达要约人的，为新要约；但是，要约人及时通知受要约人该承诺有效的除外。

第四百八十七条 受要约人在承诺期限内发出承诺，按照通常情形能够及时到达要约人，但是因其他原因致使承诺到达要约人时超过承诺期限的，除要约人及时通知受要约人因承诺超过期限不接受该承诺外，该承诺有效。

第四百八十八条 承诺的内容应当与要约的内容一致。受要约人对要约的内容作出实质性变更的，为新要约。有关合同标的、数量、质量、价款或者报酬、履行期限、履行地点和方式、违约责任和解决争议方法等的变更，是对要约内容的实质性变更。

第四百八十九条 承诺对要约的内容作出非实质性变更的，除要约人及时表示反对或者要约表明承诺不得对要约的内容作出任何变更外，该承诺有效，合同的内容以承诺的内容为准。

第四百九十条 当事人采用合同书形式订立合同的，自当事人均签名、盖章或者按指印时合同成立。在签名、盖章或者按指印之前，当事人一方已经履行主要义务，对方接受时，该合同成立。

法律、行政法规规定或者当事人约定合同应当采用书面形式订立，当事人未采用书面形式但是一方已经履行主要义务，对方接受时，该合同成立。

第四百九十一条 当事人采用信件、数据电文等形式订立合同要求签订确认书的，签订确认书时合同成立。

当事人一方通过互联网等信息网络发布的商品或者服务信息符合要约条件的，对方选择该商品或者服务并提交订单成功时合同成立，但是当事人另有约定的除外。

第四百九十二条 承诺生效的地点为合同成立的地点。

采用数据电文形式订立合同的，收件人的主营业地为合同成立的地点；没有主营业地的，其住所地为合同成立的地点。当事人另有约定的，按照其约定。

第四百九十三条 当事人采用合同书形式订立合同的，最后签名、盖章或者按指印的地点为合同成立的地点，但是当事人另有约定的除外。

第四百九十五条 当事人约定在将来一定期限内订立合同的认购书、订购书、预订书等，构成预约合同。

当事人一方不履行预约合同约定的订立合同义务的，对方可以请求其承担预约合同的违约责任。

第四百九十六条 格式条款是当事人为了重复使用而预先拟定，并在订立合同时未与对方协商的条款。

采用格式条款订立合同的，提供格式条款的一方应当遵循公平原则确定当事人之间的权利和义务，并采取合理的方式提示对方注意免除或者减轻其责任等与对方有重大利害关系的条款，按照对方的要求，对该条款予以说明。提供格式条款的一方未履行提示或者说明义务，致使对方没有注意或者理解与其有重大利害关系的条款的，对方可以主张该条款不成为合同的内容。

第四百九十七条 有下列情形之一的，该格式条款无效：

（一）具有本法第一编第六章第三节和本法第五百零六条规定的无效情形；

（二）提供格式条款一方不合理地免除或者减轻其责任、加重对方责任、限制对方主要权利；

（三）提供格式条款一方排除对方主要权利。

第四百九十八条 对格式条款的理解发生争议的，应当按照通常理解予以解释。对格式条款有两种以上解释的，应当作出不利于提供格式条款一方的解释。格式条款和非格式条款不一致的，应当采用非格式条款。

第五百条 当事人在订立合同过程中有下列情形之一，造成对方损失的，应当承担赔偿责任：

（一）假借订立合同，恶意进行磋商；

（二）故意隐瞒与订立合同有关的重要事实或者提供虚假情况；

（三）有其他违背诚信原则的行为。

第五百零一条 当事人在订立合同过程中知悉的商业秘密或者其他应当保密的信息，无论合同是否成立，不得泄露或者不正当地使用；泄露、不正当地使用该商业秘密或者信息，造成对方损失的，应当承担赔偿责任。

第三章 合同的效力

第五百零二条 依法成立的合同，自成立时生效，但是法律另有规定或者当事人另有约定的除外。

依照法律、行政法规的规定，合同应当办理批准等手续的，依照其规定。未办理批准等手续影响合同生效的，不影响合同中履行报批等义务条款以及相关条款的效力。应当办理申请批准等手续的当事人未履行义务的，对方可以请求其承担违反该义务的责任。

依照法律、行政法规的规定，合同的变更、转让、解除等情形应当办理批准等手续的，适用前款规定。

第五百零三条 无权代理人以被代理人的名义订立合同，被代理人已经开始履行合同义务或者接受相对人履行的，视为对合同的追认。

第五百零四条 法人的法定代表人或者非法人组织的负责人超越权限订立的合同，除相对人知道或者应当知道其超越权限外，该代表行为有效，订立的合同对法人或者非法人组织发生效力。

第五百零五条 当事人超越经营范围订立的合同的效力，应当依照本法第一编第六章第三节和本编的有关规定确定，不得仅以超越经营范围确认合同无效。

第五百零六条 合同中的下列免责条款无效：

（一）造成对方人身损害的；

（二）因故意或者重大过失造成对方财产损失的。

第五百零七条 合同不生效、无效、被撤销或者终止的，不影响合同中有关解决争议方法的条款的效力。

第五百零八条 本编对合同的效力没有规定的，适用本法第一编第六章的有关规定。

第四章 合同的履行

第五百零九条 当事人应当按照约定全面履行自己的义务。

当事人应当遵循诚信原则，根据合同的性质、目的和交易习惯履行通知、协助、保密等义务。

当事人在履行合同过程中，应当避免浪费资源、污染环境和破坏生态。

第五百一十条 合同生效后，当事人就质量、价款或者报酬、履行地点等内容没有约定或者约定不明确的，可以协议补充；不能达成补充协议的，按照合同相关条款或者交易习惯确定。

第五百一十一条 当事人就有关合同内容约定不明确，依据前条规定仍不能确定的，适用下列规定：

（一）质量要求不明确的，按照强制性国家标准履行；没有强制性国家标准的，按照推荐性国家标准履行；没有推荐性国家标准的，按照行业标准履行；没有国家标准、行业标准的，按照通常标准或者符合合同目的的特定标准履行。

（二）价款或者报酬不明确的，按照订立合同时履行地的市场价格履行；依法应当执行政府定价或者政府指导价的，依照规定履行。

（三）履行地点不明确，给付货币的，在接受货币一方所在地履行；交付不动产的，在不动产所在地履行；其他标的，在履行义务一方所在地履行。

（四）履行期限不明确的，债务人可以随时履行，债权人也可以随时请求履行，但是应当给对方必要的准备时间。

（五）履行方式不明确的，按照有利于实现合同目的的方式履行。

（六）履行费用的负担不明确的，由履行义务一方负担；因债权人原因增加的履行费用，由债权人负担。

第五百一十二条 通过互联网等信息网络订立的电子合同的标的为交付商品并采用快递物流方式交付的，收货人的签收时间为交付时间。电子合同的标的为提供服务的，生成的电子凭证或者实物凭证中载明的时间为提供服务时间；前述凭证没有载明时间或者载明时间与实际提供服务时间不一致的，以实际提供服务的时间为准。

电子合同的标的物为采用在线传输方式交付的，合同标的物进入对方当事人指定的特定系统且能够检索识别的时间为交付时间。

电子合同当事人对交付商品或者提供服务的方式、时间另有约定的，按照其约定。

第五百一十三条 执行政府定价或者政府指导价的，在合同约定的交付期限内政府价格调整时，按照交付时的价格计价。逾期交付标的物的，遇价格上涨时，按照原价格执行；价格下降时，按照新价格执行。逾期提取标的物或者逾期付款的，遇价格上涨时，按照新价格执行；价格下降时，按照原价格执行。

第五百一十四条 以支付金钱为内容的债，除法律另有规定或者当事人另有约定外，债权人可以请求债务人以实际履行地的法定货币履行。

第五百一十五条 标的有多项而债务人只需履行其中一项的，债务人享有选择权；但是，法律另有规定、当事人另有约定或者另有交易习惯的除外。

享有选择权的当事人在约定期限内或者履行期限届满未作选择，经催告后在合理期限内仍未选择的，选择权转移至对方。

第五百一十六条 当事人行使选择权应当及时通知对方，通知到达对方时，标的确定。标的确定后不得变更，但是经对方同意的除外。

可选择的标的发生不能履行情形的，享有选择权的当事人不得选择不能履行的标的，但是该不能履行的情形是由对方造成的除外。

第五百一十七条 债权人为二人以上，标的可分，按照份额各自享有债权的，为按份债权；债务人为二人以上，标的可分，按照份额各自负担债务的，为按份债务。

按份债权人或者按份债务人的份额难以确定的，视为份额相同。

第五百一十八条 债权人为二人以上，部分或者全部债权人均可以请求债务人履行债务的，为连带债权；债务人为二人以上，债权人可以请求部分或者全部债务人履行全部债务的，为连带债务。

连带债权或者连带债务，由法律规定或者当事人约定。

第五百一十九条 连带债务人之间的份额难以确定的，视为份额相同。

实际承担债务超过自己份额的连带债务人，有权就超出部分在其他连带债务人未履行的份额范围内向其追偿，并相应地享有债权人的权利，但是不得损害债权人的利益。其他连带债务人对债权人的抗辩，可以向该债务人主张。

被追偿的连带债务人不能履行其应分担份额的，其他连带债务人应当在相应范围内按比例分担。

第五百二十条 部分连带债务人履行、抵销债务或者提存标的物的，其他债务人对债权人的债务在相应范围内消灭；该债务人可以依据前条规定向其他债务人追偿。

部分连带债务人的债务被债权人免除的，在该连带债务人应当承担的份额范围内，其他债务人对债权人的债务消灭。

部分连带债务人的债务与债权人的债权同归于一人的，在扣除该债务人应当承担的份额后，债权人对其他债务人的债权继续存在。

债权人对部分连带债务人的给付受领迟延的，对其他连带债务人发生效力。

第五百二十一条 连带债权人之间的份额难以确定的，视为份额相同。

实际受领债权的连带债权人，应当按比例向其他连带债权人返还。

连带债权参照适用本章连带债务的有关规定。

第五百二十二条 当事人约定由债务人向第三人履行债务，债务人未向第三人履行债务或者履行债务不符合约定的，应当向债权人承担违约责任。

法律规定或者当事人约定第三人可以直接请求债务人向其履行债务，第三人未在合理期限内明确拒绝，债务人未向第三人履行债务或者履行债务不符合约定的，第三人可以请求债务人承担违约责任；债务人对债权人的抗辩，可以向第三人主张。

第五百二十三条 当事人约定由第三人向债权人履行债务，第三人不履行债务或者履行债务不符合约定的，债务人应当向债权人承担违约责任。

第五百二十四条 债务人不履行债务，第三人对履行该债务具有合法利益的，第三人有权向债权人代为履行；但是，根据债务性质、按照当事人约定或者依照法律规定只能由债务人履行的除外。

债权人接受第三人履行后，其对债务人的债权转让给第三人，但是债务人和第三人另有约定的除外。

第五百二十五条 当事人互负债务，没有先后履行顺序的，应当同时履行。一方在对方履行之前有权拒绝其履行请求。一方在对方履行债务不符合约定时，有权拒绝其相应的履行请求。

第五百二十六条 当事人互负债务，有先后履行顺序，应当先履行债务一方未履行的，后履行一方有权拒绝其履行请求。先履行一方履行债务不符合约定的，后履行一方有权拒绝其相应的履行请求。

第五百二十七条 应当先履行债务的当事人，有确切证据证明对方有下列情形之一的，可以中止履行：

（一）经营状况严重恶化；

（二）转移财产、抽逃资金，以逃避债务；

（三）丧失商业信誉；

（四）有丧失或者可能丧失履行债务能力的其他情形。

当事人没有确切证据中止履行的，应当承担违约责任。

第五百二十八条 当事人依据前条规定中止履行的，应当及时通知对方。对方提供适当担保的，应当恢复履行。中止履行后，对方在合理期限内未恢复履行能力且未提供适当担保的，视为以自己的行为表明不履行主要债务，中止履行的一方可以解除合同并可以请求对方承担违约责任。

第五百二十九条 债权人分立、合并或者变更住所没有通知债务人，致使履行债务发生困难的，债务人可以中止履行或者将标的物提存。

第五百三十条 债权人可以拒绝债务人提前履行债务，但是提前履行不损害债权人利益的除外。

债务人提前履行债务给债权人增加的费用，由债务人负担。

第五百三十一条 债权人可以拒绝债务人部分履行债务，但是部分履行不损害债权人利益的除外。

债务人部分履行债务给债权人增加的费用，由债务人负担。

第五百三十二条 合同生效后，当事人不得因姓名、名称的变更或者法定代表人、负责人、承办人的变动而不履行合同义务。

第五百三十三条 合同成立后，合同的基础条件发生了当事人在订立合同时无法预见的、不属于商业风险的重大变化，继续履行合同对于当事人一方明显不公平的，受不利影响的当事人可以与对方重新协商；在合理期限内协商不成的，当事人可以请求人民法院或者仲裁机构变更或者解除合同。

人民法院或者仲裁机构应当结合案件的实际情况，根据公平原则变更或者解除合同。

第五百三十四条 对当事人利用合同实施危害国家利益、社会公共利益行为的，市场监督管理和其他有关行政主管部门依照法律、行政法规的规定负责监督处理。

第五章 合同的保全

第五百三十五条 因债务人怠于行使其债权或者与该债权有关的从权利，影响债权人的到期债权实现的，债权人可以向人民法院请求以自己的名义代位行使债务人对相对人的权利，但是该权利专属于债务人自身的除外。

代位权的行使范围以债权人的到期债权为限。债权人行使代位权的必要费用，由债务人负担。

相对人对债务人的抗辩，可以向债权人主张。

第五百三十六条 债权人的债权到期前，债务人的债权或者与该债权有关的从权利存在诉讼时效期间即将届满或者未及时申报破产债权等情形，影响债权人的债权实现的，债权人可以代位向债务人的相对人请求其向债务人履行、向破产管理人申报或者作出其他必要的行为。

第五百三十七条 人民法院认定代位权成立的，由债务人的相对人向债权人履行义务，债权人接受履行后，债权人与债务人、债务人与相对人之间相应的权利义务终止。债务人对相对人的债权或者与该债权有关的从权利被采取保全、执行措施，或者债务人破产的，依照相关法律的规定处理。

第五百三十八条 债务人以放弃其债权、放弃债权担保、无偿转让财产等方式无偿处分财产权益，或者恶意延长其到期债权的履行期限，影响债权人的债权实现的，债权人可以请求人民法院撤销债务人的行为。

第五百三十九条 债务人以明显不合理的低价转让财产、以明显不合理的高价受让他人财产或者为他人的债务提供担保，影响债权人的债权实现，债务人的相对人知道或者应当知道该情形的，债权人可以请求人民法院撤销债务人的行为。

第五百四十条 撤销权的行使范围以债权人的债权为限。债权人行使撤销权的必要费用，由债务人负担。

第五百四十一条 撤销权自债权人知道或者应当知道撤销事由之日起一年内行使。自债务人的行为发生之日起五年内没有行使撤销权的，该撤销权消灭。

第五百四十二条 债务人影响债权人的债权实现的行为被撤销的，自始没有法律约束力。

第六章 合同的变更和转让

第五百四十三条 当事人协商一致，可以变更合同。

第五百四十四条　当事人对合同变更的内容约定不明确的，推定为未变更。

第五百四十五条　债权人可以将债权的全部或者部分转让给第三人，但是有下列情形之一的除外：

（一）根据债权性质不得转让；

（二）按照当事人约定不得转让；

（三）依照法律规定不得转让。

当事人约定非金钱债权不得转让的，不得对抗善意第三人。当事人约定金钱债权不得转让的，不得对抗第三人。

第五百四十六条　债权人转让债权，未通知债务人的，该转让对债务人不发生效力。

债权转让的通知不得撤销，但是经受让人同意的除外。

第五百四十七条　债权人转让债权的，受让人取得与债权有关的从权利，但是该从权利专属于债权人自身的除外。

受让人取得从权利不因该从权利未办理转移登记手续或者未转移占有而受到影响。

第五百四十八条　债务人接到债权转让通知后，债务人对让与人的抗辩，可以向受让人主张。

第五百四十九条　有下列情形之一的，债务人可以向受让人主张抵销：

（一）债务人接到债权转让通知时，债务人对让与人享有债权，且债务人的债权先于转让的债权到期或者同时到期；

（二）债务人的债权与转让的债权是基于同一合同产生。

第五百五十条　因债权转让增加的履行费用，由让与人负担。

第五百五十一条　债务人将债务的全部或者部分转移给第三人的，应当经债权人同意。

债务人或者第三人可以催告债权人在合理期限内予以同意，债权人未作表示的，视为不同意。

第五百五十二条　第三人与债务人约定加入债务并通知债权人，或者第三人向债权人表示愿意加入债务，债权人未在合理期限内明确拒绝的，债权人可以请求第三人在其愿意承担的债务范围内和债务人承担连带债务。

第五百五十三条　债务人转移债务的，新债务人可以主张原债务人对债权人的抗辩；原债务人对债权人享有债权的，新债务人不得向债权人主张抵销。

第五百五十四条　债务人转移债务的，新债务人应当承担与主债务有关的从债务，但是该从债务专属于原债务人自身的除外。

第五百五十五条　当事人一方经对方同意，可以将自己在合同中的权利和义务一并转让给第三人。

第五百五十六条　合同的权利和义务一并转让的，适用债权转让、债务转移的有关规定。

第七章　合同的权利义务终止

第五百五十七条　有下列情形之一的，债权债务终止：

（一）债务已经履行；

（二）债务相互抵销；

（三）债务人依法将标的物提存；

（四）债权人免除债务；

（五）债权债务同归于一人；

（六）法律规定或者当事人约定终止的其他情形。

合同解除的，该合同的权利义务关系终止。

第五百五十八条 债权债务终止后，当事人应当遵循诚信等原则，根据交易习惯履行通知、协助、保密、旧物回收等义务。

第五百五十九条 债权债务终止时，债权的从权利同时消灭，但是法律另有规定或者当事人另有约定的除外。

第五百六十条 债务人对同一债权人负担的数项债务种类相同，债务人的给付不足以清偿全部债务的，除当事人另有约定外，由债务人在清偿时指定其履行的债务。

债务人未作指定的，应当优先履行已经到期的债务；数项债务均到期的，优先履行对债权人缺乏担保或者担保最少的债务；均无担保或者担保相等的，优先履行债务人负担较重的债务；负担相同的，按照债务到期的先后顺序履行；到期时间相同的，按照债务比例履行。

第五百六十一条 债务人在履行主债务外还应当支付利息和实现债权的有关费用，其给付不足以清偿全部债务的，除当事人另有约定外，应当按照下列顺序履行：

（一）实现债权的有关费用；

（二）利息；

（三）主债务。

第五百六十二条 当事人协商一致，可以解除合同。

当事人可以约定一方解除合同的事由。解除合同的事由发生时，解除权人可以解除合同。

第五百六十三条 有下列情形之一的，当事人可以解除合同：

（一）因不可抗力致使不能实现合同目的；

（二）在履行期限届满前，当事人一方明确表示或者以自己的行为表明不履行主要债务；

（三）当事人一方迟延履行主要债务，经催告后在合理期限内仍未履行；

（四）当事人一方迟延履行债务或者有其他违约行为致使不能实现合同目的；

（五）法律规定的其他情形。

以持续履行的债务为内容的不定期合同，当事人可以随时解除合同，但是应当在合理期限之前通知对方。

第五百六十四条 法律规定或者当事人约定解除权行使期限，期限届满当事人不行使的，该权利消灭。

法律没有规定或者当事人没有约定解除权行使期限，自解除权人知道或者应当知道解除事由之日起一年内不行使，或者经对方催告后在合理期限内不行使的，该权利消灭。

第五百六十五条 当事人一方依法主张解除合同的，应当通知对方。合同自通知到达对方时解除；通知载明债务人在一定期限内不履行债务则合同自动解除，债务人在该期限内未履行债务的，合同自通知载明的期限届满时解除。对方对解除合同有异议的，任何一方当事人均可以请求人民法院或者仲裁机构确认解除行为的效力。

当事人一方未通知对方，直接以提起诉讼或者申请仲裁的方式依法主张解除合同，人民法院或者仲裁机构确认该主张的，合同自起诉状副本或者仲裁申请书副本送达对方时解除。

第五百六十六条 合同解除后，尚未履行的，终止履行；已经履行的，根据履行情况和合同性质，当事人可以请求恢复原状或者采取其他补救措施，并有权请求赔偿损失。

合同因违约解除的，解除权人可以请求违约方承担违约责任，但是当事人另有约定的除外。

主合同解除后，担保人对债务人应当承担的民事责任仍应当承担担保责任，但是担保合同另有约定的除外。

第五百六十七条 合同的权利义务关系终止，不影响合同中结算和清理条款的效力。

第五百六十八条 当事人互负债务，该债务的标的物种类、品质相同的，任何一方可以将自己的债务与对方的到期债务抵销；但是，根据债务性质、按照当事人约定或者依照法律规定不得抵销的除外。

当事人主张抵销的，应当通知对方。通知自到达对方时生效。抵销不得附条件或者附期限。

第五百六十九条 当事人互负债务，标的物种类、品质不相同的，经协商一致，也可以抵销。

第五百七十五条 债权人免除债务人部分或者全部债务的，债权债务部分或者全部终止，但是债务人在合理期限内拒绝的除外。

第五百七十六条 债权和债务同归于一人的，债权债务终止，但是损害第三人利益的除外。

第八章　违　约　责　任

第五百七十七条 当事人一方不履行合同义务或者履行合同义务不符合约定的，应当承担继续履行、采取补救措施或者赔偿损失等违约责任。

第五百七十八条 当事人一方明确表示或者以自己的行为表明不履行合同义务的，对方可以在履行期限届满前请求其承担违约责任。

第五百七十九条 当事人一方未支付价款、报酬、租金、利息，或者不履行其他金钱债务的，对方可以请求其支付。

第五百八十条 当事人一方不履行非金钱债务或者履行非金钱债务不符合约定的，对方可以请求履行，但是有下列情形之一的除外：

（一）法律上或者事实上不能履行；

（二）债务的标的不适于强制履行或者履行费用过高；

（三）债权人在合理期限内未请求履行。

有前款规定的除外情形之一，致使不能实现合同目的的，人民法院或者仲裁机构可以根据当事人的请求终止合同权利义务关系，但是不影响违约责任的承担。

第五百八十一条 当事人一方不履行债务或者履行债务不符合约定，根据债务的性质不得强制履行的，对方可以请求其负担由第三人替代履行的费用。

第五百八十二条 履行不符合约定的，应当按照当事人的约定承担违约责任。对违约责任没有约定或者约定不明确，依据本法第五百一十条的规定仍不能确定的，受损害方根据标的的性质以及损失的大小，可以合理选择请求对方承担修理、重作、更换、退货、减少价款或者报酬等违约责任。

第五百八十三条 当事人一方不履行合同义务或者履行合同义务不符合约定的，在履行义务或者采取补救措施后，对方还有其他损失的，应当赔偿损失。

第五百八十四条 当事人一方不履行合同义务或者履行合同义务不符合约定，造成对方损失的，损失赔偿额应当相当于因违约所造成的损失，包括合同履行后可以获得的利益；但是，不得超过违约一方订立合同时预见到或者应当预见到的因违约可能造成的损失。

第五百八十五条 当事人可以约定一方违约时应当根据违约情况向对方支付一定数额的违约金，也可以约定因违约产生的损失赔偿额的计算方法。

约定的违约金低于造成的损失的，人民法院或者仲裁机构可以根据当事人的请求予以增加；约定的违约金过分高于造成的损失的，人民法院或者仲裁机构可以根据当事人的请求予以适当减少。

当事人就迟延履行约定违约金的，违约方支付违约金后，还应当履行债务。

第五百八十六条 当事人可以约定一方向对方给付定金作为债权的担保。定金合同自实际交付定金时成立。

定金的数额由当事人约定；但是，不得超过主合同标的额的百分之二十，超过部分不产生定金的效力。实际交付的定金数额多于或者少于约定数额的，视为变更约定的定金数额。

第五百八十七条 债务人履行债务的，定金应当抵作价款或者收回。给付定金的一方不履行债务或者履行债务不符合约定，致使不能实现合同目的的，无权请求返还定金；收受定金的一方不履行债务或者履行债务不符合约定，致使不能实现合同目的的，应当双倍返还定金。

第五百八十八条 当事人既约定违约金，又约定定金的，一方违约时，对方可以选择适用违约金或者定金条款。

定金不足以弥补一方违约造成的损失的，对方可以请求赔偿超过定金数额的损失。

第五百八十九条 债务人按照约定履行债务，债权人无正当理由拒绝受领的，债务人可以请求债权人赔偿增加的费用。

在债权人受领迟延期间，债务人无须支付利息。

第五百九十条 当事人一方因不可抗力不能履行合同的，根据不可抗力的影响，部分或者全部免除责任，但是法律另有规定的除外。因不可抗力不能履行合同的，应当及时通知对方，以减轻可能给对方造成的损失，并应当在合理期限内提供证明。

当事人迟延履行后发生不可抗力的，不免除其违约责任。

第五百九十一条 当事人一方违约后，对方应当采取适当措施防止损失的扩大；没有采取适当措施致使损失扩大的，不得就扩大的损失请求赔偿。

当事人因防止损失扩大而支出的合理费用，由违约方负担。

第五百九十二条 当事人都违反合同的，应当各自承担相应的责任。

当事人一方违约造成对方损失，对方对损失的发生有过错的，可以减少相应的损失赔偿额。

第五百九十三条 当事人一方因第三人的原因造成违约的，应当依法向对方承担违约责任。当事人一方和第三人之间的纠纷，依照法律规定或者按照约定处理。

第二分编 典 型 合 同

第十章 供用电、水、气、热力合同

第六百四十八条 供用电合同是供电人向用电人供电，用电人支付电费的合同。

向社会公众供电的供电人，不得拒绝用电人合理的订立合同要求。

第六百四十九条 供用电合同的内容一般包括供电的方式、质量、时间，用电容量、地址、性质，计量方式，电价、电费的结算方式，供用电设施的维护责任等条款。

第六百五十条 供用电合同的履行地点，按照当事人约定；当事人没有约定或者约定不明确的，供电设施的产权分界处为履行地点。

第六百五十一条 供电人应当按照国家规定的供电质量标准和约定安全供电。供电人未按照国家规定的供电质量标准和约定安全供电，造成用电人损失的，应当承担赔偿责任。

第六百五十二条 供电人因供电设施计划检修、临时检修、依法限电或者用电人违法用电等原因，需要中断供电时，应当按照国家有关规定事先通知用电人；未事先通知用电人中断供电，造成用电人损失的，应当承担赔偿责任。

第六百五十三条 因自然灾害等原因断电，供电人应当按照国家有关规定及时抢修；未及时抢修，造成用电人损失的，应当承担赔偿责任。

第六百五十四条 用电人应当按照国家有关规定和当事人的约定及时支付电费。用电人逾期不支付电费的，应当按照约定支付违约金。经催告用电人在合理期限内仍不支付电费和违约金的，供电人可以按照国家规定的程序中止供电。

供电人依据前款规定中止供电的，应当事先通知用电人。

第六百五十五条 用电人应当按照国家有关规定和当事人的约定安全、节约和计划用电。用电人未按照国家有关规定和当事人的约定用电，造成供电人损失的，应当承担赔偿责任。

第六百五十六条 供用水、供用气、供用热力合同，参照适用供用电合同的有关规定。

第七编 侵 权 责 任

第一章 一 般 规 定

第一千一百六十四条 本编调整因侵害民事权益产生的民事关系。

第一千一百六十五条 行为人因过错侵害他人民事权益造成损害的，应当承担侵权责任。

依照法律规定推定行为人有过错，其不能证明自己没有过错的，应当承担侵权责任。

第一千一百六十六条 行为人造成他人民事权益损害，不论行为人有无过错，法律规定应当承担侵权责任的，依照其规定。

第一千一百六十七条 侵权行为危及他人人身、财产安全的，被侵权人有权请求侵权人承担停止侵害、排除妨碍、消除危险等侵权责任。

第一千一百六十八条 二人以上共同实施侵权行为，造成他人损害的，应当承担连带责任。

第一千一百六十九条 教唆、帮助他人实施侵权行为的，应当与行为人承担连带责任。

教唆、帮助无民事行为能力人、限制民事行为能力人实施侵权行为的，应当承担侵权责任；该无民事行为能力人、限制民事行为能力人的监护人未尽到监护职责的，应当承担相应的责任。

第一千一百七十条 二人以上实施危及他人人身、财产安全的行为，其中一人或者数人的行为造成他人损害，能够确定具体侵权人的，由侵权人承担责任；不能确定具体侵权人的，行为人承担连带责任。

第一千一百七十一条 二人以上分别实施侵权行为造成同一损害，每个人的侵权行为都足以造成全部损害的，行为人承担连带责任。

第一千一百七十二条 二人以上分别实施侵权行为造成同一损害，能够确定责任大小的，各自承担相应的责任；难以确定责任大小的，平均承担责任。

第一千一百七十三条 被侵权人对同一损害的发生或者扩大有过错的，可以减轻侵权人的责任。

第一千一百七十四条 损害是因受害人故意造成的，行为人不承担责任。

第一千一百七十五条 损害是因第三人造成的，第三人应当承担侵权责任。

第一千一百七十七条 合法权益受到侵害，情况紧迫且不能及时获得国家机关保护，不立即采取措施将使其合法权益受到难以弥补的损害的，受害人可以在保护自己合法权益的必要范围内采取扣留侵权人的财物等合理措施；但是，应当立即请求有关国家机关处理。

受害人采取的措施不当造成他人损害的，应当承担侵权责任。

第一千一百七十八条 本法和其他法律对不承担责任或者减轻责任的情形另有规定的，依照其规定。

第二章 损 害 赔 偿

第一千一百七十九条 侵害他人造成人身损害的，应当赔偿医疗费、护理费、交通费、营养费、住院伙食补助费等为治疗和康复支出的合理费用，以及因误工减少的收入。造成残疾的，还应当赔偿辅助器具费和残疾赔偿金；造成死亡的，还应当赔偿丧葬费和死亡赔偿金。

第一千一百八十条 因同一侵权行为造成多人死亡的，可以以相同数额确定死亡赔偿金。

第一千一百八十一条 被侵权人死亡的，其近亲属有权请求侵权人承担侵权责任。被侵权人为组织，该组织分立、合并的，承继权利的组织有权请求侵权人承担侵权责任。

被侵权人死亡的，支付被侵权人医疗费、丧葬费等合理费用的人有权请求侵权人赔偿费用，但是侵权人已经支付该费用的除外。

第一千一百八十二条 侵害他人人身权益造成财产损失的，按照被侵权人因此受到的损失或者侵权人因此获得的利益赔偿；被侵权人因此受到的损失以及侵权人因此获得的利益难以确定，被侵权人和侵权人就赔偿数额协商不一致，向人民法院提起诉讼的，由人民法院根据实际情况确定赔偿数额。

第一千一百八十三条 侵害自然人人身权益造成严重精神损害的，被侵权人有权请求精神损害赔偿。

因故意或者重大过失侵害自然人具有人身意义的特定物造成严重精神损害的，被侵权人有权请求精神损害赔偿。

第一千一百八十四条 侵害他人财产的，财产损失按照损失发生时的市场价格或者其他合理方式计算。

第一千一百八十五条 故意侵害他人知识产权，情节严重的，被侵权人有权请求相应的惩罚性赔偿。

第一千一百八十六条 受害人和行为人对损害的发生都没有过错的，依照法律的规定由双方分担损失。

第一千一百八十七条 损害发生后，当事人可以协商赔偿费用的支付方式。协商不一致的，赔偿费用应当一次性支付；一次性支付确有困难的，可以分期支付，但是被侵权人有权请求提供相应的担保。

第三章 责任主体的特殊规定

第一千一百八十八条 无民事行为能力人、限制民事行为能力人造成他人损害的，由监护人承担侵权责任。监护人尽到监护职责的，可以减轻其侵权责任。

有财产的无民事行为能力人、限制民事行为能力人造成他人损害的，从本人财产中支付赔偿费用；不足部分，由监护人赔偿。

第一千一百八十九条 无民事行为能力人、限制民事行为能力人造成他人损害，监护人将监护职责委托给他人的，监护人应当承担侵权责任；受托人有过错的，承担相应的责任。

第一千一百九十条 完全民事行为能力人对自己的行为暂时没有意识或者失去控制造成他人损害有过错的，应当承担侵权责任；没有过错的，根据行为人的经济状况对受害人适当补偿。

完全民事行为能力人因醉酒、滥用麻醉药品或者精神药品对自己的行为暂时没有意识或者失去控制造成他人损害的，应当承担侵权责任。

第一千一百九十一条 用人单位的工作人员因执行工作任务造成他人损害的，由用人单位承担侵权责任。用人单位承担侵权责任后，可以向有故意或者重大过失的工作人员追偿。

劳务派遣期间，被派遣的工作人员因执行工作任务造成他人损害的，由接受劳务派遣的用工单位承担侵权责任；劳务派遣单位有过错的，承担相应的责任。

第一千一百九十二条 个人之间形成劳务关系，提供劳务一方因劳务造成他人损害的，由接受劳务一方承担侵权责任。接受劳务一方承担侵权责任后，可以向有故意或者重大过失的提供劳务一方追偿。提供劳务一方因劳务受到损害的，根据双方各自的过错承担相应的责任。

提供劳务期间，因第三人的行为造成提供劳务一方损害的，提供劳务一方有权请求第三人承担侵权责任，也有权请求接受劳务一方给予补偿。接受劳务一方补偿后，可以向第三人追偿。

第一千一百九十三条 承揽人在完成工作过程中造成第三人损害或者自己损害的，定作人不承担侵权责任。但是，定作人对定作、指示或者选任有过错的，应当承担相应的责任。

第一千一百九十八条 宾馆、商场、银行、车站、机场、体育场馆、娱乐场所等经营场所、公共场所的经营者、管理者或者群众性活动的组织者，未尽到安全保障义务，造成他人损害的，应当承担侵权责任。

因第三人的行为造成他人损害的，由第三人承担侵权责任；经营者、管理者或者组织者未尽到安全保障义务的，承担相应的补充责任。经营者、管理者或者组织者承担补充责任后，可以向第三人追偿。

第八章 高度危险责任

第一千二百三十六条 从事高度危险作业造成他人损害的，应当承担侵权责任。

第一千二百三十九条 占有或者使用易燃、易爆、剧毒、高放射性、强腐蚀性、高致病性等高度危险物造成他人损害的，占有人或者使用人应当承担侵权责任；但是，能够证明损害是因受害人故意或者不可抗力造成的，不承担责任。被侵权人对损害的发生有重大过失的，可以减轻占有人或者使用人的责任。

第一千二百四十条 从事高空、高压、地下挖掘活动或者使用高速轨道运输工具造成他人损害的，经营者应当承担侵权责任；但是，能够证明损害是因受害人故意或者不可抗力造成的，不承担责任。被侵权人对损害的发生有重大过失的，可以减轻经营者的责任。

第一千二百四十一条 遗失、抛弃高度危险物造成他人损害的，由所有人承担侵权责任。所有人将高度危险物交由他人管理的，由管理人承担侵权责任；所有人有过错的，与管理人承担连带责任。

第一千二百四十二条 非法占有高度危险物造成他人损害的，由非法占有人承担侵权责任。所有人、管理人不能证明对防止非法占有尽到高度注意义务的，与非法占有人承担连带责任。

第一千二百四十三条 未经许可进入高度危险活动区域或者高度危险物存放区域受到损害，管理人能够证明已经采取足够安全措施并尽到充分警示义务的，可以减轻或者不承担责任。

第一千二百四十四条 承担高度危险责任，法律规定赔偿限额的，依照其规定，但是行为人有故意或者重大过失的除外。

第十章　建筑物和物件损害责任

第一千二百五十二条 建筑物、构筑物或者其他设施倒塌、塌陷造成他人损害的，由建设单位与施工单位承担连带责任，但是建设单位与施工单位能够证明不存在质量缺陷的除外。建设单位、施工单位赔偿后，有其他责任人的，有权向其他责任人追偿。

因所有人、管理人、使用人或者第三人的原因，建筑物、构筑物或者其他设施倒塌、塌陷造成他人损害的，由所有人、管理人、使用人或者第三人承担侵权责任。

第一千二百五十三条 建筑物、构筑物或者其他设施及其搁置物、悬挂物发生脱落、坠落造成他人损害，所有人、管理人或者使用人不能证明自己没有过错的，应当承担侵权责任。所有人、管理人或者使用人赔偿后，有其他责任人的，有权向其他责任人追偿。

第一千二百五十四条 禁止从建筑物中抛掷物品。从建筑物中抛掷物品或者从建筑物上坠落的物品造成他人损害的，由侵权人依法承担侵权责任；经调查难以确定具体侵权人的，除能够证明自己不是侵权人的外，由可能加害的建筑物使用人给予补偿。可能加害的建筑物使用人补偿后，有权向侵权人追偿。

物业服务企业等建筑物管理人应当采取必要的安全保障措施防止前款规定情形的发生；未采取必要的安全保障措施的，应当依法承担未履行安全保障义务的侵权责任。

发生本条第一款规定的情形的，公安等机关应当依法及时调查，查清责任人。

第一千二百五十五条 堆放物倒塌、滚落或者滑落造成他人损害，堆放人不能证明自己没有过错的，应当承担侵权责任。

第一千二百五十六条 在公共道路上堆放、倾倒、遗撒妨碍通行的物品造成他人损害的，由行为人承担侵权责任。公共道路管理人不能证明已经尽到清理、防护、警示等义务的，应当承担相应的责任。

第一千二百五十七条 因林木折断、倾倒或者果实坠落等造成他人损害，林木的所有人或者管理人不能证明自己没有过错的，应当承担侵权责任。

第一千二百五十八条 在公共场所或者道路上挖掘、修缮安装地下设施等造成他人损害，施工人不能证明已经设置明显标志和采取安全措施的，应当承担侵权责任。

窨井等地下设施造成他人损害，管理人不能证明尽到管理职责的，应当承担侵权责任。

1-2 中华人民共和国电力法

（1995年12月28日第八届全国人民代表大会常务委员会第十七次会议通过，根据2009年8月27日第十一届全国人民代表大会常务委员会第十次会议《关于修改部分法律的决定》第一次修正，根据2015年4月24日第十二届全国人民代表大会常务委员会第十四次会议《关于修改〈中华人民共和国电力法〉等六部法律的决定》第二次修正，根据2018年12月29日第十三届全国人民代表大会常务委员会第七次会议《关于修改〈中华人民共和国电力法〉等四部法律的决定》第三次修正）

第一章 总 则

第一条 为了保障和促进电力事业的发展，维护电力投资者、经营者和使用者的合法权益，保障电力安全运行，制定本法。

第二条 本法适用于中华人民共和国境内的电力建设、生产、供应和使用活动。

第三条 电力事业应当适应国民经济和社会发展的需要，适当超前发展。国家鼓励、引导国内外的经济组织和个人依法投资开发电源，兴办电力生产企业。

电力事业投资，实行谁投资、谁收益的原则。

第四条 电力设施受国家保护。

禁止任何单位和个人危害电力设施安全或者非法侵占、使用电能。

第五条 电力建设、生产、供应和使用应当依法保护环境，采用新技术，减少有害物质排放，防治污染和其他公害。

国家鼓励和支持利用可再生能源和清洁能源发电。

第六条 国务院电力管理部门负责全国电力事业的监督管理。国务院有关部门在各自的职责范围内负责电力事业的监督管理。

县级以上地方人民政府经济综合主管部门是本行政区域内的电力管理部门，负责电力事业的监督管理。县级以上地方人民政府有关部门在各自的职责范围内负责电力事业的监督管理。

第七条 电力建设企业、电力生产企业、电网经营企业依法实行自主经营、自负盈亏，并接受电力管理部门的监督。

第八条 国家帮助和扶持少数民族地区、边远地区和贫困地区发展电力事业。

第九条 国家鼓励在电力建设、生产、供应和使用过程中，采用先进的科学技术和管理方法，对在研究、开发、采用先进的科学技术和管理方法等方面作出显著成绩的单位和个人给予奖励。

第二章　电　力　建　设

第十条　电力发展规划应当根据国民经济和社会发展的需要制定，并纳入国民经济和社会发展计划。

电力发展规划，应当体现合理利用能源、电源与电网配套发展、提高经济效益和有利于环境保护的原则。

第十一条　城市电网的建设与改造规划，应当纳入城市总体规划。城市人民政府应当按照规划，安排变电设施用地、输电线路走廊和电缆通道。

任何单位和个人不得非法占用变电设施用地、输电线路走廊和电缆通道。

第十二条　国家通过制定有关政策，支持、促进电力建设。

地方人民政府应当根据电力发展规划，因地制宜，采取多种措施开发电源，发展电力建设。

第十三条　电力投资者对其投资形成的电力，享有法定权益。并网运行的，电力投资者有优先使用权；未并网的自备电厂，电力投资者自行支配使用。

第十四条　电力建设项目应当符合电力发展规划，符合国家电力产业政策。

电力建设项目不得使用国家明令淘汰的电力设备和技术。

第十五条　输变电工程、调度通信自动化工程等电网配套工程和环境保护工程，应当与发电工程项目同时设计、同时建设、同时验收、同时投入使用。

第十六条　电力建设项目使用土地，应当依照有关法律、行政法规的规定办理；依法征收土地的，应当依法支付土地补偿费和安置补偿费，做好迁移居民的安置工作。

电力建设应当贯彻切实保护耕地、节约利用土地的原则。

地方人民政府对电力事业依法使用土地和迁移居民，应当予以支持和协助。

第十七条　地方人民政府应当支持电力企业为发电工程建设勘探水源和依法取水、用水。电力企业应当节约用水。

第三章　电力生产与电网管理

第十八条　电力生产与电网运行应当遵循安全、优质、经济的原则。

电网运行应当连续、稳定，保证供电可靠性。

第十九条　电力企业应当加强安全生产管理，坚持安全第一、预防为主的方针，建立、健全安全生产责任制度。

电力企业应当对电力设施定期进行检修和维护，保证其正常运行。

第二十条　发电燃料供应企业、运输企业和电力生产企业应当依照国务院有关规定或者合同约定供应、运输和接卸燃料。

第二十一条　电网运行实行统一调度、分级管理。任何单位和个人不得非法干预电网调度。

第二十二条　国家提倡电力生产企业与电网、电网与电网并网运行。具有独立法人资格的电力生产企业要求将生产的电力并网运行的，电网经营企业应当接受。

并网运行必须符合国家标准或者电力行业标准。

并网双方应当按照统一调度、分级管理和平等互利、协商一致的原则，签订并网协议，确定双方的权利和义务；并网双方达不成协议的，由省级以上电力管理部门协调决定。

第二十三条 电网调度管理办法，由国务院依照本法的规定制定。

第四章 电力供应与使用

第二十四条 国家对电力供应和使用，实行安全用电、节约用电、计划用电的管理原则。

电力供应与使用办法由国务院依照本法的规定制定。

第二十五条 供电企业在批准的供电营业区内向用户供电。

供电营业区的划分，应当考虑电网的结构和供电合理性等因素。一个供电营业区内只设立一个供电营业机构。

供电营业区的设立、变更，由供电企业提出申请，电力管理部门依据职责和管理权限，会同同级有关部门审查批准后，发给《电力业务许可证》。供电营业区设立、变更的具体办法，由国务院电力管理部门制定。

第二十六条 供电营业区内的供电营业机构，对本营业区内的用户有按照国家规定供电的义务；不得违反国家规定对其营业区内申请用电的单位和个人拒绝供电。

申请新装用电、临时用电、增加用电容量、变更用电和终止用电，应当依照规定的程序办理手续。

供电企业应当在其营业场所公告用电的程序、制度和收费标准，并提供用户须知资料。

第二十七条 电力供应与使用双方应当根据平等自愿、协商一致的原则，按照国务院制定的电力供应与使用办法签订供用电合同，确定双方的权利和义务。

第二十八条 供电企业应当保证供给用户的供电质量符合国家标准。对公用供电设施引起的供电质量问题，应当及时处理。

用户对供电质量有特殊要求的，供电企业应当根据其必要性和电网的可能，提供相应的电力。

第二十九条 供电企业在发电、供电系统正常的情况下，应当连续向用户供电，不得中断。因供电设施检修、依法限电或者用户违法用电等原因，需要中断供电时，供电企业应当按照国家有关规定事先通知用户。

用户对供电企业中断供电有异议的，可以向电力管理部门投诉；受理投诉的电力管理部门应当依法处理。

第三十条 因抢险救灾需要紧急供电时，供电企业必须尽速安排供电，所需供电工程费用和应付电费依照国家有关规定执行。

第三十一条 用户应当安装用电计量装置。用户使用的电力电量，以计量检定机构依法认可的用电计量装置的记录为准。

用户受电装置的设计、施工安装和运行管理，应当符合国家标准或者电力行业标准。

第三十二条 用户用电不得危害供电、用电安全和扰乱供电、用电秩序。

对危害供电、用电安全和扰乱供电、用电秩序的，供电企业有权制止。

第三十三条 供电企业应当按照国家核准的电价和用电计量装置的记录，向用户计收电费。

供电企业查电人员和抄表收费人员进入用户，进行用电安全检查或者抄表收费时，应当出示有关证件。

用户应当按照国家核准的电价和用电计量装置的记录，按时交纳电费；对供电企业查电人员和抄表收费人员依法履行职责，应当提供方便。

第三十四条 供电企业和用户应当遵守国家有关规定，采取有效措施，做好安全用电、节约用电和计划用电工作。

第五章 电价与电费

第三十五条 本法所称电价，是指电力生产企业的上网电价、电网间的互供电价、电网销售电价。

电价实行统一政策，统一定价原则，分级管理。

第三十六条 制定电价，应当合理补偿成本，合理确定收益，依法计入税金，坚持公平负担，促进电力建设。

第三十七条 上网电价实行同网同质同价。具体办法和实施步骤由国务院规定。

电力生产企业有特殊情况需另行制定上网电价的，具体办法由国务院规定。

第三十八条 跨省、自治区、直辖市电网和省级电网内的上网电价，由电力生产企业和电网经营企业协商提出方案，报国务院物价行政主管部门核准。

独立电网内的上网电价，由电力生产企业和电网经营企业协商提出方案，报有管理权的物价行政主管部门核准。

地方投资的电力生产企业所生产的电力，属于在省内各地区形成独立电网的或者自发自用的，其电价可以由省、自治区、直辖市人民政府管理。

第三十九条 跨省、自治区、直辖市电网和独立电网之间、省级电网和独立电网之间的互供电价，由双方协商提出方案，报国务院物价行政主管部门或者其授权的部门核准。

独立电网与独立电网之间的互供电价，由双方协商提出方案，报有管理权的物价行政主管部门核准。

第四十条 跨省、自治区、直辖市电网和省级电网的销售电价，由电网经营企业提出方案，报国务院物价行政主管部门或者其授权的部门核准。

独立电网的销售电价，由电网经营企业提出方案，报有管理权的物价行政主管部门核准。

第四十一条 国家实行分类电价和分时电价。分类标准和分时办法由国务院确定。

对同一电网内的同一电压等级、同一用电类别的用户，执行相同的电价标准。

第四十二条 用户用电增容收费标准，由国务院物价行政主管部门会同国务院电力管理部门制定。

第四十三条 任何单位不得超越电价管理权限制定电价。供电企业不得擅自变更电价。

第四十四条 禁止任何单位和个人在电费中加收其他费用；但是，法律、行政法规另有规定的，按照规定执行。

地方集资办电在电费中加收费用的，由省、自治区、直辖市人民政府依照国务院有关规定制定办法。

禁止供电企业在收取电费时，代收其他费用。

第四十五条 电价的管理办法，由国务院依照本法的规定制定。

第六章 农村电力建设和农业用电

第四十六条 省、自治区、直辖市人民政府应当制定农村电气化发展规划，并将其纳入当地电力发展规划及国民经济和社会发展计划。

第四十七条 国家对农村电气化实行优惠政策，对少数民族地区、边远地区和贫困地区的农村电力建设给予重点扶持。

第四十八条 国家提倡农村开发水能资源，建设中、小型水电站，促进农村电气化。

国家鼓励和支持农村利用太阳能、风能、地热能、生物质能和其他能源进行农村电源建设，增加农村电力供应。

第四十九条 县级以上地方人民政府及其经济综合主管部门在安排用电指标时，应当保证农业和农村用电的适当比例，优先保证农村排涝、抗旱和农业季节性生产用电。

电力企业应当执行前款的用电安排，不得减少农业和农村用电指标。

第五十条 农业用电价格按照保本、微利的原则确定。

农民生活用电与当地城镇居民生活用电应当逐步实行相同的电价。

第五十一条 农业和农村用电管理办法，由国务院依照本法的规定制定。

第七章 电力设施保护

第五十二条 任何单位和个人不得危害发电设施、变电设施和电力线路设施及其有关辅助设施。

在电力设施周围进行爆破及其他可能危及电力设施安全的作业的，应当按照国务院有关电力设施保护的规定，经批准并采取确保电力设施安全的措施后，方可进行作业。

第五十三条 电力管理部门应当按照国务院有关电力设施保护的规定，对电力设施保护区设立标志。

任何单位和个人不得在依法划定的电力设施保护区内修建可能危及电力设施安全的建筑物、构筑物，不得种植可能危及电力设施安全的植物，不得堆放可能危及电力设施安全的物品。

在依法划定电力设施保护区前已经种植的植物妨碍电力设施安全的，应当修剪或者砍伐。

第五十四条 任何单位和个人需要在依法划定的电力设施保护区内进行可能危及电力设施安全的作业时，应当经电力管理部门批准并采取安全措施后，方可进行作业。

第五十五条 电力设施与公用工程、绿化工程和其他工程在新建、改建或者扩建中相互妨碍时，有关单位应当按照国家有关规定协商，达成协议后方可施工。

第八章 监督检查

第五十六条 电力管理部门依法对电力企业和用户执行电力法律、行政法规的情况进行监督检查。

第五十七条 电力管理部门根据工作需要，可以配备电力监督检查人员。

电力监督检查人员应当公正廉洁，秉公执法，熟悉电力法律、法规，掌握有关电力专业技术。

第五十八条 电力监督检查人员进行监督检查时，有权向电力企业或者用户了解有关执行电力法律、行政法规的情况，查阅有关资料，并有权进入现场进行检查。

电力企业和用户对执行监督检查任务的电力监督检查人员应当提供方便。

电力监督检查人员进行监督检查时，应当出示证件。

第九章 法 律 责 任

第五十九条 电力企业或者用户违反供用电合同，给对方造成损失的，应当依法承担赔偿责任。

电力企业违反本法第二十八条、第二十九条第一款的规定，未保证供电质量或者未事先通知用户中断供电，给用户造成损失的，应当依法承担赔偿责任。

第六十条 因电力运行事故给用户或者第三人造成损害的，电力企业应当依法承担赔偿责任。

电力运行事故由下列原因之一造成的，电力企业不承担赔偿责任：

（一）不可抗力；

（二）用户自身的过错。

因用户或者第三人的过错给电力企业或者其他用户造成损害的，该用户或者第三人应当依法承担赔偿责任。

第六十一条 违反本法第十一条第二款的规定，非法占用变电设施用地、输电线路走廊或者电缆通道的，由县级以上地方人民政府责令限期改正；逾期不改正的，强制清除障碍。

第六十二条 违反本法第十四条规定，电力建设项目不符合电力发展规划、产业政策的，由电力管理部门责令停止建设。

违反本法第十四条规定，电力建设项目使用国家明令淘汰的电力设备和技术的，由电力管理部门责令停止使用，没收国家明令淘汰的电力设备，并处五万元以下的罚款。

第六十三条 违反本法第二十五条规定，未经许可，从事供电或者变更供电营业区的，由电力管理部门责令改正，没收违法所得，可以并处违法所得五倍以下的罚款。

第六十四条 违反本法第二十六条、第二十九条规定，拒绝供电或者中断供电的，由电力管理部门责令改正，给予警告；情节严重的，对有关主管人员和直接责任人员给予行政处分。

第六十五条 违反本法第三十二条规定，危害供电、用电安全或者扰乱供电、用电秩序的，由电力管理部门责令改正，给予警告；情节严重或者拒绝改正的，可以中止供电，可以并处五万元以下的罚款。

第六十六条 违反本法第三十三条、第四十三条、第四十四条规定，未按照国家核准的电价和用电计量装置的记录向用户计收电费、超越权限制定电价或者在电费中加收其他费用的，由物价行政主管部门给予警告，责令返还违法收取的费用，可以并处违法收取费用五倍以下的罚款；情节严重的，对有关主管人员和直接责任人员给予行政处分。

第六十七条 违反本法第四十九条第二款规定，减少农业和农村用电指标的，由电力管理部门责令改正；情节严重的，对有关主管人员和直接责任人员给予行政处分；造成损失的，责令赔偿损失。

第六十八条 违反本法第五十二条第二款和第五十四条规定，未经批准或者未采取安全措施在电力设施周围或者在依法划定的电力设施保护区内进行作业，危及电力设施安全的，由电力管理部门责令停止作业、恢复原状并赔偿损失。

第六十九条 违反本法第五十三条规定，在依法划定的电力设施保护区内修建建筑物、构筑物或者种植植物、堆放物品，危及电力设施安全的，由当地人民政府责令强制拆除、砍伐或者清除。

第七十条 有下列行为之一，应当给予治安管理处罚的，由公安机关依照治安管理处罚法的有关规定予以处罚；构成犯罪的，依法追究刑事责任：

（一）阻碍电力建设或者电力设施抢修，致使电力建设或者电力设施抢修不能正常进行的；

（二）扰乱电力生产企业、变电所、电力调度机构和供电企业的秩序，致使生产、工作和营业不能正常进行的；

（三）殴打、公然侮辱履行职务的查电人员或者抄表收费人员的；

（四）拒绝、阻碍电力监督检查人员依法执行职务的。

第七十一条 盗窃电能的，由电力管理部门责令停止违法行为，追缴电费并处应交电费五倍以下的罚款；构成犯罪的，依照刑法有关规定追究刑事责任。

第七十二条 盗窃电力设施或者以其他方法破坏电力设施，危害公共安全的，依照刑法有关规定追究刑事责任。

第七十三条 电力管理部门的工作人员滥用职权、玩忽职守、徇私舞弊，构成犯罪的，依法追究刑事责任；尚不构成犯罪的，依法给予行政处分。

第七十四条 电力企业职工违反规章制度、违章调度或者不服从调度指令，造成重大事故的，依照刑法有关规定追究刑事责任。

电力企业职工故意延误电力设施抢修或者抢险救灾供电，造成严重后果的，依照刑法有关规定追究刑事责任。

电力企业的管理人员和查电人员、抄表收费人员勒索用户、以电谋私，构成犯罪的，依法追究刑事责任；尚不构成犯罪的，依法给予行政处分。

第十章　附　　则

第七十五条 本法自1996年4月1日起施行。

1-3　电力供应与使用条例

（1996年4月17日国务院令第196号公布，根据2016年2月6日《国务院关于修改部分行政法规的决定》第一次修订，根据2019年3月2日《国务院关于修改部分行政法规的决定》第二次修订）

第一章　总　　则

第一条 为了加强电力供应与使用的管理，保障供电、用电双方的合法权益，维护供电、用电秩序，安全、经济、合理地供电和用电，根据《中华人民共和国电力法》制定本条例。

第二条 在中华人民共和国境内，电力供应企业（以下称供电企业）和电力使用者（以下称用户）以及与电力供应、使用有关的单位和个人，必须遵守本条例。

第三条 国务院电力管理部门负责全国电力供应与使用的监督管理工作。

县级以上地方人民政府电力管理部门负责本行政区域内电力供应与使用的监督管理工作。

第四条 电网经营企业依法负责本供区内的电力供应与使用的业务工作，并接受电力管理部门的监督。

第五条 国家对电力供应和使用实行安全用电、节约用电、计划用电的管理原则。

供电企业和用户应当遵守国家有关规定，采取有效措施，做好安全用电、节约用电、计划用电工作。

第六条 供电企业和用户应当根据平等自愿、协商一致的原则签订供用电合同。

第七条 电力管理部门应当加强对供用电的监督管理，协调供用电各方关系，禁止危害供用电安全和非法侵占电能的行为。

第二章 供电营业区

第八条 供电企业在批准的供电营业区内向用户供电。

供电营业区的划分，应当考虑电网的结构和供电合理性等因素。一个供电营业区内只设立一个供电营业机构。

第九条 供电营业区的设立、变更，由供电企业提出申请，电力管理部门依据职责和管理权限，会同同级有关部门审查批准后，发给《电力业务许可证》。

电网经营企业应当根据电网结构和供电合理性的原则协助电力管理部门划分供电营业区。

供电营业区的划分和管理办法，由国务院电力管理部门制定。

第十条 并网运行的电力生产企业按照并网协议运行后，送入电网的电力、电量由供电营业机构统一经销。

第十一条 用户用电容量超过其所在的供电营业区内供电企业供电能力的，由省级以上电力管理部门指定的其他供电企业供电。

第三章 供电设施

第十二条 县级以上各级人民政府应当将城乡电网的建设与改造规划，纳入城市建设和乡村建设的总体规划。各级电力管理部门应当会同有关行政主管部门和电网经营企业做好城乡电网建设和改造的规划。供电企业应当按照规划做好供电设施建设和运行管理工作。

第十三条 地方各级人民政府应当按照城市建设和乡村建设的总体规划统筹安排城乡供电线路走廊、电缆通道、区域变电所、区域配电所和营业网点的用地。

供电企业可以按照国家有关规定在规划的线路走廊、电缆通道、区域变电所、区域配电所和营业网点的用地上，架线、敷设电缆和建设公用供电设施。

第十四条 公用路灯由乡、民族乡、镇人民政府或者县级以上地方人民政府有关部门负责建设，并负责运行维护和交付电费，也可以委托供电企业代为有偿设计、施工和维护管理。

第十五条 供电设施、受电设施的设计、施工、试验和运行，应当符合国家标准或者电力行业标准。

第十六条 供电企业和用户对供电设施、受电设施进行建设和维护时，作业区域内的有关单位和个人应当给予协助，提供方便；因作业对建筑物或者农作物造成损坏的，应当依照有关法律、行政法规的规定负责修复或者给予合理的补偿。

第十七条 公用供电设施建成投产后，由供电单位统一维护管理。经电力管理部门批准，供电企业可以使用、改造、扩建该供电设施。

共用供电设施的维护管理，由产权单位协商确定，产权单位可自行维护管理，也可以委托供电企业维护管理。

用户专用的供电设施建成投产后，由用户维护管理或者委托供电企业维护管理。

第十八条 因建设需要，必须对已建成的供电设施进行迁移、改造或者采取防护措施时，建设单位应当事先与该供电设施管理单位协商，所需工程费用由建设单位负担。

第四章 电 力 供 应

第十九条 用户受电端的供电质量应当符合国家标准或者电力行业标准。

第二十条 供电方式应当按照安全、可靠、经济、合理和便于管理的原则，由电力供应与使用双方根据国家有关规定以及电网规划、用电需求和当地供电条件等因素协商确定。

在公用供电设施未到达的地区，供电企业可以委托有供电能力的单位就近供电。非经供电企业委托，任何单位不得擅自向外供电。

第二十一条 因抢险救灾需要紧急供电时，供电企业必须尽速安排供电。所需工程费用和应付电费由有关地方人民政府有关部门从抢险救灾经费中支出，但是抗旱用电应当由用户交付电费。

第二十二条 用户对供电质量有特殊要求的，供电企业应当根据其必要性和电网的可能，提供相应的电力。

第二十三条 申请新装用电、临时用电、增加用电容量、变更用电和终止用电，均应当到当地供电企业办理手续，并按照国家有关规定交付费用；供电企业没有不予供电的合理理由的，应当供电。供电企业应当在其营业场所公告用电的程序、制度和收费标准。

第二十四条 供电企业应当按照国家标准或者电力行业标准参与用户受送电装置设计图纸的审核，对用户受送电装置隐蔽工程的施工过程实施监督，并在该受送电装置工程竣工后进行检验；检验合格的，方可投入使用。

第二十五条 供电企业应当按照国家有关规定实行分类电价、分时电价。

第二十六条 用户应当安装用电计量装置。用户使用的电力、电量，以计量检定机构依法认可的用电计量装置的记录为准。用电计量装置，应当安装在供电设施与受电设施的产权分界处。

安装在用户处的用电计量装置，由用户负责保护。

第二十七条 供电企业应当按照国家核准的电价和用电计量装置的记录，向用户计收电费。

用户应当按照国家批准的电价，并按照规定的期限、方式或者合同约定的办法，交付电费。

第二十八条 除本条例另有规定外，在发电、供电系统正常运行的情况下，供电企业应当连续向用户供电；因故需要停止供电时，应当按照下列要求事先通知用户或者进行公告：

（一）因供电设施计划检修需要停电时，供电企业应当提前 7 天通知用户或者进行公告；

（二）因供电设施临时检修需要停止供电时，供电企业应当提前 24 小时通知重要用户；

（三）因发电、供电系统发生故障需要停电、限电时，供电企业应当按照事先确定的限电序位进行停电或者限电。引起停电或者限电的原因消除后，供电企业应当尽快恢复供电。

第五章　电　力　使　用

第二十九条　县级以上人民政府电力管理部门应当遵照国家产业政策，按照统筹兼顾、保证重点、择优供应的原则，做好计划用电工作。

供电企业和用户应当制订节约用电计划，推广和采用节约用电的新技术、新材料、新工艺、新设备，降低电能消耗。

供电企业和用户应当采用先进技术、采取科学管理措施，安全供电、用电，避免发生事故，维护公共安全。

第三十条　用户不得有下列危害供电、用电安全，扰乱正常供电、用电秩序的行为：

（一）擅自改变用电类别；

（二）擅自超过合同约定的容量用电；

（三）擅自超过计划分配的用电指标的；

（四）擅自使用已经在供电企业办理暂停使用手续的电力设备，或者擅自启用已经被供电企业查封的电力设备；

（五）擅自迁移、更动或者擅自操作供电企业的用电计量装置、电力负荷控制装置、供电设施以及约定由供电企业调度的用户受电设备；

（六）未经供电企业许可，擅自引入、供出电源或者将自备电源擅自并网。

第三十一条　禁止窃电行为。窃电行为包括：

（一）在供电企业的供电设施上，擅自接线用电；

（二）绕越供电企业的用电计量装置用电；

（三）伪造或者开启法定的或者授权的计量检定机构加封的用电计量装置封印用电；

（四）故意损坏供电企业用电计量装置；

（五）故意使供电企业的用电计量装置计量不准或者失效；

（六）采用其他方法窃电。

第六章　供 用 电 合 同

第三十二条　供电企业和用户应当在供电前根据用户需要和供电企业的供电能力签订供用电合同。

第三十三条　供用电合同应当具备以下条款：

（一）供电方式、供电质量和供电时间；

（二）用电容量和用电地址、用电性质；

（三）计量方式和电价、电费结算方式；

（四）供用电设施维护责任的划分；

（五）合同的有效期限；

（六）违约责任；

（七）双方共同认为应当约定的其他条款。

第三十四条　供电企业应当按照合同约定的数量、质量、时间、方式，合理调度和安全供电。

用户应当按照合同约定的数量、条件用电，交付电费和国家规定的其他费用。

第三十五条 供用电合同的变更或者解除，应当依照有关法律、行政法规和本条例的规定办理。

第七章 监督与管理

第三十六条 电力管理部门应当加强对供电、用电的监督和管理。供电、用电监督检查工作人员必须具备相应的条件。供电、用电监督检查工作人员执行公务时，应当出示证件。

供电、用电监督检查管理的具体办法，由国务院电力管理部门另行制定。

第三十七条 承装、承修、承试供电设施和受电设施的单位，必须经电力管理部门审核合格，取得电力管理部门颁发的《承装（修）电力设施许可证》。

第八章 法律责任

第三十八条 违反本条例规定，有下列行为之一的，由电力管理部门责令改正，没收违法所得，可以并处违法所得5倍以下的罚款：

（一）未按照规定取得《电力业务许可证》，从事电力供应业务的；

（二）擅自伸入或者跨越供电营业区供电的；

（三）擅自向外转供电的。

第三十九条 违反本条例第二十七条规定，逾期未交付电费的，供电企业可以从逾期之日起，每日按照电费总额的1‰至3‰加收违约金，具体比例由供用电双方在供用电合同中约定；自逾期之日起计算超过30日，经催交仍未交付电费的，供电企业可以按照国家规定的程序停止供电。

第四十条 违反本条例第三十条规定，违章用电的，供电企业可以根据违章事实和造成的后果追缴电费，并按照国务院电力管理部门的规定加收电费和国家规定的其他费用；情节严重的，可以按照国家规定的程序停止供电。

第四十一条 违反本条例第三十一条规定，盗窃电能的，由电力管理部门责令停止违法行为，追缴电费并处应交电费5倍以下的罚款；构成犯罪的，依法追究刑事责任。

第四十二条 供电企业或者用户违反供用电合同，给对方造成损失的，应当依法承担赔偿责任。

第四十三条 因电力运行事故给用户或者第三人造成损害的，供电企业应当依法承担赔偿责任。

因用户或者第三人的过错给供电企业或者其他用户造成损害的，该用户或者第三人应当依法承担赔偿责任。

第四十四条 供电企业职工违反规章制度造成供电事故的，或者滥用职权、利用职务之便谋取私利的，依法给予行政处分；构成犯罪的，依法追究刑事责任。

第九章 附则

第四十五条 本条例自1996年9月1日起施行。

1-4　供电营业区划分及管理办法

（1996年5月19日电力工业部令第5号公布）

第一章　总　　则

第一条　为划分和管理供电营业区域，依法保障电力供应与经销的专营权，保障向电力用户的安全供电和保护电力用户的合法权益，根据《电力供应与使用条例》第九条规定，制定本办法。

第二条　供电营业区是指向用户供应并销售电能的地域。经国家核准的供电营业区是电网经营企业或者供电企业依法专营电力的地域。

第三条　国家对供电营业区的设立、变更实行许可证管理制度。

《供电营业许可证》由国务院电力管理部门统一印制。

第四条　跨省电网经营企业、独立省电网经营企业、地方独立电网经营企业、趸购转售供电企业、以及兼售电能的地方发电厂都应按照本办法的规定申请供电营业区及《供电营业许可证》。

第二章　供电营业区划分原则及分类

第五条　根据电力生产供应特点，为确保电网安全经济运行和供电服务质量，在一个供电营业区域内，只准设一个供电营业机构。

第六条　供电营业区原则上以省、地（市）、县行政区划为基础，根据电网结构、供电能力、供电质量、供电的经济合理性等因素划分确定。

在《电力法》实施前，在同一个行政区域内，已形成多个供电企业供电的，应按上述原则协商核定其供电营业区。

第七条　供电营业区分为下列四类：

1．跨省（自治区、直辖市）行政区划的供电营业区（简称跨省营业区）；

2．省（自治区、直辖市）内跨地（市）行政区划的供电营业区（简称省级营业区）；

3．地（自治州、省辖市）内跨县行政区划的供电营业区（简称地级营业区）；

4．县（市）内跨乡镇行政区划的供电营业区（简称县级营业区）。

第八条　为便于分级管理，根据电网结构和行政区划不同，一般可将跨省营业区分划为省、地、县三级营业区；省级营业区分划为地、县两级营业区；地级营业区分划为若干个县级营业区；并在每级营业区内设立相应的供电营业分支机构。

第三章　供电营业区申请与核准

第九条　跨省营业区的设立、变更由跨省电网经营企业向国务院电力管理部门提出申请；省级营业区的设立、变更由独立省电网经营企业向省电力管理部门提出申请；地级营业区的设立、变更由独立地方电网经营企业向省电力管理部门提出申请；县级营业区的设立、变更由具有独立企业法人资格的供电企业向省电力管理部门提出申请。

第十条 申请供电营业区者，须具备下列条件：

1．具有独立企业法人资格的企业章程；

2．具有能满足该地区用电需求的供电能力；

3．具有与经营业务相适应的资金、场所、设施和技术手段；

4．具有与经营业务相适应的专门技术与业务人员、管理制度、技术标准；

5．具有与该地区社会与经济发展相适应的电力发展规划；

6．国务院电力管理部门规定的其他条件。

第十一条 申请供电营业区者，应向主管机关提供下列资料：

1．能反映营业区域边界的供电区域地理平面图；

2．设立的供电营业分支机构及相应的供电营业区域；

3．电源容量及公布、供电网络及负荷分布图；

4．电源与电力网的改造与发展规划；

5．企业性质、组织机构、人员构成及数量、主要技术业务人员资格；

6．注册资本；

7．售电价格及其依据；

8．外购电的数量及协议文本；

9．保证安全生产必需的基础设施、工机具、计量、试验、调度、通讯及交通运输装备；

10．技术业务的规章制度；

11．供电营业区双边达成的划分协议书或意见；

12．其他认为必需的资料。

第十二条 跨省营业区在申请前，跨省电网经营企业应组织网内直属省电网经营企业就省内的供电营业区的划分，与相邻地方独立电网经营企业或供电企业进行协商，达成协议，方可向国务院电力管理部门提出申请，经核准后发给《供电营业许可证》。

跨省（自治区、直辖市）际间的供电营业区，有关双方对营业区划分未取得一致意见的，由两省电力管理部门协商并提出意见后，报国务院电力管理部门核准。

在跨省营业区内的省级营业区，由于某部分营业区的划分双方未取得一致意见的，由省电力管理部门进行协调，并提出划分意见，报国务院电力管理部门核准。

第十三条 省级营业区在申请前，省电网经营企业应就省内供电营业区的划分，与相邻地方独立电网经营企业或供电企业进行协商，达成协议，方可向省电力管理部门提出申请，经核准后发给《供电营业许可证》。

双方对某部分供电营业区的划分，未取得一致意见的，由省电力管理部门进行协调确定并核准。

对省电力管理部门核准的供电营业区，其中一方持有异议的，应在30日内向国务院电力管理部门提出复核请求。国务院电力管理部门应在接到复核请求之日后60天内作出复议裁定。

下级电力管理部门应当服从上级电力管理部门的裁定。

第十四条 地级或县级营业区在申请前，地方独立电网经营企业或供电企业，应与相邻供电企业就供电营业区的划分进行协商，达成协议，方可向省电力管理部门提出申请，经核准后发给《供电营业许可证》。

双方对供电营业区的划分未取得一致意见的，由省电力管理部门进行协调确定并核准。

第十五条 由于历史原因，大小电网已形成交叉供电的营业地区，有关双方应从确保供用电安全出发，本着互利互惠原则，协商确定供电营业区。协商不成的，由省级电力管理部门协调划定。协调不成时，可报请国务院电力管理部门直接核定。

第四章 供电营业区管理

第十六条 供电企业不得越出核准的供电营业区供电，下列情况不在此限：

1．经省级以上电力管理部门同意在其他供电营业区设置的电力设施；

2．经省级以上电力管理部门同意向其他供电企业供电营业区内用户实施的供电；

3．应其他供电企业请求并经核准，而对其营业区内的用户实施的供电；

4．根据国务院电力管理部门的规定实施的供电。

第十七条 由于政治、军事、安全等原因，对供电质量有特殊要求或用电对供电质量产生严重影响的用户，可由省级以上电力管理部门指定的供电企业供电。

第十八条 供电营业区自核准之日起，期满三年仍未对无电地区实施供电的，省级以上电力管理部门认为必要时，可缩减或供电营业区。

第十九条 供电企业因破产或其他原因需要停业时，必须在停业前一个月向省电力管理部门提出申请，并缴回《供电营业许可证》，经核准后，方可停业。

第二十条 供电营业区的变更，由原受理审批该供电营业区的电力管理部门办理。

第二十一条 供电营业区的扩展或合并、缩小、分立、更名等变更，需办理变更申请，并提供下列资料：

1．变更理由及有关证明文件；

2．与相邻供电企业就供电营业区变更所达成的协议或意见；

3．供电营业区变动的地理平面图；

4．实施供电营业区变动的工程及工程起讫日期；

5．电力管理部门认为必需的资料。

第二十二条 用户自备电厂应自发自供厂区内的用电，自供有余的电量应上网销售。需要伸入或穿越供电营业区供电时，必须经过该供电营业区的电网经营企业同意并签订有关合同后才能实施。

第二十三条 跨省、省级、地级电网经营企业，在取得《供电营业许可证》后，应将在其批准的营业区内设立的供电营业机构的有关情况，向该行政区的电力管理部门备案，以便于进行监督管理。

第二十四条 未经许可，从事电力供应与销售业务或者擅自变更供电营业区的，由省级以上电力管理部门按照《电力法》第六十三条处理。

第五章 附 则

第二十五条 本办法一九九六年九月一日起实施。

1–5　供电营业规则

（1996年10月8日电力工业部令第8号公布）

第一章　总　　则

第一条　为加强供电营业管理，建立正常的供电营业秩序，保障供用双方的合法权益，根据《电力供应与使用条例》和国家有关规定，制定本规则。

第二条　供电企业和用户在进行电业供应与使用活动中，应遵守本规则的规定。

第三条　供电企业和用户应当遵守国家有关规定，服从电网统一调度，严格按指标供电和用电。

第四条　本规则应放置在供电企业的用电营业场所，供用户查阅。

第二章　供　电　方　式

第五条　供电企业供电的额定频率为交流50赫兹。

第六条　供电企业供电的额定电压：

1．低压供电：单相为220伏，三相为380伏；

2．高压供电：为10、35（63）、110、220千伏。

除发电厂直配电压可采用3千伏或6千伏外，其他等级的电压应逐步过渡到上列额定电压。

用户需要的电压等级不在上列范围时，应自行采取变压措施解决。

用户需要的电压等级在110千伏及以上时，其受电装置应作为终端变电站设计，方案需经省电网经营企业审批。

第七条　供电企业对申请用电的用户提供的供电方式，应从供用电的安全、经济、合理和便于管理出发，依据国家的有关政策和规定、电网的规划、用电需求以及当地供电条件等因素，进行技术经济比较，与用户协商确定。

第八条　用户单相用电设备总容量不足10千瓦的可采用低压220伏供电。但有单台设备容量超过1千瓦的单相电焊机、换流设备时，用户必须采取有效的技术措施以消除对电能质量的影响，否则应改为其他方式供电。

第九条　用户用电设备容量在100千瓦及以下或需用变压器容量在50千伏安及以下者，可采用低压三相四线制供电，特殊情况也可采用高压供电。

用电负荷密度较高的地区，经过技术经济比较，采用低压供电的技术经济性明显优于高压供电时，低压供电的容量界限可适当提高。具体容量界限由省电网经营企业作出规定。

第十条　供电企业可以对距离发电厂较近的用户，采用发电厂直配供电方式，但不得以发电厂的厂用电源或变电站（所）的站用电源对用户供电。

第十一条　用户需要备用、保安电源时，供电企业应按其负荷重要性、用电容量和供电的可能性，与用户协商确定。

用户重要负荷的保安电源，可由供电企业提供，也可由用户自备。遇有下列情况之一者，保安电源应由用户自备：

1．在电力系统瓦解或不可抗力造成供电中断时，仍需保证供电的；

2．用户自备电源比从电力系统供给更为经济合理的。

供电企业向有重要负荷的用户提供的保安电源，应符合独立电源的条件。有重要负荷的用户在取得供电企业供给的保安电源的同时，还应有非电性质的应急措施，以满足安全的需要。

第十二条 对基建工地、农田水利、市政建设等非永久性用电，可供给临时电源。临时用电期限除经供电企业准许外，一般不得超过六个月，逾期不办理延期或永久性正式用电手续的，供电企业应终止供电。

使用临时电源的用户不得向外转供电，也不得转让给其他用户，供电企业也不受理其变更用电事宜。如需改为正式用电，应按新装用电办理。

因抢险救灾需要紧急供电时，供电企业应迅速组织力量，架设临时电源供电。架设临时电源所需的工程费用和应付的电费，由地方人民政府有关部门负责从救灾经费中拨付。

第十三条 供电企业一般不采用趸售方式供电，以减少中间环节。特殊情况需开放趸售供电时，应由省级电网经营企业报国务院电力管理部门批准。

趸购转售电单位应服从电网的统一调度，按国家规定的电价向用户售电，不得再向乡、村层层趸售。

电网经营企业与趸购转售电单位应就趸购转售事宜签订供用电合同，明确双方的权利和义务。

趸购转售电单位需新装或增加趸购容量时，应按本规则的规定办理新装增容手续。

第十四条 用户不得自行转供电。在公用供电设施尚未到达的地区，供电企业征得该地区有供电能力的直供用户同意，可采用委托方式向其附近的用户转供电力，但不得委托重要的国防军工用户转供电。

委托转供电应遵守下列规定：

1．供电企业与委托转供户（以下简称转供户）应就转供范围、转供容量、转供期限、转供费用、转供用电指标、计量方式、电费计算、转供电设施建设、产权划分、运行维护、调度通信、违约责任等事项签订协议。

2．转供区域内的用户（以下简称被转供户），视同供电企业的直供户，与直供户享有同样的用电权利，其一切用电事宜按直供户的规定办理。

3．向被转供户供电的公用线路与变压器的损耗电量应由供电企业负担，不得摊入被转供户用电量中。

4．在计算转供户用电量、最大需量及功率因数调整电费时，应扣除被转供户、公用线路与变压器消耗的有功、无功电量。

最大需量按下列规定折算：

（1）照明及一班制：每月用电量180千瓦时，折合为1千瓦；

（2）二班制：每月用电量360千瓦时，折合为1千瓦；

（3）三班制：每月用电量540千瓦时，折合为1千瓦；

（4）农业用电：每月用电量270千瓦时，折合为1千瓦。

5．委托的费用，按委托的业务项目的多少，由双方协商确定。

第十五条 为保障用电安全，便于管理，用户应将重要负荷与非重要负荷、生产用电与生活区用电分开配电。

新装或增加用电的用户应按上述规定确定内部的配电方式，对目前尚未达到上述要求的用户应逐步进行改造。

第三章　新装、增容与变更用电

第十六条　任何单位或个人需新装用电或增加用电容量、变更用电都必须按本规则规定，事先到供电企业用电营业场所提出申请，办理手续。

供电企业应在用电营业场所公告办理各项用电业务的程序、制度和收费标准。

第十七条　供电企业的用电营业机构统一归口办理用户的用电申请和报装接电工作，包括用电申请书的发放及审核、供电条件勘查、供电方案确定及批复、有关费用收取、受电工程设计的审核、施工中间检查、竣工检验、供用电合同（协议）签约、装表接电等项业务。

第十八条　用户申请新装或增加用电时，应向供电企业提供用电工程项目批准的文件及有关的用电资料，包括用电地点、电力用途、用电性质、用电设备清单、用电负荷、保安电力、用电规划等，并依照供电企业规定的格式如实填写用电申请书及办理所需手续。

新建受电工程项目在立项阶段，用户应与供电企业联系，就工程供电的可能性、用电容量和供电条件等达成意向性协议，方可定址，确定项目。

未按前款规定办理的，供电企业有权拒绝受理其用电申请。

如因供电企业供电能力不足或政府规定限制的用电项目，供电企业可通知用户暂缓办理。

第十九条　供电企业对已受理的用电申请，应尽速确定供电方案，在下列期限内正式书面通知用户：

居民用户最长不超过五天；低压电力用户最长不超过十天；高压单电源用户最长不超过一个月；高压双电源用户最长不超过二个月。若不能如期确定供电方案时，供电企业应向用户说明原因。用户对供电企业答复的供电方案有不同意见时，应在一个月内提出意见，双方可再行协商确定。用户应根据确定的供电方案进行受电工程设计。

第二十条　用户新装或增加用电，在供电方案确定后，应按国家的有关规定向供电企业交纳新装增容供电工程贴费（以下简称供电贴费）。

第二十一条　供电方案的有效期，是指从供电方案正式通知书发出之日起至交纳供电贴费并受电工程开工日为止。高压供电方案的有效期为一年，低压供电方案的有效期为三个月，逾期注销。

用户遇有特殊情况，需延长供电方案有效期的，应在有效期到期前十天向供电企业提出申请，供电企业应视情况予以办理延长手续。但延长时间不得超过前款规定期限。

第二十二条　有下列情况之一者，为变更用电。用户需变更用电时，应事先提出申请，并携带有关证明文件，到供电企业用电营业场所办理手续，变更供用电合同：

1．减少合同约定的用电容量（简称减容）；

2．暂时停止全部或部分受电设备的用电（简称暂停）；

3．临时更换大容量变压器（简称暂换）；

4．迁移受电装置用电地址（简称迁址）；

5．移动用电计量装置安装位置（简称移表）；

6．暂时停止用电并拆表（简称暂拆）；

7．改变用户的名称（简称更名或过户）；

8．一户分列为两户及以上的用户（简称分户）；

9．两户及以上用户合并为一户（简称并户）；

10．合同到期终止用电（简称销户）；

11．改变供电电压等级（简称改压）；

12．改变用电类别（简称改类）。

第二十三条 用户减容，须在五天前向供电企业提出申请。供电企业应按下列规定办理：

1．减容必须是整台或整组变压器的停止或更换小容量变压器用电。供电企业在受理之日后，根据用户申请减容的日期对设备进行加封。从加封之日起，按原计费方式减收其相应容量的基本电费。但用户申明为永久性减容的或从加封之日起期满二年又不办理恢复用电手续的，其减容后的容量已达不到实施两部制电价规定容量标准时，应改为单一制电价计费；

2．减少用电容量的期限，应根据用户所提出的申请确定，但最短期限不得少于六个月，最长期限不得超过二年；

3．在减容期限内，供电企业应保留用户减少容量的使用权。用户要求恢复用电，不再交付供电贴费；超过减容期限要求恢复用电时，应按新装或增容手续办理；

4．在减容期限内要求恢复用电时，应在五天前向供电企业办理恢复用电手续，基本电费从启封之日起计收；

5．减容期满后的用户以及新装、增容用户，二年内不得申办减容或暂停。如确需继续办理减容或暂停的，减少或暂停部分容量的基本电费应按百分之五十计算收取。

第二十四条 用户暂停，须在五天前向供电企业提出申请。供电企业应按下列规定办理：

1．用户在每一日历年内，可申请全部（含不通过受电变压器的高压电动机）或部分用电容量的暂时停止用电两次，每次不得少于十五天，一年累计暂停时间不得超过六个月。季节性用电或国家另有规定的用户，累计暂停时间可以另议；

2．按变压器容量计收基本电费的用户，暂停用电必须是整台或整组变压器停止运行。供电企业在受理暂停申请后，根据用户申请暂停的日期对暂停设备加封。从加封之日起，按原计费方式减收其相应容量的基本电费；

3．暂停期满或每一日历年内累计暂停用电时间超过六个月者，不论用户是否申请恢复用电，供电企业须从期满之日起，按合同约定的容量计收其基本电费；

4．在暂停期限内，用户申请恢复暂停用电容量用电时，须在预定恢复日前五天向供电企业提出申请。暂停时间少于十五天者，暂停期间基本电费照收；

5．按最大需量计收基本电费的用户，申请暂停用电必须是全部容量（含不通过受电变压器的高压电动机）的暂停，并遵守本条1至4项的有关规定。

第二十五条 用户暂换（因受电变压器故障而无相同容量变压器替代，需要临时更换大容量变压器），须在更换前向供电企业提出申请。供电企业应按下列规定办理：

1．必须在原受电地点内整台的暂换受电变压器；

2．暂换变压器的使用时间，10千伏及以下的不得超过二个月，35千伏及以上的不得超过三个月。逾期不办理手续的，供电企业可中止供电；

3．暂换的变压器经检验合格后才能投入运行；

4．暂换变压器增加的容量不收取供电贴费，但对两部制电价用户须在暂换之日起，按替换后的变压器容量计收基本电费。

第二十六条 用户迁址，须在五天前向供电企业提出申请。供电企业应按下列规定办理：

1．原址按终止用电办理，供电企业予以销户。新址用电优先受理；

2．迁移后的新址不在原供电点供电的，新址用电按新装用电办理；

3．迁移后的新址在原供电点供电的，且新址用电容量不超过原址容量，新址用电不再收取供电贴费。新址用电引起的工程费用由用户负担；

4．迁移后的新址仍在原供电点，但新址用电容量超过原址用电容量的，超过部分按增容办理；

5．私自迁移用电地址而用电者，除按本规则第一百条第 5 项处理外，自迁新址不论是否引起供电点变动，一律按新装用电办理。

第二十七条 用户移表（因修缮房屋或其他原因需要移动用电计量装置安装位置），须向供电企业提出申请。供电企业应按下列规定办理：

1．在用电地址、用电容量、用电类别、供电点等不变情况下，可办理移表手续；

2．移表所需的费用由用户负担；

3．用户不论何种原因，不得自行移动表位，否则，可按本规则第一百条第 5 项处理。

第二十八条 用户暂拆（因修缮房屋等原因需要暂时停止用电并拆表），应持有关证明向供电企业提出申请。供电企业应按下列规定办理：

1．用户办理暂拆手续后，供电企业应在五天内执行暂拆；

2．暂拆时间最长不得超过六个月。暂拆期间，供电企业保留该用户原容量的使用权；

3．暂拆原因消除，用户要求复装接电时，须向供电企业办理复装接电手续并按规定交付费用。上述手续完成后，供电企业应在五天内为该用户复装接电；

4．超过暂拆规定时间要求复装接电者，按新装手续办理。

第二十九条 用户更名或过户（依法变更用户名称或居民用户房屋变更户主），应持有关证明向供电企业提出申请。供电企业应按下列规定办理：

1．在用电地址、用电容量、用电类别不变条件下，允许办理更名或过户；

2．原用户应与供电企业结清债务，才能解除原供用电关系；

3．不申请办理过户手续而私自过户者，新用户应承担原用户所负债务。经供电企业检查发现用户私自过户时，供电企业应通知该户补办手续，必要时可中止供电。

第三十条 用户分户，应持有关证明向供电企业提出申请。供电企业应按下列规定办理：

1．在用电地址、供电点、用电容量不变，且其受电装置具备分装的条件时，允许办理分户；

2．在原用户与供电企业结清债务的情况下，再办理分户手续；

3．分立后的新用户应与供电企业重新建立供用电关系；

4．原用户的用电容量由分户者自行协商分割，需要增容者，分户后另行向供电企业办理增容手续；

5．分户引起的工程费用由分户者负担；

6．分户后受电装置应经供电企业检验合格，由供电企业分别装表计费。

第三十一条 用户并户，应持有关证明向供电企业提出申请，供电企业应按下列规定办理：

1．在同一供电点，同一用电地址的相邻两个及以上用户允许办理并户；

2．原用户应在并户前向供电企业结清债务；

3．新用户用电容量不得超过并户前各户容量之总和；

4．并户引起的工程费用由并户者负担；

5．并户的受电装置应经检验合格，由供电企业重新装表计费。

第三十二条 用户销户，须向供电企业提出申请。供电企业应按下列规定办理：

1．销户必须停止全部用电容量的使用；

2．用户已向供电企业结清电费；

3．查验用电计量装置完好性后，拆除接户线和用电计量装置；

4．用户持供电企业出具的凭证，领还电能表保证金与电费保证金。

办完上述事宜，即解除供用电关系。

第三十三条 用户连续六个月不用电，也不申请办理暂停用电手续者，供电企业须以销户终止其用电。用户需再用电时，按新装用电办理。

第三十四条 用户改压（因用户原因需要在原址改变供电电压等级），应向供电企业提出申请。供电企业应按下列规定办理：

1．改为高一等级电压供电，且容量不变者，免收其供电贴费。超过原容量者，超过部分按增容手续办理；

2．改为低一等级电压供电时，改压后的容量不大于原容量者，应收取两级电压供电贴费标准差额的供电贴费。超过原容量者，超过部分按增容手续办理；

3．改压引起的工程费用由用户负担。

由于供电企业的原因引起用户供电电压等级变化的，改压引起的用户外部工程费用由供电企业负担。

第三十五条 用户改类，须向供电企业提出申请，供电企业应按下列规定办理：

1．在同一受电装置内，电力用途发生变化而引起用电电价类别改变时，允许办理改类手续；

2．擅自改变用电类别，应按本规则第一百条第 1 项处理。

第三十六条 用户依法破产时，供电企业应按下列规定办理：

1．供电企业应予销户，终止供电；

2．在破产用户原址上用电的，按新装用电办理；

3．从破产用户分离出去的新用户，必须在偿清原破产用户电费和其他债务后，方可办理变更用电手续，否则，供电企业可按违约用电处理。

第四章　受电设施建设与维护管理

第三十七条 用户受电设施的建设与改造应当符合城乡电网建设与改造规划。对规划中安排的线路走廊和变电站建设用地，应当优先满足公用供电设施建设的需要，确保土地和空间资源得到有效利用。

第三十八条 用户新装、增装或改装受电工程的设计安装、试验与运行应符合国家有关标准；国家尚未制订标准的，应符合电力行业标准；国家和电力行业尚未制定标准的，应符合省

（自治区、直辖市）电力管理部门的规定和规程。

第三十九条 用户受电工程设计文件和有关资料应一式两份送交供电企业审核。高压供电的用户应提供：

1．受电工程设计及说明书；

2．用电负荷分布图；

3．负荷组成、性质及保安负荷；

4．影响电能质量的用电设备清单；

5．主要电气设备一览表；

6．节能篇及主要生产设备、生产工艺耗电以及允许中断供电时间；

7．高压受电装置一、二次接线图与平面布置图；

8．用电功率因数计算及无功补偿方式；

9．继电保护、过电压保护及电能计量装置的方式；

10．隐蔽工程设计资料；

11．配电网络布置图；

12．自备电源及接线方式；

13．供电企业认为必须提供的其他资料。

低压供电的用户应提供负荷组成和用电设备清单。

第四十条 供电企业对用户送审的受电工程设计文件和有关资料，应根据本规则的有关规定进行审核。审核的时间，对高压供电的用户最长不超过一个月；对低压供电的用户最长不超过十天。供电企业对用户的受电工程设计文件和有关资料的审核意见应以书面形式连同审核过的一份受电工程设计文件和有关资料一并退还用户，以便用户据以施工。用户若更改审核后的设计文件时，应将变更后的设计再送供电企业复核。

用户受电工程的设计文件，未经供电企业审核同意，用户不得据以施工，否则，供电企业将不予检验和接电。

第四十一条 无功电力应就地平衡。用户应在提高用电自然功率因数的基础上，按有关标准设计和安装无功补偿设备，并做到随其负荷和电压变动及时投入或切除，防止无功电力倒送。除电网有特殊要求的用户外，用户在当地供电企业规定的电网高峰负荷时的功率因数，应达到下列规定：

100千伏安及以上高压供电的用户功率因数为0.90以上。

其他电力用户和大、中型电力排灌站、趸购转售电企业，功率因数为0.85以上。

农业用电，功率因数为0.80。

凡功率因数不能达到上述规定的新用户，供电企业可拒绝接电。对已送电的用户，供电企业应督促和帮助用户采取措施，提高功率因数。对在规定期限内仍未采取措施达到上述要求的用户，供电企业可中止或限制供电。

功率因数调整电费办法按国家规定执行。

第四十二条 用户受电工程在施工期间，供电企业应根据审核同意的设计和有关施工标准，对用户受电工程中的隐蔽工程进行中间检查。如有不符合规定的，应以书面形式向用户提出意见，用户应按设计和施工标准的规定予以改正。

第四十三条 用户受电工程施工、试验完工后，应向供电企业提出工程竣工报告，报告应包括：

1．工程竣工图及说明；

2．电气试验及保护整定调试记录；

3．安全用具的试验报告；

4．隐蔽工程的施工及试验记录；

5．运行管理的有关规定和制度；

6．值班人员名单及资格；

7．供电企业认为必要的其他资料或记录。

供电企业接到用户的受电装置竣工报告及检验申请后，应及时组织检验。对检验不合格的，供电企业应以书面形式一次性通知用户改正，改正后方予以再次检验，直至合格。但自第二次检验起，每次检验前用户须按规定交纳重复检验费。检验合格后的十天内，供电企业应派员装表接电。

重复检验收费标准，由省电网经营企业提出，报经省有关部门批准后执行。

第四十四条 公用路灯、交通信号灯是公用设施，应由当地人民政府及有关管理部门投资建设，并负责维护管理和交纳电费等事项。供电企业可接受地方有关部门的委托，代为设计、施工与维护管理公用路灯，并照章收取费用，具体事项由双方协商确定。

第四十五条 用户建设临时性受电设施，需要供电企业施工的，其施工费用应由用户负担。

第四十六条 用户独资、合资或集资建设的输电、变电、配电等供电设施建成后，其运行维护管理按以下规定确定：

1．属于公用性质或占用公用线路规划走廊的，由供电企业统一管理。供电企业应在交接前，与用户协商，就供电设施运行维护管理达成协议。对统一运行维护管理的公用供电设施，供电企业应保留原所有者在上述协议中确认的容量。

2．属于用户专用性质，但不在公用变电站内的供电设施，由用户运行维护管理。如用户运行维护管理确有困难，可与供电企业协商，就委托供电企业代为运行维护管理有关事项签订协议。

3．属于用户共用性质的供电设施，由拥有产权的用户共同运行维护管理。如用户共同运行维护管理确有困难，可与供电企业协商，就委托供电企业代为运行维护管理有关事项签订协议。

4．在公用变电站内由用户投资建设的供电设备，如变压器、通信设备、开关、刀闸等，由供电企业统一经营管理。建成投运前，双方应就运行维护、检修、备品备件等项事宜签订交接协议。

5．属于临时用电等其他性质的供电设施，原则上由产权所有者运行维护管理，或由双方协商确定，并签订协议。

第四十七条 供电设施的运行维护管理范围，按产权归属确定。责任分界点按下列各项确定：

1．公用低压线路供电的，以供电接户线用户端最后支持物为分界点，支持物属供电企业。

2．10 千伏及以下公用高压线路供电的，以用户厂界外或配电室前的第一断路器或第一支持物为分界点，第一断路器或第一支持物属供电企业。

3．35 千伏及以上公用高压线路供电的，以用户厂界外或用户变电站外第一基电杆为分界点。第一基电杆属供电企业。

4．采用电缆供电的，本着便于维护管理的原则，分界点由供电企业与用户协商确定。

5．产权属于用户且由用户运行维护的线路，以公用线路分支杆或专用线路接引的公用变电站外第一基电杆为分界点，专用线路第一基电杆属用户。

在电气上的具体分界点，由供用双方协商确定。

第四十八条 供电企业和用户分工维护管理的供电和受电设备，除另有约定者外，未经管辖单位同意，对方不得操作或更动；如因紧急事故必须操作或更动者，事后应迅速通知管辖单位。

第四十九条 由于工程施工或线路维护上的需要，供电企业须在用户处进行凿墙、挖沟、掘坑、巡线等作业时，用户应给予方便，供电企业工作人员应遵守用户的有关安全保卫制度。用户到供电企业维护的设备区作业时，应征得供电企业同意，并在供电企业人员监护下进行工作。作业完工后，双方均应及时予以修复。

第五十条 因建设引起建筑物、构筑物与供电设施相互妨碍，需要迁移供电设施或采取防护措施时，应按建设先后的原则，确定其担负的责任。如供电设施建设在先，建筑物、构筑物建设在后，由后续建设单位负担供电设施迁移、防护所需的费用；如建筑物、构筑物的建设在先，供电设施建设在后，由供电设施建设单位负担建筑物、构筑物的迁移所需的费用；不能确定建设的先后者，由双方协商解决。

供电企业需要迁移用户或其他供电企业的设施时，也按上述原则办理。

城乡建设与改造需迁移供电设施时，供电企业和用户都应积极配合，迁移所需的材料和费用，应在城乡建设与改造投资中解决。

第五十一条 在供电设施上发生事故引起的法律责任，按供电设施产权归属确定。产权归属于谁，谁就承担其拥有的供电设施上发生事故引起的法律责任。但产权所有者不承担受害者因违反安全或其他规章制度，擅自进入供电设施非安全区域内而发生事故引起的法律责任，以及在委托维护的供电设施上，因代理方维护不当所发生事故引起的法律责任。

第五章 供电质量与安全供用电

第五十二条 供电企业和用户都应加强供电和用电的运行管理，切实执行国家和电力行业制订的有关安全供用电的规程制度。用户执行其上级主管机关颁发的电气规程制度，除特殊专用的设备外，如与电力行业标准或规定有矛盾时，应以国家和电力行业标准或规定为准。

供电企业和用户在必要时应制订本单位的现场规程。

第五十三条 在电力系统正常状况下，供电频率的允许偏差为：

1．电网装机容量在300万千瓦及以上的，为±0.2赫兹；

2．电网装机容量在300万千瓦以下的，为±0.5赫兹。

在电力系统非正常状况下，供电频率允许偏差不应超过±1.0赫兹。

第五十四条 在电力系统正常状况下，供电企业供到用户受电端的供电电压允许偏差为：

1．35千伏及以上电压供电的，电压正、负偏差的绝对值之和不超过额定值的10%；

2．10千伏及以下三相供电的，为额定值的±7%；

3．220伏单相供电的，为额定值的＋7%，－10%。

在电力系统非正常状况下，用户受电端的电压最大允许偏差不应超过额定值的±10%。

用户用电功率因数达不到本规则第四十一条规定的，其受电端的电压偏差不受此限制。

第五十五条 电网公共连接点电压正弦波畸变率和用户注入电网的谐波电流不得超过国家标准 GB/T 14549—93 的规定。

用户的非线性阻抗特性的用电设备接入电网运行所注入电网的谐波电流和引起公共连接点电压正弦波畸变率超过标准时，用户必须采取措施予以消除。否则，供电企业可中止对其供电。

第五十六条 用户的冲击负荷、波动负荷、非对称负荷对供电质量产生影响或对安全运行构成干扰和妨碍时，用户必须采取措施予以消除。如不采取措施或采取措施不力，达不到国家标准 GB 12326—90 或 GB/T 15543—1995 规定的要求时，供电企业可中止对其供电。

第五十七条 供电企业应不断改善供电可靠性，减少设备检修和电力系统事故对用户的停电次数及每次停电持续时间。供用电设备计划检修应做到统一安排。供用电设备计划检修时，对 35 千伏及以上电压供电的用户的停电次数，每年不应超过一次；对 10 千伏供电的用户，每年不应超过三次。

第五十八条 供电企业和用户应共同加强对电能质量的管理。因电能质量某项指标不合格而引起责任纠纷时，不合格的质量责任由电力管理部门认定的电能质量技术检测机构负责技术仲裁。

第五十九条 供电企业和用户的供用电设备计划检修应相互配合，尽量做到统一检修。用电负荷较大，开停对电网有影响的设备，其停开时间，用户应提前与供电企业联系。

遇有紧急检修需停电时，供电企业应按规定提前通知重要用户，用户应予以配合；事故断电，应尽速修复。

第六十条 供电企业应根据电力系统情况和电力负荷的重要性，编制事故限电序位方案，并报电力管理部门审批或备案后执行。

第六十一条 用户应定期进行电气设备和保护装置的检查、检修和试验，消除设备隐患，预防电气设备事故和误动作发生。

用户电气设备危及人身和运行安全时，应立即检修。

多路电源供电的用户应加装连锁装置，或按照供用双方签订的协议进行调度操作。

第六十二条 用户发生下列用电事故，应及时向供电企业报告：

（1）人身触电死亡；

（2）导致电力系统停电；

（3）专线掉闸或全停电；

（4）电气火灾；

（5）重要或大型电气设备损坏；

（6）停电期间向电力系统倒送电。

供电企业接到用户上述事故报告后，应派员赴现场调查，在七天内协助用户提出事故调查报告。

第六十三条 用户受电装置应当与电力系统的继电保护方式相互配合，并按照电力行业有关标准或规程进行整定和检验。由供电企业整定、加封的继电保护装置及其二次回路和供电企业规定的继电保护整定值，用户不得擅自变动。

第六十四条 承装、承修、承试受电工程的单位，必须经电力管理部门审核合格，并取得电力管理部门颁发的《承装（修）电力设施许可证》。

在用户受电装置上作业的电工，应经过电工专业技能的培训，必须取得电力管理部门颁发的《电工进网作业许可证》，方准上岗作业。

第六十五条 供电企业和用户都应经常开展安全供用电宣传教育，普及安全用电常识。

第六十六条 在发供电系统正常情况下，供电企业应连续向用户供应电力。但是，有下列情形之一的，须经批准方可中止供电：

1．对危害供用电安全，扰乱供用电秩序，拒绝检查者；

2．拖欠电费经通知催交仍不交者；

3．受电装置经检验不合格，在指定期间未改善者；

4．用户注入电网的谐波电流超过标准，以及冲击负荷、非对称负荷等对电能质量产生干扰与妨碍，在规定限期内不采取措施者；

5．拒不在限期内拆除私增用电容量者；

6．拒不在限期内交付违约用电引起的费用者；

7．违反安全用电、计划用电有关规定，拒不改正者；

8．私自向外转供电力者。

有下列情形之一的，不经批准即可中止供电，但事后应报告本单位负责人：

1．不可抗力和紧急避险；

2．确有窃电行为。

第六十七条 除因故中止供电外，供电企业需对用户停止供电时，应按下列程序办理停电手续：

1．应将停电的用户、原因、时间报本单位负责人批准。批准权限和程序由省电网经营企业制定；

2．在停电前三至七天内，将停电通知书送达用户，对重要用户的停电，应将停电通知书报送同级电力管理部门；

3．在停电前 30 分钟，将停电时间再通知用户一次，方可在通知规定时间实施停电。

第六十八条 因故需要中止供电时，供电企业应按下列要求事先通知用户或进行公告：

1．因供电设施计划检修需要停电时，应提前七天通知用户或进行公告；

2．因供电设施临时检修需要停止供电时，应当提前 24 小时通知重要用户或进行公告；

3．发供电系统发生故障需要停电、限电或者计划限、停电时，供电企业应按确定的限电序位进行停电或限电。但限电序位应事前公告用户。

第六十九条 引起停电或限电的原因消除后，供电企业应在三日内恢复供电。不能在三日内恢复供电的，供电企业应向用户说明原因。

第六章 用电计量与电费计收

第七十条 供电企业应在用户每一个受电点内按不同电价类别，分别安装用电计量装置。每个受电点作为用户的一个计费单位。

用户为满足内部核算的需要，可自行在其内部装设考核能耗用的电能表，但该表所示读数不得作为供电企业计费依据。

第七十一条 在用户受电点内难以按电价类别分别装设用电计量装置时，可装设总的用电计量装置，然后按其不同电价类别的用电设备容量的比例或实际可能的用电量，确定不同电价类别用电量的比例或定量进行分算，分别计价。供电企业每年至少对上述比例或定量核定一次，用户不得拒绝。

第七十二条 用电计量装置包括计费电能表（有功、无功电能表及最大需量表）和电压、电流互感器及二次连接线导线。计费电能表及附件的购置、安装、移动、更换、校验、拆除、加封、启封及表计接线等，均由供电企业负责办理，用户应提供工作上的方便。

高压用户的成套设备中装有自备电能表及附件时，经供电企业检验合格、加封并移交供电企业维护管理的，可作为计费电能表。用户销户时，供电企业应将该设备交还用户。

供电企业在新装、换装及现场校验后应对用电计量装置加封，并请用户在工作凭证上签章。

第七十三条 对10千伏及以下电压供电的用户，应配置专用的电能计量柜（箱）；对35千伏及以上电压供电的用户，应有专用的电流互感器二次线圈和专用的电压互感器二次连接线，并不得与保护、测量回路共用。电压互感器专用回路的电压降不得超过允许值。超过允许值时，应予以改造或采取必要的技术措施予以更正。

第七十四条 用电计量装置原则上应装在供电设施的产权分界处。如产权分界处不适宜装表的，对专线供电的高压用户，可在供电变压器出口装表计量；对公用线路供电的高压用户，可在用户受电装置的低压侧计量。当用电计量装置不安装在产权分界处时，线路与变压器损耗的有功与无功电量均须由产权所有者负担。在计算用户基本电费（按最大需量计收时）、电度电费及功率因数调整电费时，应将上述损耗电量计算在内。

第七十五条 城镇居民用电一般应实行一户一表。因特殊原因不能实行一户一表计费时，供电企业可根据其容量按公安门牌或楼门单元、楼层安装共用的计费电能表，居民用户不得拒绝合用。共用计费电能表内的各用户，可自行装设分户电能表，自行分算电费，供电企业在技术上予以指导。

第七十六条 临时用电的用户，应安装用电计量装置。对不具备安装条件的，可按其用电容量、使用时间、规定的电价计收电费。

第七十七条 计费电能表装设后，用户应妥为保护，不应在表前堆放影响抄表或计量准确及安全的物品。如发生计费电能表丢失、损坏或过负荷烧坏等情况，用户应及时告知供电企业，以便供电企业采取措施。如因供电企业责任或不可抗力致使计费电能表出现或发生故障的，供电企业应负责换表，不收费用；其他原因引起的，用户应负担赔偿费或修理费。

第七十八条 用户应按国家有关规定，向供电企业存出电能表保证金。供电企业对存入保证金的用户出具保证金凭证，用户应妥为保存。

第七十九条 供电企业必须按规定的周期校验、轮换计费电能表，并对计费电能表进行不定期检查。发现计量失常时，应查明原因。用户认为供电企业装设的计费电能表不准时，有权向供电企业提出校验申请，在用户交付验表费后，供电企业应在七天内检验，并将检验结果通知用户。如计费电能表的误差在允许范围内，验表费不退；如计费电能表的误差超出允许范围时，除退还验表费外，并应按本规则第八十条规定退补电费。用户对检验结果有异议时，可向供电企业上级计量检定机构申请检定。用户在申请验表期间，其电费仍应按期交纳，验表结果确认后，再行退补电费。

第八十条 由于计费计量的互感器、电能表的误差及其连接线电压降超出允许范围或其他非人为原因致使计量记录不准时，供电企业应按下列规定退补相应电量的电费：

1．互感器或电能表误差超出允许范围时，以“0”误差为基准，按验证后的误差值退补电量。退补时间从上次校验或换装后投入之日起至误差更正之日止的二分之一时间计算。

2．连接线的电压降超出允许范围时，以允许电压降为基准，按验证后实际值与允许值之差补收电量。补收时间从连接线投入或负荷增加之日起至电压降更正之日止。

3．其他非人为原因致使计量记录不准时，以用户正常月份的用电量为基准，退补电量，退补时间按抄表记录确定。

退补期间，用户先按抄见电量如期交纳电费，误差确定后，再行退补。

第八十一条 用电计量装置接线错误、保险熔断、倍率不符等原因，使电能计量或计算出现差错时，供电企业应按下列规定退补相应电量的电费：

1．计费计量装置接线错误的，以其实际记录的电量为基数，按正确与错误接线的差额率退补电量，退补时间从上次校验或换装投入之日起至接线错误更正之日止。

2．电压互感器保险熔断的，按规定计算方法计算值补收相应电量的电费；无法计算的，以用户正常月份用电量为基准，按正常月与故障月的差额补收相应电量的电费，补收时间按抄表记录或按失压自动记录仪记录确定。

3．计算电量的倍率或铭牌倍率与实际不符的，以实际倍率为基准，按正确与错误倍率的差值退补电量，退补时间以抄表记录为准确定。

退补电量未正式确定前，用户应先按正常月用电量交付电费。

第八十二条 供电企业应当按国家批准的电价，依据用电计量装置的记录计算电费，按期向用户收取或通知用户按期交纳电费。供电企业可根据具体情况，确定向用户收取电费的方式。

用户应按供电企业规定的期限和交费方式交清电费，不得拖延或拒交电费。

用户应按国家规定向供电企业存出电费保证金。

第八十三条 供电企业应在规定的日期抄录计费电能表读数。

由于用户的原因未能如期抄录计费电能表读数时，可通知用户待期补抄或暂按前次用电量计收电费，待下次抄表时一并结清。因用户原因连续六个月不能如期抄到计费电能表读数时，供电企业应通知该用户得终止供电。

第八十四条 基本电费以月计算，但新装、增容、变更与终止用电当月的基本电费，可按实用天数（日用电不足24小时的，按一天计算）每日按全月基本电费三十分之一计算。事故停电、检修停电、计划限电不扣减基本电费。

第八十五条 以变压器容量计算基本电费的用户，其备用的变压器（含高压电动机），属冷备用状态并经供电企业加封的，不收基本电费；属热备用状态的或未经加封的，不论使用与否都计收基本电费。用户专门为调整用电功率因数的设备，如电容器、调相机等，不计收基本电费。

在受电装置一次侧装有连锁装置互为备用的变压器（含高压电动机），按可能同时使用的变压器（含高压电动机）容量之和的最大值计算其基本电费。

第八十六条 对月用电量较大的用户，供电企业可按用户月电费确定每月分若干次收费，并于抄表后结清当月电费。收费次数由供电企业与用户协商确定，一般每月不少于三次。对于银行划拨电费的，供电企业、用户、银行三方应签订电费划拨和结清的协议书。

供用双方改变开户银行或账号时，应及时通知对方。

第八十七条　临时用电用户未装用电计量装置的，供电企业应根据其用电容量，按双方约定的每日使用时数和使用期限预收全部电费。用电终止时，如实际使用时间不足约定期限二分之一的，可退还预收电费的二分之一；超过约定期限二分之一的，预收电费不退；到约定期限时，得终止供电。

第八十八条　供电企业依法对用户终止供电时，用户必须结清全部电费和与供电企业相关的其他债务。否则，供电企业有权依法追缴。

第七章　并　网　电　厂

第八十九条　在供电营业区内建设的各类发电厂，未经许可，不得从事电力供应与电能经销业务。

并网运行的发电厂，应在发电厂建设项目立项前，与并网的电网经营企业联系，就并网容量、发电时间、上网电价、上网电量等达成电量购销意向性协议。

第九十条　电网经营企业与并网发电厂应根据国家法律、行政法规和有关规定，签订并网协议，并在并网发电前签订并网电量购销合同。合同应当具备下列条款：

1．并网方式、电能质量和发电时间；

2．并网发电容量、年发电利用小时和年上网电量；

3．计量方式和上网电价、电费结算方式；

4．电网提供的备用容量及计费标准；

5．合同的有效期限；

6．违约责任；

7．双方认为必须规定的其他事宜。

第九十一条　用户自备电厂应自发自供厂区内的用电，不得将自备电厂的电力向厂区外供电。自发自用有余的电量可与供电企业签订电量购销合同。

自备电厂如需伸入或跨越供电企业所属的供电营业区供电的，应经省电网经营企业同意。

第八章　供用电合同与违约责任

第九十二条　供电企业和用户应当在正式供电前，根据用户用电需求和供电企业的供电能力以及办理用电申请时双方已认可或协商一致的下列文件，签订供用电合同：

1．用户的用电申请报告或用电申请书；

2．新建项目立项前双方签订的供电意向性协议；

3．供电企业批复的供电方案；

4．用户受电装置施工竣工检验报告；

5．用电计量装置安装完工报告；

6．供电设施运行维护管理协议；

7．其他双方事先约定的有关文件。

对用电量大的用户或供电有特殊要求的用户，在签订供用电合同时，可单独签订电费结算协议和电力调度协议等。

第九十三条 供用电合同应采用书面形式。经双方协商同意的有关修改合同的文书、电报、电传和图表也是合同的组成部分。

供用电合同书面形式可分为标准格式和非标准格式两类。标准格式合同适用于供电方式简单、一般性用电需求的用户；非标准格式合同适用于供用电方式特殊的用户。

省电网经营企业可根据用电类别、用电容量、电压等级的不同，分类制定出适应不同类型用户需要的标准格式的供用电合同。

第九十四条 供用电合同的变更或者解除，必须依法进行。有下列情形之一的，允许变更或解除供用电合同：

1．当事人双方经过协商同意，并且不因此损害国家利益和扰乱供用电秩序；

2．由于供电能力的变化或国家对电力供应与使用管理的政策调整，使订立供用电合同时的依据被修改或取消；

3．当事人一方依照法律程序确定确实无法履行合同；

4．由于不可抗力或一方当事人虽无过失，但无法防止的外因，致使合同无法履行。

第九十五条 供用双方在合同中订有电力运行事故责任条款的，按下列规定办理：

1．由于供电企业电力运行事故造成用户停电的，供电企业应按用户在停电时间内可能用电量的电度电费的五倍（单一制电价为四倍）给予赔偿。用户在停电时间内可能用电量，按照停电前用户正常用电月份或正常用电一定天数内的每小时平均用电量乘以停电小时求得。

2．由于用户的责任造成供电企业对外停电，用户应按供电企业对外停电时间少供电量，乘以上月份供电企业平均售电单价给予赔偿。

因用户过错造成其他用户损害的，受害用户要求赔偿时，该用户应当依法承担赔偿责任。

虽因用户过错，但由于供电企业责任而使事故扩大造成其他用户损害的，该用户不承担事故扩大部分的赔偿责任。

3．对停电责任的分析和停电时间及少供电量的计算，均按供电企业的事故记录及《电业生产事故调查规程》办理。停电时间不足 1 小时按 1 小时计算，超过 1 小时按实际时间计算。

4．本条所指的电度电费按国家规定的目录电价计算。

第九十六条 供用电双方在合同中订有电压质量责任条款的，按下列规定办理：

1．用户用电功率因数达到规定标准，而供电电压超出本规则规定的变动幅度，给用户造成损失的，供电企业应按用户每月在电压不合格的累计时间内所用的电量，乘以用户当月用电的平均电价的百分之二十给予赔偿。

2．用户用电的功率因数未达到规定标准或其他用户原因引起的电压质量不合格的，供电企业不负赔偿责任。

3．电压变动超出允许变动幅度的时间，以用户自备并经供电企业认可的电压自动记录仪表的记录为准，如用户未装此项仪表，则以供电企业的电压记录为准。

第九十七条 供用电双方在合同中订有频率质量责任条款的，按下列规定办理：

1．供电频率超出允许偏差，给用户造成损失的，供电企业应按用户每月在频率不合格的累计时间内所用的电量，乘以当月用电的平均电价的百分之二十给予赔偿。

2. 频率变动超出允许偏差的时间，以用户自备并经供电企业认可的频率自动记录仪表的记录为准，如用户未装此项仪表，则以供电企业的频率记录为准。

第九十八条 用户在供电企业规定的期限内未交清电费时，应承担电费滞纳的违约责任。电费违约金从逾期之日起计算至交纳日止。每日电费违约金按下列规定计算：

1. 居民用户每日按欠费总额的千分之一计算；

2. 其他用户：

（1）当年欠费部分，每日按欠费总额的千分之二计算；

（2）跨年度欠费部分，每日按欠费总额的千分之三计算。

电费违约金收取总额按日累加计收，总额不足 1 元者按 1 元收取。

第九十九条 因电力运行事故引起城乡居民用户家用电器损坏的，供电企业应按《居民用户家用电器损坏处理办法》进行处理。

第一百条 危害供用电安全、扰乱正常供用电秩序的行为，属于违约用电行为。供电企业对查获的违约用电行为应及时予以制止。有下列违约用电行为者，应承担其相应的违约责任：

1. 在电价低的供电线路上，擅自接用电价高的用电设备或私自改变用电类别的，应按实际使用日期补交其差额电费，并承担二倍差额电费的违约使用电费。使用起讫日期难以确定的，实际使用时间按三个月计算。

2. 私自超过合同约定的容量用电的，除应拆除私增容设备外，属于两部制电价的用户，应补交私增设备容量使用月数的基本电费，并承担三倍私增容量基本电费的违约使用电费；其他用户应承担私增容量每千瓦（千伏安）50 元的违约使用电费。如用户要求继续使用者，按新装增容办理手续。

3. 擅自超过计划分配的用电指标的，应承担高峰超用电力每次每千瓦 1 元和超用电量与现行电价电费五倍的违约使用电费。

4. 擅自使用已在供电企业办理暂停手续的电力设备或启用供电企业封存的电力设备的，应停用违约使用的设备。属于两部制电价的用户，应补交擅自使用或启用封存设备容量和使用月数的基本电费，并承担二倍补交基本电费的违约使用电费；其他用户应承担擅自使用或启用封存设备容量每次每千瓦（千伏安）30 元的违约使用电费。启用属于私增容被封存的设备的，违约使用者还应承担本条第 2 项规定的违约责任。

5. 私自迁移、更动和擅自操作供电企业的用电计量装置、电力负荷管理装置、供电设施以及约定由供电企业调度的用户受电设备者，属于居民用户的，应承担每次 500 元的违约使用电费；属于其他用户的，应承担每次 5000 元的违约使用电费。

6. 未经供电企业同意，擅自引入（供出）电源或将备用电源和其他电源私自并网的，除当即拆除接线外，应承担其引入（供出）或并网电源容量每千瓦（千伏安）500 元的违约使用电费。

第九章 窃电的制止与处理

第一百零一条 禁止窃电行为。窃电行为包括：

1. 在供电企业的供电设施上，擅自接线用电；

2．绕越供电企业用电计量装置用电；

3．伪造或者开启供电企业加封的用电计量装置封印用电；

4．故意损坏供电企业用电计量装置；

5．故意使供电企业用电计量装置不准或者失效；

6．采用其他方法窃电。

第一百零二条 供电企业对查获的窃电者，应予制止并可当场中止供电。窃电者应按所窃电量补交电费，并承担补交电费三倍的违约使用电费。拒绝承担窃电责任的，供电企业应报请电力管理部门依法处理。窃电数额较大或情节严重的，供电企业应提请司法机关依法追究刑事责任。

第一百零三条 窃电量按下列方法确定：

1．在供电企业的供电设施上，擅自接线用电的，所窃电量按私接设备额定容量（千伏安视同千瓦）乘以实际使用时间计算确定；

2．以其他行为窃电的，所窃电量按计费电能表标定电流值（对装有限流器的，按限流器整定电流值）所指的容量（千伏安视同千瓦）乘以实际窃用的时间计算确定。

窃电时间无法查明时，窃电日数至少以一百八十天计算，每日窃电时间：电力用户按 12 小时计算；照明用户按 6 小时计算。

第一百零四条 因违约用电或窃电造成供电企业的供电设施损坏的，责任者必须承担供电设施的修复费用或进行赔偿。

因违约用电或窃电导致他人财产、人身安全受到侵害的，受害人有权要求违约用电或窃电者停止侵害，赔偿损失。供电企业应予协助。

第一百零五条 供电企业对检举、查获窃电或违约用电的有关人员应给予奖励。奖励办法由省电网经营企业规定。

第十章　附　　则

第一百零六条 跨省电网经营企业、省电网经营企业可根据本规则，在业务上作出补充规定。

第一百零七条 本规则自发布之日起施行。

1-6　电力设施保护条例

（1987 年 9 月 15 日国务院公布，根据 1998 年 1 月 7 日《国务院关于修改〈电力设施保护条例〉的决定》第一次修订，根据 2011 年 1 月 8 日国务院令第 588 号《国务院关于废止和修改部分行政法规的决定》第二次修订）

第一章　总　　则

第一条 为保障电力生产和建设的顺利进行，维护公共安全，特制定本条例。

第二条 本条例适用于中华人民共和国境内已建或在建的电力设施（包括发电设施、变电设施和电力线路设施及其有关辅助设施，下同）。

第三条 电力设施的保护，实行电力管理部门、公安部门、电力企业和人民群众相结合的原则。

第四条 电力设施受国家法律保护，禁止任何单位或个人从事危害电力设施的行为。任何单位和个人都有保护电力设施的义务，对危害电力设施的行为，有权制止并向电力管理部门、公安部门报告。

电力企业应加强对电力设施的保护工作，对危害电力设施安全的行为，应采取适当措施，予以制止。

第五条 国务院电力管理部门对电力设施的保护负责监督、检查、指导和协调。

第六条 县以上地方各级电力管理部门保护电力设施的职责是：

（一）监督、检查本条例及根据本条例制定的规章的贯彻执行；

（二）开展保护电力设施的宣传教育工作；

（三）会同有关部门及沿电力线路各单位，建立群众护线组织并健全责任制；

（四）会同当地公安部门，负责所辖地区电力设施的安全保卫工作。

第七条 各级公安部门负责依法查处破坏电力设施或哄抢、盗窃电力设施器材的案件。

第二章 电力设施的保护范围和保护区

第八条 发电设施、变电设施的保护范围：

（一）发电厂、变电站、换流站、开关站等厂、站内的设施；

（二）发电厂、变电站外各种专用的管道（沟）、储灰场、水井、泵站、冷却水塔、油库、堤坝、铁路、道路、桥梁、码头、燃料装卸设施、避雷装置、消防设施及其有关辅助设施；

（三）水力发电厂使用的水库、大坝、取水口、引水隧洞（含支洞口）、引水渠道、调压井（塔）、露天高压管道、厂房、尾水渠、厂房与大坝间的通信设施及其有关辅助设施。

第九条 电力线路设施的保护范围：

（一）架空电力线路：杆塔、基础、拉线、接地装置、导线、避雷线、金具、绝缘子、登杆塔的爬梯和脚钉，导线跨越航道的保护设施，巡（保）线站，巡视检修专用道路、船舶和桥梁，标志牌及其有关辅助设施；

（二）电力电缆线路：架空、地下、水底电力电缆和电缆联结装置，电缆管道、电缆隧道、电缆沟、电缆桥，电缆井、盖板、入孔、标石、水线标志牌及其有关辅助设施；

（三）电力线路上的变压器、电容器、电抗器、断路器、隔离开关、避雷器、互感器、熔断器、计量仪表装置、配电室、箱式变电站及其有关辅助设施；

（四）电力调度设施：电力调度场所、电力调度通信设施、电网调度自动化设施、电网运行控制设施。

第十条 电力线路保护区：

（一）架空电力线路保护区：导线边线向外侧水平延伸并垂直于地面所形成的两平行面内的区域，在一般地区各级电压导线的边线延伸距离如下：

1—10 千伏　　5 米

35—110 千伏　　10 米

154—330 千伏　　15 米

500 千伏　　　20 米

在厂矿、城镇等人口密集地区，架空电力线路保护区的区域可略小于上述规定。但各级电压导线边线延伸的距离，不应小于导线边线在最大计算弧垂及最大计算风偏后的水平距离和风偏后距建筑物的安全距离之和。

（二）电力电缆线路保护区：地下电缆为电缆线路地面标桩两侧各 0.75 米所形成的两平行线内的区域；海底电缆一般为线路两侧各 2 海里（港内为两侧各 100 米），江河电缆一般不小于线路两侧各 100 米（中、小河流一般不小于各 50 米）所形成的两平行线内的水域。

第三章　电力设施的保护

第十一条　县以上地方各级电力管理部门应采取以下措施，保护电力设施：

（一）在必要的架空电力线路保护区的区界上，应设立标志，并标明保护区的宽度和保护规定；

（二）在架空电力线路导线跨越重要公路和航道的区段，应设立标志，并标明导线距穿越物体之间的安全距离；

（三）地下电缆铺设后，应设立永久性标志，并将地下电缆所在位置书面通知有关部门；

（四）水底电缆敷设后，应设立永久性标志，并将水底电缆所在位置书面通知有关部门。

第十二条　任何单位或个人在电力设施周围进行爆破作业，必须按照国家有关规定，确保电力设施的安全。

第十三条　任何单位或个人不得从事下列危害发电设施、变电设施的行为：

（一）闯入发电厂、变电站内扰乱生产和工作秩序，移动、损害标志物；

（二）危及输水、输油、供热、排灰等管道（沟）的安全运行；

（三）影响专用铁路、公路、桥梁、码头的使用；

（四）在用于水力发电的水库内，进入距水工建筑物 300 米区域内炸鱼、捕鱼、游泳、划船及其他可能危及水工建筑物安全的行为；

（五）其他危害发电、变电设施的行为。

第十四条　任何单位或个人，不得从事下列危害电力线路设施的行为：

（一）向电力线路设施射击；

（二）向导线抛掷物体；

（三）在架空电力线路导线两侧各 300 米的区域内放风筝；

（四）擅自在导线上接用电器设备；

（五）擅自攀登杆塔或在杆塔上架设电力线、通信线、广播线，安装广播喇叭；

（六）利用杆塔、拉线作起重牵引地锚；

（七）在杆塔、拉线上拴牲畜、悬挂物体、攀附农作物；

（八）在杆塔、拉线基础的规定范围内取土、打桩、钻探、开挖或倾倒酸、碱、盐及其他有害化学物品；

（九）在杆塔内（不含杆塔与杆塔之间）或杆塔与拉线之间修筑道路；

（十）拆卸杆塔或拉线上的器材，移动、损坏永久性标志或标志牌；

（十一）其他危害电力线路设施的行为。

第十五条 任何单位或个人在架空电力线路保护区内，必须遵守下列规定：

（一）不得堆放谷物、草料、垃圾、矿渣、易燃物、易爆物及其他影响安全供电的物品；

（二）不得烧窑、烧荒；

（三）不得兴建建筑物、构筑物；

（四）不得种植可能危及电力设施安全的植物。

第十六条 任何单位或个人在电力电缆线路保护区内，必须遵守下列规定：

（一）不得在地下电缆保护区内堆放垃圾、矿渣、易燃物、易爆物，倾倒酸、碱、盐及其他有害化学物品，兴建建筑物、构筑物或种植树木、竹子；

（二）不得在海底电缆保护区内抛锚、拖锚；

（三）不得在江河电缆保护区内抛锚、拖锚、炸鱼、挖沙。

第十七条 任何单位或个人必须经县级以上地方电力管理部门批准，并采取安全措施后，方可进行下列作业或活动：

（一）在架空电力线路保护区内进行农田水利基本建设工程及打桩、钻探、开挖等作业；

（二）起重机械的任何部位进入架空电力线路保护区进行施工；

（三）小于导线距穿越物体之间的安全距离，通过架空电力线路保护区；

（四）在电力电缆线路保护区内进行作业。

第十八条 任何单位或个人不得从事下列危害电力设施建设的行为：

（一）非法侵占电力设施建设项目依法征收的土地；

（二）涂改、移动、损害、拔除电力设施建设的测量标桩和标记；

（三）破坏、封堵施工道路，截断施工水源或电源。

第十九条 未经有关部门依照国家有关规定批准，任何单位和个人不得收购电力设施器材。

第四章 对电力设施与其他设施互相妨碍的处理

第二十条 电力设施的建设和保护应尽量避免或减少给国家、集体和个人造成的损失。

第二十一条 新建架空电力线路不得跨越储存易燃、易爆物品仓库的区域；一般不得跨越房屋，特殊情况需要跨越房屋时，电力建设企业应采取安全措施，并与有关单位达成协议。

第二十二条 公用工程、城市绿化和其他工程在新建、改建或扩建中妨碍电力设施时，或电力设施在新建、改建或扩建中妨碍公用工程、城市绿化和其他工程时，双方有关单位必须按照本条例和国家有关规定协商，就迁移、采取必要的防护措施和补偿等问题达成协议后方可施工。

第二十三条 电力管理部门应将经批准的电力设施新建、改建或扩建的规划和计划通知城乡建设规划主管部门，并划定保护区域。

城乡建设规划主管部门应将电力设施的新建、改建或扩建的规划和计划纳入城乡建设规划。

第二十四条 新建、改建或扩建电力设施，需要损害农作物，砍伐树木、竹子，或拆迁建筑物及其他设施的，电力建设企业应按照国家有关规定给予一次性补偿。

在依法划定的电力设施保护区内种植的或自然生长的可能危及电力设施安全的树木、竹子，电力企业应依法予以修剪或砍伐。

第五章 奖励与惩罚

第二十五条 任何单位或个人有下列行为之一，电力管理部门应给予表彰或一次性物质奖励：

（一）对破坏电力设施或哄抢、盗窃电力设施器材的行为检举、揭发有功；

（二）对破坏电力设施或哄抢、盗窃电力设施器材的行为进行斗争，有效地防止事故发生；

（三）为保护电力设施而同自然灾害做斗争，成绩突出；

（四）为维护电力设施安全，做出显著成绩。

第二十六条 违反本条例规定，未经批准或未采取安全措施，在电力设施周围或在依法划定的电力设施保护区内进行爆破或其他作业，危及电力设施安全的，由电力管理部门责令停止作业、恢复原状并赔偿损失。

第二十七条 违反本条例规定，危害发电设施、变电设施和电力线路设施的，由电力管理部门责令改正；拒不改正的，处1万元以下的罚款。

第二十八条 违反本条例规定，在依法划定的电力设施保护区内进行烧窑、烧荒、抛锚、拖锚、炸鱼、挖沙作业，危及电力设施安全的，由电力管理部门责令停止作业、恢复原状并赔偿损失。

第二十九条 违反本条例规定，危害电力设施建设的，由电力管理部门责令改正、恢复原状并赔偿损失。

第三十条 凡违反本条例规定而构成违反治安管理行为的单位或个人，由公安部门根据《中华人民共和国治安管理处罚法》予以处罚；构成犯罪的，由司法机关依法追究刑事责任。

第六章 附 则

第三十一条 国务院电力管理部门可以会同国务院有关部门制定本条例的实施细则。

第三十二条 本条例自发布之日起施行。

1-7 电力设施保护条例实施细则

（1999年3月18日国家经济贸易委员会、公安部令第8号公布，根据2011年6月30日国家发展和改革委员会令第10号修订）

第一条 根据《电力设施保护条例》（以下简称《条例》）第三十一条规定，制定本实施细则。

第二条 本细则适用于中华人民共和国境内国有、集体、外资、合资、个人已建或在建的电力设施。

第三条 电力管理部门、公安部门、电力企业和人民群众都有保护电力设施的义务。各级地方人民政府设立的由同级人民政府所属有关部门和电力企业（包括：电网经营企业、供电企业、发电企业）负责人组成的电力设施保护领导小组，负责领导所辖行政区域内电力设施的保护工作，其办事机构设在相应的电网经营企业，负责电力设施保护的日常工作。

电力设施保护领导小组，应当在有关电力线路沿线组织群众护线，群众护线组织成员由相应的电力设施保护领导小组发给护线证件。

各省（自治区、直辖市）电力管理部门可制定办法，规定群众护线组织形式、权利、义务、责任等。

第四条 电力企业必须加强对电力设施的保护工作。对危害电力设施安全的行为，电力企业有权制止并可以劝其改正、责其恢复原状、强行排除妨害，责令赔偿损失、请求有关行政主管部门和司法机关处理，以及采取法律、法规或政府授权的其他必要手段。

第五条 架空电力线路保护区，是为了保证已建架空电力线路的安全运行和保障人民生活的正常供电而必须设置的安全区域。在厂矿、城镇、集镇、村庄等人口密集地区，架空电力线路保护区为导线边线在最大计算风偏后的水平距离和风偏后距建筑物的水平安全距离之和所形成的两平行线内的区域。各级电压导线边线在计算导线最大风偏情况下，距建筑物的水平安全距离如下：

1 千伏以下	1.0 米
1—10 千伏	1.5 米
35 千伏	3.0 米
66—110 千伏	4.0 米
154—220 千伏	5.0 米
330 千伏	6.0 米
500 千伏	8.5 米

第六条 江河电缆保护区的宽度为：

（一）敷设于二级及以上航道时，为线路两侧各 100 米所形成的两平行线内的水域；

（二）敷设于三级及以下航道时，为线路两侧各 50 米所形成的两平行线内的水域。

第七条 地下电力电缆保护区的宽度为地下电力电缆线路地面标桩两侧各 0.75 米所形成两平行线内区域。

发电设施附属的输油、输灰、输水管线的保护区依本条规定确定。

在保护区内禁止使用机械掘土、种植林木；禁止挖坑、取土、兴建建筑物和构筑物；不得堆放杂物或倾倒酸、碱、盐及其他有害化学物品。

第八条 禁止在电力电缆沟内同时埋设其他管道。未经电力企业同意，不准在地下电力电缆沟内埋设输油、输气等易燃易爆管道。管道交叉通过时，有关单位应当协商，并采取安全措施，达成协议后方可施工。

第九条 电力管理部门应在下列地点设置安全标志：

（一）架空电力线路穿越的人口密集地段；

（二）架空电力线路穿越的人员活动频繁的地区；

（三）车辆、机械频繁穿越架空电力线路的地段；

（四）电力线路上的变压器平台。

第十条 任何单位和个人不得在距电力设施周围五百米范围内（指水平距离）进行爆破作业。因工作需要必须进行爆破作业时，应当按国家颁发的有关爆破作业的法律法规，采取可靠的安全防范措施，确保电力设施安全，并征得当地电力设施产权单位或管理部门的书面同意，报经政府有关管理部门批准。

在规定范围外进行的爆破作业必须确保电力设施的安全。

第十一条 任何单位或个人不得冲击、扰乱发电、供电企业的生产和工作秩序，不得移动、损害生产场所的生产设施及标志物。

第十二条 任何单位或个人不得在距架空电力线路杆塔、拉线基础外缘的下列范围内进行取土、打桩、钻探、开挖或倾倒酸、碱、盐及其他有害化学物品的活动：

（一）35 千伏及以下电力线路杆塔、拉线周围 5 米的区域；

（二）66 千伏及以上电力线路杆塔、拉线周围 10 米的区域。

在杆塔、拉线基础的上述距离范围外进行取土、堆物、打桩、钻探、开挖活动时，必须遵守下列要求：

（一）预留出通往杆塔、拉线基础供巡视和检修人员、车辆通行的道路；

（二）不得影响基础的稳定，如可能引起基础周围土壤、砂石滑坡，进行上述活动的单位或个人应当负责修筑护坡加固；

（三）不得损坏电力设施接地装置或改变其埋设深度。

第十三条 在架空电力线路保护区内，任何单位或个人不得种植可能危及电力设施和供电安全的树木、竹子等高杆植物。

第十四条 超过 4 米高度的车辆或机械通过架空电力线路时，必须采取安全措施，并经县级以上的电力管理部门批准。

第十五条 架空电力线路一般不得跨越房屋。对架空电力线路通道内的原有房屋，架空电力线路建设单位应当与房屋产权所有者协商搬迁，拆迁费不得超出国家规定标准；特殊情况需要跨越房屋时，设计建设单位应当采取增加杆塔高度、缩短档距等安全措施，以保证被跨越房屋的安全。被跨越房屋不得再行增加高度。超越房屋的物体高度或房屋周边延伸出的物体长度必须符合安全距离的要求。

第十六条 架空电力线路建设项目和公用工程、城市绿化及其他工程之间发生妨碍时，按下述原则处理：

（一）新建架空电力线路建设工程、项目需穿过林区时，应当按国家有关电力设计的规程砍伐出通道，通道内不得再种植树木；对需砍伐的树木由架空电力线路建设单位按国家的规定办理手续和付给树木所有者一次性补偿费用，并与其签订不再在通道内种植树木的协议。

（二）架空电力线路建设项目、计划已经当地城市建设规划主管部门批准的，园林部门对影响架空电力线路安全运行的树木，应当负责修剪，并保持今后树木自然生长最终高度和架空电力线路导线之间的距离符合安全距离的要求。

（三）根据城市绿化规划的要求，必须在已建架空电力线路保护区内种植树木时，园林部门需与电力管理部门协商，征得同意后，可种植低矮树种，并由园林部门负责修剪以保持树木自然生长最终高度和架空电力线路导线之间的距离符合安全距离的要求。

（四）架空电力线路导线在最大弧垂或最大风偏后与树木之间的安全距离为：

电压等级	最大风偏距离	最大垂直距离
35—110 千伏	3.5 米	4.0 米
154—220 千伏	4.0 米	4.5 米

330 千伏　　　　　　　5.0 米　　　　　　5.5 米

500 千伏　　　　　　　7.0 米　　　　　　7.0 米

对不符合上述要求的树木应当依法进行修剪或砍伐，所需费用由树木所有者负担。

第十七条　城乡建设规划主管部门审批或规划已建电力设施（或已经批准新建、改建、扩建、规划的电力设施）两侧的新建建筑物时，应当会同当地电力管理部门审查后批准。

第十八条　在依法划定的电力设施保护区内，任何单位和个人不得种植危及电力设施安全的树木、竹子或高杆植物。

电力企业对已划定的电力设施保护区域内新种植或自然生长的可能危及电力设施安全的树木、竹子，应当予以砍伐，并不予支付林木补偿费、林地补偿费、植被恢复费等任何费用。

第十九条　电力管理部门对检举、揭发破坏电力设施或哄抢、盗窃电力设施器材的行为符合事实的单位或个人，给予2000元以下的奖励；对同破坏电力设施或哄抢、盗窃电力设施器材的行为进行斗争并防止事故发生的单位或个人，给予2000元以上的奖励；对为保护电力设施与自然灾害作斗争，成绩突出或为维护电力设施安全做出显著成绩的单位或个人，根据贡献大小，给予相应物质奖励。

对维护、保护电力设施作出重大贡献的单位或个人，除按以上规定给予物质奖励外，还可由电力管理部门、公安部门或当地人民政府根据各自的权限给予表彰或荣誉奖励。

第二十条　下列危害电力设施的行为，情节显著轻微的，由电力管理部门责令改正；拒不改正的，处1000元以上10000元以下罚款：

（一）损坏使用中的杆塔基础的；

（二）损坏、拆卸、盗窃使用中或备用塔材、导线等电力设施的；

（三）拆卸、盗窃使用中或备用变压器等电力设备的。破坏电力设备、危害公共安全构成犯罪的，依法追究其刑事责任。

第二十一条　下列违反《电力设施保护条例》和本细则的行为，尚不构成犯罪的，由公安机关依据《中华人民共和国治安管理处罚条例》予以处理：

（一）盗窃、哄抢库存或者已废弃停止使用的电力设施器材的；

（二）盗窃、哄抢尚未安装完毕或尚未交付使用单位验收的电力设施的；

（三）其他违反治安管理的行为。

第二十二条　电力管理部门为保护电力设施安全，对违法行为予以行政处罚，应当依照法定程序进行。

第二十三条　本实施细则自发布之日起施行，原能源部、公安部1992年12月2日发布的《电力设施保护条例实施细则》同时废止。

1-8　国家经贸委关于《电力设施保护条例实施细则》有关条款解释的复函

（国家经贸厅电力函〔2002〕971号，2002年9月18日国家经济贸易委员会办公厅发布）

辽宁省经贸委：

你委《关于〈电力设施保护条例实施细则〉有关条款进行解释的请示》收悉。经研究，现复函如下：

一、根据《电力设施保护条例》第一条、第十一条的规定，电力管理部门设置安全标志的目的，是为了保证已建电力线路设施的安全运行和正常供电。

二、《电力设施保护条例实施细则》第九条中涉及的“人口密集地段”、“人员活动频繁地区”、“车辆、机械频繁穿越地段”，目前法律、法规没有具体界定。依据《66 千伏及以下架空电力线路设计规范》（GB 50061—1997）条文说明第 11.0.7 条“人口密集地区是指工业企业地区、港口、码头、火车站和城镇等地区”等相关解释，“人口密集地段”即为人口密集地区的地段，“人员活动频繁地区”和“车辆、机械频繁穿越地段”通常是指城镇或乡村人员集中居住区和三级以上的公路沿线地段。

三、登杆塔爬梯的设置及底端对地距离，现行国家标准和电力行业标准对此尚无具体规定。考虑到目前的实际情况，建议参照原电力工业部电力规划设计总院《送电线路铁塔制图和构造规定》（DLGJ 136—1997）第 6.1.9 条规定的标准执行。

国家经济贸易委员会办公厅

2002 年 9 月 18 日

1-9　节约用电管理办法

（国经贸资源〔2000〕第 1256 号，2001 年 2 月 16 日国家经济贸易委员会、国家发展计划委员会发布）

第一章　总　　则

第一条　为了加强节能管理，提高能效，促进电能的合理利用，改善能源结构，保障经济持续发展，根据《中华人民共和国节约能源法》、《中华人民共和国电力法》，制定本办法。

第二条　本办法所称电力，是指国家和地方电网以及企业自备电厂等所提供的各类电能。

第三条　本办法所称节约用电，是指加强用电管理，采取技术上可行、经济上合理的节电措施，减少电能的直接和间接损耗，提高能源效率和保护环境。

第四条　国家经济贸易委员会、国家发展计划委员会按照职责分工主管全国的节约用电工作，负责制定节约用电政策、规划，发布节约用电信息，定期公布淘汰低效高耗电的生产工艺、技术和设备目录，监督、指导全国的节约用电工作。

地方各级人民政府节约用电主管部门和行业节约用电管理部门负责制定本地区和本行业的节约用电规划，实行高耗电产品电耗限额管理和电力需求侧管理，监督、指导各自职责范围内的节约用电工作。

第五条　国家经济贸易委员会、国家发展计划委员会和地方各级人民政府节约用电主管部门鼓励、支持节约用电科学技术的研究和推广，加强节约用电宣传和教育，普及节约用电科学知识，提高全民的节约用电意识。

第六条　任何单位和个人都应当履行节约用电义务。国家经济贸易委员会、地方各级人民政府节约用电主管部门和行业节约用电管理部门依法建立节约用电奖惩制度。

第二章 节约用电管理

第七条 根据《中华人民共和国节约能源法》第十五条、第十六条之规定，国家经济贸易委员会、国家发展计划委员会和地方各级人民政府节约用电主管部门，应当会同有关部门，加强对高耗电行业的监督和指导，督促其采取有效的节约用电措施，推进节约用电技术进步，降低单位产品的电力消耗。

第八条 国家经济贸易委员会对高耗电的主要产品实行单位产品电耗最高限额管理，定期公布主要高耗电产品的国内先进电耗指标。

地方各级人民政府节约用电主管部门和行业节约用电管理部门可根据本地区和本行业实际情况制定不高于国家公布的单位产品电耗最高限额指标。

第九条 用电负荷在500千瓦及以上或年用电量在300万千瓦时及以上的用户应当按照《企业设备电能平衡通则》（GB/T 3484）规定，委托具有检验测试技术条件的单位每二至四年进行一次电平衡测试，并据此制定切实可行的节约用电措施。

第十条 用电负荷在 1000 千瓦及以上的用户，应当遵守《评价企业合理用电技术导则》（GB/T 3485）和《产品电耗定额和管理导则》（GB/T 5623）的规定。不符合节约用电标准、规程的，应当及时改正。

第十一条 电力用户应当根据本办法的有关条款，积极采取经济合理、技术可行、环境允许的节约用电措施，制定节约用电规划和降耗目标，做好节约用电工作。

第十二条 固定资产投资项目的可行性研究报告中应当包括用电设施的节约用电评价等合理用能的专题论证。其中，高耗电的工程项目，应当经有资格的咨询机构评估。

高耗电的指标由省级及省级以上人民政府节约用电主管部门制定。

第十三条 禁止生产、销售国家明令淘汰的低效高耗电的设备、产品。国家明令淘汰的低效高耗电的工艺、技术和设备，禁止在新建或改建工程项目中采用；正在使用的应限期停止使用，不得转移他人使用。

第十四条 用电产品说明书和产品标识上应当注明耗电指标。鼓励推广经过国家节能认证的节约用电产品，鼓励建立能源服务公司，促进高耗电工艺、技术和设备的淘汰和改造，传播节约用电信息。

第三章 电力需求侧管理

第十五条 电力需求侧管理，是指通过提高终端用电效率和优化用电方式，在完成同样用电功能的同时减少电量消耗和电力需求，达到节约能源和保护环境，实现低成本电力服务所进行的用电管理活动。

第十六条 各级经济贸易委员会要积极推动需求侧管理。对终端用户进行负荷管理，推行可中断负荷方式和直接负荷控制，以充分利用电力系统的低谷电能。

第十七条 鼓励下列节约用电措施：

（一）推广绿色照明技术、产品和节能型家用电器；

（二）降低发电厂用电和线损率，杜绝不明损耗；

（三）鼓励余热、余压和新能源发电，支持清洁、高效的热电联产、热电冷联产和综合利用电厂；

（四）推广用电设备经济运行方式；

（五）加快低效风机、水泵、电动机、变压器的更新改造，提高系统运行效率；

（六）推广高频可控硅调压装置、节能型变压器；

（七）推广交流电动机调速节电技术；

（八）推行热处理、电镀、铸锻、制氧等工艺的专业化生产；

（九）推广热泵、燃气-蒸汽联合循环发电技术；

（十）推广远红外、微波加热技术；

（十一）推广应用蓄冷、蓄热技术。

第十八条 电力规划或综合资源规划中应当包括电力需求侧管理的内容。

第十九条 扩大两部制电价的使用范围，逐步提高基本电价，降低电度电价；加速推广峰谷分时电价和丰枯电价，逐步拉大峰谷、丰枯电价差距；研究制定并推行可停电负荷电价。

第二十条 对应用国家重点推广或经过国家节能认证的节约用电产品的电力用户，可向省级价格主管部门和电力行政管理部门申请减免新增电力容量供电工程贴费，价格主管部门在征求电力企业意见的基础上予以协调处理；对列入《国家高新技术产品目录》的节约用电技术和产品，享受国家规定的税收优惠政策。

第二十一条 电力企业应当加强电力需求侧管理的宣传和组织推动工作，其所发生的有关费用可在管理费用中据实列支。

第四章 节约用电技术进步

第二十二条 国家鼓励、支持先进节约用电技术的创新，公布先进节约用电技术的开发重点和方向，建立和完善节约用电技术服务体系，培育和规范节约用电技术市场。

第二十三条 国家组织实施重大节约用电科研项目、节约用电示范工程，组织提出节约用电产品的节能认证和推广目录。

国家制定优惠政策，支持节约用电示范工程和节约用电推广目录中的技术、产品，并鼓励引进国外先进的节约用电技术和产品。

第二十四条 地方财政安排的科学研究经费应当支持先进节约用电技术的研究和应用。

第五章 奖 惩

第二十五条 国家经济贸易委员会、国家发展计划委员会和地方各级人民政府节约用电主管部门和行业节约用电管理部门对在节电降耗中成绩显著的集体和个人应当给予表彰和奖励。

第二十六条 企业应当制定奖惩办法，对在单位产品电力消耗管理中取得成绩的集体和个人给予奖励，对单位产品电力消耗超过最高限额的集体和个人给予惩罚。

第二十七条 违反本办法第八条规定，单位产品电力消耗超过最高限额指标的，限期治理；未达到要求的或逾期不治理的，由县级以上人民政府节约用电主管部门提出处理建议，报请同级人民政府按照国务院规定的权限责令停业整顿或者关闭。

新建或改建超过单位产品电耗最高限额的产品生产能力的工程项目，由县级以上人民政府节约用电主管部门会同项目审批单位责令停止建设。

第二十八条 违反本办法第十三条规定，新建或改建工程项目采用国家明令淘汰的低效高耗电的工艺、技术和设备的，由县级以上人民政府节约用电主管部门会同项目审批单位责令停止建设，并依法追究项目责任人和设计负责人的责任。

违反本办法第十三条规定，生产、销售国家明令淘汰的低效高耗电的设备、产品的；或使用国家明令淘汰的低效高耗电的工艺、技术和设备的；或将国家明令淘汰的低效高耗电的设备、产品转让他人使用的，按照《中华人民共和国节约能源法》的有关规定予以处罚。

第六章　附　　则

第二十九条 本办法自发布之日起施行。

附件：九种高耗电产品电耗最高限额和国内比较先进指标（略）

1-10　有序用电管理办法

（发改运行〔2011〕832号，2011年4月21日国家发展和改革委员会发布）

第一章　总　　则

第一条 为落实科学发展观，加强电力需求侧管理，确保电网安全稳定运行，保障社会用电秩序，根据《中华人民共和国电力法》《电力供应与使用条例》、《电网调度管理条例》等法律法规，制定本办法。

第二条 本办法适用于中华人民共和国境内有序用电管理工作。

第三条 本办法所称有序用电，是指在电力供应不足、突发事件等情况下，通过行政措施、经济手段、技术方法，依法控制部分用电需求，维护供用电秩序平稳的管理工作。

第四条 有序用电工作遵循安全稳定、有保有限、注重预防的原则。

第五条 国家发展和改革委员会负责全国有序用电管理工作，国务院其他有关部门在各自职责范围内负责相关工作。

县级以上人民政府电力运行主管部门负责本行政区域内的有序用电管理工作，县级以上地方人民政府其他有关部门在各自职责范围内负责相关工作。

第六条 电网企业是有序用电工作的重要实施主体；电力用户应支持配合实施有序用电。

第二章　方　案　编　制

第七条 各省级电力运行主管部门应组织指导省级电网企业等相关单位，根据年度电力供需平衡预测和国家有关政策，确定年度有序用电调控指标，并分解下达各地市电力运行主管部门。

第八条 各地市电力运行主管部门应组织指导电网企业，根据调控指标编制本地区年度有序用电方案。地市级有序用电方案应定用户、定负荷、定线路。

第九条 各省级电力运行主管部门应汇总各地市有序用电方案，编制本地区年度有序用电方案，并报本级人民政府、国家发展和改革委员会备案。

第十条 编制年度有序用电方案原则上应按照先错峰、后避峰、再限电、最后拉闸的顺序安排电力电量平衡。

各级电力运行主管部门不得在有序用电方案中滥用限电、拉闸措施，影响正常的社会生产生活秩序。

第十一条 编制有序用电方案原则上优先保障以下用电：

（一）应急指挥和处置部门，主要党政军机关，广播、电视、电信、交通、监狱等关系国家安全和社会秩序的用户；

（二）危险化学品生产、矿井等停电将导致重大人身伤害或设备严重损坏企业的保安负荷；

（三）重大社会活动场所、医院、金融机构、学校等关系群众生命财产安全的用户；

（四）供水、供热、供能等基础设施用户；

（五）居民生活，排灌、化肥生产等农业生产用电；

（六）国家重点工程、军工企业。

第十二条 编制有序用电方案应贯彻国家产业政策和节能环保政策，原则上重点限制以下用电：

（一）违规建成或在建项目；

（二）产业结构调整目录中淘汰类、限制类企业；

（三）单位产品能耗高于国家或地方强制性能耗限额标准的企业；

（四）景观照明、亮化工程；

（五）其他高耗能、高排放企业。

第十三条 各级电力运行主管部门和电网企业应及时向社会和相关电力用户公布有序用电方案，加强宣传并组织演练。

第十四条 有序用电方案涉及的电力用户应加强电能管理，编制具有可操作性的内部负荷控制方案。电网企业应充分利用电力负荷管理系统等技术手段给予帮助指导。

第十五条 重要用户应按照国家有关规定配置应急保安电源。

第十六条 本地区电力供需平衡发生重大变化时，省级电力运行主管部门应及时调整年度有序用电方案。

第三章 预 警 管 理

第十七条 各级电力运行主管部门应定期向社会发布电力供需平衡预测、有序用电方案、相关政策措施等供用电信息，并可委托电网企业披露月度及短期供用电信息。

第十八条 各省级电网企业应密切跟踪电力供需变化，预计因各种原因导致电力供应出现缺口的，应及时报告相关省级电力运行主管部门。

第十九条 各级电力运行主管部门和电网公司应及时向社会发布预警信息。原则上按照电力或电量缺口占当期最大用电需求比例的不同，预警信号分为四个等级：

Ⅰ级：特别严重（红色、20%以上）；

Ⅱ级：严重（橙色、10%～20%）；

Ⅲ级：较重（黄色、5%～10%）；

Ⅳ级：一般（蓝色、5%以下）。

第四章 方 案 实 施

第二十条 各省级电力运行主管部门应根据电力供需情况，及时启动有序用电方案，并报告本级人民政府、国家发展和改革委员会。

第二十一条 有序用电方案实施期间，电网企业应在电力运行主管部门指导下加强网省间余缺调剂和相互支援。发电企业应加强设备运行维护和燃料储运。电力用户应加强节电管理，有序用电方案涉及的用户应按要求采取相应措施。

第二十二条 电网企业应依据有序用电方案，结合实际电力供应能力和用电负荷情况，合理做好日用电平衡工作。

第二十三条 在保证有序用电方案整体执行效果的前提下，电网企业应优化有序用电措施，在电力电量缺口缩小时及时有序释放用电负荷，尽量满足用户合理需求，减少限电损失。

第二十四条 紧急状态下，电网企业应执行事故限电序位表、处置电网大面积停电事件应急预案和黑启动预案等。

第二十五条 除第二十四条情况外，在对用户实施、变更、取消有序用电措施前，电网企业应通过公告、电话、传真、短信等方式履行告知义务。

第二十六条 有序用电方案实施期间，电网企业应开展有序用电影响用电负荷、用电量等相关统计工作，并及时报电力运行主管部门。

第五章 奖 惩 措 施

第二十七条 各地可利用电力需求侧管理等方面的资金，对除产业结构调整目录中淘汰类、限制类企业外实施有序用电的用户给予适当补贴。

第二十八条 鼓励有条件的地区建立可中断负荷电价和高可靠性电价机制。省级价格主管部门会同电力运行主管部门，可按照收支平衡的原则，确定可中断负荷电价和高可靠性电价标准，按规定报批后执行。

第二十九条 电网企业可与除产业结构调整目录中淘汰类、限制类企业外的电力用户协商签订可中断负荷协议、高可靠性负荷协议，在有序用电方案实施期间，执行可中断负荷电价、高可靠性电价。电网企业因执行上述电价政策造成的收支差额，纳入当地销售电价调整统筹平衡。

第三十条 对积极采取电力需求侧管理措施并取得明显效果的电力用户，可适度放宽对其用电的限制。

第三十一条 有序用电方案实施期间，各地电力运行主管部门应对方案执行情况组织监督检查。

（一）对执行方案不力、擅自超限额用电的电力用户，要责令改正；情节严重的，可按照国家规定程序停止供电。

（二）对违反有序用电方案和相关政策的电网企业，要责令改正；情节严重的，可通报批评。

（三）对非计划停机或出力受阻的发电企业，省级电力运行主管部门应加大考核力度，可相应调减其年度发电量。

（四）对违反有关规定的电力运行管理人员，要责令改正；情节严重的，依法给予行政处分。

第六章 附 则

第三十二条 本办法下列用语的含义：

（一）错峰，是指将高峰时段的用电负荷转移到其他时段，通常不减少电能使用。

（二）避峰，是指在高峰时段削减、中断或停止用电负荷，通常会减少电能使用。

（三）限电，是指在特定时段限制某些用户的部分或全部用电需求。

（四）拉闸，是指各级调度机构发布调度命令，切除部分用电负荷。

（五）电力缺口是指某一时间点，所有用户错峰、避峰、限电、拉闸负荷之和。

（六）电量缺口是指某一时间段内，所有用户避峰、限电、拉闸影响电量之和。

（七）本办法有关数量的表述中，“以上”含本数，“以下”不含本数。

第三十三条 本办法由国家发展和改革委员会负责解释。

第三十四条 各省级电力运行主管部门可结合本地区实际情况，制定相关实施细则。

第三十五条 本办法自 2011 年 5 月 1 日起施行。

1-11 电力需求侧管理办法

[发改运行〔2010〕2643 号，根据 2017 年 9 月 20 日国家发展和改革委员会、工业和信息化部、财政部、住房和城乡建设部、国务院国有资产监督管理委员会、国家能源局《关于深入推进供给侧结构性改革做好新形势下电力需求侧管理工作的通知》（发改运行规〔2017〕1690 号）修订]

第一章 总 则

第一条 为深入推进供给侧结构性改革，推动能源革命和全社会节能减排，促进电力经济绿色发展和生态文明建设，根据《中华人民共和国电力法》《中华人民共和国节约能源法》《电力供应与使用条例》《关于进一步深化电力体制改革的若干意见》等法律法规和文件规定，制定本办法。

第二条 本办法所称电力需求侧管理，是指加强全社会用电管理，综合采取合理、可行的技术和管理措施，优化配置电力资源，在用电环节制止浪费、降低电耗、移峰填谷、促进可再生能源电力消费、减少污染物和温室气体排放，实现节约用电、环保用电、绿色用电、智能用电、有序用电。

第三条 国家发展改革委负责全国电力需求侧管理工作，县级以上人民政府经济运行主管部门负责本行政区域内的电力需求侧管理工作。国务院有关部门、各地区县级以上人民政府有关部门在各自职责范围内开展和参与电力需求侧管理。

第四条 电力生产供应和消费应贯彻节约优先、绿色低碳的国家能源发展战略，在增加电力供应时，统筹考虑并优先采取电力需求侧管理措施。政府主管部门应推动供用电技术改进，优化用电方式，开展电能替代，消纳可再生能源，提高能源效率。

第五条 电网企业、电能服务机构、售电企业、电力用户是电力需求侧管理的重要实施主体，应依法依规开展电力需求侧管理工作。

第二章 节 约 用 电

第六条 本办法所称节约用电，是指加强全社会用电管理，综合采取合理、可行的技术和管理措施，在用电环节制止浪费、降低电耗、实现电力电量节约，促进节能减排和经济社会健康发展。

第七条 实施电网企业电力需求侧管理目标责任考核评价制度，政府主管部门制定和下达本级电网企业年度电力电量节约指标，组织开展年度指标完成情况考核；当年电力、电量节约指标原则上不低于电网企业售电营业区内上年最大用电负荷的0.3%、上年售电量的0.3%；电网企业可通过自行组织实施或购买服务实现。社会资本投资的增量配电网经营企业暂不参与考核，但应当主动采取措施实施电力需求侧管理，每年年底前将经营区域内电力电量节约量和工作措施上报省级经济运行主管部门。

第八条 电网企业应推广使用节能先进技术，采用节能输变电设备，采取技术措施减少供电半径，增强无功补偿，加强无功管理，稳步降低线损率。

第九条 鼓励推进工业、建筑等领域电力需求侧管理，组织开展产业园区、工业企业、综合商务区等功能区电力需求侧管理示范，建立和完善第三方评价机制，开发和传播典型案例，引领和促进工业、建筑领域节电、降耗、提效，提升可持续发展能力。

第十条 鼓励电能服务机构、售电企业提供合同能源管理、综合节能和用电咨询等服务，帮助用户节约电力电量，提高生产运行效率。

第十一条 政府主管部门应组织开展能效电厂项目示范，制定和发布电力需求侧管理技术推广目录，引导电力用户加快实施能效电厂项目，采用节电新技术。

第十二条 政府主管部门支持发展电能服务产业，推动建立电力需求侧管理服务机构体系；支持电力需求侧管理指导中心、行业协会、电能服务公司、产业联盟等机构创新服务内容和模式，提供节电咨询、设计、工程、评估、检测、核证、培训、标准制定、电子商务等服务；鼓励电能服务公司等向售电企业转型。

第三章 环 保 用 电

第十三条 本办法所称环保用电，是指充分发挥电能清洁环保、安全便捷等优势，在需求侧实施电能替代燃煤、燃油、薪柴等，促进能源消费结构优化和清洁化发展，支持大气污染治理。

第十四条 政府主管部门应支持开展环保用电，推动在需求侧合理实施电能替代，促进大气污染治理，扩大电力消费市场，拓展新的经济增长点。

第十五条 综合考虑电力市场建设、技术经济性、节能环保效益等因素，因地制宜、有序推进各领域电能替代，重点推进京津冀等大气污染严重地区的“煤改电”工作以及北方地区的电供暖工作。实施电能替代新增电力电量需求应优先通过可再生能源电力满足，并在电网企业年度电力电量节约指标完成情况考核中予以合理扣除，对于通过可再生能源满足的电能替代新增电力电量，计入电网企业年度节约电力电量指标。

第十六条 鼓励电力用户采用地源、水源、空气源热泵、电蓄热、电蓄冷、储能等成熟的电能替代技术，支持开展电能替代新技术示范、区域示范、产业园区示范。

第十七条 电网企业应加强电能替代配套电网建设，推进电网升级改造，提高环保用电的供电保障能力，做好环保用电的供电服务。

第十八条 鼓励社会资本积极参与电能替代项目投资、建设和运营，探索多方共赢的市场化项目运作模式。

第四章　绿　色　用　电

第十九条 本办法所称绿色用电，是指绿色电力消费与生产的协同互动，从需求侧促进可再生能源电力的有效消纳利用，推进能源绿色转型与温室气体减排。

第二十条 支持和推动绿色用电，探索绿色电力消费与生产的协同互动，引导电力用户优化用电方式，从需求侧促进可再生能源电力的有效消纳利用。

第二十一条 选择需求响应资源条件较好、可再生能源富集的地区，因地制宜开展需求响应促进可再生能源电力消纳试点，以互联网技术为支撑，探索、推广多方共赢的需求响应与可再生能源电力消纳协同模式。

第二十二条 支持电网企业会同电力用户探索建设大规模源网荷友好互动系统，有效平抑可再生能源带来的波动，提升电网“源”“荷”互补能力，助力可再生能源大规模替代化石能源。

第二十三条 改善电力运行调节，将需求响应资源统筹纳入电力运行调度，提高电网的灵活性，为可再生能源电力的消纳创造条件。

第二十四条 探索建立需求响应与可再生能源电力消纳协调互动的经济激励机制，对需求响应参与方给予经济补偿，鼓励可再生能源发电企业通过灵活的电价机制引导需求响应用户购买可再生能源电力。

第五章　智　能　用　电

第二十五条 本办法所称智能用电，是指通过信息和通信技术与用电技术的融合，推动用电技术进步、效率提升和组织变革，创新用电管理模式，培育电能服务新业态，提升电力需求侧管理智能化水平。

第二十六条 政府主管部门和企业应推进电力需求侧管理平台建设，完善平台主站、子站的互联互通、信息交互和共享、用电在线监测、数据统计分析、用电决策支持、需求响应与有序用电等功能，引导、鼓励电力用户和各类市场主体建设需求侧管理信息化系统并接入国家电力需求侧管理平台，积极推动与公共建筑能耗监管平台的互联互通及数据共享，为实施智能用电提供多方位的技术支撑，电网企业应定期向政府报送电力需求侧管理平台所需电力运行数据。

第二十七条 支持在产业园区、大型公共建筑、居民小区等集中用电区域开展“互联网＋”智能用电示范，探索“互联网＋”智能用电技术模式和组织模式，推进需求响应资源、储能资源、分布式可再生能源电力以及新能源微电网的综合开发利用，推广智能小区/楼宇/家庭、智慧园区试点，引导全社会采用智能用电设备。

第二十八条 鼓励电能服务公司、充换电设施运营商等创新智能用电服务内容和模式，探索开展电能云服务、电动汽车智能充换电服务，为电力用户提供智能化、个性化的用电与节电服务。鼓励电力用户主动参与和实施智能需求响应。

第二十九条 推动建设用电大数据中心，拓展用电大数据采集范围，整合电网企业、电力用户、电能服务公司等的用电数据资源，逐步实现用电数据的集成和安全共享，为电力经济运行分析、用电和节电决策等提供充足、及时、准确的数据支持。鼓励基于用电大数据的创新创业，支持开展基于用电大数据的新型增值服务。

第六章　有　序　用　电

第三十条 本办法所称有序用电，是指在电力供应不足、突发事件等情况下，通过行政措施、经济手段、技术方法，依法控制部分用电需求，维护供用电秩序平稳的管理工作。

第三十一条 政府主管部门应将居民、农业、重要公用事业和公益性服务用电纳入优先购电权计划，建立优先购电用户目录，并根据保障需要，对目录用户进行甄别和完善，动态调整。

第三十二条 各地应扩大需求响应试点实施范围，结合电力市场建设的推进，推动将需求响应资源纳入电力市场。支持、激励各类电力市场参与方开发和利用需求响应资源，提供有偿调峰、调频等服务，逐步形成占年度最大用电负荷3%左右的需求侧机动调峰能力，保障非严重缺电情况下的电力供需平衡。

第三十三条 政府主管部门应引导、激励电力用户优化用电方式，采用具备需求响应的用电设备，充分利用需求响应资源，主动参与实施电力需求响应。

第三十四条 电网企业应通过电力负荷管理系统开展负荷监测和控制，负荷监测能力达到经营区域内最大用电负荷的70%以上，负荷控制能力达到经营区域内最大用电负荷的10%以上，100 千伏安及以上用户全部纳入负荷管理范围，重点用能单位应将用电数据接入国家电力需求侧管理平台和国家重点用能单位能耗在线监测系统等平台。

第三十五条 政府主管部门应完善电力应急保障机制，精细化开展有序用电工作，组织制定有序用电方案，进行必要演练，增强操作能力。依法依规实施有序用电，保障优先购电权计划落实。

第三十六条 在面临重大自然灾害和突发事件时，省级以上人民政府依法宣布进入应急状态或紧急状态，用电执行有序用电方案。

第七章　保　障　措　施

第三十七条 政府主管部门应健全和完善电力需求侧管理法制规制综合保障体系，及时将电力需求侧管理相关措施纳入相关法律法规或专门制定电力需求侧管理有关规章。

第三十八条 政府主管部门应将电力需求侧管理综合纳入国家和地方电力发展相关规划，确保实现对电力需求侧管理资源的优先开发利用。

第三十九条 政府主管部门应依法组织制定、修订电力需求侧管理相关国家标准、地方标准、行业标准，鼓励企业和有关单位制定电力需求侧管理企业标准、社团标准。

第四十条 各级经济运行主管部门每年制定能力建设（培训）工作方案，充分发挥国家电力需求侧管理平台在宣传培训、技术推广、案例分析、成果展示等方面的作用，并通过考核和激励手段促进各类电力需求侧管理专业从业人员加强培训。

第四十一条 各级价格主管部门应推动完善峰谷电价、尖峰电价、差别电价、惩罚性电价、居民阶梯电价，加大激励力度，扩大实施范围。探索试行、推广高可靠性电价、可中断负荷电价等电价政策，引导和激励电力用户参与电力需求侧管理。

第四十二条 地方政府可以设立电力需求侧管理专项资金，资金可来源于电价外附加征收的差别电价收入、其他财政预算安排等；资金用途可包括：电力需求侧管理平台、公共建筑能耗监测平台等建设和运维，示范项目补贴和示范企业奖励，需求响应补贴，以及宣传、培训、评估等。中央和地方节能减排类财政资金可用于开展电力需求侧管理工作。

第四十三条 鼓励金融机构创新管理模式和产品，为电力需求侧管理项目提供信贷、担保、抵押、融资租赁、保理、资产证券化等金融服务。支持符合条件的电能服务公司上市融资和发行绿色债券。探索创新投融资机制，引导社会资本进入电力需求侧管理领域。

第四十四条 电网企业开展电力需求侧管理工作的合理支出，可计入供电成本。

第四十五条 支持建立电能服务技术、产业联盟，鼓励联盟成员开展合作。支持专业服务机构等依托互联网等载体，开展线上线下培训和宣传，壮大电力需求侧管理专业人才队伍，提高全民节电意识和知识水平。加强用电和节电统计分析，完善电力需求侧管理实施绩效评估方法。

第四十六条 多方位加强电力需求侧管理国际合作，拓展国际融资渠道，引入适用的方法、技术、分析和评估工具，创新市场机制和商业模式，参与需求响应等相关国际标准的制定工作。

第八章 附 则

第四十七条 各省级经济运行主管部门可会同有关部门结合本省、自治区、直辖市实际情况，制定、修订实施细则。

第四十八条 本办法自发布之日起施行，有效期5年。2011年1月1日起实施的《电力需求侧管理办法》即行废止。

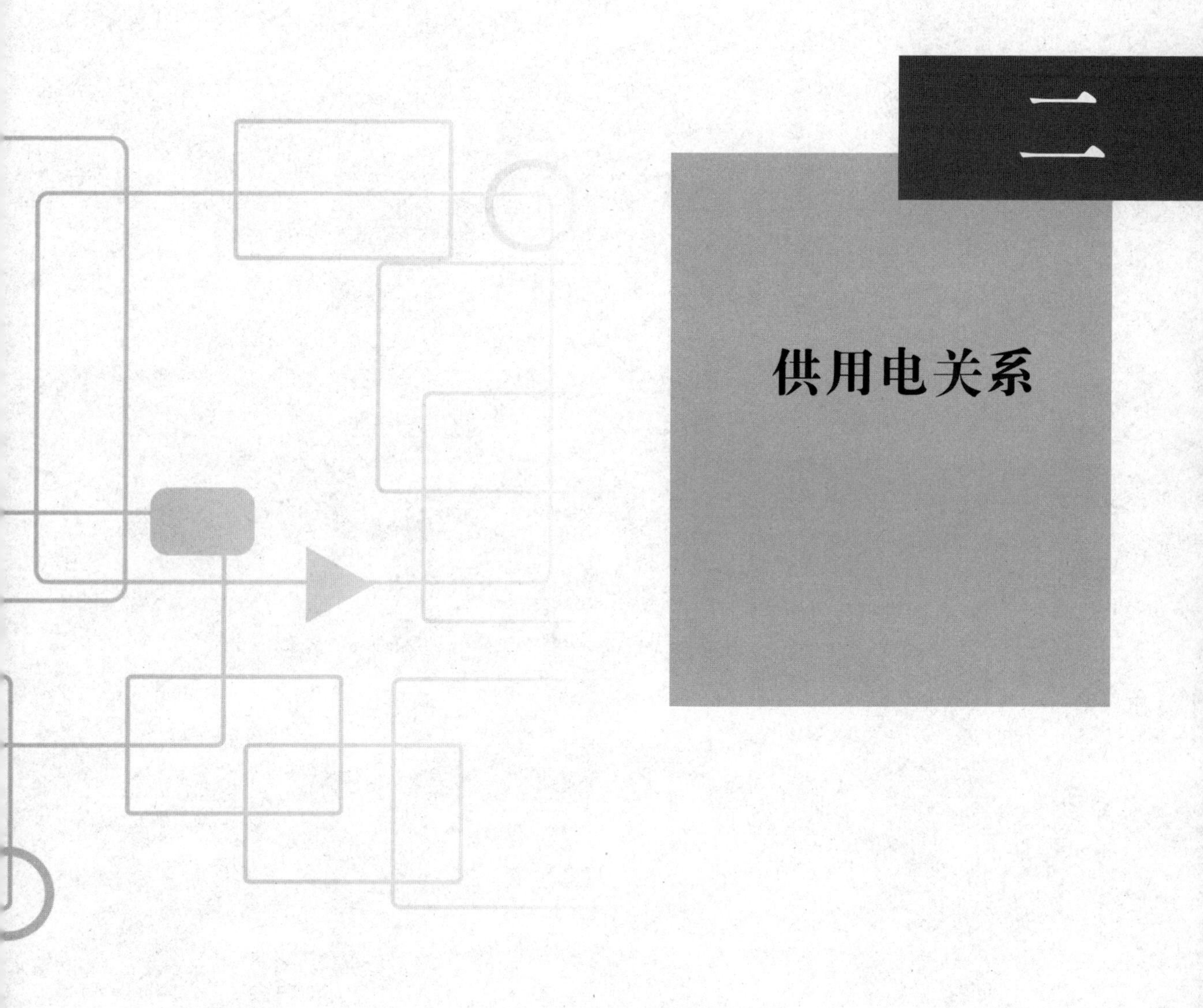

二

供用电关系

2-1 中华人民共和国消费者权益保护法

（1993 年 10 月 31 日第八届全国人民代表大会常务委员会第四次会议通过，根据 2009 年 8 月 27 日第十一届全国人民代表大会常务委员会第十次会议《关于修改部分法律的决定》第一次修正，根据 2013 年 10 月 25 日第十二届全国人民代表大会常务委员会第五次会议《关于修改〈中华人民共和国消费者权益保护法〉的决定》第二次修正）

第一章 总 则

第一条 为保护消费者的合法权益，维护社会经济秩序，促进社会主义市场经济健康发展，制定本法。

第二条 消费者为生活消费需要购买、使用商品或者接受服务，其权益受本法保护；本法未作规定的，受其他有关法律、法规保护。

第三条 经营者为消费者提供其生产、销售的商品或者提供服务，应当遵守本法；本法未作规定的，应当遵守其他有关法律、法规。

第四条 经营者与消费者进行交易，应当遵循自愿、平等、公平、诚实信用的原则。

第五条 国家保护消费者的合法权益不受侵害。

国家采取措施，保障消费者依法行使权利，维护消费者的合法权益。

国家倡导文明、健康、节约资源和保护环境的消费方式，反对浪费。

第六条 保护消费者的合法权益是全社会的共同责任。

国家鼓励、支持一切组织和个人对损害消费者合法权益的行为进行社会监督。

大众传播媒介应当做好维护消费者合法权益的宣传，对损害消费者合法权益的行为进行舆论监督。

第二章 消费者的权利

第七条 消费者在购买、使用商品和接受服务时享有人身、财产安全不受损害的权利。

消费者有权要求经营者提供的商品和服务，符合保障人身、财产安全的要求。

第八条 消费者享有知悉其购买、使用的商品或者接受的服务的真实情况的权利。

消费者有权根据商品或者服务的不同情况，要求经营者提供商品的价格、产地、生产者、用途、性能、规格、等级、主要成份、生产日期、有效期限、检验合格证明、使用方法说明书、售后服务，或者服务的内容、规格、费用等有关情况。

第九条 消费者享有自主选择商品或者服务的权利。

消费者有权自主选择提供商品或者服务的经营者，自主选择商品品种或者服务方式，自主决定购买或者不购买任何一种商品、接受或者不接受任何一项服务。

消费者在自主选择商品或者服务时，有权进行比较、鉴别和挑选。

第十条 消费者享有公平交易的权利。

消费者在购买商品或者接受服务时，有权获得质量保障、价格合理、计量正确等公平交易条件，有权拒绝经营者的强制交易行为。

第十一条 消费者因购买、使用商品或者接受服务受到人身、财产损害的，享有依法获得赔偿的权利。

第十二条 消费者享有依法成立维护自身合法权益的社会组织的权利。

第十三条 消费者享有获得有关消费和消费者权益保护方面的知识的权利。

消费者应当努力掌握所需商品或者服务的知识和使用技能，正确使用商品，提高自我保护意识。

第十四条 消费者在购买、使用商品和接受服务时，享有人格尊严、民族风俗习惯得到尊重的权利，享有个人信息依法得到保护的权利。

第十五条 消费者享有对商品和服务以及保护消费者权益工作进行监督的权利。

消费者有权检举、控告侵害消费者权益的行为和国家机关及其工作人员在保护消费者权益工作中的违法失职行为，有权对保护消费者权益工作提出批评、建议。

第三章　经营者的义务

第十六条 经营者向消费者提供商品或者服务，应当依照本法和其他有关法律、法规的规定履行义务。

经营者和消费者有约定的，应当按照约定履行义务，但双方的约定不得违背法律、法规的规定。

经营者向消费者提供商品或者服务，应当恪守社会公德，诚信经营，保障消费者的合法权益；不得设定不公平、不合理的交易条件，不得强制交易。

第十七条 经营者应当听取消费者对其提供的商品或者服务的意见，接受消费者的监督。

第十八条 经营者应当保证其提供的商品或者服务符合保障人身、财产安全的要求。对可能危及人身、财产安全的商品和服务，应当向消费者作出真实的说明和明确的警示，并说明和标明正确使用商品或者接受服务的方法以及防止危害发生的方法。

宾馆、商场、餐馆、银行、机场、车站、港口、影剧院等经营场所的经营者，应当对消费者尽到安全保障义务。

第十九条 经营者发现其提供的商品或者服务存在缺陷，有危及人身、财产安全危险的，应当立即向有关行政部门报告和告知消费者，并采取停止销售、警示、召回、无害化处理、销毁、停止生产或者服务等措施。采取召回措施的，经营者应当承担消费者因商品被召回支出的必要费用。

第二十条 经营者向消费者提供有关商品或者服务的质量、性能、用途、有效期限等信息，应当真实、全面，不得作虚假或者引人误解的宣传。

经营者对消费者就其提供的商品或者服务的质量和使用方法等问题提出的询问，应当作出真实、明确的答复。

经营者提供商品或者服务应当明码标价。

第二十一条 经营者应当标明其真实名称和标记。

租赁他人柜台或者场地的经营者，应当标明其真实名称和标记。

第二十二条 经营者提供商品或者服务，应当按照国家有关规定或者商业惯例向消费者出具发票等购货凭证或者服务单据；消费者索要发票等购货凭证或者服务单据的，经营者必须出具。

第二十三条 经营者应当保证在正常使用商品或者接受服务的情况下其提供的商品或者服务应当具有的质量、性能、用途和有效期限；但消费者在购买该商品或者接受该服务前已经知道其存在瑕疵，且存在该瑕疵不违反法律强制性规定的除外。

经营者以广告、产品说明、实物样品或者其他方式表明商品或者服务的质量状况的，应当保证其提供的商品或者服务的实际质量与表明的质量状况相符。

经营者提供的机动车、计算机、电视机、电冰箱、空调器、洗衣机等耐用商品或者装饰装修等服务，消费者自接受商品或者服务之日起六个月内发现瑕疵，发生争议的，由经营者承担有关瑕疵的举证责任。

第二十四条 经营者提供的商品或者服务不符合质量要求的，消费者可以依照国家规定、当事人约定退货，或者要求经营者履行更换、修理等义务。没有国家规定和当事人约定的，消费者可以自收到商品之日起七日内退货；七日后符合法定解除合同条件的，消费者可以及时退货，不符合法定解除合同条件的，可以要求经营者履行更换、修理等义务。

依照前款规定进行退货、更换、修理的，经营者应当承担运输等必要费用。

第二十五条 经营者采用网络、电视、电话、邮购等方式销售商品，消费者有权自收到商品之日起七日内退货，且无需说明理由，但下列商品除外：

（一）消费者定作的；

（二）鲜活易腐的；

（三）在线下载或者消费者拆封的音像制品、计算机软件等数字化商品；

（四）交付的报纸、期刊。

除前款所列商品外，其他根据商品性质并经消费者在购买时确认不宜退货的商品，不适用无理由退货。

消费者退货的商品应当完好。经营者应当自收到退回商品之日起七日内返还消费者支付的商品价款。退回商品的运费由消费者承担；经营者和消费者另有约定的，按照约定。

第二十六条 经营者在经营活动中使用格式条款的，应当以显著方式提请消费者注意商品或者服务的数量和质量、价款或者费用、履行期限和方式、安全注意事项和风险警示、售后服务、民事责任等与消费者有重大利害关系的内容，并按照消费者的要求予以说明。

经营者不得以格式条款、通知、声明、店堂告示等方式，作出排除或者限制消费者权利、减轻或者免除经营者责任、加重消费者责任等对消费者不公平、不合理的规定，不得利用格式条款并借助技术手段强制交易。

格式条款、通知、声明、店堂告示等含有前款所列内容的，其内容无效。

第二十七条 经营者不得对消费者进行侮辱、诽谤，不得搜查消费者的身体及其携带的物品，不得侵犯消费者的人身自由。

第二十八条 采用网络、电视、电话、邮购等方式提供商品或者服务的经营者，以及提供证券、保险、银行等金融服务的经营者，应当向消费者提供经营地址、联系方式、商品或者服务的数量和质量、价款或者费用、履行期限和方式、安全注意事项和风险警示、售后服务、民事责任等信息。

第二十九条 经营者收集、使用消费者个人信息，应当遵循合法、正当、必要的原则，明示收集、使用信息的目的、方式和范围，并经消费者同意。经营者收集、使用消费者个人信息，应当公开其收集、使用规则，不得违反法律、法规的规定和双方的约定收集、使用信息。

经营者及其工作人员对收集的消费者个人信息必须严格保密，不得泄露、出售或者非法向他人提供。经营者应当采取技术措施和其他必要措施，确保信息安全，防止消费者个人信息泄露、丢失。在发生或者可能发生信息泄露、丢失的情况时，应当立即采取补救措施。

经营者未经消费者同意或者请求，或者消费者明确表示拒绝的，不得向其发送商业性信息。

第四章　国家对消费者合法权益的保护

第三十条　国家制定有关消费者权益的法律、法规、规章和强制性标准，应当听取消费者和消费者协会等组织的意见。

第三十一条　各级人民政府应当加强领导，组织、协调、督促有关行政部门做好保护消费者合法权益的工作，落实保护消费者合法权益的职责。

各级人民政府应当加强监督，预防危害消费者人身、财产安全行为的发生，及时制止危害消费者人身、财产安全的行为。

第三十二条　各级人民政府工商行政管理部门和其他有关行政部门应当依照法律、法规的规定，在各自的职责范围内，采取措施，保护消费者的合法权益。

有关行政部门应当听取消费者和消费者协会等组织对经营者交易行为、商品和服务质量问题的意见，及时调查处理。

第三十三条　有关行政部门在各自的职责范围内，应当定期或者不定期对经营者提供的商品和服务进行抽查检验，并及时向社会公布抽查检验结果。

有关行政部门发现并认定经营者提供的商品或者服务存在缺陷，有危及人身、财产安全危险的，应当立即责令经营者采取停止销售、警示、召回、无害化处理、销毁、停止生产或者服务等措施。

第三十四条　有关国家机关应当依照法律、法规的规定，惩处经营者在提供商品和服务中侵害消费者合法权益的违法犯罪行为。

第三十五条　人民法院应当采取措施，方便消费者提起诉讼。对符合《中华人民共和国民事诉讼法》起诉条件的消费者权益争议，必须受理，及时审理。

第五章　消 费 者 组 织

第三十六条　消费者协会和其他消费者组织是依法成立的对商品和服务进行社会监督的保护消费者合法权益的社会组织。

第三十七条　消费者协会履行下列公益性职责：

（一）向消费者提供消费信息和咨询服务，提高消费者维护自身合法权益的能力，引导文明、健康、节约资源和保护环境的消费方式；

（二）参与制定有关消费者权益的法律、法规、规章和强制性标准；

（三）参与有关行政部门对商品和服务的监督、检查；

（四）就有关消费者合法权益的问题，向有关部门反映、查询，提出建议；

（五）受理消费者的投诉，并对投诉事项进行调查、调解；

（六）投诉事项涉及商品和服务质量问题的，可以委托具备资格的鉴定人鉴定，鉴定人应当告知鉴定意见；

（七）就损害消费者合法权益的行为，支持受损害的消费者提起诉讼或者依照本法提起诉讼；

（八）对损害消费者合法权益的行为，通过大众传播媒介予以揭露、批评。

各级人民政府对消费者协会履行职责应当予以必要的经费等支持。

消费者协会应当认真履行保护消费者合法权益的职责，听取消费者的意见和建议，接受社会监督。

依法成立的其他消费者组织依照法律、法规及其章程的规定，开展保护消费者合法权益的活动。

第三十八条 消费者组织不得从事商品经营和营利性服务，不得以收取费用或者其他牟取利益的方式向消费者推荐商品和服务。

第六章 争议的解决

第三十九条 消费者和经营者发生消费者权益争议的，可以通过下列途径解决：

（一）与经营者协商和解；

（二）请求消费者协会或者依法成立的其他调解组织调解；

（三）向有关行政部门投诉；

（四）根据与经营者达成的仲裁协议提请仲裁机构仲裁；

（五）向人民法院提起诉讼。

第四十条 消费者在购买、使用商品时，其合法权益受到损害的，可以向销售者要求赔偿。销售者赔偿后，属于生产者的责任或者属于向销售者提供商品的其他销售者的责任的，销售者有权向生产者或者其他销售者追偿。

消费者或者其他受害人因商品缺陷造成人身、财产损害的，可以向销售者要求赔偿，也可以向生产者要求赔偿。属于生产者责任的，销售者赔偿后，有权向生产者追偿。属于销售者责任的，生产者赔偿后，有权向销售者追偿。

消费者在接受服务时，其合法权益受到损害的，可以向服务者要求赔偿。

第四十一条 消费者在购买、使用商品或者接受服务时，其合法权益受到损害，因原企业分立、合并的，可以向变更后承受其权利义务的企业要求赔偿。

第四十二条 使用他人营业执照的违法经营者提供商品或者服务，损害消费者合法权益的，消费者可以向其要求赔偿，也可以向营业执照的持有人要求赔偿。

第四十三条 消费者在展销会、租赁柜台购买商品或者接受服务，其合法权益受到损害的，可以向销售者或者服务者要求赔偿。展销会结束或者柜台租赁期满后，也可以向展销会的举办者、柜台的出租者要求赔偿。展销会的举办者、柜台的出租者赔偿后，有权向销售者或者服务者追偿。

第四十四条 消费者通过网络交易平台购买商品或者接受服务，其合法权益受到损害的，可以向销售者或者服务者要求赔偿。网络交易平台提供者不能提供销售者或者服务者的真实名称、地址和有效联系方式的，消费者也可以向网络交易平台提供者要求赔偿；网络交易平台提供者作出更有利于消费者的承诺的，应当履行承诺。网络交易平台提供者赔偿后，有权向销售者或者服务者追偿。

网络交易平台提供者明知或者应知销售者或者服务者利用其平台侵害消费者合法权益，未采取必要措施的，依法与该销售者或者服务者承担连带责任。

第四十五条 消费者因经营者利用虚假广告或者其他虚假宣传方式提供商品或者服务，其合法权益受到损害的，可以向经营者要求赔偿。广告经营者、发布者发布虚假广告的，消费者可以请求行政主管部门予以惩处。广告经营者、发布者不能提供经营者的真实名称、地址和有效联系方式的，应当承担赔偿责任。

广告经营者、发布者设计、制作、发布关系消费者生命健康商品或者服务的虚假广告，造成消费者损害的，应当与提供该商品或者服务的经营者承担连带责任。

社会团体或者其他组织、个人在关系消费者生命健康商品或者服务的虚假广告或者其他虚假宣传中向消费者推荐商品或者服务，造成消费者损害的，应当与提供该商品或者服务的经营者承担连带责任。

第四十六条 消费者向有关行政部门投诉的，该部门应当自收到投诉之日起七个工作日内，予以处理并告知消费者。

第四十七条 对侵害众多消费者合法权益的行为，中国消费者协会以及在省、自治区、直辖市设立的消费者协会，可以向人民法院提起诉讼。

第七章 法 律 责 任

第四十八条 经营者提供商品或者服务有下列情形之一的，除本法另有规定外，应当依照其他有关法律、法规的规定，承担民事责任：

（一）商品或者服务存在缺陷的；

（二）不具备商品应当具备的使用性能而出售时未作说明的；

（三）不符合在商品或者其包装上注明采用的商品标准的；

（四）不符合商品说明、实物样品等方式表明的质量状况的；

（五）生产国家明令淘汰的商品或者销售失效、变质的商品的；

（六）销售的商品数量不足的；

（七）服务的内容和费用违反约定的；

（八）对消费者提出的修理、重作、更换、退货、补足商品数量、退还货款和服务费用或者赔偿损失的要求，故意拖延或者无理拒绝的；

（九）法律、法规规定的其他损害消费者权益的情形。

经营者对消费者未尽到安全保障义务，造成消费者损害的，应当承担侵权责任。

第四十九条 经营者提供商品或者服务，造成消费者或者其他受害人人身伤害的，应当赔偿医疗费、护理费、交通费等为治疗和康复支出的合理费用，以及因误工减少的收入。造成残疾的，还应当赔偿残疾生活辅助具费和残疾赔偿金。造成死亡的，还应当赔偿丧葬费和死亡赔偿金。

第五十条 经营者侵害消费者的人格尊严、侵犯消费者人身自由或者侵害消费者个人信息依法得到保护的权利的，应当停止侵害、恢复名誉、消除影响、赔礼道歉，并赔偿损失。

第五十一条 经营者有侮辱诽谤、搜查身体、侵犯人身自由等侵害消费者或者其他受害人人身权益的行为，造成严重精神损害的，受害人可以要求精神损害赔偿。

第五十二条 经营者提供商品或者服务，造成消费者财产损害的，应当依照法律规定或者当事人约定承担修理、重作、更换、退货、补足商品数量、退还货款和服务费用或者赔偿损失等民事责任。

第五十三条 经营者以预收款方式提供商品或者服务的，应当按照约定提供。未按照约定提供的，应当按照消费者的要求履行约定或者退回预付款；并应当承担预付款的利息、消费者必须支付的合理费用。

第五十四条 依法经有关行政部门认定为不合格的商品，消费者要求退货的，经营者应当负责退货。

第五十五条 经营者提供商品或者服务有欺诈行为的，应当按照消费者的要求增加赔偿其受到的损失，增加赔偿的金额为消费者购买商品的价款或者接受服务的费用的三倍；增加赔偿的金额不足五百元的，为五百元。法律另有规定的，依照其规定。

经营者明知商品或者服务存在缺陷，仍然向消费者提供，造成消费者或者其他受害人死亡或者健康严重损害的，受害人有权要求经营者依照本法第四十九条、第五十一条等法律规定赔偿损失，并有权要求所受损失二倍以下的惩罚性赔偿。

第五十六条 经营者有下列情形之一，除承担相应的民事责任外，其他有关法律、法规对处罚机关和处罚方式有规定的，依照法律、法规的规定执行；法律、法规未作规定的，由工商行政管理部门或者其他有关行政部门责令改正，可以根据情节单处或者并处警告、没收违法所得、处以违法所得一倍以上十倍以下的罚款，没有违法所得的，处以五十万元以下的罚款；情节严重的，责令停业整顿、吊销营业执照：

（一）提供的商品或者服务不符合保障人身、财产安全要求的；

（二）在商品中掺杂、掺假，以假充真，以次充好，或者以不合格商品冒充合格商品的；

（三）生产国家明令淘汰的商品或者销售失效、变质的商品的；

（四）伪造商品的产地，伪造或者冒用他人的厂名、厂址，篡改生产日期，伪造或者冒用认证标志等质量标志的；

（五）销售的商品应当检验、检疫而未检验、检疫或者伪造检验、检疫结果的；

（六）对商品或者服务作虚假或者引人误解的宣传的；

（七）拒绝或者拖延有关行政部门责令对缺陷商品或者服务采取停止销售、警示、召回、无害化处理、销毁、停止生产或者服务等措施的；

（八）对消费者提出的修理、重作、更换、退货、补足商品数量、退还货款和服务费用或者赔偿损失的要求，故意拖延或者无理拒绝的；

（九）侵害消费者人格尊严、侵犯消费者人身自由或者侵害消费者个人信息依法得到保护的权利的；

（十）法律、法规规定的对损害消费者权益应当予以处罚的其他情形。

经营者有前款规定情形的，除依照法律、法规规定予以处罚外，处罚机关应当记入信用档案，向社会公布。

第五十七条 经营者违反本法规定提供商品或者服务，侵害消费者合法权益，构成犯罪的，依法追究刑事责任。

第五十八条 经营者违反本法规定，应当承担民事赔偿责任和缴纳罚款、罚金，其财产不足以同时支付的，先承担民事赔偿责任。

第五十九条 经营者对行政处罚决定不服的，可以依法申请行政复议或者提起行政诉讼。

第六十条 以暴力、威胁等方法阻碍有关行政部门工作人员依法执行职务的，依法追究刑事责任；拒绝、阻碍有关行政部门工作人员依法执行职务，未使用暴力、威胁方法的，由公安机关依照《中华人民共和国治安管理处罚法》的规定处罚。

第六十一条 国家机关工作人员玩忽职守或者包庇经营者侵害消费者合法权益的行为的，由其所在单位或者上级机关给予行政处分；情节严重，构成犯罪的，依法追究刑事责任。

第八章　附　　则

第六十二条 农民购买、使用直接用于农业生产的生产资料，参照本法执行。

第六十三条 本法自 1994 年 1 月 1 日起施行。

2-2　中华人民共和国反垄断法

（2007 年 8 月 30 日第十届全国人民代表大会常务委员会第二十九次会议通过，根据 2022 年 6 月 24 日第十三届全国人民代表大会常务委员会第三十五次会议《关于修改〈中华人民共和国反垄断法〉的决定》修正）

第一章　总　　则

第一条 为了预防和制止垄断行为，保护市场公平竞争，鼓励创新，提高经济运行效率，维护消费者利益和社会公共利益，促进社会主义市场经济健康发展，制定本法。

第二条 中华人民共和国境内经济活动中的垄断行为，适用本法；中华人民共和国境外的垄断行为，对境内市场竞争产生排除、限制影响的，适用本法。

第三条 本法规定的垄断行为包括：

（一）经营者达成垄断协议；

（二）经营者滥用市场支配地位；

（三）具有或者可能具有排除、限制竞争效果的经营者集中。

第四条 反垄断工作坚持中国共产党的领导。

国家坚持市场化、法治化原则，强化竞争政策基础地位，制定和实施与社会主义市场经济相适应的竞争规则，完善宏观调控，健全统一、开放、竞争、有序的市场体系。

第五条 国家建立健全公平竞争审查制度。

行政机关和法律、法规授权的具有管理公共事务职能的组织在制定涉及市场主体经济活动的规定时，应当进行公平竞争审查。

第六条 经营者可以通过公平竞争、自愿联合，依法实施集中，扩大经营规模，提高市场竞争能力。

第七条 具有市场支配地位的经营者，不得滥用市场支配地位，排除、限制竞争。

第八条 国有经济占控制地位的关系国民经济命脉和国家安全的行业以及依法实行专营专

卖的行业，国家对其经营者的合法经营活动予以保护，并对经营者的经营行为及其商品和服务的价格依法实施监管和调控，维护消费者利益，促进技术进步。

前款规定行业的经营者应当依法经营，诚实守信，严格自律，接受社会公众的监督，不得利用其控制地位或者专营专卖地位损害消费者利益。

第九条 经营者不得利用数据和算法、技术、资本优势以及平台规则等从事本法禁止的垄断行为。

第十条 行政机关和法律、法规授权的具有管理公共事务职能的组织不得滥用行政权力，排除、限制竞争。

第十一条 国家健全完善反垄断规则制度，强化反垄断监管力量，提高监管能力和监管体系现代化水平，加强反垄断执法司法，依法公正高效审理垄断案件，健全行政执法和司法衔接机制，维护公平竞争秩序。

第十二条 国务院设立反垄断委员会，负责组织、协调、指导反垄断工作，履行下列职责：

（一）研究拟订有关竞争政策；

（二）组织调查、评估市场总体竞争状况，发布评估报告；

（三）制定、发布反垄断指南；

（四）协调反垄断行政执法工作；

（五）国务院规定的其他职责。

国务院反垄断委员会的组成和工作规则由国务院规定。

第十三条 国务院反垄断执法机构负责反垄断统一执法工作。

国务院反垄断执法机构根据工作需要，可以授权省、自治区、直辖市人民政府相应的机构，依照本法规定负责有关反垄断执法工作。

第十四条 行业协会应当加强行业自律，引导本行业的经营者依法竞争，合规经营，维护市场竞争秩序。

第十五条 本法所称经营者，是指从事商品生产、经营或者提供服务的自然人、法人和非法人组织。

本法所称相关市场，是指经营者在一定时期内就特定商品或者服务（以下统称商品）进行竞争的商品范围和地域范围。

第二章 垄 断 协 议

第十六条 本法所称垄断协议，是指排除、限制竞争的协议、决定或者其他协同行为。

第十七条 禁止具有竞争关系的经营者达成下列垄断协议：

（一）固定或者变更商品价格；

（二）限制商品的生产数量或者销售数量；

（三）分割销售市场或者原材料采购市场；

（四）限制购买新技术、新设备或者限制开发新技术、新产品；

（五）联合抵制交易；

（六）国务院反垄断执法机构认定的其他垄断协议。

第十八条 禁止经营者与交易相对人达成下列垄断协议：

（一）固定向第三人转售商品的价格；

（二）限定向第三人转售商品的最低价格；

（三）国务院反垄断执法机构认定的其他垄断协议。

对前款第一项和第二项规定的协议，经营者能够证明其不具有排除、限制竞争效果的，不予禁止。

经营者能够证明其在相关市场的市场份额低于国务院反垄断执法机构规定的标准，并符合国务院反垄断执法机构规定的其他条件的，不予禁止。

第十九条　经营者不得组织其他经营者达成垄断协议或者为其他经营者达成垄断协议提供实质性帮助。

第二十条　经营者能够证明所达成的协议属于下列情形之一的，不适用本法第十七条、第十八条第一款、第十九条的规定：

（一）为改进技术、研究开发新产品的；

（二）为提高产品质量、降低成本、增进效率，统一产品规格、标准或者实行专业化分工的；

（三）为提高中小经营者经营效率，增强中小经营者竞争力的；

（四）为实现节约能源、保护环境、救灾救助等社会公共利益的；

（五）因经济不景气，为缓解销售量严重下降或者生产明显过剩的；

（六）为保障对外贸易和对外经济合作中的正当利益的；

（七）法律和国务院规定的其他情形。

属于前款第一项至第五项情形，不适用本法第十七条、第十八条第一款、第十九条规定的，经营者还应当证明所达成的协议不会严重限制相关市场的竞争，并且能够使消费者分享由此产生的利益。

第二十一条　行业协会不得组织本行业的经营者从事本章禁止的垄断行为。

第三章　滥用市场支配地位

第二十二条　禁止具有市场支配地位的经营者从事下列滥用市场支配地位的行为：

（一）以不公平的高价销售商品或者以不公平的低价购买商品；

（二）没有正当理由，以低于成本的价格销售商品；

（三）没有正当理由，拒绝与交易相对人进行交易；

（四）没有正当理由，限定交易相对人只能与其进行交易或者只能与其指定的经营者进行交易；

（五）没有正当理由搭售商品，或者在交易时附加其他不合理的交易条件；

（六）没有正当理由，对条件相同的交易相对人在交易价格等交易条件上实行差别待遇；

（七）国务院反垄断执法机构认定的其他滥用市场支配地位的行为。

具有市场支配地位的经营者不得利用数据和算法、技术以及平台规则等从事前款规定的滥用市场支配地位的行为。

本法所称市场支配地位，是指经营者在相关市场内具有能够控制商品价格、数量或者其他交易条件，或者能够阻碍、影响其他经营者进入相关市场能力的市场地位。

第二十三条 认定经营者具有市场支配地位，应当依据下列因素：

（一）该经营者在相关市场的市场份额，以及相关市场的竞争状况；

（二）该经营者控制销售市场或者原材料采购市场的能力；

（三）该经营者的财力和技术条件；

（四）其他经营者对该经营者在交易上的依赖程度；

（五）其他经营者进入相关市场的难易程度；

（六）与认定该经营者市场支配地位有关的其他因素。

第二十四条 有下列情形之一的，可以推定经营者具有市场支配地位：

（一）一个经营者在相关市场的市场份额达到二分之一的；

（二）两个经营者在相关市场的市场份额合计达到三分之二的；

（三）三个经营者在相关市场的市场份额合计达到四分之三的。

有前款第二项、第三项规定的情形，其中有的经营者市场份额不足十分之一的，不应当推定该经营者具有市场支配地位。

被推定具有市场支配地位的经营者，有证据证明不具有市场支配地位的，不应当认定其具有市场支配地位。

第四章 经营者集中

第二十五条 经营者集中是指下列情形：

（一）经营者合并；

（二）经营者通过取得股权或者资产的方式取得对其他经营者的控制权；

（三）经营者通过合同等方式取得对其他经营者的控制权或者能够对其他经营者施加决定性影响。

第二十六条 经营者集中达到国务院规定的申报标准的，经营者应当事先向国务院反垄断执法机构申报，未申报的不得实施集中。

经营者集中未达到国务院规定的申报标准，但有证据证明该经营者集中具有或者可能具有排除、限制竞争效果的，国务院反垄断执法机构可以要求经营者申报。

经营者未依照前两款规定进行申报的，国务院反垄断执法机构应当依法进行调查。

第二十七条 经营者集中有下列情形之一的，可以不向国务院反垄断执法机构申报：

（一）参与集中的一个经营者拥有其他每个经营者百分之五十以上有表决权的股份或者资产的；

（二）参与集中的每个经营者百分之五十以上有表决权的股份或者资产被同一个未参与集中的经营者拥有的。

第二十八条 经营者向国务院反垄断执法机构申报集中，应当提交下列文件、资料：

（一）申报书；

（二）集中对相关市场竞争状况影响的说明；

（三）集中协议；

（四）参与集中的经营者经会计师事务所审计的上一会计年度财务会计报告；

（五）国务院反垄断执法机构规定的其他文件、资料。

申报书应当载明参与集中的经营者的名称、住所、经营范围、预定实施集中的日期和国务院反垄断执法机构规定的其他事项。

第二十九条 经营者提交的文件、资料不完备的，应当在国务院反垄断执法机构规定的期限内补交文件、资料。经营者逾期未补交文件、资料的，视为未申报。

第三十条 国务院反垄断执法机构应当自收到经营者提交的符合本法第二十八条规定的文件、资料之日起三十日内，对申报的经营者集中进行初步审查，作出是否实施进一步审查的决定，并书面通知经营者。国务院反垄断执法机构作出决定前，经营者不得实施集中。

国务院反垄断执法机构作出不实施进一步审查的决定或者逾期未作出决定的，经营者可以实施集中。

第三十一条 国务院反垄断执法机构决定实施进一步审查的，应当自决定之日起九十日内审查完毕，作出是否禁止经营者集中的决定，并书面通知经营者。作出禁止经营者集中的决定，应当说明理由。审查期间，经营者不得实施集中。

有下列情形之一的，国务院反垄断执法机构经书面通知经营者，可以延长前款规定的审查期限，但最长不得超过六十日：

（一）经营者同意延长审查期限的；

（二）经营者提交的文件、资料不准确，需要进一步核实的；

（三）经营者申报后有关情况发生重大变化的。

国务院反垄断执法机构逾期未作出决定的，经营者可以实施集中。

第三十二条 有下列情形之一的，国务院反垄断执法机构可以决定中止计算经营者集中的审查期限，并书面通知经营者：

（一）经营者未按照规定提交文件、资料，导致审查工作无法进行；

（二）出现对经营者集中审查具有重大影响的新情况、新事实，不经核实将导致审查工作无法进行；

（三）需要对经营者集中附加的限制性条件进一步评估，且经营者提出中止请求。

自中止计算审查期限的情形消除之日起，审查期限继续计算，国务院反垄断执法机构应当书面通知经营者。

第三十三条 审查经营者集中，应当考虑下列因素：

（一）参与集中的经营者在相关市场的市场份额及其对市场的控制力；

（二）相关市场的市场集中度；

（三）经营者集中对市场进入、技术进步的影响；

（四）经营者集中对消费者和其他有关经营者的影响；

（五）经营者集中对国民经济发展的影响；

（六）国务院反垄断执法机构认为应当考虑的影响市场竞争的其他因素。

第三十四条 经营者集中具有或者可能具有排除、限制竞争效果的，国务院反垄断执法机构应当作出禁止经营者集中的决定。但是，经营者能够证明该集中对竞争产生的有利影响明显大于不利影响，或者符合社会公共利益的，国务院反垄断执法机构可以作出对经营者集中不予禁止的决定。

第三十五条 对不予禁止的经营者集中，国务院反垄断执法机构可以决定附加减少集中对竞争产生不利影响的限制性条件。

第三十六条 国务院反垄断执法机构应当将禁止经营者集中的决定或者对经营者集中附加限制性条件的决定，及时向社会公布。

第三十七条 国务院反垄断执法机构应当健全经营者集中分类分级审查制度，依法加强对涉及国计民生等重要领域的经营者集中的审查，提高审查质量和效率。

第三十八条 对外资并购境内企业或者以其他方式参与经营者集中，涉及国家安全的，除依照本法规定进行经营者集中审查外，还应当按照国家有关规定进行国家安全审查。

第五章 滥用行政权力排除、限制竞争

第三十九条 行政机关和法律、法规授权的具有管理公共事务职能的组织不得滥用行政权力，限定或者变相限定单位或者个人经营、购买、使用其指定的经营者提供的商品。

第四十条 行政机关和法律、法规授权的具有管理公共事务职能的组织不得滥用行政权力，通过与经营者签订合作协议、备忘录等方式，妨碍其他经营者进入相关市场或者对其他经营者实行不平等待遇，排除、限制竞争。

第四十一条 行政机关和法律、法规授权的具有管理公共事务职能的组织不得滥用行政权力，实施下列行为，妨碍商品在地区之间的自由流通：

（一）对外地商品设定歧视性收费项目、实行歧视性收费标准，或者规定歧视性价格；

（二）对外地商品规定与本地同类商品不同的技术要求、检验标准，或者对外地商品采取重复检验、重复认证等歧视性技术措施，限制外地商品进入本地市场；

（三）采取专门针对外地商品的行政许可，限制外地商品进入本地市场；

（四）设置关卡或者采取其他手段，阻碍外地商品进入或者本地商品运出；

（五）妨碍商品在地区之间自由流通的其他行为。

第四十二条 行政机关和法律、法规授权的具有管理公共事务职能的组织不得滥用行政权力，以设定歧视性资质要求、评审标准或者不依法发布信息等方式，排斥或者限制经营者参加招标投标以及其他经营活动。

第四十三条 行政机关和法律、法规授权的具有管理公共事务职能的组织不得滥用行政权力，采取与本地经营者不平等待遇等方式，排斥、限制、强制或者变相强制外地经营者在本地投资或者设立分支机构。

第四十四条 行政机关和法律、法规授权的具有管理公共事务职能的组织不得滥用行政权力，强制或者变相强制经营者从事本法规定的垄断行为。

第四十五条 行政机关和法律、法规授权的具有管理公共事务职能的组织不得滥用行政权力，制定含有排除、限制竞争内容的规定。

第六章 对涉嫌垄断行为的调查

第四十六条 反垄断执法机构依法对涉嫌垄断行为进行调查。

对涉嫌垄断行为，任何单位和个人有权向反垄断执法机构举报。反垄断执法机构应当为举报人保密。

举报采用书面形式并提供相关事实和证据的，反垄断执法机构应当进行必要的调查。

第四十七条 反垄断执法机构调查涉嫌垄断行为，可以采取下列措施：

（一）进入被调查的经营者的营业场所或者其他有关场所进行检查；

（二）询问被调查的经营者、利害关系人或者其他有关单位或者个人，要求其说明有关情况；

（三）查阅、复制被调查的经营者、利害关系人或者其他有关单位或者个人的有关单证、协议、会计账簿、业务函电、电子数据等文件、资料；

（四）查封、扣押相关证据；

（五）查询经营者的银行账户。

采取前款规定的措施，应当向反垄断执法机构主要负责人书面报告，并经批准。

第四十八条 反垄断执法机构调查涉嫌垄断行为，执法人员不得少于二人，并应当出示执法证件。

执法人员进行询问和调查，应当制作笔录，并由被询问人或者被调查人签字。

第四十九条 反垄断执法机构及其工作人员对执法过程中知悉的商业秘密、个人隐私和个人信息依法负有保密义务。

第五十条 被调查的经营者、利害关系人或者其他有关单位或者个人应当配合反垄断执法机构依法履行职责，不得拒绝、阻碍反垄断执法机构的调查。

第五十一条 被调查的经营者、利害关系人有权陈述意见。反垄断执法机构应当对被调查的经营者、利害关系人提出的事实、理由和证据进行核实。

第五十二条 反垄断执法机构对涉嫌垄断行为调查核实后，认为构成垄断行为的，应当依法作出处理决定，并可以向社会公布。

第五十三条 对反垄断执法机构调查的涉嫌垄断行为，被调查的经营者承诺在反垄断执法机构认可的期限内采取具体措施消除该行为后果的，反垄断执法机构可以决定中止调查。中止调查的决定应当载明被调查的经营者承诺的具体内容。

反垄断执法机构决定中止调查的，应当对经营者履行承诺的情况进行监督。经营者履行承诺的，反垄断执法机构可以决定终止调查。

有下列情形之一的，反垄断执法机构应当恢复调查：

（一）经营者未履行承诺的；

（二）作出中止调查决定所依据的事实发生重大变化的；

（三）中止调查的决定是基于经营者提供的不完整或者不真实的信息作出的。

第五十四条 反垄断执法机构依法对涉嫌滥用行政权力排除、限制竞争的行为进行调查，有关单位或者个人应当配合。

第五十五条 经营者、行政机关和法律、法规授权的具有管理公共事务职能的组织，涉嫌违反本法规定的，反垄断执法机构可以对其法定代表人或者负责人进行约谈，要求其提出改进措施。

第七章 法 律 责 任

第五十六条 经营者违反本法规定，达成并实施垄断协议的，由反垄断执法机构责令停止违法行为，没收违法所得，并处上一年度销售额百分之一以上百分之十以下的罚款，上一年度没有销售额的，处五百万元以下的罚款；尚未实施所达成的垄断协议的，可以处三百万元以下的罚款。经营者的法定代表人、主要负责人和直接责任人员对达成垄断协议负有个人责任的，可以处一百万元以下的罚款。

经营者组织其他经营者达成垄断协议或者为其他经营者达成垄断协议提供实质性帮助的，适用前款规定。

经营者主动向反垄断执法机构报告达成垄断协议的有关情况并提供重要证据的，反垄断执法机构可以酌情减轻或者免除对该经营者的处罚。

行业协会违反本法规定，组织本行业的经营者达成垄断协议的，由反垄断执法机构责令改正，可以处三百万元以下的罚款；情节严重的，社会团体登记管理机关可以依法撤销登记。

第五十七条　经营者违反本法规定，滥用市场支配地位的，由反垄断执法机构责令停止违法行为，没收违法所得，并处上一年度销售额百分之一以上百分之十以下的罚款。

第五十八条　经营者违反本法规定实施集中，且具有或者可能具有排除、限制竞争效果的，由国务院反垄断执法机构责令停止实施集中、限期处分股份或者资产、限期转让营业以及采取其他必要措施恢复到集中前的状态，处上一年度销售额百分之十以下的罚款；不具有排除、限制竞争效果的，处五百万元以下的罚款。

第五十九条　对本法第五十六条、第五十七条、第五十八条规定的罚款，反垄断执法机构确定具体罚款数额时，应当考虑违法行为的性质、程度、持续时间和消除违法行为后果的情况等因素。

第六十条　经营者实施垄断行为，给他人造成损失的，依法承担民事责任。

经营者实施垄断行为，损害社会公共利益的，设区的市级以上人民检察院可以依法向人民法院提起民事公益诉讼。

第六十一条　行政机关和法律、法规授权的具有管理公共事务职能的组织滥用行政权力，实施排除、限制竞争行为的，由上级机关责令改正；对直接负责的主管人员和其他直接责任人员依法给予处分。反垄断执法机构可以向有关上级机关提出依法处理的建议。行政机关和法律、法规授权的具有管理公共事务职能的组织应当将有关改正情况书面报告上级机关和反垄断执法机构。

法律、行政法规对行政机关和法律、法规授权的具有管理公共事务职能的组织滥用行政权力实施排除、限制竞争行为的处理另有规定的，依照其规定。

第六十二条　对反垄断执法机构依法实施的审查和调查，拒绝提供有关材料、信息，或者提供虚假材料、信息，或者隐匿、销毁、转移证据，或者有其他拒绝、阻碍调查行为的，由反垄断执法机构责令改正，对单位处上一年度销售额百分之一以下的罚款，上一年度没有销售额或者销售额难以计算的，处五百万元以下的罚款；对个人处五十万元以下的罚款。

第六十三条　违反本法规定，情节特别严重、影响特别恶劣、造成特别严重后果的，国务院反垄断执法机构可以在本法第五十六条、第五十七条、第五十八条、第六十二条规定的罚款数额的二倍以上五倍以下确定具体罚款数额。

第六十四条　经营者因违反本法规定受到行政处罚的，按照国家有关规定记入信用记录，并向社会公示。

第六十五条　对反垄断执法机构依据本法第三十四条、第三十五条作出的决定不服的，可以先依法申请行政复议；对行政复议决定不服的，可以依法提起行政诉讼。

对反垄断执法机构作出的前款规定以外的决定不服的，可以依法申请行政复议或者提起行政诉讼。

第六十六条 反垄断执法机构工作人员滥用职权、玩忽职守、徇私舞弊或者泄露执法过程中知悉的商业秘密、个人隐私和个人信息的，依法给予处分。

第六十七条 违反本法规定，构成犯罪的，依法追究刑事责任。

第八章 附 则

第六十八条 经营者依照有关知识产权的法律、行政法规规定行使知识产权的行为，不适用本法；但是，经营者滥用知识产权，排除、限制竞争的行为，适用本法。

第六十九条 农业生产者及农村经济组织在农产品生产、加工、销售、运输、储存等经营活动中实施的联合或者协同行为，不适用本法。

第七十条 本法自2008年8月1日起施行。

2-3 中华人民共和国反不正当竞争法

（1993年9月2日第八届全国人民代表大会常务委员会第三次会议通过，2017年11月4日第十二届全国人民代表大会常务委员会第三十次会议第一次修正，根据2019年4月23日第十三届全国人民代表大会常务委员会第十次会议《关于修改〈中华人民共和国建筑法〉等八部法律的决定》第二次修正）

第一章 总 则

第一条 为了促进社会主义市场经济健康发展，鼓励和保护公平竞争，制止不正当竞争行为，保护经营者和消费者的合法权益，制定本法。

第二条 经营者在生产经营活动中，应当遵循自愿、平等、公平、诚信的原则，遵守法律和商业道德。

本法所称的不正当竞争行为，是指经营者在生产经营活动中，违反本法规定，扰乱市场竞争秩序，损害其他经营者或者消费者的合法权益的行为。

本法所称的经营者，是指从事商品生产、经营或者提供服务（以下所称商品包括服务）的自然人、法人和非法人组织。

第三条 各级人民政府应当采取措施，制止不正当竞争行为，为公平竞争创造良好的环境和条件。

国务院建立反不正当竞争工作协调机制，研究决定反不正当竞争重大政策，协调处理维护市场竞争秩序的重大问题。

第四条 县级以上人民政府履行工商行政管理职责的部门对不正当竞争行为进行查处；法律、行政法规规定由其他部门查处的，依照其规定。

第五条 国家鼓励、支持和保护一切组织和个人对不正当竞争行为进行社会监督。

国家机关及其工作人员不得支持、包庇不正当竞争行为。

行业组织应当加强行业自律，引导、规范会员依法竞争，维护市场竞争秩序。

第二章　不正当竞争行为

第六条　经营者不得实施下列混淆行为，引人误认为是他人商品或者与他人存在特定联系：

（一）擅自使用与他人有一定影响的商品名称、包装、装潢等相同或者近似的标识；

（二）擅自使用他人有一定影响的企业名称（包括简称、字号等）、社会组织名称（包括简称等）、姓名（包括笔名、艺名、译名等）；

（三）擅自使用他人有一定影响的域名主体部分、网站名称、网页等；

（四）其他足以引人误认为是他人商品或者与他人存在特定联系的混淆行为。

第七条　经营者不得采用财物或者其他手段贿赂下列单位或者个人，以谋取交易机会或者竞争优势：

（一）交易相对方的工作人员；

（二）受交易相对方委托办理相关事务的单位或者个人；

（三）利用职权或者影响力影响交易的单位或者个人。

经营者在交易活动中，可以以明示方式向交易相对方支付折扣，或者向中间人支付佣金。经营者向交易相对方支付折扣、向中间人支付佣金的，应当如实入账。接受折扣、佣金的经营者也应当如实入账。

经营者的工作人员进行贿赂的，应当认定为经营者的行为；但是，经营者有证据证明该工作人员的行为与为经营者谋取交易机会或者竞争优势无关的除外。

第八条　经营者不得对其商品的性能、功能、质量、销售状况、用户评价、曾获荣誉等作虚假或者引人误解的商业宣传，欺骗、误导消费者。

经营者不得通过组织虚假交易等方式，帮助其他经营者进行虚假或者引人误解的商业宣传。

第九条　经营者不得实施下列侵犯商业秘密的行为：

（一）以盗窃、贿赂、欺诈、胁迫、电子侵入或者其他不正当手段获取权利人的商业秘密；

（二）披露、使用或者允许他人使用以前项手段获取的权利人的商业秘密；

（三）违反保密义务或者违反权利人有关保守商业秘密的要求，披露、使用或者允许他人使用其所掌握的商业秘密；

（四）教唆、引诱、帮助他人违反保密义务或者违反权利人有关保守商业秘密的要求，获取、披露、使用或者允许他人使用权利人的商业秘密。

经营者以外的其他自然人、法人和非法人组织实施前款所列违法行为的，视为侵犯商业秘密。

第三人明知或者应知商业秘密权利人的员工、前员工或者其他单位、个人实施本条第一款所列违法行为，仍获取、披露、使用或者允许他人使用该商业秘密的，视为侵犯商业秘密。

本法所称的商业秘密，是指不为公众所知悉、具有商业价值并经权利人采取相应保密措施的技术信息、经营信息等商业信息。

第十条　经营者进行有奖销售不得存在下列情形：

（一）所设奖的种类、兑奖条件、奖金金额或者奖品等有奖销售信息不明确，影响兑奖；

（二）采用谎称有奖或者故意让内定人员中奖的欺骗方式进行有奖销售；

（三）抽奖式的有奖销售，最高奖的金额超过五万元。

第十一条 经营者不得编造、传播虚假信息或者误导性信息，损害竞争对手的商业信誉、商品声誉。

第十二条 经营者利用网络从事生产经营活动，应当遵守本法的各项规定。

经营者不得利用技术手段，通过影响用户选择或者其他方式，实施下列妨碍、破坏其他经营者合法提供的网络产品或者服务正常运行的行为：

（一）未经其他经营者同意，在其合法提供的网络产品或者服务中，插入链接、强制进行目标跳转；

（二）误导、欺骗、强迫用户修改、关闭、卸载其他经营者合法提供的网络产品或者服务；

（三）恶意对其他经营者合法提供的网络产品或者服务实施不兼容；

（四）其他妨碍、破坏其他经营者合法提供的网络产品或者服务正常运行的行为。

第三章　对涉嫌不正当竞争行为的调查

第十三条 监督检查部门调查涉嫌不正当竞争行为，可以采取下列措施：

（一）进入涉嫌不正当竞争行为的经营场所进行检查；

（二）询问被调查的经营者、利害关系人及其他有关单位、个人，要求其说明有关情况或者提供与被调查行为有关的其他资料；

（三）查询、复制与涉嫌不正当竞争行为有关的协议、账簿、单据、文件、记录、业务函电和其他资料；

（四）查封、扣押与涉嫌不正当竞争行为有关的财物；

（五）查询涉嫌不正当竞争行为的经营者的银行账户。

采取前款规定的措施，应当向监督检查部门主要负责人书面报告，并经批准。采取前款第四项、第五项规定的措施，应当向设区的市级以上人民政府监督检查部门主要负责人书面报告，并经批准。

监督检查部门调查涉嫌不正当竞争行为，应当遵守《中华人民共和国行政强制法》和其他有关法律、行政法规的规定，并应当将查处结果及时向社会公开。

第十四条 监督检查部门调查涉嫌不正当竞争行为，被调查的经营者、利害关系人及其他有关单位、个人应当如实提供有关资料或者情况。

第十五条 监督检查部门及其工作人员对调查过程中知悉的商业秘密负有保密义务。

第十六条 对涉嫌不正当竞争行为，任何单位和个人有权向监督检查部门举报，监督检查部门接到举报后应当依法及时处理。

监督检查部门应当向社会公开受理举报的电话、信箱或者电子邮件地址，并为举报人保密。对实名举报并提供相关事实和证据的，监督检查部门应当将处理结果告知举报人。

第四章　法　律　责　任

第十七条 经营者违反本法规定，给他人造成损害的，应当依法承担民事责任。

经营者的合法权益受到不正当竞争行为损害的，可以向人民法院提起诉讼。

因不正当竞争行为受到损害的经营者的赔偿数额，按照其因被侵权所受到的实际损失确定；实际损失难以计算的，按照侵权人因侵权所获得的利益确定。经营者恶意实施侵犯商业秘密行为，情节严重的，可以在按照上述方法确定数额的一倍以上五倍以下确定赔偿数额。赔偿数额还应当包括经营者为制止侵权行为所支付的合理开支。

经营者违反本法第六条、第九条规定，权利人因被侵权所受到的实际损失、侵权人因侵权所获得的利益难以确定的，由人民法院根据侵权行为的情节判决给予权利人五百万元以下的赔偿。

第十八条 经营者违反本法第六条规定实施混淆行为的，由监督检查部门责令停止违法行为，没收违法商品。违法经营额五万元以上的，可以并处违法经营额五倍以下的罚款；没有违法经营额或者违法经营额不足五万元的，可以并处二十五万元以下的罚款。情节严重的，吊销营业执照。

经营者登记的企业名称违反本法第六条规定的，应当及时办理名称变更登记；名称变更前，由原企业登记机关以统一社会信用代码代替其名称。

第十九条 经营者违反本法第七条规定贿赂他人的，由监督检查部门没收违法所得，处十万元以上三百万元以下的罚款。情节严重的，吊销营业执照。

第二十条 经营者违反本法第八条规定对其商品作虚假或者引人误解的商业宣传，或者通过组织虚假交易等方式帮助其他经营者进行虚假或者引人误解的商业宣传的，由监督检查部门责令停止违法行为，处二十万元以上一百万元以下的罚款；情节严重的，处一百万元以上二百万元以下的罚款，可以吊销营业执照。

经营者违反本法第八条规定，属于发布虚假广告的，依照《中华人民共和国广告法》的规定处罚。

第二十一条 经营者以及其他自然人、法人和非法人组织违反本法第九条规定侵犯商业秘密的，由监督检查部门责令停止违法行为，没收违法所得，处十万元以上一百万元以下的罚款；情节严重的，处五十万元以上五百万元以下的罚款。

第二十二条 经营者违反本法第十条规定进行有奖销售的，由监督检查部门责令停止违法行为，处五万元以上五十万元以下的罚款。

第二十三条 经营者违反本法第十一条规定损害竞争对手商业信誉、商品声誉的，由监督检查部门责令停止违法行为、消除影响，处十万元以上五十万元以下的罚款；情节严重的，处五十万元以上三百万元以下的罚款。

第二十四条 经营者违反本法第十二条规定妨碍、破坏其他经营者合法提供的网络产品或者服务正常运行的，由监督检查部门责令停止违法行为，处十万元以上五十万元以下的罚款；情节严重的，处五十万元以上三百万元以下的罚款。

第二十五条 经营者违反本法规定从事不正当竞争，有主动消除或者减轻违法行为危害后果等法定情形的，依法从轻或者减轻行政处罚；违法行为轻微并及时纠正，没有造成危害后果的，不予行政处罚。

第二十六条 经营者违反本法规定从事不正当竞争，受到行政处罚的，由监督检查部门记入信用记录，并依照有关法律、行政法规的规定予以公示。

第二十七条 经营者违反本法规定，应当承担民事责任、行政责任和刑事责任，其财产不足以支付的，优先用于承担民事责任。

第二十八条 妨害监督检查部门依照本法履行职责，拒绝、阻碍调查的，由监督检查部门责令改正，对个人可以处五千元以下的罚款，对单位可以处五万元以下的罚款，并可以由公安机关依法给予治安管理处罚。

第二十九条 当事人对监督检查部门作出的决定不服的，可以依法申请行政复议或者提起行政诉讼。

第三十条 监督检查部门的工作人员滥用职权、玩忽职守、徇私舞弊或者泄露调查过程中知悉的商业秘密的，依法给予处分。

第三十一条 违反本法规定，构成犯罪的，依法追究刑事责任。

第三十二条 在侵犯商业秘密的民事审判程序中，商业秘密权利人提供初步证据，证明其已经对所主张的商业秘密采取保密措施，且合理表明商业秘密被侵犯，涉嫌侵权人应当证明权利人所主张的商业秘密不属于本法规定的商业秘密。

商业秘密权利人提供初步证据合理表明商业秘密被侵犯，且提供以下证据之一的，涉嫌侵权人应当证明其不存在侵犯商业秘密的行为：

（一）有证据表明涉嫌侵权人有渠道或者机会获取商业秘密，且其使用的信息与该商业秘密实质上相同；

（二）有证据表明商业秘密已经被涉嫌侵权人披露、使用或者有被披露、使用的风险；

（三）有其他证据表明商业秘密被涉嫌侵权人侵犯。

第五章 附 则

第三十三条 本法自 2018 年 1 月 1 日起施行。

2-4 国家工商行政管理局关于对供电企业限制竞争行为定性处罚问题的答复

（工商公字〔1999〕第 275 号，1999 年 10 月 26 日国家工商行政管理局发布）

江苏省工商行政管理局：

你局《关于供电企业依照电力部文件规定实施的限制竞争行为是否违反〈反不正当竞争法〉的请示》（苏工商〔1999〕96 号）收悉。经研究，答复如下：

一、《反不正当竞争法》是调整市场竞争法律关系的基本法，适用于其所规定的所有不正当竞争行为，有关部门发布的规定不得与《反不正当竞争法》相抵触，妨碍公平竞争。除法律、行政法规另有规定的以外，工商行政管理机关应当直接依据《反不正当竞争法》认定和查处不正当竞争行为。

二、电力管理站是提供电能服务的企业，属于《反不正当竞争法》第六条规定的公用企业，应当受《反不正当竞争法》的调整。电力管理站利用其改造电网的垄断地位，以拒绝提供电能服务等措施强行向用户推销用电计量装置，损害了用户的合法权益，排挤了其他经营者的公平竞争，违反了《反不正当竞争法》第六条的规定，构成公用企业限定他人购买其指定的经营者的商品的行为。因此，同意你局的意见，对电力管理站的违法行为，应当依据《反不正当竞争法》第二十三条规定予以处罚。

国家工商行政管理局
1999年10月26日

2-5 国家工商行政管理局关于电力公司强制用户接受其不合理条件的行为定性处理问题的答复

（工商公字〔2000〕第143号，2000年7月6日国家工商行政管理局发布）

山西省工商行政管理局：

你局《关于对山西省电力公司太原供电分公司以收取“付费购电款”的方式强制收取用户用电押金一案的请示》（晋工商经检字〔2000〕第104号）收悉。现答复如下：

电力公司是《反不正当竞争法》第六条规定的公用企业。电力公司滥用其优势地位，在给用户正式送电之前，以收取“付费购电款”的方式（未将此款项抵顶电费、滚动结算，而是长期无偿占有），强行收取用电押金，否则拒绝提供供电服务的行为，违反了《反不正当竞争法》第六条规定，并构成国家工商行政管理局《关于禁止公用企业限制竞争行为的若干规定》第四条第（六）项所禁止的“对不接受其不合理条件的用户、消费者拒绝、中断或者削减供应相关商品，或者滥收费用”的限制竞争行为，应当依照《反不正当竞争法》第二十三条的规定予以处罚。

国家工商行政管理局
2000年7月6日

2-6 禁止滥用市场支配地位行为暂行规定

［2019年6月26日国家市场监督管理总局令第11号公布，根据2022年3月22日《国家市场监督管理总局关于修改和废止部分规章的决定》（国家市场监督管理总局令第55号）修订］

第一条 为了预防和制止滥用市场支配地位行为，根据《中华人民共和国反垄断法》（以下简称反垄断法），制定本规定。

第二条 国家市场监督管理总局（以下简称市场监管总局）负责滥用市场支配地位行为的反垄断执法工作。

市场监管总局根据反垄断法第十条第二款规定，授权各省、自治区、直辖市市场监督管理部门（以下简称省级市场监管部门）负责本行政区域内滥用市场支配地位行为的反垄断执法工作。

本规定所称反垄断执法机构包括市场监管总局和省级市场监管部门。

第三条 市场监管总局负责查处下列滥用市场支配地位行为：

（一）跨省、自治区、直辖市的；

（二）案情较为复杂或者在全国有重大影响的；

（三）市场监管总局认为有必要直接查处的。

前款所列滥用市场支配地位行为，市场监管总局可以指定省级市场监管部门查处。

省级市场监管部门根据授权查处滥用市场支配地位行为时，发现不属于本部门查处范围，或者虽属于本部门查处范围，但有必要由市场监管总局查处的，应当及时向市场监管总局报告。

第四条 反垄断执法机构查处滥用市场支配地位行为时，应当平等对待所有经营者。

第五条 市场支配地位是指经营者在相关市场内具有能够控制商品或者服务（以下统称商品）价格、数量或者其他交易条件，或者能够阻碍、影响其他经营者进入相关市场能力的市场地位。

本条所称其他交易条件是指除商品价格、数量之外能够对市场交易产生实质影响的其他因素，包括商品品种、商品品质、付款条件、交付方式、售后服务、交易选择、技术约束等。

本条所称能够阻碍、影响其他经营者进入相关市场，包括排除其他经营者进入相关市场，或者延缓其他经营者在合理时间内进入相关市场，或者导致其他经营者虽能够进入该相关市场但进入成本大幅提高，无法与现有经营者开展有效竞争等情形。

第六条 根据反垄断法第十八条第一项，确定经营者在相关市场的市场份额，可以考虑一定时期内经营者的特定商品销售金额、销售数量或者其他指标在相关市场所占的比重。

分析相关市场竞争状况，可以考虑相关市场的发展状况、现有竞争者的数量和市场份额、商品差异程度、创新和技术变化、销售和采购模式、潜在竞争者情况等因素。

第七条 根据反垄断法第十八条第二项，确定经营者控制销售市场或者原材料采购市场的能力，可以考虑该经营者控制产业链上下游市场的能力，控制销售渠道或者采购渠道的能力，影响或者决定价格、数量、合同期限或者其他交易条件的能力，以及优先获得企业生产经营所必需的原料、半成品、零部件、相关设备以及需要投入的其他资源的能力等因素。

第八条 根据反垄断法第十八条第三项，确定经营者的财力和技术条件，可以考虑该经营者的资产规模、盈利能力、融资能力、研发能力、技术装备、技术创新和应用能力、拥有的知识产权等，以及该财力和技术条件能够以何种方式和程度促进该经营者业务扩张或者巩固、维持市场地位等因素。

第九条 根据反垄断法第十八条第四项，确定其他经营者对该经营者在交易上的依赖程度，可以考虑其他经营者与该经营者之间的交易关系、交易量、交易持续时间、在合理时间内转向其他交易相对人的难易程度等因素。

第十条 根据反垄断法第十八条第五项，确定其他经营者进入相关市场的难易程度，可以考虑市场准入、获取必要资源的难度、采购和销售渠道的控制情况、资金投入规模、技术壁垒、品牌依赖、用户转换成本、消费习惯等因素。

第十一条 根据反垄断法第十八条和本规定第六条至第十条规定认定互联网等新经济业态经营者具有市场支配地位，可以考虑相关行业竞争特点、经营模式、用户数量、网络效应、锁定效应、技术特性、市场创新、掌握和处理相关数据的能力及经营者在关联市场的市场力量等因素。

第十二条 根据反垄断法第十八条和本规定第六条至第十条认定知识产权领域经营者具有市场支配地位，可以考虑知识产权的替代性、下游市场对利用知识产权所提供商品的依赖程度、交易相对人对经营者的制衡能力等因素。

第十三条 认定两个以上的经营者具有市场支配地位，除考虑本规定第六条至第十二条规定的因素外，还应当考虑市场结构、相关市场透明度、相关商品同质化程度、经营者行为一致性等因素。

第十四条 禁止具有市场支配地位的经营者以不公平的高价销售商品或者以不公平的低价购买商品。

认定"不公平的高价"或者"不公平的低价"，可以考虑下列因素：

（一）销售价格或者购买价格是否明显高于或者明显低于其他经营者在相同或者相似市场条件下销售或者购买同种商品或者可比较商品的价格；

（二）销售价格或者购买价格是否明显高于或者明显低于同一经营者在其他相同或者相似市场条件区域销售或者购买商品的价格；

（三）在成本基本稳定的情况下，是否超过正常幅度提高销售价格或者降低购买价格；

（四）销售商品的提价幅度是否明显高于成本增长幅度，或者购买商品的降价幅度是否明显高于交易相对人成本降低幅度；

（五）需要考虑的其他相关因素。

认定市场条件相同或者相似，应当考虑销售渠道、销售模式、供求状况、监管环境、交易环节、成本结构、交易情况等因素。

第十五条 禁止具有市场支配地位的经营者没有正当理由，以低于成本的价格销售商品。

认定低于成本的价格销售商品，应当重点考虑价格是否低于平均可变成本。平均可变成本是指随着生产的商品数量变化而变动的每单位成本。涉及互联网等新经济业态中的免费模式，应当综合考虑经营者提供的免费商品以及相关收费商品等情况。

本条所称"正当理由"包括：

（一）降价处理鲜活商品、季节性商品、有效期限即将到期的商品和积压商品的；

（二）因清偿债务、转产、歇业降价销售商品的；

（三）在合理期限内为推广新商品进行促销的；

（四）能够证明行为具有正当性的其他理由。

第十六条 禁止具有市场支配地位的经营者没有正当理由，通过下列方式拒绝与交易相对人进行交易：

（一）实质性削减与交易相对人的现有交易数量；

（二）拖延、中断与交易相对人的现有交易；

（三）拒绝与交易相对人进行新的交易；

（四）设置限制性条件，使交易相对人难以与其进行交易；

（五）拒绝交易相对人在生产经营活动中，以合理条件使用其必需设施。

在依据前款第五项认定经营者滥用市场支配地位时，应当综合考虑以合理的投入另行投资建设或者另行开发建造该设施的可行性、交易相对人有效开展生产经营活动对该设施的依赖程度、该经营者提供该设施的可能性以及对自身生产经营活动造成的影响等因素。

本条所称"正当理由"包括：

（一）因不可抗力等客观原因无法进行交易；

（二）交易相对人有不良信用记录或者出现经营状况恶化等情况，影响交易安全；

（三）与交易相对人进行交易将使经营者利益发生不当减损；

（四）能够证明行为具有正当性的其他理由。

第十七条 禁止具有市场支配地位的经营者没有正当理由，从事下列限定交易行为：

（一）限定交易相对人只能与其进行交易；

（二）限定交易相对人只能与其指定的经营者进行交易；

（三）限定交易相对人不得与特定经营者进行交易。

从事上述限定交易行为可以是直接限定，也可以是以设定交易条件等方式变相限定。

本条所称“正当理由”包括：

（一）为满足产品安全要求所必须；

（二）为保护知识产权所必须；

（三）为保护针对交易进行的特定投资所必须；

（四）能够证明行为具有正当性的其他理由。

第十八条 禁止具有市场支配地位的经营者没有正当理由搭售商品，或者在交易时附加其他不合理的交易条件：

（一）违背交易惯例、消费习惯或者无视商品的功能，将不同商品捆绑销售或者组合销售；

（二）对合同期限、支付方式、商品的运输及交付方式或者服务的提供方式等附加不合理的限制；

（三）对商品的销售地域、销售对象、售后服务等附加不合理的限制；

（四）交易时在价格之外附加不合理费用；

（五）附加与交易标的无关的交易条件。

本条所称“正当理由”包括：

（一）符合正当的行业惯例和交易习惯；

（二）为满足产品安全要求所必须；

（三）为实现特定技术所必须；

（四）能够证明行为具有正当性的其他理由。

第十九条 禁止具有市场支配地位的经营者没有正当理由，对条件相同的交易相对人在交易条件上实行下列差别待遇：

（一）实行不同的交易价格、数量、品种、品质等级；

（二）实行不同的数量折扣等优惠条件；

（三）实行不同的付款条件、交付方式；

（四）实行不同的保修内容和期限、维修内容和时间、零配件供应、技术指导等售后服务条件。

条件相同是指交易相对人之间在交易安全、交易成本、规模和能力、信用状况、所处交易环节、交易持续时间等方面不存在实质性影响交易的差别。

本条所称“正当理由”包括：

（一）根据交易相对人实际需求且符合正当的交易习惯和行业惯例，实行不同交易条件；

（二）针对新用户的首次交易在合理期限内开展的优惠活动；

（三）能够证明行为具有正当性的其他理由。

第二十条 反垄断执法机构认定本规定第十四条所称的“不公平”和第十五条至第十九条

所称的“正当理由”，还应当考虑下列因素：

（一）有关行为是否为法律、法规所规定；

（二）有关行为对社会公共利益的影响；

（三）有关行为对经济运行效率、经济发展的影响；

（四）有关行为是否为经营者正常经营及实现正常效益所必须；

（五）有关行为对经营者业务发展、未来投资、创新方面的影响；

（六）有关行为是否能够使交易相对人或者消费者获益。

第二十一条 市场监管总局认定其他滥用市场支配地位行为，应当同时符合下列条件：

（一）经营者具有市场支配地位；

（二）经营者实施了排除、限制竞争行为；

（三）经营者实施相关行为不具有正当理由；

（四）经营者相关行为对市场竞争具有排除、限制影响。

第二十二条 供水、供电、供气、供热、电信、有线电视、邮政、交通运输等公用事业领域经营者应当依法经营，不得滥用其市场支配地位损害消费者利益。

第二十三条 反垄断执法机构依据职权，或者通过举报、上级机关交办、其他机关移送、下级机关报告、经营者主动报告等途径，发现涉嫌滥用市场支配地位行为。

第二十四条 举报采用书面形式并提供相关事实和证据的，反垄断执法机构应当进行必要的调查。书面举报一般包括下列内容：

（一）举报人的基本情况；

（二）被举报人的基本情况；

（三）涉嫌滥用市场支配地位行为的相关事实和证据；

（四）是否就同一事实已向其他行政机关举报或者向人民法院提起诉讼。

反垄断执法机构根据工作需要，可以要求举报人补充举报材料。

第二十五条 反垄断执法机构经过对涉嫌滥用市场支配地位行为必要的调查，决定是否立案。

省级市场监管部门应当自立案之日起 7 个工作日内向市场监管总局备案。

第二十六条 市场监管总局在查处滥用市场支配地位行为时，可以委托省级市场监管部门进行调查。

省级市场监管部门在查处滥用市场支配地位行为时，可以委托下级市场监管部门进行调查。

受委托的市场监管部门在委托范围内，以委托机关的名义实施调查，不得再委托其他行政机关、组织或者个人进行调查。

第二十七条 省级市场监管部门查处涉嫌滥用市场支配地位行为时，可以根据需要商请相关省级市场监管部门协助调查，相关省级市场监管部门应当予以协助。

第二十八条 反垄断执法机构对滥用市场支配地位行为进行行政处罚的，应当依法制作行政处罚决定书。

行政处罚决定书的内容包括：

（一）经营者的姓名或者名称、地址等基本情况；

（二）案件来源及调查经过；

（三）违法事实和相关证据；

（四）经营者陈述、申辩的采纳情况及理由；

（五）行政处罚的内容和依据；

（六）行政处罚的履行方式、期限；

（七）不服行政处罚决定，申请行政复议或者提起行政诉讼的途径和期限；

（八）作出行政处罚决定的反垄断执法机构名称和作出决定的日期。

第二十九条 涉嫌滥用市场支配地位的经营者在被调查期间，可以提出中止调查申请，承诺在反垄断执法机构认可的期限内采取具体措施消除行为影响。

中止调查申请应当以书面形式提出，并由经营者负责人签字并盖章。申请书应当载明下列事项：

（一）涉嫌滥用市场支配地位行为的事实；

（二）承诺采取消除行为后果的具体措施；

（三）履行承诺的时限；

（四）需要承诺的其他内容。

反垄断执法机构对涉嫌滥用市场支配地位行为调查核实后，认为构成涉嫌滥用市场支配地位行为的，应当依法作出处理决定，不再接受经营者提出的中止调查申请。

第三十条 反垄断执法机构根据被调查经营者的中止调查申请，在考虑行为的性质、持续时间、后果、社会影响、经营者承诺的措施及其预期效果等具体情况后，决定是否中止调查。

第三十一条 反垄断执法机构决定中止调查的，应当制作中止调查决定书。

中止调查决定书应当载明被调查经营者涉嫌滥用市场支配地位行为的事实、承诺的具体内容、消除影响的具体措施、履行承诺的时限以及未履行或者未完全履行承诺的法律后果等内容。

第三十二条 决定中止调查的，反垄断执法机构应当对经营者履行承诺的情况进行监督。

经营者应当在规定的时限内向反垄断执法机构书面报告承诺履行情况。

第三十三条 反垄断执法机构确定经营者已经履行承诺的，可以决定终止调查，并制作终止调查决定书。

终止调查决定书应当载明被调查经营者涉嫌滥用市场支配地位行为的事实、承诺的具体内容、履行承诺的情况、监督情况等内容。

有下列情形之一的，反垄断执法机构应当恢复调查：

（一）经营者未履行或者未完全履行承诺的；

（二）作出中止调查决定所依据的事实发生重大变化的；

（三）中止调查决定是基于经营者提供的不完整或者不真实的信息作出的。

第三十四条 省级市场监管部门作出中止调查决定、终止调查决定或者行政处罚告知前，应当向市场监管总局报告。

省级市场监管部门向被调查经营者送达中止调查决定书、终止调查决定书或者行政处罚决定书后，应当在7个工作日内向市场监管总局备案。

第三十五条 反垄断执法机构作出行政处理决定后，依法向社会公布。其中，行政处罚信息应当依法通过国家企业信用信息公示系统向社会公示。

第三十六条 市场监管总局应当加强对省级市场监管部门查处滥用市场支配地位行为的指导和监督，统一执法标准。

省级市场监管部门应当严格按照市场监管总局相关规定查处滥用市场支配地位行为。

第三十七条 经营者滥用市场支配地位的，由反垄断执法机构责令停止违法行为，没收违法所得，并处上一年度销售额百分之一以上百分之十以下的罚款。

反垄断执法机构确定具体罚款数额时，应当考虑违法行为的性质、情节、程度、持续时间等因素。

经营者因行政机关和法律、法规授权的具有管理公共事务职能的组织滥用行政权力而滥用市场支配地位的，按照前款规定处理。经营者能够证明其从事的滥用市场支配地位行为是被动遵守行政命令所导致的，可以依法从轻或者减轻处罚。

第三十八条　本规定对滥用市场支配地位行为调查、处罚程序未做规定的，依照《市场监督管理行政处罚程序规定》执行，有关时限、立案、案件管辖的规定除外。

反垄断执法机构组织行政处罚听证的，依照《市场监督管理行政处罚听证办法》执行。

第三十九条　本规定自 2019 年 9 月 1 日起施行。2010 年 12 月 31 日原国家工商行政管理总局令第 54 号公布的《工商行政管理机关禁止滥用市场支配地位行为规定》同时废止。

2-7　国家经济贸易委员会办公厅关于辽宁省电力工业局“重要用户”解释请示的复函

（电力〔2000〕9 号，2000 年 1 月 21 日国家经济贸易委员会办公厅发布）

辽宁省电力工业局：

你局《关于对“重要用户”解释的请示》（辽电办〔2000〕18 号）收悉。经研究，现函复如下：

《电力供应与使用条例》第二十八条第（二）项和《供电营业规则》第五十九条第二款规定的“重要用户”，必须是具有下列负荷之一的用户：

1．中断供电将造成人身伤亡者；

2．中断供电将造成环境严重污染者；

3．中断供电将造成重要设备损坏，连续生产过程长期不能恢复者；

4．中断供电将在政治上造成重大影响者。

具备上述条件的用户，应与供电企业在供用电合同中明确“重要用户”的性质并约定有关事项，申请设置保安备用电源。否则，不属于重要用户。

国家经济贸易委员会办公厅

2000 年 1 月 21 日

2-8　国家经济贸易委员会关于安装负控计量装置供用电有关问题的复函

（国经贸厅电力函〔2002〕478 号，2002 年 7 月 25 日国家经济贸易委员会办公厅发布）

吉林省经济贸易委员会：

你委《关于用电人安装负控计量装置电费结零后停电是否属于供电企业非法停电解释的请

示》（吉经贸电力字〔2002〕314 号）收悉。经研究，现复函如下：

一、用电人先付费、供电人后供电是近年出现的一种新型供用电方式。采用此种方式供用电不违反法律、法规的规定，但须经供用电双方协商一致。

二、现行相关法律、法规和规章对于用电人先付费、供电人后供电的供用电方式及有关问题没有作出具体规定，此种方式下供用电双方的权利和义务可由当事人在供用电合同中具体约定。依据合同约定，负控计量装置电费结零后停电的，不属于违约停电行为。此种方式供用电不存在欠费问题，因此不适用欠费停电的有关规定。

国家经济贸易委员会办公厅

2002 年 7 月 25 日

2-9　国家发展改革委办公厅关于组织开展电网企业代理购电工作有关事项的通知

（发改办价格〔2021〕809 号，2021 年 10 月 23 日国家发展改革委办公厅发布）

各省、自治区、直辖市及计划单列市、新疆生产建设兵团发展改革委，国家电网有限公司、中国南方电网有限责任公司、内蒙古电力（集团）有限责任公司，中国核工业集团有限公司、中国华能集团有限公司、中国大唐集团有限公司、中国华电集团有限公司、国家电力投资集团有限公司、中国长江三峡集团有限公司、国家能源投资集团有限责任公司、国家开发投资集团有限公司、华润（集团）有限公司、中国广核集团有限公司：

为落实《国家发展改革委关于进一步深化燃煤发电上网电价市场化改革的通知》（发改价格〔2021〕1439 号）要求，指导各地切实组织开展好电网企业代理购电工作，保障代理购电机制平稳运行，维护发用电市场主体合法权益，促进电力市场规范平稳运行和加快建设发展，现将有关事项通知如下：

一、总体要求

建立电网企业代理购电机制，保障机制平稳运行，是进一步深化燃煤发电上网电价市场化改革提出的明确要求，对有序平稳实现工商业用户全部进入电力市场、促进电力市场加快建设发展具有重要意义。组织开展电网企业代理购电工作，要坚持市场方向，鼓励新进入市场电力用户通过直接参与市场形成用电价格，对暂未直接参与市场交易的用户，由电网企业通过市场化方式代理购电；要加强政策衔接，做好与分时电价政策、市场交易规则等的衔接，确保代理购电价格合理形成；要规范透明实施，强化代理购电监管，加强信息公开，确保服务质量，保障代理购电行为公平、公正、公开。

二、规范电网企业代理购电方式流程

（一）明确代理购电用户范围。取消工商业目录销售电价后，10 千伏及以上用户原则上要直接参与市场交易（直接向发电企业或售电公司购电，下同），暂无法直接参与市场交易的可由电网企业代理购电；鼓励其他工商业用户直接参与市场交易，未直接参与市场交易的由电网企业代理购电。已直接参与市场交易又退出的用户，可暂由电网企业代理购电。各地要结合当地电力市场发展情况，不断缩小电网企业代理购电范围。

（二）预测代理工商业用户用电规模。电网企业要定期预测代理购电工商业用户用电量及典型负荷曲线，现货市场运行或开展中长期分时段交易的地方，应考虑季节变更、节假日安排等因素分别预测分时段用电量。保障居民（含执行居民电价的学校、社会福利机构、社区服务中心等公益性事业用户，下同）、农业用户的用电量规模单独预测。

（三）确定电网企业市场化购电规模。各地执行保量保价的优先发电（不含燃煤发电，下同）电量继续按现行价格机制由电网企业收购，用于保障居民、农业用户用电，有剩余电量且暂时无法放开的地方，可将剩余电量暂作为电网企业代理工商业用户购电电量来源。各地保量保价的优先发电电量，不应超过当地电网企业保障居民、农业用户用电和代理工商业用户购电规模，不足部分由电网企业通过市场化方式采购。电网企业要综合考虑代理购电工商业用户和居民、农业用户预测用电量以及上年度省级电网综合线损率、当地执行保量保价的优先发电电量等因素，合理确定市场化采购电量规模。各地要推进放开发电计划，推动更多工商业用户直接参与电力市场交易。

（四）建立健全电网企业市场化购电方式。为确保代理购电机制平稳实施，2021 年 12 月底前，电网企业通过挂牌交易方式代理购电，挂牌购电价格按当月月度集中竞价交易加权平均价格确定，挂牌成交电量不足部分由市场化机组按剩余容量等比例承担，价格按挂牌价格执行，无挂牌交易价格时，可通过双边协商方式形成购电价格；2022 年 1 月起，电网企业通过参与场内集中交易方式（不含撮合交易）代理购电，以报量不报价方式、作为价格接受者参与市场出清，其中采取挂牌交易方式的，价格继续按当月月度集中竞价交易加权平均价格确定。

（五）明确代理购电用户电价形成方式。电网企业代理购电用户电价由代理购电价格（含平均上网电价、辅助服务费用等，下同）、输配电价（含线损及政策性交叉补贴，下同）、政府性基金及附加组成。其中，代理购电价格基于电网企业代理工商业用户购电费（含偏差电费）、代理工商业用户购电量等确定。代理购电产生的偏差电量，现货市场运行的地方按照现货市场价格结算，其他地方按照发电侧上下调预挂牌价格结算，暂未开展上下调预挂牌交易的按当地最近一次、最短周期的场内集中竞价出清价格结算。

已直接参与市场交易（不含已在电力交易平台注册但未曾参与电力市场交易，仍按目录销售电价执行的用户）在无正当理由情况下改由电网企业代理购电的用户，拥有燃煤发电自备电厂、由电网企业代理购电的用户，用电价格由电网企业代理购电价格的 1.5 倍、输配电价、政府性基金及附加组成。已直接参与市场交易的高耗能用户，不得退出市场交易；尚未直接参与市场交易的高耗能用户原则上要直接参与市场交易，暂不能直接参与市场交易的由电网企业代理购电，用电价格由电网企业代理购电价格的 1.5 倍、输配电价、政府性基金及附加组成。电网企业代理上述用户购电形成的增收收入，纳入其为保障居民、农业用电价格稳定产生的新增损益统筹考虑。

电网企业代理购电价格、代理购电用户电价应按月测算，并提前 3 日通过营业厅等线上线下渠道公布，于次月执行，并按用户实际用电量全额结算电费。未实现自然月购售同期抄表结算的地区，暂按电网企业抄表结算周期执行。

（六）规范代理购电关系变更。电网企业首次代理工商业用户购电时，应至少提前 1 个月通知用户，期间应积极履行告知义务，与电力用户签订代理购电合同。在规定时限内，未直接参与市场交易、也未与电网企业签订代理购电合同的用户，默认由电网企业代理购电。已直接参与市场交易又退出的电力用户，默认由电网企业代理购电。由电网企业代理购电的工商业用户，可在每季度最后 15 日前选择下一季度起直接参与市场交易，电网企业代理购电相应终止，由此产生的偏差责任原则上不予考核，能够单独统计的偏差电量由与电网企业成交的市场化机组合同电量等比例调减。电力交易机构应将上述变更信息于2日内告知电网企业。

三、加强相关政策协同

（一）加强与居民、农业销售电价政策的协同。居民、农业用电由电网企业保障，保持价格稳定。执行代理购电价格机制后，电网企业为保障居民、农业用电价格稳定产生的新增损益（含偏差电费），按月由全体工商业用户分摊或分享。

（二）加强与分时电价政策的协同。在现货市场未运行的地方，电网企业代理购电用户代理购电合同未申报用电曲线，以及申报用电曲线但分时电价峰谷比例低于当地分时电价政策要求的，用户用电价格应当按照当地分时电价政策规定的时段划分及浮动比例执行。

（三）加强与电力市场交易规则的协同。各地应按职能分工进一步完善电力中长期交易规则，电网企业代理购电应与市场主体执行统一的市场规则。现货市场运行的地方，电网企业代理购电用户与其他用户平等参与现货交易，公平承担责任义务，电网企业要单独预测代理购电用户负荷曲线，作为价格接受者参与现货市场出清；纳入代理购电电量来源的优先发电电源，偏差电量按现货市场规则执行。鼓励跨省跨区送电参与直接交易。燃煤发电跨省跨区外送的，送受端双方要适应形势变化抓紧协商形成新的送电价格，确保跨省跨区送电平稳运行。

（四）加强与可再生能源消纳权重政策要求的协同。电网企业代理购电的用户，应公平承担可再生能源消纳权重责任。

四、保障措施

（一）规范代理购电行为。电网企业要按要求规范代理购电方式流程，单独归集、单独反映代理购电机制执行情况，做好信息公开、电费结算等工作，并按季度将代理购电及变化情况报价格主管部门。电力交易机构要确保独立规范运行，不得参与电网企业代理购电业务。

（二）加强代理购电信息公开。电网企业应按要求及时公开代理购电相关信息，原则上应按月发布代理用户分月总电量预测、相关预测数据与实际数据偏差、采购电量电价结构及水平、市场化机组剩余容量相关情况、代理购电用户电价水平及构成、代理购电用户电量和电价执行情况等信息。

（三）确保代理购电服务质量。电网企业要加快建立健全保障代理购电机制平稳运行的组织机构，及时调整营销管理系统，重点优化电费结算功能，积极推进表计设施改造，加快实现按自然月购售同期抄表结算，确保在用户电费账单中清晰列示代理购电电费明细情况，为做好代理购电服务提供有力支撑。要围绕代理购电实施开展专题宣传，通过营业场所、手机APP、供电服务热线等多种渠道，持续加强与用户的沟通，增进各方面理解支持，积极鼓励工商业用户直接参与电力市场交易。

（四）做好市场价格波动风险防控。各地要密切跟踪电力市场和价格变化，评估市场交易价格和代理购电价格波动风险，及时发现苗头性、趋势性、潜在性问题，做好风险预警防控，保障代理购电机制平稳运行。

（五）强化代理购电监管。各地主管部门要积极会同配合国家能源局派出机构、当地相关部门，重点围绕代理购电机制运行中的市场交易、信息公开、电费结算、服务质量等，加强对电网企业、电力交易机构的监管，及时查处信息公开不规范、电费结算不及时，以及运用垄断地位影响市场交易等违法违规行为。

各地要在调整当地目录销售电价后，抓紧按照本通知要求组织开展好当地电网企业代理购电工作。相关落实情况请于2021年11月15日前报我委（价格司）。

本通知自印发之日起执行，暂定有效期至2022年12月31日，我委将根据需要及时进行完善。现行政策与本通知不符的，以本通知规定为准。

国家发展改革委办公厅

2021年10月23日

2-10　国家发展改革委办公厅关于进一步做好电网企业代理购电工作的通知

（发改办价格〔2022〕1047号，2022年12月23日国家发展改革委办公厅发布）

各省、自治区、直辖市及计划单列市、新疆生产建设兵团发展改革委，国家电网有限公司、中国南方电网有限责任公司、内蒙古电力（集团）有限责任公司，中国核工业集团有限公司、中国华能集团有限公司、中国大唐集团有限公司、中国华电集团有限公司、国家电力投资集团有限公司、中国长江三峡集团有限公司、国家能源投资集团有限责任公司、国家开发投资集团有限公司、华润（集团）有限公司、中国广核集团有限公司：

《国家发展改革委办公厅关于组织开展电网企业代理购电工作有关事项的通知》（发改办价格〔2021〕809号，以下简称“809号文件”）印发实施以来，各地电网企业代理购电制度全面建立、平稳运行，为煤电上网电价市场化改革落地见效提供了有力保障，对加快构建“能涨能跌”市场化电价机制、推动电力市场建设发展、保障电力安全稳定供应发挥了重要作用。在继续执行809号文件、保持政策稳定性的基础上，为进一步做好电网企业代理购电工作，现就有关事项通知如下：

一、保障用户安全可靠用电。电网企业要落实809号文件要求，保障代理购电制度平稳运行，确保居民、农业用户和代理购电工商业用户电力安全可靠供应；坚持低价电量（含偏差电费）优先匹配居民、农业用电，保持居民、农业用电价格基本稳定。

二、逐步优化代理购电制度。各地要适应当地电力市场发展进程，鼓励支持10千伏及以上的工商业用户直接参与电力市场，逐步缩小代理购电用户范围。优化代理购电市场化采购方式，完善集中竞价交易和挂牌交易制度，规范挂牌交易价格形成机制。

三、加强事中事后监管。各地、各相关单位要严格按照国家政策要求，切实执行好电网企业代理购电制度，不得对代理购电用户电价形成进行不当干预。电网企业要加强力量配置，不断提升代理购电用户用电规模预测的科学性、准确性，预测偏差情况每季度报省级价格主管部门。省级价格主管部门要密切跟踪电网企业代理购电制度执行情况，及时牵头解决制度执行中出现的新问题，确保代理购电制度平稳运行。

本通知自2023年1月1日起执行。809号文件及其他现行政策相关规定与本通知不符的，以本通知规定为准。

国家发展改革委办公厅

2022年12月23日

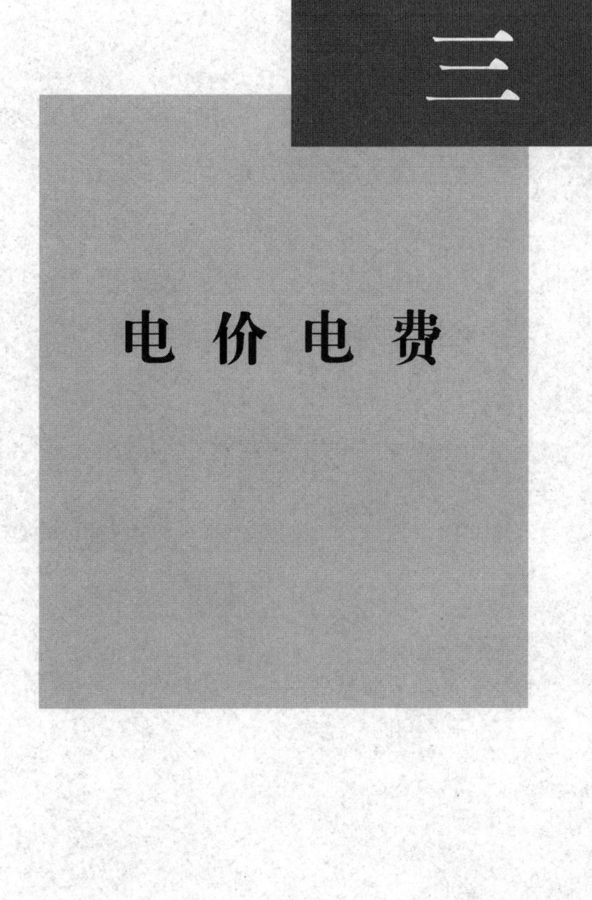

三

电价电费

3-1　中华人民共和国价格法

（1997 年 12 月 29 日第八届全国人民代表大会常务委员会第二十九次会议通过）

第一章　总　　则

第一条　为了规范价格行为，发挥价格合理配置资源的作用，稳定市场价格总水平，保护消费者和经营者的合法权益，促进社会主义市场经济健康发展，制定本法。

第二条　在中华人民共和国境内发生的价格行为，适用本法。

本法所称价格包括商品价格和服务价格。

商品价格是指各类有形产品和无形资产的价格。

服务价格是指各类有偿服务的收费。

第三条　国家实行并逐步完善宏观经济调控下主要由市场形成价格的机制。价格的制定应当符合价值规律，大多数商品和服务价格实行市场调节价，极少数商品和服务价格实行政府指导价或者政府定价。

市场调节价，是指由经营者自主制定，通过市场竞争形成的价格。

本法所称经营者是指从事生产、经营商品或者提供有偿服务的法人、其他组织和个人。

政府指导价，是指依照本法规定，由政府价格主管部门或者其他有关部门，按照定价权限和范围规定基准价及其浮动幅度，指导经营者制定的价格。

政府定价，是指依照本法规定，由政府价格主管部门或者其他有关部门，按照定价权限和范围制定的价格。

第四条　国家支持和促进公平、公开、合法的市场竞争，维护正常的价格秩序，对价格活动实行管理、监督和必要的调控。

第五条　国务院价格主管部门统一负责全国的价格工作。国务院其他有关部门在各自的职责范围内，负责有关的价格工作。

县级以上地方各级人民政府价格主管部门负责本行政区域内的价格工作。县级以上地方各级人民政府其他有关部门在各自的职责范围内，负责有关的价格工作。

第二章　经营者的价格行为

第六条　商品价格和服务价格，除依照本法第十八条规定适用政府指导价或者政府定价外，实行市场调节价，由经营者依照本法自主制定。

第七条　经营者定价，应当遵循公平、合法和诚实信用的原则。

第八条　经营者定价的基本依据是生产经营成本和市场供求状况。

第九条　经营者应当努力改进生产经营管理，降低生产经营成本，为消费者提供价格合理的商品和服务，并在市场竞争中获取合法利润。

第十条　经营者应当根据其经营条件建立、健全内部价格管理制度，准确记录与核定商品和服务的生产经营成本，不得弄虚作假。

第十一条　经营者进行价格活动，享有下列权利：

（一）自主制定属于市场调节的价格；

（二）在政府指导价规定的幅度内制定价格；

（三）制定属于政府指导价、政府定价产品范围内的新产品的试销价格，特定产品除外；

（四）检举、控告侵犯其依法自主定价权利的行为。

第十二条　经营者进行价格活动，应当遵守法律、法规，执行依法制定的政府指导价、政府定价和法定的价格干预措施、紧急措施。

第十三条　经营者销售、收购商品和提供服务，应当按照政府价格主管部门的规定明码标价，注明商品的品名、产地、规格、等级、计价单位、价格或者服务的项目、收费标准等有关情况。

经营者不得在标价之外加价出售商品，不得收取任何未予标明的费用。

第十四条　经营者不得有下列不正当价格行为：

（一）相互串通，操纵市场价格，损害其他经营者或者消费者的合法权益；

（二）在依法降价处理鲜活商品、季节性商品、积压商品等商品外，为了排挤竞争对手或者独占市场，以低于成本的价格倾销，扰乱正常的生产经营秩序，损害国家利益或者其他经营者的合法权益；

（三）捏造、散布涨价信息，哄抬价格，推动商品价格过高上涨的；

（四）利用虚假的或者使人误解的价格手段，诱骗消费者或者其他经营者与其进行交易；

（五）提供相同商品或者服务，对具有同等交易条件的其他经营者实行价格歧视；

（六）采取抬高等级或者压低等级等手段收购、销售商品或者提供服务，变相提高或者压低价格；

（七）违反法律、法规的规定牟取暴利；

（八）法律、行政法规禁止的其他不正当价格行为。

第十五条　各类中介机构提供有偿服务收取费用，应当遵守本法的规定。法律另有规定的，按照有关规定执行。

第十六条　经营者销售进口商品、收购出口商品，应当遵守本章的有关规定，维护国内市场秩序。

第十七条　行业组织应当遵守价格法律、法规，加强价格自律，接受政府价格主管部门的工作指导。

第三章　政府的定价行为

第十八条　下列商品和服务价格，政府在必要时可以实行政府指导价或者政府定价：

（一）与国民经济发展和人民生活关系重大的极少数商品价格；

（二）资源稀缺的少数商品价格；

（三）自然垄断经营的商品价格；

（四）重要的公用事业价格；

（五）重要的公益性服务价格。

第十九条　政府指导价、政府定价的定价权限和具体适用范围，以中央的和地方的定价目录为依据。

中央定价目录由国务院价格主管部门制定、修订，报国务院批准后公布。

地方定价目录由省、自治区、直辖市人民政府价格主管部门按照中央定价目录规定的定价权限和具体适用范围制定，经本级人民政府审核同意，报国务院价格主管部门审定后公布。

省、自治区、直辖市人民政府以下各级地方人民政府不得制定定价目录。

第二十条 国务院价格主管部门和其他有关部门，按照中央定价目录规定的定价权限和具体适用范围制定政府指导价、政府定价；其中重要的商品和服务价格的政府指导价、政府定价，应当按照规定经国务院批准。

省、自治区、直辖市人民政府价格主管部门和其他有关部门，应当按照地方定价目录规定的定价权限和具体适用范围制定在本地区执行的政府指导价、政府定价。

市、县人民政府可以根据省、自治区、直辖市人民政府的授权，按照地方定价目录规定的定价权限和具体适用范围制定在本地区执行的政府指导价、政府定价。

第二十一条 制定政府指导价、政府定价，应当依据有关商品或者服务的社会平均成本和市场供求状况、国民经济与社会发展要求以及社会承受能力，实行合理的购销差价、批零差价、地区差价和季节差价。

第二十二条 政府价格主管部门和其他有关部门制定政府指导价、政府定价，应当开展价格、成本调查，听取消费者、经营者和有关方面的意见。

政府价格主管部门开展对政府指导价、政府定价的价格、成本调查时，有关单位应当如实反映情况，提供必需的账簿、文件以及其他资料。

第二十三条 制定关系群众切身利益的公用事业价格、公益性服务价格、自然垄断经营的商品价格等政府指导价、政府定价，应当建立听证会制度，由政府价格主管部门主持，征求消费者、经营者和有关方面的意见，论证其必要性、可行性。

第二十四条 政府指导价、政府定价制定后，由制定价格的部门向消费者、经营者公布。

第二十五条 政府指导价、政府定价的具体适用范围、价格水平，应当根据经济运行情况，按照规定的定价权限和程序适时调整。

消费者、经营者可以对政府指导价、政府定价提出调整建议。

第四章　价格总水平调控

第二十六条 稳定市场价格总水平是国家重要的宏观经济政策目标。国家根据国民经济发展的需要和社会承受能力，确定市场价格总水平调控目标，列入国民经济和社会发展计划，并综合运用货币、财政、投资、进出口等方面的政策和措施，予以实现。

第二十七条 政府可以建立重要商品储备制度，设立价格调节基金，调控价格，稳定市场。

第二十八条 为适应价格调控和管理的需要，政府价格主管部门应当建立价格监测制度，对重要商品、服务价格的变动进行监测。

第二十九条 政府在粮食等重要农产品的市场购买价格过低时，可以在收购中实行保护价格，并采取相应的经济措施保证其实现。

第三十条 当重要商品和服务价格显著上涨或者有可能显著上涨，国务院和省、自治区、直辖市人民政府可以对部分价格采取限定差价率或者利润率、规定限价、实行提价申报制度和调价备案制度等干预措施。

省、自治区、直辖市人民政府采取前款规定的干预措施，应当报国务院备案。

第三十一条 当市场价格总水平出现剧烈波动等异常状态时，国务院可以在全国范围内或者部分区域内采取临时集中定价权限、部分或者全面冻结价格的紧急措施。

第三十二条 依照本法第三十条、第三十一条的规定实行干预措施、紧急措施的情形消除后，应当及时解除干预措施、紧急措施。

第五章 价格监督检查

第三十三条 县级以上各级人民政府价格主管部门，依法对价格活动进行监督检查，并依照本法的规定对价格违法行为实施行政处罚。

第三十四条 政府价格主管部门进行价格监督检查时，可以行使下列职权：

（一）询问当事人或者有关人员，并要求其提供证明材料和与价格违法行为有关的其他资料；

（二）查询、复制与价格违法行为有关的账簿、单据、凭证、文件及其他资料，核对与价格违法行为有关的银行资料；

（三）检查与价格违法行为有关的财物，必要时可以责令当事人暂停相关营业；

（四）在证据可能灭失或者以后难以取得的情况下，可以依法先行登记保存，当事人或者有关人员不得转移、隐匿或者销毁。

第三十五条 经营者接受政府价格主管部门的监督检查时，应当如实提供价格监督检查所必需的账簿、单据、凭证、文件以及其他资料。

第三十六条 政府部门价格工作人员不得将依法取得的资料或者了解的情况用于依法进行价格管理以外的任何其他目的，不得泄露当事人的商业秘密。

第三十七条 消费者组织、职工价格监督组织、居民委员会、村民委员会等组织以及消费者，有权对价格行为进行社会监督。政府价格主管部门应当充分发挥群众的价格监督作用。

新闻单位有权进行价格舆论监督。

第三十八条 政府价格主管部门应当建立对价格违法行为的举报制度。

任何单位和个人均有权对价格违法行为进行举报。政府价格主管部门应当对举报者给予鼓励，并负责为举报者保密。

第六章 法律责任

第三十九条 经营者不执行政府指导价、政府定价以及法定的价格干预措施、紧急措施的，责令改正，没收违法所得，可以并处违法所得五倍以下的罚款；没有违法所得的，可以处以罚款；情节严重的，责令停业整顿。

第四十条 经营者有本法第十四条所列行为之一的，责令改正，没收违法所得，可以并处违法所得五倍以下的罚款；没有违法所得的，予以警告，可以并处罚款；情节严重的，责令停业整顿，或者由工商行政管理机关吊销营业执照。有关法律对本法第十四条所列行为的处罚及处罚机关另有规定的，可以依照有关法律的规定执行。

有本法第十四条第（一）项、第（二）项所列行为，属于是全国性的，由国务院价格主管部门认定；属于是省及省以下区域性的，由省、自治区、直辖市人民政府价格主管部门认定。

第四十一条 经营者因价格违法行为致使消费者或者其他经营者多付价款的，应当退还多付部分；造成损害的，应当依法承担赔偿责任。

第四十二条 经营者违反明码标价规定的，责令改正，没收违法所得，可以并处五千元以下的罚款。

第四十三条 经营者被责令暂停相关营业而不停止的，或者转移、隐匿、销毁依法登记保存的财物的，处相关营业所得或者转移、隐匿、销毁的财物价值一倍以上三倍以下的罚款。

第四十四条 拒绝按照规定提供监督检查所需资料或者提供虚假资料的，责令改正，予以警告；逾期不改正的，可以处以罚款。

第四十五条 地方各级人民政府或者各级人民政府有关部门违反本法规定，超越定价权限和范围擅自制定、调整价格或者不执行法定的价格干预措施、紧急措施的，责令改正，并可以通报批评；对直接负责的主管人员和其他直接责任人员，依法给予行政处分。

第四十六条 价格工作人员泄露国家秘密、商业秘密以及滥用职权、徇私舞弊、玩忽职守、索贿受贿，构成犯罪的，依法追究刑事责任；尚不构成犯罪的，依法给予处分。

第七章 附 则

第四十七条 国家行政机关的收费，应当依法进行，严格控制收费项目，限定收费范围、标准。收费的具体管理办法由国务院另行制定。

利率、汇率、保险费率、证券及期货价格，适用有关法律、行政法规的规定，不适用本法。

第四十八条 本法自1998年5月1日起施行。

3-2 中华人民共和国票据法

（1995年5月10日第八届全国人民代表大会常务委员会第十三次会议通过，根据2004年8月28日第十届全国人民代表大会常务委员会第十一次会议《关于修改〈中华人民共和国票据法〉的决定》修正）

第一章 总 则

第一条 为了规范票据行为，保障票据活动中当事人的合法权益，维护社会经济秩序，促进社会主义市场经济的发展，制定本法。

第二条 在中华人民共和国境内的票据活动，适用本法。

本法所称票据，是指汇票、本票和支票。

第三条 票据活动应当遵守法律、行政法规，不得损害社会公共利益。

第四条 票据出票人制作票据，应当按照法定条件在票据上签章，并按照所记载的事项承担票据责任。

持票人行使票据权利，应当按照法定程序在票据上签章，并出示票据。

其他票据债务人在票据上签章的，按照票据所记载的事项承担票据责任。

本法所称票据权利，是指持票人向票据债务人请求支付票据金额的权利，包括付款请求权和追索权。

本法所称票据责任，是指票据债务人向持票人支付票据金额的义务。

第五条 票据当事人可以委托其代理人在票据上签章，并应当在票据上表明其代理关系。

没有代理权而以代理人名义在票据上签章的，应当由签章人承担票据责任；代理人超越代理权限的，应当就其超越权限的部分承担票据责任。

第六条 无民事行为能力人或者限制民事行为能力人在票据上签章的，其签章无效，但是不影响其他签章的效力。

第七条 票据上的签章，为签名、盖章或者签名加盖章。

法人和其他使用票据的单位在票据上的签章，为该法人或者该单位的盖章加其法定代表人或者其授权的代理人的签章。

在票据上的签名，应当为该当事人的本名。

第八条 票据金额以中文大写和数码同时记载，二者必须一致，二者不一致的，票据无效。

第九条 票据上的记载事项必须符合本法的规定。

票据金额、日期、收款人名称不得更改，更改的票据无效。

对票据上的其他记载事项，原记载人可以更改，更改时应当由原记载人签章证明。

第十条 票据的签发、取得和转让，应当遵循诚实信用的原则，具有真实的交易关系和债权债务关系。

票据的取得，必须给付对价，即应当给付票据双方当事人认可的相对应的代价。

第十一条 因税收、继承、赠与可以依法无偿取得票据的，不受给付对价的限制。但是，所享有的票据权利不得优于其前手的权利。

前手是指在票据签章人或者持票人之前签章的其他票据债务人。

第十二条 以欺诈、偷盗或者胁迫等手段取得票据的，或者明知有前列情形，出于恶意取得票据的，不得享有票据权利。

持票人因重大过失取得不符合本法规定的票据的，也不得享有票据权利。

第十三条 票据债务人不得以自己与出票人或者与持票人的前手之间的抗辩事由，对抗持票人。但是，持票人明知存在抗辩事由而取得票据的除外。

票据债务人可以对不履行约定义务的与自己有直接债权债务关系的持票人，进行抗辩。

本法所称抗辩，是指票据债务人根据本法规定对票据债权人拒绝履行义务的行为。

第十四条 票据上的记载事项应当真实，不得伪造、变造。伪造、变造票据上的签章和其他记载事项的，应当承担法律责任。

票据上有伪造、变造的签章的，不影响票据上其他真实签章的效力。

票据上其他记载事项被变造的，在变造之前签章的人，对原记载事项负责；在变造之后签章的人，对变造之后的记载事项负责；不能辨别是在票据被变造之前或者之后签章的，视同在变造之前签章。

第十五条 票据丧失，失票人可以及时通知票据的付款人挂失止付，但是，未记载付款人或者无法确定付款人及其代理付款人的票据除外。

收到挂失止付通知的付款人，应当暂停支付。

失票人应当在通知挂失止付后三日内，也可以在票据丧失后，依法向人民法院申请公示催告，或者向人民法院提起诉讼。

第十六条 持票人对票据债务人行使票据权利，或者保全票据权利，应当在票据当事人的营业场所和营业时间内进行，票据当事人无营业场所的，应当在其住所进行。

第十七条 票据权利在下列期限内不行使而消灭：

（一）持票人对票据的出票人和承兑人的权利，自票据到期日起二年。见票即付的汇票、本票，自出票日起二年；

（二）持票人对支票出票人的权利，自出票日起六个月；

（三）持票人对前手的追索权，自被拒绝承兑或者被拒绝付款之日起六个月；

（四）持票人对前手的再追索权，自清偿日或者被提起诉讼之日起三个月。

票据的出票日、到期日由票据当事人依法确定。

第十八条 持票人因超过票据权利时效或者因票据记载事项欠缺而丧失票据权利的，仍享有民事权利，可以请求出票人或者承兑人返还其与未支付的票据金额相当的利益。

第二章 汇 票

第一节 出 票

第十九条 汇票是出票人签发的，委托付款人在见票时或者在指定日期无条件支付确定的金额给收款人或者持票人的票据。

汇票分为银行汇票和商业汇票。

第二十条 出票是指出票人签发票据并将其交付给收款人的票据行为。

第二十一条 汇票的出票人必须与付款人具有真实的委托付款关系，并且具有支付汇票金额的可靠资金来源。

不得签发无对价的汇票用以骗取银行或者其他票据当事人的资金。

第二十二条 汇票必须记载下列事项：

（一）表明“汇票”的字样；

（二）无条件支付的委托；

（三）确定的金额；

（四）付款人名称；

（五）收款人名称；

（六）出票日期；

（七）出票人签章。

汇票上未记载前款规定事项之一的，汇票无效。

第二十三条 汇票上记载付款日期、付款地、出票地等事项的，应当清楚、明确。

汇票上未记载付款日期的，为见票即付。

汇票上未记载付款地的，付款人的营业场所、住所或者经常居住地为付款地。

汇票上未记载出票地的，出票人的营业场所、住所或者经常居住地为出票地。

第二十四条 汇票上可以记载本法规定事项以外的其他出票事项，但是该记载事项不具有汇票上的效力。

第二十五条　付款日期可以按照下列形式之一记载：

（一）见票即付；

（二）定日付款；

（三）出票后定期付款；

（四）见票后定期付款。

前款规定的付款日期为汇票到期日。

第二十六条　出票人签发汇票后，即承担保证该汇票承兑和付款的责任。出票人在汇票得不到承兑或者付款时，应当向持票人清偿本法第七十条、第七十一条规定的金额和费用。

第二节　背　　书

第二十七条　持票人可以将汇票权利转让给他人或者将一定的汇票权利授予他人行使。

出票人在汇票上记载“不得转让”字样的，汇票不得转让。

持票人行使第一款规定的权利时，应当背书并交付汇票。

背书是指在票据背面或者粘单上记载有关事项并签章的票据行为。

第二十八条　票据凭证不能满足背书人记载事项的需要，可以加附粘单，粘附于票据凭证上。

粘单上的第一记载人，应当在汇票和粘单的粘接处签章。

第二十九条　背书由背书人签章并记载背书日期。

背书未记载日期的，视为在汇票到期日前背书。

第三十条　汇票以背书转让或者以背书将一定的汇票权利授予他人行使时，必须记载被背书人名称。

第三十一条　以背书转让的汇票，背书应当连续。持票人以背书的连续，证明其汇票权利；非经背书转让，而以其他合法方式取得汇票的，依法举证，证明其汇票权利。

前款所称背书连续，是指在票据转让中，转让汇票的背书人与受让汇票的被背书人在汇票上的签章依次前后衔接。

第三十二条　以背书转让的汇票，后手应当对其直接前手背书的真实性负责。

后手是指在票据签章人之后签章的其他票据债务人。

第三十三条　背书不得附有条件。背书时附有条件的，所附条件不具有汇票上的效力。

将汇票金额的一部分转让的背书或者将汇票金额分别转让给二人以上的背书无效。

第三十四条　背书人在汇票上记载“不得转让”字样，其后手再背书转让的，原背书人对后手的被背书人不承担保证责任。

第三十五条　背书记载“委托收款”字样的，被背书人有权代背书人行使被委托的汇票权利。但是，被背书人不得再以背书转让汇票权利。

汇票可以设定质押；质押时应当以背书记载“质押”字样。被背书人依法实现其质权时，可以行使汇票权利。

第三十六条　汇票被拒绝承兑、被拒绝付款或者超过付款提示期限的，不得背书转让；背书转让的，背书人应当承担汇票责任。

第三十七条　背书人以背书转让汇票后，即承担保证其后手所持汇票承兑和付款的责任。

背书人在汇票得不到承兑或者付款时，应当向持票人清偿本法第七十条、第七十一条规定的金额和费用。

第三节　承　　兑

第三十八条　承兑是指汇票付款人承诺在汇票到期日支付汇票金额的票据行为。

第三十九条　定日付款或者出票后定期付款的汇票，持票人应当在汇票到期日前向付款人提示承兑。

提示承兑是指持票人向付款人出示汇票，并要求付款人承诺付款的行为。

第四十条　见票后定期付款的汇票，持票人应当自出票日起一个月内向付款人提示承兑。

汇票未按照规定期限提示承兑的，持票人丧失对其前手的追索权。

见票即付的汇票无需提示承兑。

第四十一条　付款人对向其提示承兑的汇票，应当自收到提示承兑的汇票之日起三日内承兑或者拒绝承兑。

付款人收到持票人提示承兑的汇票时，应当向持票人签发收到汇票的回单。回单上应当记明汇票提示承兑日期并签章。

第四十二条　付款人承兑汇票的，应当在汇票正面记载“承兑”字样和承兑日期并签章；见票后定期付款的汇票，应当在承兑时记载付款日期。

汇票上未记载承兑日期的，以前条第一款规定期限的最后一日为承兑日期。

第四十三条　付款人承兑汇票，不得附有条件；承兑附有条件的，视为拒绝承兑。

第四十四条　付款人承兑汇票后，应当承担到期付款的责任。

第四节　保　　证

第四十五条　汇票的债务可以由保证人承担保证责任。

保证人由汇票债务人以外的他人担当。

第四十六条　保证人必须在汇票或者粘单上记载下列事项：

（一）表明“保证”的字样；

（二）保证人名称和住所；

（三）被保证人的名称；

（四）保证日期；

（五）保证人签章。

第四十七条　保证人在汇票或者粘单上未记载前条第（三）项的，已承兑的汇票，承兑人为被保证人；未承兑的汇票，出票人为被保证人。

保证人在汇票或者粘单上未记载前条第（四）项的，出票日期为保证日期。

第四十八条　保证不得附有条件；附有条件的，不影响对汇票的保证责任。

第四十九条　保证人对合法取得汇票的持票人所享有的汇票权利，承担保证责任。但是，被保证人的债务因汇票记载事项欠缺而无效的除外。

第五十条　被保证的汇票，保证人应当与被保证人对持票人承担连带责任。汇票到期后得不到付款的，持票人有权向保证人请求付款，保证人应当足额付款。

第五十一条　保证人为二人以上的，保证人之间承担连带责任。

第五十二条 保证人清偿汇票债务后，可以行使持票人对被保证人及其前手的追索权。

第五节 付 款

第五十三条 持票人应当按照下列期限提示付款：

（一）见票即付的汇票，自出票日起一个月内向付款人提示付款；

（二）定日付款、出票后定期付款或者见票后定期付款的汇票，自到期日起十日内向承兑人提示付款。

持票人未按照前款规定期限提示付款的，在作出说明后，承兑人或者付款人仍应当继续对持票人承担付款责任。

通过委托收款银行或者通过票据交换系统向付款人提示付款的，视同持票人提示付款。

第五十四条 持票人依照前条规定提示付款的，付款人必须在当日足额付款。

第五十五条 持票人获得付款的，应当在汇票上签收，并将汇票交给付款人。持票人委托银行收款的，受委托的银行将代收的汇票金额转账收入持票人账户，视同签收。

第五十六条 持票人委托的收款银行的责任，限于按照汇票上记载事项将汇票金额转入持票人账户。

付款人委托的付款银行的责任，限于按照汇票上记载事项从付款人账户支付汇票金额。

第五十七条 付款人及其代理付款人付款时，应当审查汇票背书的连续，并审查提示付款人的合法身份证明或者有效证件。

付款人及其代理付款人以恶意或者有重大过失付款的，应当自行承担责任。

第五十八条 对定日付款、出票后定期付款或者见票后定期付款的汇票，付款人在到期日前付款的，由付款人自行承担所产生的责任。

第五十九条 汇票金额为外币的，按照付款日的市场汇价，以人民币支付。

汇票当事人对汇票支付的货币种类另有约定的，从其约定。

第六十条 付款人依法足额付款后，全体汇票债务人的责任解除。

第六节 追 索 权

第六十一条 汇票到期被拒绝付款的，持票人可以对背书人、出票人以及汇票的其他债务人行使追索权。

汇票到期日前，有下列情形之一的，持票人也可以行使追索权：

（一）汇票被拒绝承兑的；

（二）承兑人或者付款人死亡、逃匿的；

承兑人或者付款人被依法宣告破产的或者因违法被责令终止业务活动的。

第六十二条 持票人行使追索权时，应当提供被拒绝承兑或者被拒绝付款的有关证明。

持票人提示承兑或者提示付款被拒绝的，承兑人或者付款人必须出具拒绝证明，或者出具退票理由书。未出具拒绝证明或者退票理由书的，应当承担由此产生的民事责任。

第六十三条 持票人因承兑人或者付款人死亡、逃匿或者其他原因，不能取得拒绝证明的，可以依法取得其他有关证明。

第六十四条 承兑人或者付款人被人民法院依法宣告破产的，人民法院的有关司法文书具有拒绝证明的效力。

承兑人或者付款人因违法被责令终止业务活动的，有关行政主管部门的处罚决定具有拒绝证明的效力。

第六十五条 持票人不能出示拒绝证明、退票理由书或者未按照规定期限提供其他合法证明的，丧失对其前手的追索权。但是，承兑人或者付款人仍应当对持票人承担责任。

第六十六条 持票人应当自收到被拒绝承兑或者被拒绝付款的有关证明之日起三日内，将被拒绝事由书面通知其前手；其前手应当自收到通知之日起三日内书面通知其再前手。持票人也可以同时向各汇票债务人发出书面通知。

未按照前款规定期限通知的，持票人仍可以行使追索权。因延期通知给其前手或者出票人造成损失的，由没有按照规定期限通知的汇票当事人，承担对该损失的赔偿责任，但是所赔偿的金额以汇票金额为限。

在规定期限内将通知按照法定地址或者约定的地址邮寄的，视为已经发出通知。

第六十七条 依照前条第一款所作的书面通知，应当记明汇票的主要记载事项，并说明该汇票已被退票。

第六十八条 汇票的出票人、背书人、承兑人和保证人对持票人承担连带责任。

持票人可以不按照汇票债务人的先后顺序，对其中任何一人、数人或者全体行使追索权。

持票人对汇票债务人中的一人或者数人已经进行追索的，对其他汇票债务人仍可以行使追索权。被追索人清偿债务后，与持票人享有同一权利。

第六十九条 持票人为出票人的，对其前手无追索权。持票人为背书人的，对其后手无追索权。

第七十条 持票人行使追索权，可以请求被追索人支付下列金额和费用：

（一）被拒绝付款的汇票金额；

（二）汇票金额自到期日或者提示付款日起至清偿日止，按照中国人民银行规定的利率计算的利息；

（三）取得有关拒绝证明和发出通知书的费用。

被追索人清偿债务时，持票人应当交出汇票和有关拒绝证明，并出具所收到利息和费用的收据。

第七十一条 被追索人依照前条规定清偿后，可以向其他汇票债务人行使再追索权，请求其他汇票债务人支付下列金额和费用：

（一）已清偿的全部金额；

（二）前项金额自清偿日起至再追索清偿日止，按照中国人民银行规定的利率计算的利息；

（三）发出通知书的费用。

行使再追索权的被追索人获得清偿时，应当交出汇票和有关拒绝证明，并出具所收到利息和费用的收据。

第七十二条 被追索人依照前二条规定清偿债务后，其责任解除。

第三章　本　　票

第七十三条 本票是出票人签发的，承诺自己在见票时无条件支付确定的金额给收款人或者持票人的票据。

本法所称本票，是指银行本票。

第七十四条 本票的出票人必须具有支付本票金额的可靠资金来源，并保证支付。

第七十五条 本票必须记载下列事项：

（一）表明“本票”的字样；

（二）无条件支付的承诺；

（三）确定的金额；

（四）收款人名称；

（五）出票日期；

（六）出票人签章。

本票上未记载前款规定事项之一的，本票无效。

第七十六条 本票上记载付款地、出票地等事项的，应当清楚、明确。

本票上未记载付款地的，出票人的营业场所为付款地。

本票上未记载出票地的，出票人的营业场所为出票地。

第七十七条 本票的出票人在持票人提示见票时，必须承担付款的责任。

第七十八条 本票自出票日起，付款期限最长不得超过二个月。

第七十九条 本票的持票人未按照规定期限提示见票的，丧失对出票人以外的前手的追索权。

第八十条 本票的背书、保证、付款行为和追索权的行使，除本章规定外，适用本法第二章有关汇票的规定。

本票的出票行为，除本章规定外，适用本法第二十四条关于汇票的规定。

第四章 支 票

第八十一条 支票是出票人签发的，委托办理支票存款业务的银行或者其他金融机构在见票时无条件支付确定的金额给收款人或者持票人的票据。

第八十二条 开立支票存款账户，申请人必须使用其本名，并提交证明其身份的合法证件。

开立支票存款账户和领用支票，应当有可靠的资信，并存入一定的资金。

开立支票存款账户，申请人应当预留其本名的签名式样和印鉴。

第八十三条 支票可以支取现金，也可以转账，用于转账时，应当在支票正面注明。

支票中专门用于支取现金的，可以另行制作现金支票，现金支票只能用于支取现金。

支票中专门用于转账的，可以另行制作转账支票，转账支票只能用于转账，不得支取现金。

第八十四条 支票必须记载下列事项：

（一）表明“支票”的字样；

（二）无条件支付的委托；

（三）确定的金额；

（四）付款人名称；

（五）出票日期；

（六）出票人签章。

支票上未记载前款规定事项之一的，支票无效。

第八十五条 支票上的金额可以由出票人授权补记，未补记前的支票，不得使用。

第八十六条 支票上未记载收款人名称的，经出票人授权，可以补记。

支票上未记载付款地的，付款人的营业场所为付款地。

支票上未记载出票地的，出票人的营业场所、住所或者经常居住地为出票地。

出票人可以在支票上记载自己为收款人。

第八十七条 支票的出票人所签发的支票金额不得超过其付款时在付款人处实有的存款金额。

出票人签发的支票金额超过其付款时在付款人处实有的存款金额的，为空头支票。禁止签发空头支票。

第八十八条 支票的出票人不得签发与其预留本名的签名式样或者印鉴不符的支票。

第八十九条 出票人必须按照签发的支票金额承担保证向该持票人付款的责任。

出票人在付款人处的存款足以支付支票金额时，付款人应当在当日足额付款。

第九十条 支票限于见票即付，不得另行记载付款日期。另行记载付款日期的，该记载无效。

第九十一条 支票的持票人应当自出票日起十日内提示付款；异地使用的支票，其提示付款的期限由中国人民银行另行规定。

超过提示付款期限的，付款人可以不予付款；付款人不予付款的，出票人仍应当对持票人承担票据责任。

第九十二条 付款人依法支付支票金额的，对出票人不再承担受委托付款的责任，对持票人不再承担付款的责任。但是，付款人以恶意或者有重大过失付款的除外。

第九十三条 支票的背书、付款行为和追索权的行使，除本章规定外，适用本法第二章有关汇票的规定。

支票的出票行为，除本章规定外，适用本法第二十四条、第二十六条关于汇票的规定。

第五章 涉外票据的法律适用

第九十四条 涉外票据的法律适用，依照本章的规定确定。

前款所称涉外票据，是指出票、背书、承兑、保证、付款等行为中，既有发生在中华人民共和国境内又有发生在中华人民共和国境外的票据。

第九十五条 中华人民共和国缔结或者参加的国际条约同本法有不同规定的，适用国际条约的规定。但是，中华人民共和国声明保留的条款除外。

本法和中华人民共和国缔结或者参加的国际条约没有规定的，可以适用国际惯例。

第九十六条 票据债务人的民事行为能力，适用其本国法律。

票据债务人的民事行为能力，依照其本国法律为无民事行为能力或者为限制民事行为能力而依照行为地法律为完全民事行为能力的，适用行为地法律。

第九十七条 汇票、本票出票时的记载事项，适用出票地法律。

支票出票时的记载事项，适用出票地法律，经当事人协议，也可以适用付款地法律。

第九十八条 票据的背书、承兑、付款和保证行为，适用行为地法律。

第九十九条 票据追索权的行使期限，适用出票地法律。

第一百条 票据的提示期限、有关拒绝证明的方式、出具拒绝证明的期限，适用付款地法律。

第一百零一条 票据丧失时，失票人请求保全票据权利的程序，适用付款地法律。

第六章 法律责任

第一百零二条 有下列票据欺诈行为之一的，依法追究刑事责任：

（一）伪造、变造票据的；

（二）故意使用伪造、变造的票据的；

（三）签发空头支票或者故意签发与其预留的本名签名式样或者印鉴不符的支票，骗取财物的；

（四）签发无可靠资金来源的汇票、本票，骗取资金的；

（五）汇票、本票的出票人在出票时作虚假记载，骗取财物的；

（六）冒用他人的票据，或者故意使用过期或者作废的票据，骗取财物的；

（七）付款人同出票人、持票人恶意串通，实施前六项所列行为之一的。

第一百零三条 有前条所列行为之一，情节轻微，不构成犯罪的，依照国家有关规定给予行政处罚。

第一百零四条 金融机构工作人员在票据业务中玩忽职守，对违反本法规定的票据予以承兑、付款或者保证的，给予处分；造成重大损失，构成犯罪的，依法追究刑事责任。

由于金融机构工作人员因前款行为给当事人造成损失的，由该金融机构和直接责任人员依法承担赔偿责任。

第一百零五条 票据的付款人对见票即付或者到期的票据，故意压票，拖延支付的，由金融行政管理部门处以罚款，对直接责任人员给予处分。

票据的付款人故意压票，拖延支付，给持票人造成损失的，依法承担赔偿责任。

第一百零六条 依照本法规定承担赔偿责任以外的其他违反本法规定的行为，给他人造成损失的，应当依法承担民事责任。

第七章 附则

第一百零七条 本法规定的各项期限的计算，适用民法通则关于计算期间的规定。

按月计算期限的，按到期月的对日计算；无对日的，月末日为到期日。

第一百零八条 汇票、本票、支票的格式应当统一。

票据凭证的格式和印制管理办法，由中国人民银行规定。

第一百零九条 票据管理的具体实施办法，由中国人民银行依照本法制定，报国务院批准后施行。

第一百一十条 本法自 1996 年 1 月 1 日起施行。

3-3　最高人民法院关于审理与企业改制相关的民事纠纷案件若干问题的规定

（法释〔2003〕1 号，2002 年 12 月 3 日最高人民法院审判委员会第 1259 次会议通过，根据 2020 年 12 月 23 日《最高人民法院关于修改〈最高人民法院关于破产企业国有划拨土地使用权应否列入破产财产等问题的批复〉等二十九件商事类司法解释的决定》修改）

为了正确审理与企业改制相关的民事纠纷案件，根据《中华人民共和国民法典》《中华人民共和国公司法》《中华人民共和国全民所有制工业企业法》《中华人民共和国民事诉讼法》等法律、法规的规定，结合审判实践，制定本规定。

一、案件受理

第一条　人民法院受理以下平等民事主体间在企业产权制度改造中发生的民事纠纷案件：

（一）企业公司制改造中发生的民事纠纷；

（二）企业股份合作制改造中发生的民事纠纷；

（三）企业分立中发生的民事纠纷；

（四）企业债权转股权纠纷；

（五）企业出售合同纠纷；

（六）企业兼并合同纠纷；

（七）与企业改制相关的其他民事纠纷。

第二条　当事人起诉符合本规定第一条所列情形，并符合民事诉讼法第一百一十九条规定的起诉条件的，人民法院应当予以受理。

第三条　政府主管部门在对企业国有资产进行行政性调整、划转过程中发生的纠纷，当事人向人民法院提起民事诉讼的，人民法院不予受理。

二、企业公司制改造

第四条　国有企业依公司法整体改造为国有独资有限责任公司的，原企业的债务，由改造后的有限责任公司承担。

第五条　企业通过增资扩股或者转让部分产权，实现他人对企业的参股，将企业整体改造为有限责任公司或者股份有限公司的，原企业债务由改造后的新设公司承担。

第六条　企业以其部分财产和相应债务与他人组建新公司，对所转移的债务债权人认可的，由新组建的公司承担民事责任；对所转移的债务未通知债权人或者虽通知债权人，而债权人不予认可的，由原企业承担民事责任。原企业无力偿还债务，债权人就此向新设公司主张债权的，新设公司在所接收的财产范围内与原企业承担连带民事责任。

第七条　企业以其优质财产与他人组建新公司，而将债务留在原企业，债权人以新设公司和原企业作为共同被告提起诉讼主张债权的，新设公司应当在所接收的财产范围内与原企业共同承担连带责任。

三、企业股份合作制改造

第八条　由企业职工买断企业产权，将原企业改造为股份合作制的，原企业的债务，由改造后的股份合作制企业承担。

第九条 企业向其职工转让部分产权，由企业与职工共同组建股份合作制企业的，原企业的债务由改造后的股份合作制企业承担。

第十条 企业通过其职工投资增资扩股，将原企业改造为股份合作制企业的，原企业的债务由改造后的股份合作制企业承担。

第十一条 企业在进行股份合作制改造时，参照公司法的有关规定，公告通知了债权人。企业股份合作制改造后，债权人就原企业资产管理人（出资人）隐瞒或者遗漏的债务起诉股份合作制企业的，如债权人在公告期内申报过该债权，股份合作制企业在承担民事责任后，可再向原企业资产管理人（出资人）追偿。如债权人在公告期内未申报过该债权，则股份合作制企业不承担民事责任，人民法院可告知债权人另行起诉原企业资产管理人（出资人）。

四、企业分立

第十二条 债权人向分立后的企业主张债权，企业分立时对原企业的债务承担有约定，并经债权人认可的，按照当事人的约定处理；企业分立时对原企业债务承担没有约定或者约定不明，或者虽然有约定但债权人不予认可的，分立后的企业应当承担连带责任。

第十三条 分立的企业在承担连带责任后，各分立的企业间对原企业债务承担有约定的，按照约定处理；没有约定或者约定不明的，根据企业分立时的资产比例分担。

五、企业债权转股权

第十四条 债权人与债务人自愿达成债权转股权协议，且不违反法律和行政法规强制性规定的，人民法院在审理相关的民事纠纷案件中，应当确认债权转股权协议有效。

政策性债权转股权，按照国务院有关部门的规定处理。

第十五条 债务人以隐瞒企业资产或者虚列企业资产为手段，骗取债权人与其签订债权转股权协议，债权人在法定期间内行使撤销权的，人民法院应当予以支持。

债权转股权协议被撤销后，债权人有权要求债务人清偿债务。

第十六条 部分债权人进行债权转股权的行为，不影响其他债权人向债务人主张债权。

六、国有小型企业出售

第十七条 以协议转让形式出售企业，企业出售合同未经有审批权的地方人民政府或其授权的职能部门审批的，人民法院在审理相关的民事纠纷案件时，应当确认该企业出售合同不生效。

第十八条 企业出售中，当事人双方恶意串通，损害国家利益的，人民法院在审理相关的民事纠纷案件时，应当确认该企业出售行为无效。

第十九条 企业出售中，出卖人实施的行为具有法律规定的撤销情形，买受人在法定期限内行使撤销权的，人民法院应当予以支持。

第二十条 企业出售合同约定的履行期限届满，一方当事人拒不履行合同，或者未完全履行合同义务，致使合同目的不能实现，对方当事人要求解除合同并要求赔偿损失的，人民法院应当予以支持。

第二十一条 企业出售合同约定的履行期限届满，一方当事人未完全履行合同义务，对方当事人要求继续履行合同并要求赔偿损失的，人民法院应当予以支持。双方当事人均未完全履行合同义务的，应当根据当事人的过错，确定各自应当承担的民事责任。

第二十二条 企业出售时，出卖人对所售企业的资产负债状况、损益状况等重大事项未履行如实告知义务，影响企业出售价格，买受人就此向人民法院起诉主张补偿的，人民法院应当予以支持。

第二十三条 企业出售合同被确认无效或者被撤销的，企业售出后买受人经营企业期间发生的经营盈亏，由买受人享有或者承担。

第二十四条 企业售出后，买受人将所购企业资产纳入本企业或者将所购企业变更为所属分支机构的，所购企业的债务，由买受人承担。但买卖双方另有约定，并经债权人认可的除外。

第二十五条 企业售出后，买受人将所购企业资产作价入股与他人重新组建新公司，所购企业法人予以注销的，对所购企业出售前的债务，买受人应当以其所有财产，包括在新组建公司中的股权承担民事责任。

第二十六条 企业售出后，买受人将所购企业重新注册为新的企业法人，所购企业法人被注销的，所购企业出售前的债务，应当由新注册的企业法人承担。但买卖双方另有约定，并经债权人认可的除外。

第二十七条 企业售出后，应当办理而未办理企业法人注销登记，债权人起诉该企业的，人民法院应当根据企业资产转让后的具体情况，告知债权人追加责任主体，并判令责任主体承担民事责任。

第二十八条 出售企业时，参照公司法的有关规定，出卖人公告通知了债权人。企业售出后，债权人就出卖人隐瞒或者遗漏的原企业债务起诉买受人的，如债权人在公告期内申报过该债权，买受人在承担民事责任后，可再行向出卖人追偿。如债权人在公告期内未申报过该债权，则买受人不承担民事责任。人民法院可告知债权人另行起诉出卖人。

第二十九条 出售企业的行为具有民法典第五百三十八条、第五百三十九条规定的情形，债权人在法定期限内行使撤销权的，人民法院应当予以支持。

七、企业兼并

第三十条 企业兼并协议自当事人签字盖章之日起生效。需经政府主管部门批准的，兼并协议自批准之日起生效；未经批准的，企业兼并协议不生效。但当事人在一审法庭辩论终结前补办报批手续的，人民法院应当确认该兼并协议有效。

第三十一条 企业吸收合并后，被兼并企业的债务应当由兼并方承担。

第三十二条 企业新设合并后，被兼并企业的债务由新设合并后的企业法人承担。

第三十三条 企业吸收合并或新设合并后，被兼并企业应当办理而未办理工商注销登记，债权人起诉被兼并企业的，人民法院应当根据企业兼并后的具体情况，告知债权人追加责任主体，并判令责任主体承担民事责任。

第三十四条 以收购方式实现对企业控股的，被控股企业的债务，仍由其自行承担。但因控股企业抽逃资金、逃避债务，致被控股企业无力偿还债务的，被控股企业的债务则由控股企业承担。

八、附则

第三十五条 本规定自二〇〇三年二月一日起施行。在本规定施行前，本院制定的有关企业改制方面的司法解释与本规定相抵触的，不再适用。

3-4　上网电价管理暂行办法

（发改价格〔2005〕514号，2005年3月28日国家发展和改革委员会发布）

第一章　总　　则

第一条 为完善上网电价形成机制，推进电力体制改革，依据国家有关法律、行政法规和

《国务院关于印发电力体制改革方案的通知》（国发〔2002〕5 号)、《国务院办公厅关于印发电价改革方案的通知》（国办发〔2003〕62 号），制定本办法。

第二条 上网电价是指发电企业与购电方进行上网电能结算的价格。

第三条 上网电价管理应有利于电力系统安全、稳定运行，有利于促进电力企业提高效率和优化电源结构，有利于向供需各方竞争形成电价的改革方向平稳过渡。

第四条 本办法适用于中华人民共和国境内符合国家建设管理有关规定建设的发电项目并依法注册的发电企业上网电价管理。

第二章 竞价上网前的上网电价

第五条 原国家电力公司系统直属并已从电网分离的发电企业，暂执行政府价格主管部门按补偿成本原则核定的上网电价，并逐步按本办法第七条规定执行。

第六条 电网公司保留的电厂中，已核定上网电价的，继续执行政府价格主管部门制定的上网电价。未核定上网电价的电厂，电网企业全资拥有的，按补偿成本原则核定上网电价，并逐步按本办法第七条规定执行；非电网企业独资建设的，执行本办法第七条规定。

第七条 独立发电企业的上网电价，由政府价格主管部门根据发电项目经济寿命周期，按照合理补偿成本、合理确定收益和依法计入税金的原则核定。其中，发电成本为社会平均成本；合理收益以资本金内部收益率为指标，按长期国债利率加一定百分点核定。通过政府招标确定上网电价的，按招标确定的电价执行。

第八条 除政府招标确定上网电价和新能源的发电企业外，同一地区新建设的发电机组上网电价实行同一价格，并事先向社会公布；原来已经定价的发电企业上网电价逐步统一。

第九条 在保持电价总水平基本稳定的前提下，上网电价逐步实行峰谷分时、丰枯季节电价等制度。

第十条 燃料价格涨落幅度较大时，上网电价在及时反映电力供求关系的前提下，与燃料价格联动。

第十一条 跨省、跨区电力交易的上网电价按国家发展改革委印发的《关于促进跨地区电能交易的指导意见》有关规定执行。

第三章 竞价上网后的上网电价

第十二条 建立区域竞争性电力市场并实行竞价上网后，参与竞争的发电机组主要实行两部制上网电价。其中，容量电价由政府价格主管部门制定，电量电价由市场竞争形成。容量电价逐步过渡到由市场竞争确定。

各地也可根据本地实际采取其他过渡方式。

不参与竞价上网的发电机组，上网电价按本办法第七条执行。

第十三条 政府制定的容量电价水平，应反映电力成本和市场供需状况，有利于引导电源投资。

第十四条 在同一电力市场范围内，容量电价实行同一标准。

第十五条 容量电价以区域电力市场或电力调度交易中心范围内参与竞争的各类发电机组

平均投资成本为基础制定。计算公式：

容量电价＝容量电费/机组的实际可用容量

其中：容量电费＝K×（折旧＋财务费用）

K为根据各市场供求关系确定的比例系数。

折旧按政府价格主管部门确定的计价折旧率核定。

财务费用按平均投资成本80%的贷款比例计算确定。

第十六条 容量电价保持相对稳定。

第十七条 容量电费由购电方根据发电机组的实际可用容量按月向发电企业支付。

第十八条 电量电价通过市场竞争形成。各区域电力市场选择符合本区域实际的市场交易模式，同一区域电力市场内各电力调度交易中心的竞价规则应保持一致。

第十九条 在电网企业作为单一购买方的电力市场中，可以实行发电企业部分电量在现货市场上竞价上网，也可以实行发电企业全部电量在现货市场上竞价上网。在公开招标或充分竞争的前提下，电网企业也可以与发电企业开展长期电能交易。

第二十条 有条件的地区可建立发电与用户买卖双方共同参与的电力市场，实行双边交易与现货交易相结合的市场模式；鼓励特定电压等级或特定用电容量的用户、独立核算的配电公司与发电企业经批准直接进行合同交易和参与现货市场竞争。

第二十一条 在发电和用户买卖双方共同参与的电力市场中，双边交易的电量和电价由买、卖双方协商确定；现货市场的电量电价，按卖方申报的供给曲线和买方申报的需求曲线相交点对应的价格水平确定；竞价初期，为保证市场交易的顺利实现，可制定相应的规则，对成交价格进行适当调控。

第二十二条 竞价上网后，实行销售电价与上网电价联动机制。

为避免现货市场价格出现非正常涨落，政府价格主管部门可会同有关部门根据区域电力市场情况对发电报价进行限价。

竞价初期，建立电价平衡机制，保持销售电价的相对稳定。

第二十三条 常规水力发电企业及燃煤、燃油、燃气发电企业（包括热电联产电厂）、新建和现已具备条件的核电企业参与市场竞争；风电、地热等新能源和可再生能源企业暂不参与市场竞争，电量由电网企业按政府定价或招标价格优先购买，适时由政府规定供电企业售电量中新能源和可再生能源电量的比例，建立专门的竞争性新能源和可再生能源市场。

第二十四条 符合国家审批程序的外商直接投资发电企业，1994年以前建设并已签订购电合同的、1994年及以后经国务院批准承诺过电价或投资回报率的，在保障投资者合理收益的基础上，可重新协商，尽可能促使其按新体制运行。

第二十五条 为维护电力系统的安全稳定运行，发电企业要向电力市场提供辅助服务。有偿辅助服务价格管理办法另行制定。

第四章 上网电价管理

第二十六条 竞价上网前，区域电网或区域电网所属地区电网统一调度机组的上网电价由国务院价格主管部门制定并公布，其他发电企业上网电价由省级政府价格主管部门制定并公布。

第二十七条 竞价实施后，区域电力市场及所设电力调度交易中心的容量电价由国务院价格主管部门制定。不参与电力市场竞争的发电企业上网电价，按第二十六条规定进行管理。

第二十八条 政府价格主管部门和电力监管部门按照各自职责对电力市场价格执行情况进行监督和管理。电力监管部门按照法律、行政法规和国务院有关规定向政府价格主管部门提出调整电价的建议。有关电价信息向社会公开，接受社会监督。

第二十九条 对市场交易主体的价格违法行为，电力监管部门有权予以制止；政府价格主管部门按国家有关规定进行行政处罚。当事人不服的，可依法向有关部门提请行政复议或向人民法院提起诉讼。

第五章 附 则

第三十条 本办法由国家发展和改革委员会负责解释。

第三十一条 本办法自2005年5月1日起执行。

3-5 输配电价管理暂行办法

（发改价格〔2005〕514号，2005年3月28日国家发展和改革委员会发布）

第一章 总 则

第一条 为建立健全合理的输配电价机制，促进电网发展，提高电网经营企业效率，维护电网安全、稳定运行，根据国家有关法律、行政法规和《国务院关于印发电力体制改革方案的通知》（国发〔2002〕5号）、《国务院办公厅关于印发电价改革方案的通知》（国办发〔2003〕62号），制定本办法。

第二条 本办法所称输配电价是指电网经营企业提供接入系统、联网、电能输送和销售服务的价格总称。

第三条 输配电价由政府制定，实行统一政策，分级管理。

第四条 电网输电业务、配电业务应逐步在财务上实行独立核算。

第五条 输配电价按“合理成本、合理盈利、依法计税、公平负担”的原则制定，以有利于引导电网投资、完善电网结构，促进区域电力市场的建立和发展，满足国民经济和社会发展的需要。

第六条 本办法适用于中华人民共和国境内依法批准注册的电网经营企业。

第二章 输配电价体系

第七条 输配电价分为共用网络输配电服务价格、专项服务价格和辅助服务价格。

第八条 共用网络输配电服务价格指电网经营企业为接入共用网络的电力用户提供输配电和销售服务的价格，简称共用网络输配电价。输配分开后，应单独制定输电价格和配电价格。

第九条 专项服务价格是指电网经营企业利用专用设施为特定用户提供服务的价格，分为接入价、专用工程输电价和联网价三类。接入价指电网经营企业为发电厂提供接入系统服务的价格。

专用工程输电价指电网经营企业利用专用工程提供电能输送服务的价格。

联网价指电网经营企业利用专用联网工程为电网之间提供联网服务的价格。

第十条 辅助服务价格是指电力企业提供有偿辅助服务的价格，办法另行制定。

第三章 输配电价确定

第十一条 电价改革初期，共用网络输配电价由电网平均销售电价（不含代收的政府性基金）扣除平均购电价和输配电损耗后确定，逐步向成本加收益管理方式过渡。

第十二条 输、配电价向成本加收益管理方式过渡过程中，现行输、配电成本与输、配电价格差距较大的电网，逐步调整输、配电价。

第十三条 在成本加收益管理方式下，政府价格主管部门对电网经营企业输、配电业务总体收入进行监管，并以核定的准许收入为基础制定各类输、配电价。

第十四条 共用网络服务和专项服务的准许收入应分别核定，准许收入由准许成本、准许收益和税金构成。

第十五条 准许成本由折旧费和运行维护费用构成。其中，折旧费以政府价格主管部门核准的有效资产中可计提折旧的固定资产原值和国务院价格主管部门制定的定价折旧率为基础核定，运行维护费用原则上以电网经营企业的社会平均成本为基础核定。

第十六条 准许收益等于有效资产乘以加权平均资金成本。

有效资产由政府价格主管部门核定，包括固定资产净值、流动资产和无形资产（包括土地使用权价值、专利和非专利技术价值）三部分，不含应当从电网经营企业分离出去的辅业、多经及三产资产。在建工程投资应按上年实际有效投资计入有效资产。

有效投资是指经政府主管部门核定，符合项目核准、招投标法等规定的投资。

加权平均资金成本（%）＝权益资本成本×（1－资产负债率）＋债务资本成本×资产负债率

权益资本成本按无风险报酬率加上风险报酬率核定，初期，按同期长期国债利率加一定百分点核定；债务资本成本按国家规定的长期贷款利率确定。条件成熟时，电网经营企业加权平均资金成本按资本市场正常筹资成本核定。

第十七条 税金根据国家有关规定执行。

第四章 共用网络输配电价

第十八条 共用网络输、配电价以承担输、配电功能相对应的电网资产为基础定期核定。

区域电网内共用网络按邮票法统一制定输电价，省级配电价以省为价区分电压等级制定。输、配电损耗按电压等级核定，列入销售电价。

第十九条 共用网络输、配电价，按电压等级统一制定，下一电压等级应合理分摊上一电压等级的成本费用。同一区域相同电压等级实行同价。

第五章 专项服务价格

第二十条 竞价上网后，为有利于发电企业公平竞争，接入系统工程由电网经营企业投资建设的，实行接入价；由发电企业投资建设的，不实行接入价。

第二十一条 接入价以政府价格主管部门核定的接入系统工程准许收入为基础制定，实行单一制容量电价，由接入系统的电厂支付。

第二十二条 专用工程输电价以政府价格主管部门核定的准许收入为基础制定，实行两部制输电价，由该工程的使用方支付。

当两个及以上用户共用专用工程输电的，按各方使用输电容量的比例分摊准许收入。

第二十三条 联网价以核定的准许收入为基础，分两种情况制定。

（一）没有长期电量交易的联网工程，联网价实行单一制容量电价，由联网双方支付。

（二）具有长期电量交易的联网工程，联网价实行两部制电价。联网容量电价是为联网备用服务制定的价格，由联网双方支付；联网电量电价是为长期电量输送服务制定的价格，由受电电网支付。

第二十四条 联网双方支付的联网费用通过共用网络输配电价回收。

第六章 输 配 电 价 管 理

第二十五条 共用网络输配电价、联网价和专项输电工程输电价由国务院价格主管部门负责制定；接入跨省电网的接入价由国务院价格主管部门负责制定，接入省内电网的接入价由省级价格主管部门提出方案，报国务院价格主管部门审批。独立配电企业的配电价格由省级价格主管部门制定。

第二十六条 对输配电价的重大决策，国务院价格主管部门应充分听取电力监管部门、电力行业协会及有关市场主体的意见；电力监管部门按照法律、行政法规和国务院有关规定向政府价格主管部门提出调整电价的建议。

第二十七条 各级政府价格主管部门和电力监管部门按各自职责对输配电价进行监督和检查。

第七章 附 则

第二十八条 本办法由国家发展和改革委员会负责解释。

第二十九条 各地可依据本办法结合实际情况相应制定实施细则，报国家发展和改革委员会同意后执行。

第三十条 本办法自 2005 年 5 月 1 日起执行。

3-6 销售电价管理暂行办法

（发改价格〔2005〕514 号，2005 年 3 月 28 日国家发展和改革委员会发布）

第一章 总 则

第一条 为建立健全合理的销售电价机制，充分利用价格杠杆，合理配置电力资源，保护电力企业和用户的合法权益，根据国家有关法律、行政法规和《国务院关于印发电力体制改革方案的通知》（国发〔2002〕5号）、《国务院办公厅关于印发电价改革方案的通知》（国办发〔2003〕62号），制定本办法。

第二条 本办法所称销售电价是指电网经营企业对终端用户销售电能的价格。

第三条 销售电价实行政府定价，统一政策，分级管理。

第四条 制定销售电价的原则是坚持公平负担，有效调节电力需求，兼顾公共政策目标，并建立与上网电价联动的机制。

第五条 本办法适用于中华人民共和国境内依法批准注册的电网经营企业。

第二章 销售电价的构成及分类

第六条 销售电价由购电成本、输配电损耗、输配电价及政府性基金四部分构成。

购电成本指电网企业从发电企业（含电网企业所属电厂）或其他电网购入电能所支付的费用及依法缴纳的税金，包括所支付的容量电费、电度电费。

输配电损耗指电网企业从发电企业（含电网企业所属电厂）或其他电网购入电能后，在输配电过程中发生的正常损耗。

输配电价指按照《输配电价管理暂行办法》制定的输配电价。

政府性基金指按照国家有关法律、行政法规规定或经国务院以及国务院授权部门批准，随售电量征收的基金及附加。

第七条 销售电价分类改革的目标是分为居民生活用电、农业生产用电、工商业及其他用电价格三类。

第八条 销售电价分类根据用户承受能力逐步调整。先将非居民照明、非工业及普通工业、商业用电三大类合并为一类；合并后销售电价分为居民生活用电、大工业用电、农业生产用电、贫困县农业排灌用电、一般工商业及其他用电五大类，大工业用电分类中只保留中小化肥一个子类。

第九条 每类用户按电压等级定价。在同一电压等级中，条件具备的地区按用电负荷特性制定不同负荷率档次的价格，用户可根据其用电特性自行选择。

第三章 销售电价的计价方式

第十条 居民生活、农业生产用电，实行单一制电度电价。工商业及其他用户中受电变压器容量在100千伏安或用电设备装接容量100千瓦及以上的用户，实行两部制电价。受电变压器容量或用电设备装接容量小于100千伏安的实行单一电度电价，条件具备的也可实行两部制电价。

第十一条 两部制电价由电度电价和基本电价两部分构成。

电度电价是指按用户用电度数计算的电价。

基本电价是指按用户用电容量计算的电价。

第十二条 基本电价按变压器容量或按最大需量计费，由用户选择，但在一年之内保持不变。

第十三条 基本电价按最大需量计费的用户应和电网企业签订合同，按合同确定值计收基本电费，如果用户实际最大需量超过核定值 5%，超过 5%部分的基本电费加一倍收取。用户可根据用电需求情况，提前半个月申请变更下一个月的合同最大需量，电网企业不得拒绝变更，但用户申请变更合同最大需量的时间间隔不得少于六个月。

第十四条 实行两部制电价的用户，按国家有关规定同时实行功率因数调整电费办法。

第十五条 销售电价实行峰谷、丰枯和季节电价，具体时段划分及差价依照所在电网的市场供需情况和负荷特性确定。

第十六条 具备条件的地区，销售电价可实行高可靠性电价、可中断负荷电价、节假日电价、分档递增或递减电价等电价形式。

第四章 销售电价的制定和调整

第十七条 按电价构成的因素确定平均销售电价。以平均销售电价为基础，合理核定各类用户的销售电价。

第十八条 平均销售电价按计算期的单位平均购电成本加单位平均输配电损耗、单位平均输配电价和政府性基金确定。

第十九条 各电压等级平均销售电价，按计算期的单位平均购电成本加该电压等级输配电损耗、该电压等级输配电价和政府性基金确定。

第二十条 居民生活和农业生产电价，以各电压等级平均电价为基础，考虑用户承受能力确定，并保持相对稳定。如居民生活和农业生产电价低于平均电价，其价差由工商业及其他用户分摊。

第二十一条 各电压等级工商业及其他类的平均电价，按各电压等级平均电价加上应分摊的价差确定，并与上网电价建立联动机制。

第二十二条 各电压等级工商业及其他用户的单一制电度电价分摊容量成本的比例，依据实行单一制电度电价用户与实行两部制电价用户负荷比例确定。

第二十三条 各电压等级工商业及其他用户的两部制电价中的基本电价和电度电价，按容量成本占总成本的比例分摊确定。

第二十四条 条件具备的地区，在 10 千伏及以上电压等级接入且装接容量在一定规模以上的工商业及其他用户，按用电负荷特性制定不同用电小时或负荷率档次的价格。

第二十五条 各电压等级工商业及其他用户两部制电价中，各用电特性用户应承担的容量成本比例按峰荷责任确定。

第二十六条 不同用电特性的用户基本电价和电度电价的比例，考虑用户的负荷率、用户最高负荷与电网最高负荷的同时率等因素确定。

第二十七条 销售电价的调整，采取定期调价和联动调价两种形式。

定期调价是指政府价格主管部门每年对销售电价进行校核，如果年度间成本水平变化不大，销售电价应尽量保持稳定。

联动调价是指与上网电价实行联动，适用范围仅限于工商业及其他用户。政府价格主管部门核定销售电价后，实际购电价比计入销售电价中的购电价升高或下降的价差，通过购电价格平衡账户进行处理。当购电价格升高或下降达到一定的幅度时，销售电价相应提高或下降，但调整的时间间隔最少为一个月。

第二十八条　输配电价及政府性基金的标准调整后，销售电价相应调整。

第五章　销售电价管理

第二十九条　各级政府价格主管部门负责对销售电价的管理、监督。在输、配分开前，销售电价由国务院价格主管部门负责制定；在输、配分开后，销售电价由省级人民政府价格主管部门负责制定，跨省的报国务院价格主管部门审批。

第三十条　政府价格主管部门在制定和调整销售电价时，应充分听取电力监管部门、电力行业协会及有关市场主体的意见。

第三十一条　居民生活用电销售电价的制定和调整，政府价格主管部门应进行听证。

第三十二条　各级政府价格主管部门和电力监管部门按各自职责对销售电价进行监督和检查，价格主管部门对违反法律、法规和政策规定的行为依法进行处罚。

第六章　附　　则

第三十三条　上级电网经营企业对下级独立核算电网经营企业的趸售电价，以终端销售电价为基础，给予合理的折扣制定。折扣的价差由电网直供用户分摊。

第三十四条　对农村用户的销售电价，已实行城乡用电同网同价的，按电网的终端销售电价执行；尚未实行城乡用电同网同价的，以电网的终端销售电价为基础，加上农村低压电网维护费制定。

第三十五条　发电企业向特定电压等级或特定用电容量用户直接供电，销售电价由发电企业与用户协商确定，并执行规定的输配电价和基金标准，具体办法另行制定。

第三十六条　各省、自治区、直辖市人民政府价格主管部门根据本办法的要求制定实施细则，报国家发展和改革委员会同意后执行。

第三十七条　本办法由国家发展和改革委员会负责解释。

第三十八条　本办法自2005年5月1日起执行。

3-7　功率因数调整电费办法

（水电财字〔1983〕第215号，1983年12月2日水利电力部、国家物价局发布）

一、鉴于电力生产的特点，用户用电功率因数的高低，对发、供、用电设备的充分利用，节约电能和改善电压质量有着重要的影响。为了提高用户的功率因数并保持其均衡，以提高供用电双方和社会的经济效益，特制定本办法。

二、功率因数的标准值及其适用范围

1．功率因数标准0.90，适用于160千伏安以上的高压供电工业用户（包括社队工业用户）、装有带负荷调整电压装置的高压供电电力用户和3200千伏安及以上的高压供电电力排灌站。

2．功率因数标准0.85，适用于100千伏安（千瓦）及以上的其他工业用户（包括社队工业用户）、100千伏安（千瓦）及以上的非工业用户和100千伏安（千瓦）及以上的电力排灌站。

3．功率因数标准 0.80，适用于 100 千伏安（千瓦）及以上的农业用户和趸售用户，但大工业用户未划由电业直接管理的趸售用户，功率因数标准应为 0.85。

三、功率因数的计算

1．凡实行功率因数调整电费的用户，应装设带有防倒装置的无功电度表，按用户每月实用有功电量和无功电量，计算月平均功率因数。

2．凡装有无功补偿设备且有可能向电网倒送无功电量的用户，应随其负荷和电压变动及时投入或切除部分无功补偿设备，电业部门并应在计费计量点加装带有防倒装置的反向无功电度表，按倒送的无功电量与实用的无功电量两者的绝对值之和，计算月平均功率因数。

3．根据电网需要，对大用户实行高峰功率因数考核，加装记录高峰时段内有功、无功电量的电度表，据以计算月平均高峰功率因数；对部分用户还可以试运行高峰、低谷两个时段分别计算功率因数，由试行的省、市、自治区电力局或电网管理局拟订办法，报水利电力部审批后执行。

四、电费的调整

根据计算的功率因数，高于或低于规定标准时，在按照规定的电价计算出其当月电费后，再按照“功率因数调整表”（表一、二、三）所规定的百分数增减电费，如用户的功率因数在“功率因数调整电费表”所列两数之间，则以四舍五入计算。

五、根据电网的具体情况，对不需增设补偿，用电功率因数就能达到规定标准的用户，或离电源点较近、电压质量较好、无需进一步提高用电功率因数的用户，可以降低功率因数标准值或不实行功率因数调整电费办法，但须经省、市、自治区电力局标准，高于降低后的功率因数标准时，不减收电费，但低于降低后的功率因数标准时，应增收电费。

六、本办法正式颁发执行后，1976 年颁发的《电热价格》中的《力率调整电费办法》即同时废止。

七、本办法解释权属水利电力部。

附表：功率因数调整电费表（略）

3-8 国家发展改革委办公厅关于功率因数调整电费办法有关问题的复函

（发改办价格〔2003〕657 号，2003 年 8 月 13 日国家发展和改革委员会办公厅发布）

贵州省物价局：

你局《关于是否继续执行〈水利电力部、国家物价局关于颁发功率因数调整电费办法的通知〉的请示》（黔价格〔2003〕206 号）收悉。经研究，现函复如下：

根据现行电价政策有关规定，原水利电力部、国家物价局下发的《关于颁发功率因数调整电费办法的通知》（水电财字〔1983〕第 215 号）仍应继续执行。

国家发展和改革委员会办公厅

2003 年 8 月 13 日

3-9　省级电网输配电价定价办法

（发改价格规〔2020〕101 号，2020 年 1 月 19 日国家发展和改革委员会发布）

第一章　总　　则

第一条　为科学合理核定省级电网企业输配电价，健全输配电定价制度，根据《中华人民共和国价格法》《中华人民共和国电力法》《中共中央　国务院关于推进价格机制改革的若干意见》（中发〔2015〕28 号）《中共中央　国务院关于进一步深化电力体制改革的若干意见》（中发〔2015〕9 号）的相关规定，制定本办法。

第二条　本办法适用于省级电网输配电价的核定。省级电网输配电价，是指省级电网企业在其经营范围内为用户提供输配电服务的价格。

第三条　核定省级电网输配电价遵循以下原则：

（一）促进电网企业高质量发展。立足保障电力安全可靠供应，强化电网企业成本约束，以严格的成本监审为基础，按照“准许成本加合理收益”方法核定输配电准许收入；健全激励约束机制，促进电网企业加强管理降低成本，为用户提供安全高效可持续的输配电服务，助力行业和用户提高能效降低能耗。

（二）实现用户公平分摊成本。基于各类用户对输配电系统成本的耗费，兼顾其他公共政策目标，确定输配电价格，优化输配电价结构。

（三）严格规范政府定价行为。明晰定价规则，规范定价程序，科学确定方法，最大限度减少自由裁量权，提高政府定价的法治化、规范化、透明度。

第四条　核定省级电网输配电价，先核定电网企业输配电业务的准许收入，再以准许收入为基础核定分电压等级和各类用户输配电价。

第五条　省级电网输配电价在每一监管周期开始前核定，监管周期为三年。

第六条　电网企业应对各电压等级的资产、费用、收入、输配售电量、负荷、用户报装容量、线损率、投资计划完成进度等与输配电价相关的基础数据，按相关规定进行统计归集，并于每年 5 月底之前将上一年有关数据及材料报送国务院价格主管部门和省级政府价格主管部门。对未按要求及时报送的电网企业，国务院价格主管部门和省级价格主管部门可以视情况进行通报和约谈。

第二章　准许收入的计算方法

第七条　省级电网输配电准许收入由准许成本、准许收益和税金构成。

其中：

准许成本＝基期准许成本＋监管周期预计新增（减少）准许成本

准许收益＝可计提收益的有效资产×准许收益率

第八条　准许成本的计算。

（一）准许成本由折旧费和运行维护费构成，区分基期准许成本、监管周期预计新增和减少准许成本分别核定。

（二）基期准许成本，是指根据输配电定价成本监审办法等规定，经成本监审核定的历史成本，包括区域电网分摊的容量电费和按销售电量分摊到各省级电网的电网总部调度中心、交易中心费用。

（三）监管周期新增和减少准许成本，是指电网企业在监管周期前一年及监管周期内预计合理新增和减少的准许成本。

1．监管周期新增准许成本

（1）折旧费。

折旧费的计算公式为：

折旧费＝预计新增输配电固定资产投资额×预计新增投资计入固定资产比率×定价折旧率

预计新增输配电固定资产投资额参照有权限的省级发展改革、能源主管部门预测的、符合电力规划的电网投资计划，按年度间等比例原则确定，有明确年度投资完成时间的，按计划要求确定。未明确具体投资项目和资产结构、监管周期内无投运计划或无法按期建成投运的，不得计入预计新增输配电固定资产投资额。

预计新增投资计入固定资产比率，指预计新增输配电固定资产投资额可计入当期预计新增输配电固定资产原值的比率，原则上不超过上一监管周期新增投资计入固定资产比率，最高不得超过 75%。

预计新增输配电量，参考上一监管周期输配电量平均增速，以及有权限的省级发展改革、能源主管部门根据电力投资增长和电力供需形势预测的电量增长情况等因素核定。

预计新增单位电量固定资产＝预计新增输配电固定资产原值÷预计新增输配电量

预计新增输配电固定资产基于提高投资效率的要求，按照不高于历史单位电量固定资产的原则核定（国家政策性重大投资除外），低于历史单位电量固定资产的，按预计数核定。

定价折旧率，根据输配电定价成本监审办法规定的残值率、附表《电网企业固定资产分类定价折旧年限表》中所列折旧年限和新增输配电固定资产结构核定。

（2）运行维护费。运行维护费由材料费、修理费、人工费、其他运营费用组成，按以下方法分别核定。

人工费，参考国务院国有资产管理部门核定的职工工资总额；材料费和修理费，参考电网经营企业上一监管周期费率水平，以及同类型电网企业的先进成本标准，且材料费、修理费和人工费三项合计按不高于监管周期新增输配电固定资产原值的 2%核定。

其他运营费用，按照不高于成本监审核定的上一监管周期电网企业费率水平的 70%，同时不高于监管周期新增输配电固定资产原值的 2.5%核定。其中：电网经营企业费率水平为其他运营费用占输配电固定资产原值的比重。

2．监管周期减少准许成本。

监管周期内退役、报废的固定资产和摊销完毕的无形资产，相应减少的成本费用。成本费用率标准参照上一监管周期费率水平。

监管周期内已计提完折旧仍在使用的固定资产，不再计提定价折旧费。

第九条　准许收益的计算。

（一）可计提收益的有效资产，是指电网企业投资形成的输配电线路、变电配电设备以及其他与输配电业务相关的资产，包括固定资产净值、无形资产净值和营运资本。

1．以下资产不得纳入可计提收益的固定资产范围：

（1）与输配电业务无关的固定资产。包括但不限于：电网企业宾馆、招待所、办事处、医疗单位、电动汽车充换电服务等辅助性业务单位、多种经营企业及“三产”资产；抽水蓄能电站、电储能设施、已单独核定上网电价的电厂资产；独立核算的售电公司资产；与输配电业务无关的对外股权投资；投资性固定资产（如房地产等）；其他需扣除的与输配电业务无关的固定资产等。

（2）应由有权限的政府主管部门审批或认定而未经批准或认定投资建设的固定资产，或允许企业自主安排，但不符合电力规划、未履行必要核准、备案程序投资建设的固定资产。

（3）单独核定输电价格的跨省跨区专项输电工程和配套工程固定资产。

（4）已纳入区域电网输电价格核算的固定资产。

（5）用户或地方政府无偿移交，由政府补助或者社会无偿投入等非电网企业投资形成的输配电资产。

（6）其他不应计提收益的固定资产。

2．可计提收益的无形资产，主要包括软件、土地使用权等。

3．可计提收益的营运资本，指电网企业为提供输配电服务，除固定资产投资以外的正常运营所需要的周转资金。

（二）可计提收益的有效资产的计算公式为：

可计提收益的有效资产＝基期可计提收益的有效资产＋监管周期预计新增可计提收益的有效资产－监管周期减少可计提收益的有效资产

1．基期可计提收益的有效资产。固定资产净值和无形资产净值根据监审期间最末一年可计提折旧、可摊销计入定价成本的固定资产和无形资产原值所对应的账面净值，通过成本监审核定；营运资本按不高于成本监审核定的上一监管周期运行维护费的1/12加月购电费的1/6核定。

2．监管周期预计新增可计提收益的有效资产。根据预计新增输配电固定资产原值扣减监管周期相应折旧费核定。

3．监管周期减少有效资产。根据监管周期内预计退役、报废或已计提完折旧的固定资产核定。

（三）准许收益率的计算公式为：

准许收益率＝权益资本收益率×（1－资产负债率）＋债务资本收益率×资产负债率

其中：

权益资本收益率。原则上按不超过同期国资委对电网企业经营业绩考核确定的资产回报率，并参考上一监管周期省级电网企业实际平均净资产收益率核定。在总体收益率控制的前提下，考虑东西部差异，对涉及互助帮扶的省级电网企业收益率可作适当调整。

债务资本收益率。参考电网企业实际融资结构和借款利率，以及不高于同期人民币贷款市场报价利率核定。如电网企业实际借款利率高于市场报价利率，按照市场报价利率核定；如实际借款利率低于市场报价利率，按照实际借款利率加二者差额的50%核定。

资产负债率。按照国资委考核标准并参考上一监管周期电网企业资产负债率平均值核定。

第十条　税金是指除增值税外的其他税金，包括所得税、城市维护建设税、教育费附加，依据现行国家相关税法规定核定。

其中：

所得税＝可计提收益的有效资产×（1－资产负债率）×权益资本收益率÷（1－所得税率）×所得税率

所得税率。按照税法有关规定核定。

城市维护建设税及教育费附加＝（不含增值税的准许收入×增值税税率－准许成本进项税抵扣额）×（城市维护建设税税率＋教育费附加计征比率）

第十一条 通过输配电价回收的准许收入，是指通过省级电网输配电价向所有使用共用网络的用户（包括省内和“网对网”省外购电用户）回收的准许收入。应扣除以下项目：

（一）通过其他独立或专门渠道向特定电力用户回收的收入，包括但不限于：自备电厂备用容量费收入、高可靠性供电收入、一省两贷或多贷农网还贷资金收入。

（二）特定项目或特殊情况的政府补贴收入，如国家对农村电网维护费免征的增值税及其附加等。

（三）其他未在准许成本中扣除的项目，如涉及省级电网输配电业务关联交易在其他业务或公司形成的不合理收益等。

（四）其他应予扣除的项目。

第十二条 已经明确为区域电网输电服务的省级电网输电资产，应当纳入区域电网准许收入由区域用户共同负担。区域电网分摊给各省级电网的容量电费作为上级电网分摊费用纳入省级电网准许收入，通过省级电网销售电量（含市场化电量）收取。

第十三条 经国务院价格主管部门同意，具备条件的地方，可对按照功能定位明确界定为单个或少数省内自用电源点服务的发电接网工程制定单独的发电接入价，相关成本费用不纳入省级电网输配准许收入回收。

第三章 输配电价的计算方法

第十四条 省级电网平均输配电价的计算公式为：

省级电网平均输配电价（含增值税）＝通过输配电价回收的准许收入（含增值税）÷省级电网输配电量

其中，省级电网输配电量，按照省级电网公司销售电量计算，参考成本监审核定的历史电量及其增长情况，以及有权限的省级政府主管部门根据电力投资增长和电力供需情况预测的电量增长情况等因素核定。

第十五条 依据不同电压等级和用户的用电特性和成本结构，分别制定分电压等级、分用户类别输配电价。

（一）电压等级分为500千伏（750千伏）、220千伏（330千伏）、110千伏（66千伏）、35千伏、10千伏（20千伏）和不满1千伏等6个电压等级。用户数较少的电压等级电价标准，可与相邻电压等级归并核定。

（二）用户类别分类，以现行销售电价分类为基础，原则上分为大工业用电、一般工商业及其他用电、居民用电和农业用电类别，有条件的地方可实现工商业同价。

第十六条 分电压等级输配电价的计算公式为：

各电压等级输配电价＝该电压等级总准许收入÷本电压等级的输配电量

某一电压等级总准许收入由本电压等级准许收入和上一电压等级传导的准许收入构成。

各电压等级准许成本、准许收益、税金构成。准许成本按固定资产原值、输送电量等因素归集、分摊至各电压等级，准许收益、税金按固定资产净值等因素归集、分摊至各电压等级。

第十七条 "网对网"省外购电用户承担的输电价格，按照与省内用户公平承担相应电压等级准许收入的原则确定，不承担送出省省内用户间交叉补贴的责任。

第十八条 分用户类别输配电价，应以分电压等级输配电价为基础，综合考虑政策性交叉补贴、用户负荷特性等因素统筹核定。根据各省具体情况，逐步缩减不同地区、不同电压等级、不同类型用户间的交叉补贴。

第十九条 两部制电价的容（需）量电价与电度电价，原则上参考准许成本中折旧费与运行维护费的比例核定。探索结合负荷率等因素制定输配电价套餐，由电力用户选择执行。

第二十条 省级电网综合线损率参考成本监审核定的上一监管周期实际综合线损率平均值核定，最高不得超过上一监管周期核定线损率。

第二十一条 结合电力体制改革进程，合理测算政策性交叉补贴规模，完善政策性交叉补贴的范围和运行机制。

第二十二条 由于区域和省级电网功能划分、送省外用户承担相应电压等级准许收入、发电接网工程接入成本单独核价等原因，导致测算的省级电网准许收入和输配电价与上一监管周期变动较大的，可在不同监管周期平滑处理。

第四章 输配电价的调整

第二十三条 建立准许收入平衡调整机制。对一个监管周期内因新增投资、电量增长、电量结构变化等引起电网企业实际收入的变化，由省级价格主管部门组织进行年度统计，在下一监管周期统筹处理。上一监管周期实际收入超过或低于准许收入的部分，在本监管周期或今后的监管周期定价时平滑处理，或根据国家政策调整使用。

第二十四条 监管周期内遇有国家重大政策调整、发生重大自然灾害、不可抗力等因素造成的成本重大变化，电网企业可以建议政府价格主管部门对准许收入和输配电价作适当调整。

第五章 附 则

第二十五条 本办法由国家发展改革委负责解释。之前出台文件规定与本办法不符的，按本办法执行。

第二十六条 现货市场试点地区，结合实际情况可探索提出符合现货市场需要的、具有一定弹性的分时输配电价方案建议。

第二十七条 本办法自发布之日起实施，有效期5年。

第二十八条 省属地方电网可参照本办法执行。

3-10 区域电网输电价格定价办法

（发改价格规〔2020〕100号，2020年1月19日国家发展和改革委员会发布）

第一章 总 则

第一条 为科学合理核定区域电网输电价格，健全输电定价制度，根据《中华人民共和国价格法》《中华人民共和国电力法》《中共中央　国务院关于推进价格机制改革的若干意见》（中发〔2015〕28号）《中共中央　国务院关于进一步深化电力体制改革的若干意见》（中发〔2015〕9号）的相关规定，制定本办法。

第二条　本办法适用于区域电网输电价格的核定。区域电网输电价格，是指区域电网运行机构运营区域共用输电网络提供的电量输送和系统安全及可靠性服务的价格。

第三条　核定区域电网输电价格遵循以下原则。

（一）提升电网效率。强化电网企业成本约束，以严格的成本监审为基础，按照“准许成本加合理收益”方法核定输电准许收入；健全激励约束机制，促进电网企业加强管理降低成本。

（二）合理分摊成本。区域电网既保障省级电网安全运行，又提供输电服务。区域电网输电价格，应在核定准许收入的基础上，按功能定位和服务对象合理分摊的原则制定。

（三）促进电力交易。区域电网输电价格，应有利于促进市场公平竞争和资源合理配置，促进跨省跨区电力市场化交易，促进清洁能源在更大范围内优化配置。

（四）规范定价行为。明晰定价规则，规范定价程序，科学确定方法，最大限度减少自由裁量权，提高政府定价的法治化、规范化、透明度。

第四条　区域电网输电价格，先核定区域电网输电业务的准许收入，再以此为基础核定。区域电网输电价格在每一监管周期开始前核定，监管周期为三年。

第五条　电网企业应对区域跨省交流共用网络的资产、费用、收入、投资计划及完成进度、区域及各省月最大负荷、发电量、用电量，每条输电线路长度、实际平均负荷、稳定限额，输电量、线损率、跨区跨省交易情况等与输电价格相关的基础数据，按相关规定进行统计归集，于每年5月底之前报送国务院价格主管部门，并抄送相关省级价格主管部门。

第二章　准许收入的计算方法

第六条　区域电网准许收入由准许成本、准许收益和税金构成。

第七条　准许成本由基期准许成本、监管周期新增和减少准许成本构成。基期准许成本，根据输配电定价成本监审办法等规定，经成本监审核定。监管周期新增和减少准许成本，按监管周期内预计合理新增和减少的准许成本计算。计算方法参照《省级电网输配电价定价办法》执行。

第八条　准许收益按可计提收益的有效资产乘以准许收益率计算。可计提收益的有效资产，是指电网企业投资形成的输电线路、变电设备以及其他与输电业务相关的资产，包括固定资产净值、无形资产净值和营运成本。符合电力规划并履行按权限核准等程序的新增区域电网共用网络投资，纳入可计提收益的有效资产范围。具体由国家电网公司进行申报。可计提收益的有效资产及准许收益率计算方法参照《省级电网输配电价定价办法》执行。

第九条　税金依据现行国家相关税法规定核定执行。包括所得税、城市维护建设税、教育费附加。

第三章　输电价格的计算方法

第十条　区域电网准许收入通过容量电费和电量电费两种方式回收。容量电费与电量电费比例计算公式为：

容量电费：电量电费＝（折旧费＋人工费）：运行维护费（不含人工费）

第十一条 电量电费随区域电网实际交易结算电量收取，由购电方支付。容量电费按照受益付费原则，向区域内各省级电网公司收取。

第十二条 各省级电网公司向区域电网支付的容量电费，以区域电网对各省级电网提供安全及可靠性服务的程度为基础，综合考虑跨区跨省送（受）电量、年最大负荷、省间联络线备用率和供电可靠性等因素确定。

计算公式为：

各省级电网承担的容量电费比例＝R_1×（该省级电网跨区跨省结算送（受）电量÷Σ区域内各省级电网跨区跨省结算送（受）电量）＋R_2×（该省级电网非同时年最高负荷÷Σ各省级电网非同时年最高负荷）＋R_3×Σ（该省级电网与区域电网各联络线的稳定限额－实际平均负荷）/〔2×Σ（区域电网各省间联络线稳定限额－实际平均负荷)〕

其中：

R_1＝（区域电网统调机组跨区跨省结算送电量＋Σ 区域内各省级电网统调机组跨区跨省结算送电量）÷（区域电网统调机组发电量＋Σ 区域内各省级电网统调机组发电量）或者Σ区域内各省级电网跨区跨省结算受电量÷Σ 区域内各省级电网省内售电量

R_2＝（1－R_1）÷2×区域电网紧密程度调整系数

区域电网紧密程度调整系数反映各区域内省级电网联系的紧密程度。

计算公式为：（区域内跨省交易电量÷区域总用电量）÷（Σ各区域内跨省交易电量÷Σ各区域总用电量）

R_3＝1－R_1－R_2

当区域电网紧密程度调整系数过大导致 R_3 为负时，R_3 取 0，相应 R_2＝1－R_1。

第十三条 华北电网准许收入扣除京津唐电网应单独承担部分后，为京津唐电网与华北电网内其他省级电网共同承担部分。京津唐电网应单独承担的准许收入，按京津唐电网自用固定资产原值占华北电网固定资产原值的比例核定。京津唐电网与华北电网内其他省级电网共同承担的准许收入，按第十条确定容量电费和电量电费之间的分摊比例，按第十二条确定容量电费的分摊比例。京津唐电网内各省级电网应分摊的容量电费，以京津唐电网单独承担的准许收入加上其应分摊的容量电费为基础，按照其与京津唐电网最大负荷的同时负荷比例确定。京津唐电网范围内，位于北京、天津、河北境内的电厂参与京津唐地区交易电量不纳入华北电网电量电费计收范围。

第十四条 分摊给各省级电网公司的容量电费作为上级电网分摊费用纳入省级电网准许收入，通过省级电网输配电价回收，按各省级电网终端售电量（含市场化电量）确定标准收取。

第四章 输电价格的调整机制

第十五条 建立准许收入平衡调整机制。对上一监管周期内受新增投资、电量增长等影响区域电网实际收入超过（低于）准许收入的部分，在本监管周期或下一监管周期定价时平滑处理。省级电网分摊的容量电费在监管周期之间调整过大、一个周期消化有困难的，可以在两个监管周期内平滑处理。

第十六条 监管周期内遇有国家重大政策调整、发生重大自然灾害、不可抗力等因素造成的成本重大变化，电网企业可以向国家发展改革委申请对准许收入和输电价格作适当调整。

第五章 附 则

第十七条 本办法由国家发展改革委负责解释。

第十八条 本办法自发布之日起实施，有效期5年。《国家发展改革委关于印发〈区域电网输电价格定价办法（试行）〉〈跨省跨区专项工程输电价格定价办法（试行）〉和〈关于制定地方电网和增量配电网配电价格的指导意见〉的通知》（发改价格规〔2017〕2269号）中《区域电网输电价格定价办法（试行）》同时废止。

3-11 跨省跨区专项工程输电价格定价办法

（发改价格规〔2021〕1455号，2021年10月14日国家发展和改革委员会发布）

第一章 总 则

第一条 为健全输配电定价制度，科学合理核定跨省跨区专项工程输电价格，根据《中华人民共和国价格法》《中华人民共和国电力法》《中共中央 国务院关于推进价格机制改革的若干意见》《中共中央 国务院关于进一步深化电力体制改革的若干意见》的相关规定，制定本办法。

第二条 跨省跨区专项工程是指以送电功能为主的跨区域电网工程，以及送受端相对明确、潮流方向相对固定的区域内跨省输电工程。跨省跨区专项工程输电价格是指电网企业通过跨省跨区专项工程提供跨省跨区电能输送、电网互济和安全保障等服务的价格。

第三条 核定跨省跨区专项工程输电价格，应坚持激励约束并重，严格开展成本监审，有效保障投资收益，合理确定价格机制，规范履行定价程序，促进电力资源在更大范围优化配置。

第四条 跨省跨区专项工程输电价格实行事前核定、定期校核。工程投运前，核定临时输电价格；工程竣工决算并开展成本监审后，核定正式输电价格；工程经营期内，每5年校核一次。

第五条 多条专项工程统一运营的，电网企业应按工程项目逐条归集资产、成本、收入，暂无法归集的应按照“谁受益、谁承担”原则合理分摊。

同一专项工程的投资、运维等由电网企业所属多家单位承担的，相关单位应对其专项工程业务的资产、成本、收入建立单独账户，与其他业务分开核算。

第六条 电网企业应向国务院价格主管部门及时提供以下资料：

1．核定临时价格前，提供跨省跨区专项工程的核准批复文件、可研报告及第三方评估意见、工程性质与功能、设计施工图评审意见等相关支持性文件资料，输电价格测算申报数据及有关情况。

2．核定正式价格前，提供竣工决算报告，投运以来资产、运维成本、收入、输送电量、线损率等与输电价格相关的基础数据及有关情况，与核定临时价格时相关数据变动情况说明。

3．工程经营期内，每年 6 月底之前提供上一年度工程资产、运维成本、收入、输送电量、线损率、线损收益分享、可再生能源增量现货交易和电量增送涉及的相关路径价格电量等与输电价格相关的基础数据及有关情况；在每个校核期满后 3 个月内，按有关要求提供相关数据及有关情况。

第二章　输电价格形式和计算方法

第七条　跨省跨区专项工程输电价格实行单一电量电价制。

第八条　跨省跨区专项工程输电价格按经营期法核定，即以弥补成本、获取合理收益为基础，按照资本金内部收益率对工程经营期内年度净现金流进行折现，以实现整个经营期现金流收支平衡为目标，核定工程输电价格。具体如下：

年净现金流＝年现金流入－年现金流出

其中：年现金流出＝资本金投入＋偿还的贷款本金＋利息支出＋运行维护费＋税金及附加

年现金流入为实现累计净现金流折现值为零的年均收入水平，在经营期最后一年包括固定资产残值收入

固定资产残值收入＝固定资产原值×净残值率

第九条　输电价格计算公式如下：

输电价格（含增值税）＝年均收入/〔设计输电量×（1－定价线损率）〕

直流输电工程设计输电量＝设计利用小时×额定容量

设计利用小时按政府主管部门批复的项目核准文件确定，文件中未明确的，原则上按 4500 小时计算。

交流专项工程年输电量按政府主管部门批复的项目核准文件确定，核准文件中未明确的，按照电源点年设计上网电量计算。

定价线损率，核定临时价格时按照专项工程可研设计线损率确定；核定正式价格时，参照设计线损率和前 3 年（不足 3 年的按实际运行年）实际平均线损率确定。

第十条　运行维护费。指跨省跨区专项输电工程运营单位为维持工程正常运行发生的费用支出，包括材料费、修理费、人工费和其他运营费用。

（一）材料费。指运营单位耗用的消耗性材料、事故备品等，包括因自行组织设备大修、抢修、日常检修发生的材料消耗和委托外部社会单位检修需要企业自行购买的材料费用。

（二）修理费。指运营单位进行的外包修理活动发生的检修费用，不包括企业自行组织检修发生的材料消耗和人工费用。

（三）人工费。指运营单位从事专项工程管理运行维护职工发生的薪酬支出，包括工资总额（含津补贴）、职工福利费、职工教育经费、工会经费、社会保险费用、住房公积金，含劳务派遣及临时用工支出等。

（四）其他运营费用。指除材料费、修理费和人工费以外的费用。

第十一条　运行维护费按以下方法审核确定。

（一）材料费、修理费，按剔除不合理因素后的监审期间平均值核定。特殊情况下，因不可抗力、政策性因素造成一次性费用过高的可分期分摊。

（二）人工费，工资水平（含津补贴）参考国务院国有资产监督管理部门有关国有企业工资管理办法核定。职工福利费、职工教育经费、工会经费据实核定，但不得超过核定的工资总额和国家规定提取比例的乘积。

职工养老保险（包括补充养老保险）、医疗保险（包括补充医疗保险）、失业保险、工伤保险、生育保险、住房公积金等，审核计算基数按照企业实缴基数确定，但不得超过核定的工资总额和当地政府规定的基数，计算比例按照不超过国家或当地政府统一规定的比例确定。

劳务派遣、临时用工性质的用工支出如未包含在工资总额内，在不超过国家有关规定范围内按照企业实际发生数核定。

（三）其他运营费用，按剔除不合理因素后的监审期间平均值核定。

租赁费、委托运维费、研究开发费等涉及内部关联方交易的，可进行延伸审核，按照社会公允水平核定；社会公允水平无法获得的，按照实际承担管理运营维护单位发生金额核定。

无形资产的摊销年限，有法律法规规定或合同约定的，从其规定或约定；没有规定或约定的，原则上按不少于10年摊销。

第十二条 核定正式价格时，主要核价参数按以下方法确定：

（一）工程投资和资本金，分别按照成本监审确定的工程竣工决算金额、实际投入资本金确定。

（二）经营期限按35年计算。折旧费按照经营期限、成本监审确定的工程固定资产原值，采用年限平均法计算。

（三）资本金内部收益率，按不超过5%核定。

（四）利息支出，根据贷款额、还贷期限和贷款利率计算。其中贷款额在不超过工程竣工决算金额扣除实际投入资本金的基础上据实核定，还贷期限按25年计算，贷款利率参考电网企业实际融资结构、贷款利率、人民币贷款市场报价利率核定。如跨省跨区专项工程相关实际加权平均贷款利率高于核价时同期市场报价利率，按照市场报价利率核定；如实际借款利率低于市场报价利率，按照实际借款利率加二者差额的50%核定。

（五）运行维护费率，按照成本监审核定的跨省跨区专项工程运行维护费除以固定资产原值的比例确定，最高不超过2%。

（六）税金及附加，包括增值税、所得税、城市维护建设税、教育费附加，依据现行国家相关税法规定核定。

第十三条 核定临时价格时，主要核价参数参照第十二条规定和以下方法确定：

（一）工程投资按照政府主管部门批复的项目核准文件确定，施工图预算投资确认比核准投资减少的，按施工图预算投资确定。资本金按照工程投资的20%计算。固定资产原值根据工程投资考虑增值税抵扣因素确定。

（二）贷款利率参照同期人民币贷款市场报价利率确定。运行维护费率按2%确定。

第十四条 送出电网建设、由电源点送出、专门用于跨省跨区专项工程送电的配套工程，按照上述方法单独核定输电价格。已纳入直流工程或省级电网输配电价的，暂不调整。

第十五条 送受端明确、潮流方向相对固定且基本一致的多条专项工程，可按照上述方法统一核定输电价格。

第十六条 多条专项工程统一运营并形成共用网络的，参照省级电网“准许成本加合理收益”方法定价。

第十七条 对于跨省跨区专项（配套）工程性质、功能认定，以及交流专项工程配套电源点设计上网电量确定有争议的，以国家能源局出具意见为准。

第三章 输电收入分享与价格调整机制

第十八条 对于参与跨省跨区可再生能源增量现货交易，如有多条专项工程送电路径且最优价格路径已满送，通过其他具有空余输送能力的专项工程送电的，仍按最优路径价格执行；在专项工程输电能力空余情况下，电网企业为提高工程利用效率临时增加电量输送的，增送电量可按不高于工程核定输电价格的水平执行，执行上述价格的通知、情况等，纳入年度信息报送范围。

第十九条 专项工程实际输电量按落地端结算电量进行统计确认，结算电量应与落地端物理电量保持一致。实际线损率低于核价线损率产生的收益，由电网企业和电力用户按1:1分享；实际利用小时超出核价利用小时产生的收益，30%由电网企业分享，70%由我委专项用于支持新能源跨省跨区外送。

第二十条 建立定期校核机制。每5年期满后，对跨省跨区专项工程开展新一轮成本监审，并对专项工程的实际功能效果、输电价格执行情况、主要运营参数、分享机制执行情况等进行评估。专项工程功能发生根本性变化、实际利用小时超出设计利用小时40%以上、实际成本或收入与核价时存在严重偏差的，对输电价格进行调整。

第二十一条 监管期内遇有国家重大政策调整、发生重大自然灾害、不可抗力等因素造成的成本或收入重大变化，应对输电价格进行合理调整。

第二十二条 专项工程经营期满，按弥补正常运营维护成本的原则，重新核定价格。具体办法另行规定。

第四章 附 则

第二十三条 本办法适用于办法发布之后新定价跨省跨区专项工程。存量工程暂不调整价格，收入分享、定期校核等其他机制按照本办法执行。

第二十四条 跨省跨区电力交易组织中，对具备条件的跨省跨区专项工程，可探索通过输电权交易形成输电价格，以进一步提升专项工程利用率、促进电力资源优化配置。

第二十五条 本办法由国家发展改革委负责解释。之前规定与本办法不符的，按本办法执行。

第二十六条 本办法自发布之日起实施。有效期10年。《国家发展改革委关于印发〈区域电网输电价格定价办法（试行）〉、〈跨省跨区专项工程输电价格定价办法（试行）〉和〈关于制定地方电网和增量配电网配电价格的指导意见〉的通知》（发改价格规〔2017〕2269号）中《跨省跨区专项工程输电价格定价办法（试行）》同时废止。

3-12　关于制定地方电网和增量配电网配电价格的指导意见

（发改价格规〔2017〕2269号，2017年12月29日国家发展和改革委员会发布）

为科学合理制定地方电网和增量配电网（以下简称“配电网”）配电价格，促进配电网业务健康发展，根据《中华人民共和国价格法》《中华人民共和国电力法》《中共中央　国务院关于推进价格机制改革的若干意见》（中发〔2015〕28号）《中共中央　国务院关于进一步深化电力体制改革的若干意见》（中发〔2015〕9号）《国家发展改革委国家能源局关于印发〈售电公司准入与退出管理办法〉和〈有序放开配电网业务管理办法〉的通知》（发改经体〔2016〕2120号）《国家发展改革委国家能源局关于规范开展增量配电业务改革试点的通知》（发改经体〔2016〕2480号）《国家发展改革委关于全面深化价格机制改革的意见》（发改价格〔2017〕1941号）相关规定，提出以下指导意见。

一、总体要求

按照深入推进电力体制改革的总体要求和“管住中间、放开两头”的基本思路，对地方政府或其他主体建设运营的地方电网和按照《有序放开配电网业务管理办法》投资、运营的增量配电网核定独立配电价格，加强配电价格监管，促进配电业务健康发展。

一是建立机制与合理定价相结合。通过制度和规则建设，既提高政府定价的科学性，加强对配电网的成本、价格监管；又规范配电网企业的价格行为，形成科学合理、公开透明、激励有效的配电价格，促进售电侧市场公平竞争。

二是弥补成本与约束激励相结合。在严格成本监审基础上，按照弥补配电网企业合理成本并获得合理收益的原则核定配电价格，促进配电网健康可持续发展，提供安全可靠电力服务；同时建立激励约束机制，促进配电网企业提高效率、降低成本，以尽可能低的价格为用户提供优质配电服务。

三是公平开放与平等负担相结合。配电网与省级电网具有平等的市场主体地位。省级电网应向地方电网和增量配电网无歧视开放，配电网应向售电公司无歧视开放。配电网企业应按照相同的原则和标准承担政策性交叉补贴。

二、定价方法

配电网区域内电力用户的用电价格，由上网电价或市场交易电价、上一级电网输配电价、配电网配电价格、政府性基金及附加组成。用户承担的配电网配电价格与上一级电网输配电价之和不得高于其直接接入相同电压等级对应的现行省级电网输配电价。

省级价格主管部门应根据本省情况，充分征求有关企业和社会意见后，选择合适的配电价格定价方法。核定配电价格时，应充分考虑本地区上网电价、省级电网输配电价、趸售电价、销售电价等现行电价，并结合地区经济发展需求、交叉补贴等情况，合理选取定价参数。

（一）对于招标方式确定投资主体的配电网项目，采用招标定价法确定配电价格。竞标主体应同时做出投资规模、配电容量、供电可靠性、服务质量、线损率等承诺。政府相关主管部门对合同约定的供电服务标准等进行监管和考核，没有达到约定标准的，相应核减配电价格。

（二）对于非招标方式确定投资主体的配电网项目，可以选择准许收入法、最高限价法和标尺竞争法三种定价方法中的一种或几种方法确定配电价格。对于同一类型配电网，应选择相同定价方法。

一是准许收入法。省级价格主管部门在能源主管部门确定配电网规划投资及项目业主确定投资计划后，参照《省级电网输配电价定价办法（试行）》（发改价格〔2016〕2711 号），核定配电网企业监管周期内的准许成本、准许收益、价内税金，确定监管周期内的年度准许收入，并根据配电网预测电量核定监管周期的独立配电价格。

二是最高限价法。先按照“准许成本加合理收益”的方法测算某个配电网的配电价格，再参照其他具有可比性的配电网配电价格，结合供电可靠性、服务质量等绩效考核指标，确定该配电网的配电最高限价，由配电网企业制定具体配电价格方案，报省级价格主管部门备案。鼓励各地探索建立最高限价随居民消费价格指数和效率提高要求挂钩的调整机制。

三是标尺竞争法。先按照“准许成本加合理收益”的方法测算某个配电网的配电价格，再按测算的该配电网配电价格与本省其他配电网配电价格的加权平均来最终确定该配电网的配电价格。在首个监管周期，可给予该配电网以较高权重。配电网差异较小的地区，也可以同类型配电网社会平均先进水平为基准，按省分类制定标杆配电价格。

三、调整机制

配电网配电价格调整，应明确价格监管周期，做好过渡阶段价格衔接，并参照《省级电网输配电价定价办法（试行）》建立平滑处理机制、定期校核机制和考核机制。

（一）明确配电价格监管周期。政府制定配电价格的监管周期原则上为三年。招标确定配电价格的有效期限，以配电项目合同约定期限为准。

（二）做好过渡阶段价格衔接。配电价格确定前，电力用户与配电网结算的输配电价暂按其接入电压等级对应的现行省级电网输配电价执行。配电网区域内列入试点范围的非水可再生能源或地方电网区域内既有的小水电发电项目与电力用户开展就近交易时，用户仅支付所使用电压等级的配电价格，不承担上一电压等级的输配电价。配电网区域内不得以常规机组“拉专线”的方式向用户直接供电。

（三）做好与存量地方电网配电价格衔接。省级价格主管部门应按照尊重历史、合理衔接的原则，在不增加交叉补贴的前提下，制定地方电网配电价格，与现行省级电网输配电价、趸售电价等做好衔接，并逐步过渡到按本指导意见确定的方法核定配电价格。

（四）鼓励建立激励机制。在一个监管周期内，配电网由于成本下降而增加收入的，下一监管周期可由配电网和用户共同分享，以激励企业提高经营效率、降低配电成本。

四、结算制度

配电网与省级电网之间的结算电价，按现行省级电网相应电压等级输配电价执行。配电网企业可根据实际情况，自主选择分类结算电价或综合结算电价与省级电网企业结算电费。不同电压等级输配电价与实际成本差异过大的，省级价格主管部门可根据实际情况，向国务院价格主管部门申请调整省级电网输配电价结构。

（一）分类结算电价。配电网企业根据配电网区域内实际供电用户类别、电压等级和用户用电容量向电力用户收取电费，再按省级电网分电压等级、分用户类别的输配电价，向省级电网企业支付输配电费。

（二）综合结算电价。配电网企业根据配电网接入省级电网的接网容量和电压等级，按省级电网两部制输配电价，向省级电网企业支付输配电费。

配电网区域内的电力用户（含自发自用电量）应承担国家规定的政府性基金及附加等社会责任，由配电网企业代收、省级电网企业代缴。在配电网与省级电网接入点，由省级电网专为配电网建设变电站的，省级价格主管部门可探索核定由配电网承担的接入费用，并适当调整配电网与省级电网之间的结算电价。配电网与发电企业的结算，按照调度协议约定的主体执行。

五、相关要求

配电网配电价格的制定和调整由省级价格主管部门负责，报国务院价格主管部门备案。省级价格主管部门要按照指导意见要求，抓紧制定配电网成本监审和价格管理规则，加快推进配电价格改革工作。

（一）配电网实行业务分离。配电网企业应设立独立企业法人，依法取得电力业务许可证，将配电网业务与其他业务分离，成本独立核算。目前配售一体化经营的配电网企业的配电业务、市场化售电业务应逐步实现独立核算。

（二）严格执行配电价格。省级价格主管部门制定并公布配电区域内电力用户与配电网结算的分电压等级、分用户类别配电价格。配电网企业可探索结合负荷率等因素制定配电价格套餐，由电力用户选择执行，但其水平不得超过省级价格主管部门制定的该类用户所在电压等级的输配电价。配电网企业对未参与电力市场的电力用户应严格执行价格主管部门制定的目录销售电价。

（三）推动信息公开，强化社会监督。省级价格主管部门制定和调整配电价格，要通过门户网站等指定平台向社会公开价格水平和相关依据。配电网企业要定期通过企业网站等平台公布成本、收入等相关信息。各地要加快建立配电价格监管数据库，推进价格信息公开透明，强化社会监督。

3-13　输配电定价成本监审办法

（发改价格规〔2019〕897号，2019年5月24日国家发展和改革委员会、国家能源局发布）

第一章　总　　则

第一条　为提高输配电价制定的科学性、合理性和透明度，完善对电网输配电成本的监管，规范输配电定价成本监审行为，促进电网企业加强成本管理，根据《中华人民共和国价格法》、《中共中央　国务院关于推进价格机制改革的若干意见》（中发〔2015〕28号）、《中共中央　国务院关于进一步深化电力体制改革的若干意见》（中发〔2015〕9号）和《政府制定价格成本监审办法》（国家发展改革委令第8号）等有关规定，制定本办法。

第二条　本办法适用于政府制定或者调整省级电网、区域电网、跨省跨区专项工程（以下简称专项工程）输配电价过程中，对提供输配电服务的电网经营企业（以下简称电网企业）实施定价成本监审的行为。

第三条　输配电定价成本，是指政府核定的电网企业提供输配电服务的合理费用支出。

省级电网输配电定价成本，是指政府核定的省级电网企业为使用其经营范围内输配电设施的用户提供输配电服务的合理费用支出。

区域电网输电定价成本，是指政府核定的区域电网经营者为使用其经营范围内跨省交流共用输电网络的用户提供输电服务的合理费用支出。

专项工程输电定价成本，是指政府核定的电网企业提供跨省跨区专用输电、联网服务的合理费用支出。

第四条 输配电定价成本监审应遵循以下原则：

（一）合法性原则。计入定价成本的费用应当符合《中华人民共和国会计法》等有关法律法规、国家有关财务会计制度、价格监管制度等规定。

（二）相关性原则。计入定价成本的费用应当限于电网企业提供输配电服务发生的直接费用以及需要分摊的间接费用。

（三）合理性原则。计入定价成本的费用应当符合输配电服务的合理需要，影响定价成本水平的主要经济、技术指标应当符合行业标准或者公允水平。

第五条 输配电定价成本监审应当以经政府有关部门或会计师事务所审计（审核）的监审期间年度财务报告、会计凭证、账簿，以及电网投资、生产运行、政府核准文件等相关资料为基础。未正式营业或者营业不满一个会计年度的不予实施成本监审。

第六条 电网企业应当按照输配电价格成本监管要求建立、健全成本核算制度和成本监审报表制度，完整准确记录、单独核算输配电业务成本和收入，并定期向政府价格主管部门上报。电网企业应当积极配合政府价格主管部门实施的成本监审工作，客观如实反映情况，并提供其所要求的财务报告、会计凭证、账簿、科目汇总表等相关文件资料和电子原始数据。

第二章　输配电定价成本构成

第七条 输配电定价成本包括折旧费和运行维护费。

第八条 本办法所指的折旧费，是对输配电业务相关的固定资产按照本办法规定的折旧方法和年限计提的费用。

第九条 本办法所指的运行维护费，是电网企业维持电网正常运行的费用，包括材料费、修理费、人工费和其他运营费用。

（一）材料费指电网企业提供输配电服务所耗用的消耗性材料、事故备品等，包括企业因自行组织设备大修、抢修、日常检修发生的材料消耗和委托外部社会单位检修需要企业自行购买的材料费用。

（二）修理费指电网企业为了维护和保持输配电相关设施正常工作状态所进行的外包修理活动发生的检修费用，不包括企业自行组织检修发生的材料消耗和人工费用。

（三）人工费指电网企业从事输配电业务的职工发生的薪酬支出，包括工资总额（含津补贴）、职工福利费、职工教育经费、工会经费、社会保险费用、住房公积金，含农电工、劳务派遣及临时用工支出等。

（四）其他运营费用指电网企业提供正常输配电服务发生的除以上成本因素外的费用。主要包括：

1. 生产经营类费用。包括农村电网维护费、委托运行维护费、租赁费等。

2. 管理类费用。包括办公费、会议费、水电费、物业管理费、差旅费等。

3. 安全保护类费用。包括电力设施保护费、劳动保护费、安全费、设备检测费等。

4. 研究开发类费用。包括研究开发费等开展与输配电服务相关的产品、技术、材料、工艺、标准的研究、开发过程中发生的费用支出。

5．价内税金。包括车船使用税、房产税、土地使用税和印花税。

6．其他费用。包括无形资产摊销、低值易耗品摊销、财产保险费、土地使用费、管理信息系统维护费等。

第十条 下列费用不得计入输配电定价成本：

（一）不符合《中华人民共和国会计法》等有关法律法规和国家有关财务会计、价格监管制度等规定的费用。

（二）与电网企业输配电业务无关的费用。包括：

1．宾馆、招待所、办事处、医疗单位、电动汽车充换电服务等辅助性业务单位、多种经营及“三产”企业的成本费用；

2．电网企业所属单位从事市场化业务对应的成本费用；

3．抽水蓄能电站、电储能设施、电网所属且已单独核定上网电价的电厂的成本费用；

4．独立核算的售电公司的成本费用；

5．其他与输配电业务无关的费用。

（三）与输配电业务有关但按照国家有关规定由政府补助、政策优惠、社会无偿捐赠等有专项资金来源予以补偿的费用。

（四）各类赞助、滞纳金、违约金、罚款，以及计提的准备金。

（五）各类广告、公益宣传费用（停电故障信息公告、电力安全保护宣传、电力设备安全警示等费用除外）。

（六）除不可抗力外的固定资产盘亏、毁损和出售的净损失。

（七）向上级公司或管理部门上交的利润性质的管理费用、代上级公司或管理部门缴纳的各项费用、向出资人支付的利润分成以及对附属单位的补助支出等。

（八）经相关政府主管部门认定，在监审期间内除政策性因素外造成的未投入实际使用、未达到规划目标、擅自提高建设标准的输配电资产相关成本费用支出；国家重大输配电项目建设中，因企业自身责任导致工期延误、工程质量不合格、重复建设等造成的额外投资费用支出。

（九）其他不得计入输配电定价成本的费用。

第十一条 省级电网输配电定价成本按照500千伏及以上、220千伏（330千伏）、110千伏（66千伏）、35千伏、10千伏（含20千伏）、不满1千伏分电压等级核定。

第三章 输配电定价成本核定

第十二条 折旧费。计入定价成本的折旧费，按照监审期间最末一年的可计提折旧输配电固定资产原值和本办法规定的输配电固定资产分类定价折旧年限，采用年限平均法分类核定。

第十三条 可计提折旧的输配电固定资产指政府核定的经履行必要审批手续建设的符合规划的输配电线路、变电配电设备以及其他与输配电业务相关的资产，不包括从电网企业分离出来的辅助性业务单位，多种经营企业及“三产”资产等。

可计提折旧的输配电固定资产原值按照历史成本核定。按规定进行过清产核资的，按财政或国有资产监督管理部门认定的各类固定资产价值确认，包括政府相关部门认定的成建制接受资产、人员、债务方式转入的农网资产。

第十四条 下列输配电固定资产的折旧费不得计入输配电定价成本：

（一）进行过清产核资但未经财政或国有资产监督管理部门认定的。

（二）用户或地方政府无偿移交、由政府补助或者社会无偿投入等非电网企业投资形成的。

（三）不能提供固定资产价值有效证明的。

（四）固定资产的评估增值部分的。

（五）已提足折旧仍继续使用的。

（六）第十条第（八）项所规定的。

（七）其他不应计提折旧的情形。

第十五条 输配电固定资产定价折旧年限。2015 年 1 月 1 日以前形成的输配电固定资产，定价折旧率按照国家电网公司、南方电网公司规定的折旧年限中值确定，其他电网企业参照执行。

2015 年 1 月 1 日及以后新增的输配电固定资产，原则上按照本办法规定的电网企业固定资产分类定价折旧年限（见附件），结合自然环境及电网发展水平等实际情况确定。电网企业实际折旧年限高于本办法规定的折旧年限，按照企业实际折旧年限核定。固定资产残值率按 5%确定。

第十六条 材料费、修理费。按剔除不合理因素后的监审期间平均值核定，但本监审期间核定的新增材料费、修理费两项合计，原则上不得超过本监审期间核定的新增输配电固定资产原值的 2.5%。超过 2.5%的，电网企业应证明其合理性，具体数额根据评估论证后确定。特殊情况下，因不可抗力、政策性因素造成一次性费用过高的可分期分摊。

第十七条 人工费。国家电网公司、南方电网公司所属电网企业工资总额（含津补贴）参照监审期间最末一年国务院国有资产监督管理部门有关国有企业工资管理办法核定。非国家电网公司、南方电网公司所属的地方国有电网企业的工资总额参照监审期间最末一年地方国有资产监督管理部门有关工资管理办法核定。其他电网企业参考当地国有电网企业工资水平合理核定。

职工福利费、职工教育经费、工会经费据实核定，但不得超过核定的工资总额和国家规定的提取比例的乘积。

职工养老保险（包括补充养老保险）、医疗保险（包括补充医疗保险）、失业保险、工伤保险、生育保险、住房公积金等，审核计算基数按照企业实缴基数确定，但不得超过核定的工资总额和当地政府规定的基数，计算比例按照不超过国家或当地政府统一规定的比例确定。

农电工、劳务派遣、临时用工性质的用工支出未包含在工资总额内的，在不超过国家有关规定范围内按照企业实际发生数核定。

第十八条 其他运营费用。

（一）管理类费用。按剔除不合理因素后的监审期间最低年份水平确定，但不得高于上个监审周期核定水平。

（二）生产经营类费用、安全保护类费用、研究开发类费用。按剔除不合理因素后的监审期间平均值核定。其中，租赁费、委托运维费、研究开发费等涉及内部关联方交易的，可进行延伸审核，按照社会公允水平核定；社会公允水平无法获得的，按照实际承担管理运营维护单位发生金额核定。

内部关联方交易是指各级电网企业与关联方之间转移、交易、租赁、运维资产等所发生的各类行为以及提供劳务的行为。

（三）其他费用。按剔除不合理因素后的监审期间平均值核定。其中，无形资产的摊销年限，有法律法规规定或合同约定的，从其规定或约定；没有规定或约定的，原则上按不少于10年摊销。

（四）价内税金。按照现行国家税法规定监审期间最后一年水平核定。

（五）其他运营费用占本监审期间核定的输配电固定资产原值的比例，不得超过上一监审期间核定的比例；剔除生产经营类、安全保护类费用后的其他运营费用，不得超过本监审期间核定的运行维护费（仅包括材料费、修理费、人工费和其他运营费用中的生产经营类费用）的20%。

第十九条 核定单位输配电定价成本所对应的电量，省级电网按监审期间最末一年省级电网公司输配电量核定，区域电网按监审期间区域电网线路资产最末一年实际输送电量核定，专项工程按照监审期间该工程企业的平均实际输送电量和设计电量的较高值核定。

第二十条 输配电损耗率。按照电网企业监审期间实际损耗平均水平确定，省级电网分电压等级予以明确，专项输电服务分工程予以明确。

第四章 经营者义务

第二十一条 电网企业应当按照输配电成本监审要求，区分省级电网、区域电网、专项工程，分电压等级、用户类别单独核算并合理归集输配电的生产经营成本（费用）及收入等数据。

能直接归集到各电压等级（专项工程）的成本费用，应直接归集到相应电压等级（专项工程）。不能直接归集到各电压等级（专项工程）的共用成本费用，根据影响成本的主要因素分摊。折旧费、材料费、修理费等与资产相关度较高的，可按各电压等级（专项工程）固定资产原值比例分摊。

第二十二条 电网企业应当建立健全内部关联方交易管理制度，按照社会公允水平确定内部关联方交易费用项目价格；书面向政府价格主管部门报告内部关联方交易事项的相关情况。

第二十三条 电网企业应当自收到成本监审书面通知之日起20个工作日内，向政府价格主管部门或其指定的单位提供输配电定价成本监审所需资料，并对所提供成本资料的真实性、合法性、完整性负责。成本资料应当包括下列内容：

（一）企业基本情况。包括：（1）总体情况。企业历史概况、经营范围、组织机构、主营业务和其他业务、股权关系说明、主要生产经营和财务指标、输配电生产经营情况、营业执照等情况和说明材料；（2）人员情况。包括电网企业上报国有资产监督管理部门工资总额及其结构文件，国有资产监督管理部门工资总额批复、人员定岗定编及相关工资计划等文件，电网企业内部批复的工资文件；（3）投资及电量情况。监审期间输配电资产投资规划和建设规模、电量变化总体情况和说明；（4）其他情况。包括总部及各省网公司的资产、收入、工资、电量总额及其结构。

（二）会计核算及财务资料。包括：（1）企业财务管理制度。企业财务制度、成本核算办法、财务信息系统说明等；（2）会计账簿报表。经政府有关部门或会计师事务所审计（审核）的年度财务报告，以及手续齐备的会计凭证、收入支出、固定资产卡片明细账等账簿，监审期间内各年度一级至最末级科目余额表；（3）年度纳税申报表和审计报告。

（三）成本调查表。（1）按照政府价格主管部门要求和规定表式核算填报的成本调查表及其数据来源、工作底稿和填报说明；（2）成本调查表涉及的成本项目核算方法、成本费用分摊方法及相关依据。

（四）资产类资料。包括：（1）输配电工程可行性研究报告、竣工决算报告等能说明电网企业建设规模的相关证明材料，固定资产分布有关资料；（2）按电压等级、功能定位、建设资金来源（区分自有投资、无偿移交与政策性资产等）标准划分的固定资产分类情况，并提供分类依据和固定资产卡片信息；（3）跨省跨区（特高压）专项资产及利用率情况；（4）本监审期间内，与投资总额相对应项目的明细清单，包括项目名单、建设地点、电压等级、容量、投资总额、依据规划名称、核准文件及文件号等，以及对应形成的固定资产相关成本费用支出情况；（5）上一监管周期预测投资总额、清单及审批或核准文件依据；（6）监审期间内新增输配电固定资产总额、明细清单及依据；（7）第十条第（八）项所涉及的相关资产及费用支出情况。

（五）电量类资料。（1）购电量、输配电量等各类电量资料。（2）专项工程利用率以及相关的统计报表。

（六）监管周期对比资料。与上一监审期间相比，投资、成本、电量变化情况及其原因说明。

（七）各类收入和支出明细表。（1）购售电收入明细表；（2）各类上网电价和销售电价。

（八）内部关联方交易资料。包括内部关联方交易事项的相关情况，内部关联方交易对象、定价方法、交易价格和金额，以及与关联方的关系等，说明关联交易的合理性及其理由，并提供延伸审核所需的相关资料。

（九）成本监审所需的其他资料。

第二十四条　电网企业应当按照成本监审要求，向监审人员开放查询企业各类资料的权限，及时提供情况，反馈意见。电网企业拒绝提供、未在规定时间内提供、虚假或不完整提供成本监审所需资料的，政府价格主管部门可按照从低原则核定定价成本，情节严重的，可按照上一监审周期单位输配电定价成本的50%核定本监审周期输配电定价成本，由此产生的定价成本减少不能在以后成本监审周期内进行弥补，同时将相关单位及其负责人不良信用记录纳入全国信用信息共享平台，实施失信联合惩戒。

第二十五条　电网企业应当按照成本监审要求，每年定期向政府有关部门报告成本变化有关情况并说明理由。

第五章　附　　则

第二十六条　地方电网、增量配电网等其他电网企业可参照本办法执行。

第二十七条　本办法由国家发展和改革委员会会同国家能源局解释。

第二十八条　本办法自发布之日起施行。有效期为3年。2015年6月9日国家发展和改革委员会、国家能源局发布的《输配电定价成本监审办法（试行）》（发改价格〔2015〕1347号）

同时废止。

附件：电网企业固定资产分类定价折旧年限表（略）

3-14　国家发展改革委办公厅关于取消临时接电费和明确自备电厂有关收费政策的通知

（发改办价格〔2017〕1895号，2017年11月21日国家发展和改革委员会办公厅发布）

各省、自治区、直辖市发展改革委、物价局，国家电网公司、南方电网公司、内蒙古电力公司：

为贯彻落实好国务院要求，进一步助推企业减负，推进供给侧结构性改革，确保国家电价政策落实到位，现将有关事项通知如下。

一、取消临时接电费

（一）自2017年12月1日起，临时用电的电力用户不再缴纳临时接电费。《国家发展改革委关于停止收取供配电贴费有关问题的补充通知》（发改价格〔2003〕2279号）中关于临时接电费的规定停止执行。

（二）已向电力用户收取的临时接电费，电网企业应按照合同约定及时组织清退。

二、减免余热、余压、余气自备电厂有关收费

（一）为减轻综合利用企业负担，推动燃煤消减，各省级价格主管部门要按照《国家发展改革委国家能源局关于印发电力体制改革配套文件的通知》（发改经体〔2015〕2752号）要求，结合本地实际，研究出台减免余热、余压、余气自备电厂政策性交叉补贴和系统备用费的办法，报国家发展改革委备案。

（二）各省级价格主管部门应在办法中明确余热、余压、余气自备电厂的资质认定和运行监管要求，对安全生产不合规，能效、环保指标不达标，未按期开展改造升级等工作的自备电厂，要依法依规予以严肃处理。

三、有关要求

请各省级价格主管部门于2017年12月15日前将本省（区、市）落实情况报国家发展改革委价格司。

国家发展和改革委员会办公厅

2017年11月21日

3-15　最高人民法院行政审判庭关于对违法收取电费的行为应由物价行政管理部门监督管理的答复

（行他〔1999〕第6号，1999年11月17日最高人民法院发布）

山西省高级人民法院：

你院〔1999〕晋法行字第9号“关于对乡镇企业管理局是否有权对电业局非法收取农村分类综合电价外的费用的行为进行处罚的请示”收悉。经研究，答复如下：

原则同意你院倾向性意见。即遵循特别法规定优于普通法规定的原则，对违法收取电费的行为，根据《电力法》第66条的规定，应由物价行政管理部门监督管理。

此复

最高人民法院

1999年11月17日

3-16　国务院法制办对黑龙江省人民政府法制办《关于电力企业在电费电度表保证金被取消前收取该项保证金的行为是否应当给予行政处罚问题的请示》的复函

（国法秘函〔2002〕95号，2002年6月3日国务院法制办公室发布）

黑龙江省人民政府法制办：

你办2001年12月30日报送的《关于电力企业在电费电度表保证金被取消前收取该项保证金的行为是否应当给予行政处罚问题的请示》（黑政法函〔2001〕100号）收悉。现函复如下：

能源部和财政部《关于实行电费、电度表保证金制度的通知》（能源经〔1989〕561号）中规定的电费、电度表保证金，是具有基金、收费设定权的机关（财政部）设定的基金、收费项目。黑龙江省明水县电业局根据该文件收取电费、电度表保证金的行为是合法收费。但在1999年11月6日《财政部、国家经贸委、国家计委、审计署、监察部、国务院纠风办关于公布第三批取消的各种基金（资金、附加、收费）项目的通知》（财综字〔1999〕180号）公布以后，再行收取电费、电度表保证金，是没有法律依据的。

国务院法制办公室

2002年6月3日

3-17　电力产品增值税征收管理办法

（2004年12月22日国家税务总局令第10号公布，根据2018年6月15日《国家税务总局关于修改部分税务部门规章的决定》修订）

第一条　为了加强电力产品增值税的征收管理，根据《中华人民共和国税收征收管理法》、《中华人民共和国增值税暂行条例》、《中华人民共和国增值税暂行条例实施细则》及其有关规定，结合电力体制改革以及电力产品生产、销售特点，制定本办法。

第二条　生产、销售电力产品的单位和个人为电力产品增值税纳税人，并按本办法规定缴纳增值税。

第三条　电力产品增值税的计税销售额为纳税人销售电力产品向购买方收取的全部价款和价外费用，但不包括收取的销项税额。价外费用是指纳税人销售电力产品在目录电价或上网电价之外向购买方收取的各种性质的费用。供电企业收取的电费保证金，凡逾期（超过合同约定时间）未退还的，一律并入价外费用缴纳增值税。

第四条 电力产品增值税的征收，区分不同情况，分别采取以下征税办法：

（一）发电企业（电厂、电站、机组，下同）生产销售的电力产品，按照以下规定计算缴纳增值税：

1．独立核算的发电企业生产销售电力产品，按照现行增值税有关规定向其机构所在地主管税务机关申报纳税；具有一般纳税人资格或具备一般纳税人核算条件的非独立核算的发电企业生产销售电力产品，按照增值税一般纳税人的计算方法计算增值税，并向其机构所在地主管税务机关申报纳税。

2．不具有一般纳税人资格且不具有一般纳税人核算条件的非独立核算的发电企业生产销售的电力产品，由发电企业按上网电量，依核定的定额税率计算发电环节的预缴增值税，且不得抵扣进项税额，向发电企业所在地主管税务机关申报纳税。

计算公式为：

预征税额＝上网电量×核定的定额税率

（二）供电企业销售电力产品，实行在供电环节预征、由独立核算的供电企业统一结算的办法缴纳增值税，具体办法如下：

1．独立核算的供电企业所属的区县级供电企业，凡能够核算销售额的，依核定的预征率计算供电环节的增值税，不得抵扣进项税额，向其所在地主管税务机关申报纳税；不能核算销售额的，由上一级供电企业预缴供电环节的增值税。

计算公式为：

预征税额＝销售额×核定的预征率

2．供电企业随同电力产品销售取得的各种价外费用一律在预征环节依照电力产品适用的增值税税率征收增值税，不得抵扣进项税额。

第五条 实行预缴方式缴纳增值税的发、供电企业生产销售电力产品以外的其他货物和应税劳务，如果能准确核算销售额的，在发、供电企业所在地依适用税率计算缴纳增值税。不能准确核算销售额的，按其隶属关系由独立核算的发、供电企业统一计算缴纳增值税。

第六条 发、供电企业销售电力产品的纳税义务发生时间的具体规定如下：

（一）发电企业和其他企事业单位销售电力产品的纳税义务发生时间为电力上网并开具确认单据的当天。

（二）供电企业采取直接收取电费结算方式的，销售对象属于企事业单位，为开具发票的当天；属于居民个人，为开具电费缴纳凭证的当天。

（三）供电企业采取预收电费结算方式的，为发行电量的当天。

（四）发、供电企业将电力产品用于非应税项目、集体福利、个人消费，为发出电量的当天。

（五）发、供电企业之间互供电力，为双方核对计数量，开具抄表确认单据的当天。

（六）发、供电企业销售电力产品以外其他货物，其纳税义务发生时间按《中华人民共和国增值税暂行条例》及其实施细则的有关规定执行。

第七条 发、供电企业应按现行增值税的有关规定办理税务登记，进行增值税纳税申报。实行预缴方式缴纳增值税的发、供电企业应按以下规定办理：

（一）实行预缴方式缴纳增值税的发、供电企业在办理税务开业、变更、注销登记时，应将税务登记证正本复印件按隶属关系逐级上报其独立核算的发、供电企业所在地主管税务机关留存。独立核算的发、供电企业也应将税务登记证正本复印件报其所属的采用预缴方式缴纳增值税的发、供电企业所在地主管税务机关留存。

（二）采用预缴方式缴纳增值税的发、供电企业在申报纳税的同时，应将增值税进项税额和上网电量、电力产品销售额、其他产品销售额、价外费用、预征税额和查补税款分别归集汇总，填写《电力企业增值税销项税额和进项税额传递单》（样式附后，以下简称《传递单》）报送主管税务机关签章确认后，按隶属关系逐级汇总上报给独立核算发、供电企业；预征地主管税务机关也必须将确认后的《传递单》于收到当月传递给结算缴纳增值税的独立核算发、供电企业所在地主管税务机关。

（三）结算缴纳增值税的发、供电企业应按增值税纳税申报的统一规定，汇总计算本企业的全部销项税额、进项税额、应纳税额、应补（退）税额，于本月税款所属期后第二个月征期内向主管税务机关申报纳税。

（四）实行预缴方式缴纳增值税的发、供电企业所在地主管税务机关应定期对其所属企业纳税情况进行检查。发现申报不实，一律就地按适用税率全额补征税款，并将检查情况及结果发函通知结算缴纳增值税的独立核算发、供电企业所在地主管税务机关。独立核算发、供电企业所在地主管税务机关收到预征地税务机关的发函后，应督促发、供电企业调整申报表。对在预缴环节查补的增值税，独立核算的发、供电企业在结算缴纳增值税时可以予以抵减。

第八条 发、供电企业销售电力产品，应按《中华人民共和国发票管理办法》和增值税专用发票使用管理规定领购、使用和管理发票。

第九条 电力产品增值税的其他征税事项，按《中华人民共和国税收征收管理法》《中华人民共和国税收征收管理法实施细则》《中华人民共和国增值税暂行条例》和《中华人民共和国增值税暂行条例实施细则》及其他有关规定执行。

第十条 本办法由国家税务总局负责解释。

第十一条 本办法自2005年2月1日起施行。

附件：

1.《电力增值税销项税额和进项税额传递单》（略）

2.《发、供电企业税收检查情况通报单》（略）

3-18 可再生能源发展基金征收使用管理暂行办法

（财综〔2011〕115号，2011年11月29日财政部、国家发展和改革委员会、国家能源局发布）

第一章 总 则

第一条 为了促进可再生能源的开发利用，根据《中华人民共和国可再生能源法》的有关规定，制定本办法。

第二条 可再生能源发展基金的资金筹集、使用管理和监督检查等适用本办法。

第二章 资 金 筹 集

第三条 可再生能源发展基金包括国家财政公共预算安排的专项资金（以下简称可再生能

源发展专项资金）和依法向电力用户征收的可再生能源电价附加收入等。

第四条 可再生能源发展专项资金由中央财政从年度公共预算中予以安排（不含国务院投资主管部门安排的中央预算内基本建设专项资金）。

第五条 可再生能源电价附加在除西藏自治区以外的全国范围内，对各省、自治区、直辖市扣除农业生产用电（含农业排灌用电）后的销售电量征收。

第六条 各省、自治区、直辖市纳入可再生能源电价附加征收范围的销售电量包括：

（一）省级电网企业（含各级子公司）销售给电力用户的电量；

（二）省级电网企业扣除合理线损后的趸售电量（即实际销售给转供单位的电量，不含趸售给各级子公司的电量）；

（三）省级电网企业对境外销售电量；

（四）企业自备电厂自发自用电量；

（五）地方独立电网（含地方供电企业，下同）销售电量（不含省级电网企业销售给地方独立电网的电量）；

（六）大用户与发电企业直接交易的电量。

省（自治区、直辖市）际间交易电量，计入受电省份的销售电量征收可再生能源电价附加。

第七条 可再生能源电价附加征收标准为8厘/千瓦时。根据可再生能源开发利用中长期总量目标和开发利用规划，以及可再生能源电价附加收支情况，征收标准可以适时调整。

第八条 可再生能源电价附加由财政部驻各省、自治区、直辖市财政监察专员办事处（以下简称专员办）按月向电网企业征收，实行直接缴库，收入全额上缴中央国库。

电力用户应缴纳的可再生能源电价附加，按照下列方式由电网企业代征：

（一）大用户与发电企业直接交易电量的可再生能源电价附加，由代为输送电量的电网企业代征；

（二）地方独立电网销售电量的可再生能源电价附加，由地方电网企业在向电力用户收取电费时一并代征；

（三）企业自备电厂自发自用电量应缴纳的可再生能源电价附加，由所在地电网企业代征；

（四）其他社会销售电量的可再生能源电价附加，由省级电网企业在向电力用户收取电费时一并代征。

第九条 可再生能源电价附加收入填列政府收支分类科目第103类01款68项“可再生能源电价附加收入”。

第十条 省级电网企业和地方独立电网企业，应于每月10日前向驻当地专员办申报上月实际销售电量（含自备电厂自发自用电量，下同）和应缴纳的可再生能源电价附加。专员办应于每月12日前完成对企业申报的审核，确定可再生能源电价附加征收额，并向申报企业开具《非税收入一般缴款书》。省级电网企业和地方独立电网企业，应于每月15日前，按照专员办开具《非税收入一般缴款书》所规定的缴款额，足额上缴可再生能源电价附加。

第十一条 专员办根据省级电网企业和地方独立电网企业全年实际销售电量，在次年3月底前完成对相关企业全年应缴可再生能源电价附加的汇算清缴工作。

专员办开展汇算清缴工作时，应对电力用户欠缴电费、电网企业核销坏账损失的电量情况进行审核，经确认后不计入相关企业全年实际销售电量。

第十二条 中央财政按照可再生能源附加实际代征额的2‰付给相关电网企业代征手续

费，代征手续费从可再生能源发展基金支出预算中安排，具体支付方式按照财政部的有关规定执行。代征电网企业不得从代征收入中直接提留代征手续费。

第十三条 对可再生能源电价附加征收增值税而减少的收入，由财政预算安排相应资金予以弥补，并计入“可再生能源电价附加收入”科目核算。

第三章 资 金 使 用

第十四条 可再生能源发展基金用于支持可再生能源发电和开发利用活动：

（一）可再生能源发展专项资金主要用于支持以下可再生能源开发利用活动：

1．可再生能源开发利用的科学技术研究、标准制定和示范工程；

2．农村、牧区生活用能的可再生能源利用项目；

3．偏远地区和海岛可再生能源独立电力系统建设；

4．可再生能源的资源勘查、评价和相关信息系统建设；

5．促进可再生能源开发利用设备的本地化生产；

6．《中华人民共和国可再生能源法》规定的其他相关事项。

（二）可再生能源电价附加收入用于以下补助：

1．电网企业按照国务院价格主管部门确定的上网电价，或者根据《中华人民共和国可再生能源法》有关规定通过招标等竞争性方式确定的上网电价，收购可再生能源电量所发生的费用高于按照常规能源发电平均上网电价计算所发生费用之间的差额；

2．执行当地分类销售电价，且由国家投资或者补贴建设的公共可再生能源独立电力系统，其合理的运行和管理费用超出销售电价的部分；

3．电网企业为收购可再生能源电量而支付的合理的接网费用以及其他合理的相关费用，不能通过销售电价回收的部分。

第十五条 相关企业申请可再生能源发展专项资金补助的具体办法，按照《财政部关于印发〈可再生能源发展专项资金管理暂行办法〉的通知》（财建〔2006〕237号）等有关文件的规定执行。

可再生能源发展专项资金用于固定资产投资的，还应按照中央政府投资管理的有关规定执行。

第十六条 电网企业应按照《中华人民共和国可再生能源法》相关规定，全额收购其电网覆盖范围内符合并网技术标准的可再生能源并网发电项目的上网电量。

第十七条 可再生能源电价附加补助资金的申报、审核、拨付等具体办法，由财政部会同国家发展改革委、国家能源局另行制定。

第十八条 可再生能源发展专项资金支出填列政府收支分类科目中第211类12款01项“可再生能源”；可再生能源电价附加支出填列政府收支分类科目中第211类15款01项“可再生能源电价附加收入安排的支出”（新增）。

第四章 监 督 检 查

第十九条 财政、价格、能源、审计部门按照职责分工，对可再生能源电价附加的征收、拨付、使用和管理情况进行监督检查。

第二十条 省级电网企业和地方独立电网企业，应及时足额上缴可再生能源电价附加，不得拖延缴纳。

第二十一条 未经批准，多征、减征、缓征、停征或截留、挤占、挪用可再生能源电价附加收入的单位及责任人，由财政、价格、能源、审计等相关部门依照《中华人民共和国价格法》《财政违法行为处罚处分条例》《价格违法行为行政处罚规定》等法律法规追究法律责任。

第五章 附 则

第二十二条 本办法由财政部会同国家发展改革委、国家能源局解释。

第二十三条 本办法自2012年1月1日起施行。

3-19 国务院关于完善大中型水库移民后期扶持政策的意见（节选）

（国发〔2006〕17号，2006年5月17日国务院发布）

一、完善后期扶持政策的指导思想、目标和原则

（一）指导思想。以邓小平理论和“三个代表”重要思想为指导，坚持以人为本，全面贯彻落实科学发展观，做到工程建设、移民安置与生态保护并重，继续按照开发性移民的方针，完善扶持方式，加大扶持力度，改善移民生产生活条件，逐步建立促进库区经济发展、水库移民增收、生态环境改善、农村社会稳定的长效机制，使水库移民共享改革发展成果，实现库区和移民安置区经济社会可持续发展。

（二）目标。近期目标是，解决水库移民的温饱问题以及库区和移民安置区基础设施薄弱的突出问题；中长期目标是，加强库区和移民安置区基础设施和生态环境建设，改善移民生产生活条件，促进经济发展，增加移民收入，使移民生活水平不断提高，逐步达到当地农村平均水平。

（三）原则。

——坚持统筹兼顾水电和水利移民、新水库和老水库移民、中央水库和地方水库移民。

——坚持前期补偿补助与后期扶持相结合。

——坚持解决温饱问题与解决长远发展问题相结合。

——坚持国家帮扶与移民自力更生相结合。

——坚持中央统一制定政策，省级人民政府负总责。

二、完善政策，提高移民后期扶持标准

（四）扶持范围。后期扶持范围为大中型水库的农村移民。其中，2006年6月30日前搬迁的水库移民为现状人口，2006年7月1日以后搬迁的水库移民为原迁人口。在扶持期内，中央对各省、自治区、直辖市2006年6月30日前已搬迁的水库移民现状人口一次核定，不再调整；对移民人口的自然变化采取何种具体政策，由各省、自治区、直辖市自行决定，转为非农业户口的农村移民不再纳入后期扶持范围。

（五）扶持标准。对纳入扶持范围的移民每人每年补助600元。

（六）扶持期限。对2006年6月30日前搬迁的纳入扶持范围的移民，自2006年7月1日起再扶持20年；对2006年7月1日以后搬迁的纳入扶持范围的移民，从其完成搬迁之日起扶持20年。

（七）扶持方式。后期扶持资金能够直接发放给移民个人的应尽量发放到移民个人，用于移民生产生活补助；也可以实行项目扶持，用于解决移民村群众生产生活中存在的突出问题；还可以采取两者结合的方式。具体方式由地方各级人民政府在充分尊重移民意愿并听取移民村群众意见的基础上确定，并编制切实可行的水库移民后期扶持规划。采取直接发放给移民个人方式的，要核实到人、建立档案、设立账户，及时足额将后期扶持资金发放到户；采取项目扶持方式的，可以统筹使用资金，但项目的确定要经绝大多数移民同意，资金的使用与管理要公开透明，接受移民监督，严禁截留挪用。

（八）扶持资金筹集。要坚持全国统筹、分省（区、市）核算，企业、社会、中央与地方政府合理负担，工业反哺农业、城市支持农村，东部地区支持中西部地区的原则。

水库移民后期扶持资金由国家统一筹措：

1. 提高省级电网公司在本省（区、市）区域内全部销售电量（扣除农业生产用电）的电价，提价收入专项用于水库移民后期扶持。为了减轻中西部地区的负担，移民人数较少的河北、山西、内蒙古、吉林、黑龙江、贵州、云南、西藏、甘肃、青海、宁夏、新疆12个省（区）的电价加价标准根据本省（区）的移民人数一次核定，原则上不再调整；如上述12个省（区）2006年7月1日以后搬迁的纳入扶持范围的水库移民所需后期扶持资金出现缺口，由中央统筹解决；其他19个省（区、市）实行统一的电价加价。

2. 提高电价形成的增值税增收部分专项用于水库移民后期扶持。

3. 继续保留中央财政每年安排用于解决中央直属水库移民遗留问题的资金。

4. 经营性大中型水库也应承担移民后期扶持资金，具体办法由发展改革委会同财政部、水利部另行制定。

（九）扶持资金管理。后期扶持资金作为政府性基金纳入中央财政预算管理。通过电价加价筹措的后期扶持资金由各省级电网公司随电费征收，全额上缴中央财政；应拨付给各省、自治区、直辖市的后期扶持资金由财政部会同国务院移民管理机构，按照发展改革委、财政部、水利部等部门核定的各省、自治区、直辖市移民人数和规定的标准据实拨付。后期扶持基金征收使用管理办法由财政部会同发展改革委、水利部和国务院移民管理机构等部门另行制定。

（十）现行水库移民扶持基金的处理。现行的库区建设基金并入完善后的水库移民后期扶持资金；现行的库区后期扶持基金并入库区维护基金，并相应调整和完善库区维护基金的征收、使用和管理，具体办法由财政部会同发展改革委、水利部另行制定。自完善后的水库移民后期扶持政策实施之日起，现行关于征收库区建设基金和后期扶持基金的政策即行废止，各地自行批准向水利、水电和电网企业征收的涉及水库移民的各种基金、资金一律停止收取。

三、统筹兼顾，安排好其他移民和征地拆迁人口的生产生活

（十一）做好大中型水库非农业安置移民工作。各省、自治区、直辖市要进一步完善城镇最低生活保障制度，把符合条件的大中型水库非农业安置移民中的困难家庭，纳入地方城镇最低生活保障范围，切实做到应保尽保；同时，要积极通过其他渠道进行帮扶，努力改善他们的生活条件。三峡工程的移民工作，依照《长江三峡工程建设移民条例》办理。

（十二）妥善解决小型水库移民的困难和现有后期扶持项目续建问题。各省、自治区、直辖市人民政府可通过提高本省（区、市）区域内全部销售电量（扣除农业生产用电）的电价筹集资金，统筹解决小型水库移民的困难，并保证对在建后期扶持项目的后续资金投入，确保项目按期建成并发挥作用。提价标准为每千瓦时不超过 0.5 厘，具体方案报发展改革委、财政部审批后实施。

（十三）切实做好其他征地拆迁人口的工作。完善水库移民后期扶持政策可能对其他征地拆迁人口产生影响，地方各级人民政府要高度重视，密切关注，做好宣传解释工作，并采取多种措施，及时解决他们生产生活中遇到的实际困难，妥善化解矛盾，维护社会稳定。

四、加大投入，促进库区和移民安置区长远发展

（十四）明确扶持重点。在提高后期扶持标准帮助解决水库移民温饱问题的同时，要继续从其他渠道积极筹措资金，加大扶持力度，解决库区和移民安置区长远发展问题，重点加强基本口粮田及配套水利设施建设，加强交通、供电、通信和社会事业等方面的基础设施建设，加强生态建设、环境保护，加强移民劳动力就业技能培训和职业教育，通过贴息贷款、投资补助等方式对移民能够直接受益的生产开发项目给予支持。

（十五）落实扶持资金。一是现有政府性资金，包括预算内投资和国债资金、扶贫资金、农业综合开发资金以及政府部门安排的各类建设基金和专项资金，要向库区和移民安置区倾斜；二是从筹集的后期扶持资金结余中安排，用于对库区和移民安置区的扶持，具体办法由财政部、发展改革委会同水利部等部门另行制定；三是从调整和完善后的库区维护基金中筹集。同时，地方各级人民政府要加大资金投入，鼓励社会捐助和企业对口帮扶，努力拓宽资金渠道。

（十六）做好项目规划。要以水库移民村为基本单元，按照优先解决突出问题的原则，抓紧编制库区和移民安置区基础设施建设和经济发展规划，作为国家安排扶持资金和项目的前提与依据。项目的确定要坚持民主程序，尊重和维护移民群众的知情权、参与权和监督权。

3-20　农网还贷资金征收使用管理办法

（财企〔2001〕820 号，2001 年 12 月 17 日财政部发布）

第一条　农网还贷资金是对农网改造贷款“一省多贷”的省、自治区、直辖市（指该省市区的农网改造工程贷款由多个电力企业承贷，下同）电力用户征收的政府性基金，专项用于农村电网改造贷款还本付息。根据《国务院关于加强预算外资金管理的决定》（国发〔1996〕29 号）的规定，农网还贷资金纳入国家财政预算管理。

第二条　农网还贷资金按社会用电量每度电 2 分钱标准，并入电价收取。

第三条　农网还贷资金减免范围包括：

（一）农业排灌、抗灾救灾及氮肥、磷肥、钾肥和原化工部颁发生产许可证的复合肥生产用电免征农网还贷资金；

（二）自备电厂自用电量免征农网还贷资金；

（三）国有重点煤炭企业生产用电、核工业铀扩散厂和堆化工厂生产用电农网还贷资金暂按每千瓦时用电量三厘钱标准征收。

第四条 农网还贷资金由电网经营企业在向用户收取电费时一并收取，并在电费收款凭证中注明农网还贷资金的征收电量、征收标准和征收金额。除规定的减免用量外，电力用户必须及时足额交纳农网还贷资金。

第五条 征收农网还贷资金必须按照《中华人民共和国增值税暂行条例》及其他有关规定缴纳增值税和流转环节的其他税费，按规定纳入预算管理后免征企业所得税。

第六条 征收农网还贷资金的电网经营企业，可按年征收额的千分之二提取手续费，并计入企业的应付工资科目。

第七条 电网经营企业将收取的农网还贷资金在销售收入中单独核算，集中到省级电力企业，由省级电力企业按月向财政部驻当地财政监察专员办事处申报农网还贷资金征收情况，由财政部驻当地财政监察专员办事处按比例开具一般缴款书分别缴入中央和地方省级国库。具体缴库比例原则上按国家批准的农网改造贷款计划确定，详见附表。农网改造竣工后，实际投资没有完成计划的省、自治区、直辖市，由财政部相应调整缴入中央和地方省级国库的比例。缴入国库的农网还贷资金暂时分别列入《2001 年政府预算收支科目》的基金预算收入科目第800101 项“中央电力建设基金收入”及第 800102 项“地方电力建设基金收入”。

第八条 农网还贷资金使用单位必须按规定编制农网还贷资金使用预算，分别报财政部和省级财政部门。其中，中央单位报财政部审批，地方单位报省级财政部门审批。

第九条 对经批准的农网还贷资金使用预算，由财政部和省级财政部门根据农网还贷资金缴库进度办理拨款手续。

中央单位向财政部提出拨款申请，由财政部拨款，原则上每月拨付一次。

缴入地方省级国库的农网还贷资金由有关省、自治区、直辖市财政厅（局）比照缴入中央国库的农网还贷资金拨付原则制定具体办法，报财政部备案。

拨付的农网还贷资金暂时分别列入《2001 年政府预算收支科目》的基金预算支出科目第800101 项“中央电力建设基金支出”、第 800102 项“地方电力建设基金支出”。

第十条 农网还贷资金征收使用应接受财政、审计等部门的监督。有关企业必须严格按照国家规定征收农网还贷资金，不得擅自调整征收范围和标准。使用单位应严格按批准的预算和财政部门核拨的资金及规定用途安排使用农网还贷资金。

第十一条 本办法执行时间暂定 5 年，即从 2001 年 1 月 1 日至 2005 年 12 月 31 日止。征收期满后，根据农网改造还贷情况由财政部另行规定。

第十二条 有关省、自治区、直辖市财政厅（局）应根据本办法规定制定具体实施办法，并报财政部备案。

附表（略）

3-21 国家重大水利工程建设基金征收使用管理暂行办法

（财综〔2009〕90 号，2009 年 12 月 31 日财政部、国家发展和改革委员会、水利部发布）

第一条 为筹集国家重大水利工程建设资金，确保国家重大水利工程建设的顺利实施，促进经济社会可持续发展，根据国家有关规定，制定本办法。

第二条 国家重大水利工程建设基金（以下简称重大水利基金）是国家为支持南水北调工程建设、解决三峡工程后续问题以及加强中西部地区重大水利工程建设而设立的政府性基金。

第三条 重大水利基金利用三峡工程建设基金停征后的电价空间设立。

第四条 重大水利基金按下列原则筹集和分配：

（一）三峡工程建设基金向重大水利基金平稳过渡，保持三峡工程建设基金现行征收政策基本不变；

（二）南水北调和三峡工程直接受益省份筹集的重大水利基金，专项用于南水北调工程建设和三峡工程后续工作；

（三）南水北调和三峡工程非直接受益省份筹集的重大水利基金，留给所在省份用于本地重大水利工程建设。

第五条 重大水利基金在除西藏自治区以外的全国范围内筹集，按照各省、自治区、直辖市扣除国家扶贫开发工作重点县农业排灌用电后的全部销售电量和规定征收标准计征。各省、自治区、直辖市全部销售电量包括省级电网企业销售给电力用户的电量、省级电网企业扣除合理线损后的趸售电量（即实际销售给转供单位的电量）、省级电网企业销售给子公司的电量和对境外销售电量、企业自备电厂自发自用电量、地方独立电网销售电量（不含省级电网企业销售给地方独立电网企业的电量，下同）。跨省（自治区、直辖市）电力交易，计入受电省份销售电量。各省、自治区、直辖市重大水利基金的具体征收标准见附件。

第六条 重大水利基金从 2010 年 1 月 1 日起开始征收，至 2019 年 12 月 31 日止。

第七条 除企业自备电厂自发自用电量和地方独立电网销售电量外，重大水利基金由省级电网企业在向电力用户收取电费时一并代征。

第八条 北京、天津、河北、河南、山东、江苏、上海、浙江、安徽、江西、湖北、湖南、广东、重庆等 14 个南水北调和三峡工程直接受益省份（以下简称 14 个省份）电网企业代征的重大水利基金，由财政部驻当地财政监察专员办事处（以下简称专员办）负责征收，并全额上缴中央国库。

山西、内蒙古、辽宁、吉林、黑龙江、福建、广西、海南、四川、贵州、云南、陕西、甘肃、青海、宁夏、新疆等 16 个南水北调和三峡工程非直接受益省份（以下简称 16 个省份）电网企业代征的重大水利基金，由当地省级财政部门负责征收，并全额上缴省级国库。

第九条 对企业自备电厂自发自用电量和地方独立电网销售电量应缴纳的重大水利基金，按照本办法第八条划分省份分别由驻当地专员办和省级财政部门直接征收，并分别缴入中央和省级国库。

第十条 14 个省份的重大水利基金由专员办按月征收，实行直接缴库。省级电网企业、拥有自备电厂企业和地方独立电网企业应于每月 10 日前向驻当地专员办申报上月实际销售电量（自发自用电量）和应缴纳的重大水利基金。专员办应于每月 12 日前完成对申报的审核，确定重大水利基金征收数额，并向申报企业开具《非税收入一般缴款书》。省级电网企业、拥有自备电厂企业和地方独立电网企业应于每月 15 日前，按照专员办开具《非税收入一般缴款书》所规定的缴款额，足额上缴资金。

专员办应根据省级电网企业、拥有自备电厂企业和地方独立电网企业全年实际销售电量（自发自用电量），在次年 3 月底前完成对相关企业全年应缴重大水利基金的汇算清缴工作。专员办开展汇算清缴工作时，应对电力用户欠缴电费、电网企业核销坏账损失的电量情况进行审核，经确认后不计入相关企业全年实际销售电量。16 个省份重大水利基金的具体征管办法由当地省级财政部门制定。

第十一条 拥有自备电厂企业、地方独立电网企业应准确计量自发自用电量和销售电量，不能准确计量的，由专员办和省级财政部门按照其最大发电（售电）能力核定自发自用电量和销售电量，并确定重大水利基金征收数额。

第十二条 重大水利基金收入列政府收支分类科目第 103 类 01 款 58 项“国家重大水利工程建设基金收入”。其中：专员办对 14 个省份征收的重大水利基金分别计入“国家重大水利工程建设基金收入”项下 01 目“南水北调工程建设资金”和 02 目“三峡工程后续工作资金”；16 个省份省级财政部门征收的重大水利基金计入“国家重大水利工程建设基金收入”项下 03 目“省级重大水利工程建设资金”。

第十三条 14 个省份省级电网企业代征重大水利基金，由中央财政按代征额的 2‰付给代征手续费，代征手续费从重大水利基金支出预算中安排，分别支付给国家电网公司和中国南方电网有限责任公司，具体支付方式按照财政部有关规定执行。代征电网企业不得从代征收入中直接提留代征手续费。

16 个省份省级电网企业代征重大水利基金，由省级财政从本级重大水利基金支出预算中付给代征手续费，具体办法由省级财政部门规定。

第十四条 省级电网企业应将代征的重大水利基金与其正常业务收入分账核算。省级电网企业、拥有自备电厂企业和地方独立电网企业应及时足额上缴重大水利基金，不得拖延缴纳，如逾期不缴纳的，专员办和省级财政部门应责令其限期缴纳，并从滞纳之日起按日加收滞纳部分 2‰的滞纳金。滞纳金纳入本金一并核算。

第十五条 未经国务院批准，任何地方、部门和单位均不得擅自减免重大水利基金，不得调整基金征收范围和征收标准。

第十六条 对重大水利基金征收增值税而减少的收入，由财政预算安排相应资金予以弥补，并计入“国家重大水利工程建设基金收入”科目核算。

第十七条 重大水利基金按下列规定进行分配和使用。

（一）14 个省份缴入中央国库的重大水利基金，纳入中央财政预算管理，由中央财政安排用于南水北调工程建设、三峡工程后续工作和支付三峡工程公益性资产运行维护费用、支付重大水利基金代征手续费。其中：南水北调工程建设与三峡工程后续工作之间的分配比例另行规定。

（二）16 个省份缴入省级国库的重大水利基金，纳入省级财政预算管理，专项用于本地重大水利工程建设。

第十八条 用于南水北调工程建设的重大水利基金，由南水北调工程项目法人根据工程建设进度提出年度投资建议，报国务院南水北调办审查，并由国务院南水北调办报国家发展改革委审核后，纳入国家固定资产投资计划。同时，国务院南水北调办要编制重大水利基金年度支出预算，报财政部审核。财政部根据批准的年度投资计划、基金收支预算和基金实际征收入库情况安排资金。重大水利基金用于南水北调工程建设，暂作为中央资本金管理。

第十九条 用于三峡工程后续工作的重大水利基金，按照经国务院批准的《三峡工程后续工作规划》要求安排使用，具体使用管理办法另行制定。

第二十条 缴入中央国库的重大水利基金在满足南水北调工程建设和三峡工程后续工作需要后的结余资金，由财政部会同国家发展改革委、水利部提出分配和使用意见，报国务院确定。

第二十一条 缴入省级国库的重大水利基金，由省级发展改革部门纳入固定资产投资计划统筹安排，并由省级财政部门编制年度基金收支预算。省级财政部门根据批准的年度投资计划、基金收支预算和基金实际征收入库情况安排资金。

16个省份要将重大水利基金年度收支情况报财政部、国家发展改革委、水利部备案。

第二十二条 重大水利基金应严格按规定安排使用，实行专款专用，年终结余结转下年度继续使用。重大水利基金的资金支付按照财政国库管理制度有关规定执行。

第二十三条 重大水利基金支出在政府收支分类科目中列第213类04款70项“国家重大水利工程建设基金支出（南水北调工程建设）”、71项“国家重大水利工程建设基金支出（三峡工程后续工作）”、72项“国家重大水利工程建设基金支出（地方重大水利工程建设）”。

第二十四条 各级财政、发展改革、水利、审计、监察部门应按照职责分工，加强对重大水利基金征收、拨付、使用和管理情况的监督检查，确保基金按规定征缴和使用。

第二十五条 对违反本规定，多征、减征、缓征、停征，或者侵占、截留、挪用重大水利基金的单位及责任人，依照《财政违法行为处罚处分条例》（国务院令第427号）和《违反行政事业性收费和罚没收入收支两条线管理规定行政处分暂行规定》（国务院令第281号）进行处罚或行政处分，构成犯罪的，依法追究刑事责任。

第二十六条 16个省份可根据本办法制定本地区重大水利基金具体实施办法，并报财政部、国家发展改革委、水利部备案。

第二十七条 本办法由财政部商有关部门负责解释。

第二十八条 本办法自2010年1月1日起执行，三峡工程建设基金同时停止征收，原涉及三峡工程建设基金征收使用管理的文件一律废止。

附：征收标准（略）

3-22 国家工商行政管理局关于电业局在农网改造中滥收费用定性处理问题的答复

（工商公字〔2000〕第311号，2000年12月26日国家工商行政管理局发布）

福建省工商行政管理局：

你局《关于对福州市电业局在农网改造中滥收费用可否依照〈反不正当竞争法〉定性处罚的请示》（闽工商公字〔2000〕第614号）收悉。经研究，答复如下：

电业局属于《反不正当竞争法》第六条规范的提供供电服务的公用企业。电业局在农网改造中，滥用其独占地位，对安装20安培及以上电能表的用户加收150元的“低压接户改造费”，对拒绝交纳该笔费用的用户，不予安装电能表，其行为违反了《反不正当竞争法》第六条规定并构成《关于禁止公用企业限制竞争行为的若干规定》第四条（六）项所列的限制竞争行为，应当按照《反不正当竞争法》第二十三条的规定予以处罚。

国家工商行政管理局

2000年12月26日

3-23　国家工商行政管理总局对供电部门强行收取不该收取的费用行为定性处罚问题的答复

（工商公字〔2001〕第175号，2001年7月6日国家工商行政管理总局发布）

山东省工商行政管理局：

你局《关于供电部门在农村低压电网改造中违反国家规定向村委会和农民收取施工费、材料费是否属于滥收费用的不正当竞争行为的请示》（鲁工商公字〔2001〕96号）收悉。经研究，答复如下：

一、根据有关规定，国家已安排专款用于农网改造，除电能表以下入户线由农民出资购买、部分改造资金不足地区电能表由农民集资购买外，严禁向农民收取任何形式的材料费、施工费、管理费、手续费、供电及配电贴费（增容费）等其他费用。

二、供电部门是提供电力服务的经营者，属于《反不正当竞争法》第六条规定的公用企业。供电部门在农网改造中，违反国家有关规定，在农民不知情的情况下，通过与村委会签订格式合同，向农民收取材料费、施工费等费用，其行为实质上是滥用其在农网改造中的独占地位，强行收取不该收取的费用，违反了《反不正当竞争法》第六条的规定，构成《关于禁止公用企业限制竞争行为的若干规定》第四条第六项所列"对不接受其不合理条件的用户、消费者拒绝、中断或者削减供应相应相关商品，或者滥收费用"的限制竞争行为，应当根据《反不正当竞争法》第二十三条的规定予以处罚。

国家工商行政管理总局

2001年7月6日

3-24　国家工商行政管理总局关于电力局在农网改造中实施限制竞争行为及被指定的经营者借此滥收费用问题的答复

（工商公字〔2002〕第287号，2002年12月31日国家工商行政管理总局发布）

湖南省工商行政管理局：

你局《关于永州市江华县电力局在农网改造中强制用户购买其统一采购的商品及收取超过物价部门规定的标准费用的行为是否应依据〈反不正当竞争法〉予以定性处罚的请示》（湘工商法字〔2002〕241号）收悉。经研究，答复如下：

一、电力局属于《反不正当竞争法》第六条规定的公用企业。电力局滥用其优势地位，在农村电网改造中，采取不拉线、不送电等手段，强制用户向其劳动服务公司购买其招标采购的电能表及进户线等器材的行为，违反了《反不正当竞争法》第六条和《关于禁止公用企业限制竞争行为的若干规定》第四条第二项规定，构成限制竞争行为，工商行政管理机关应当依据《反不正当竞争法》第二十三条规定予以处罚。

二、对于被指定的经营者借此滥收费用的行为，工商行政管理机关有权依据《反不正当竞争法》第二十三条规定予以处罚。

国家工商行政管理总局
2002 年 12 月 31 日

3-25 关于清理规范城镇供水供电供气供暖行业收费促进行业高质量发展的意见

（国办函〔2020〕129 号，2020 年 12 月 23 日国家发展改革委、财政部、住房城乡建设部、市场监管总局、国家能源局发布）

供水供电供气供暖等公用事业，是城镇经济运行和社会发展的重要保障，具有显著的基础性、先导性和自然垄断性，直接关系社会公众利益和人民群众生活质量。近年来，我国城镇公用设施建设不断加强，公用事业市场化积极推进，服务覆盖率和服务质量持续上升，但仍存在部分地区服务收费的项目偏多、标准偏高、行为不规范，部分企业服务意识不强、服务质量和效率不高等问题。清理规范城镇供水供电供气供暖等行业收费，完善价格形成机制，有利于促进企业提高生产经营效率和市场竞争力、进一步优化营商环境，有利于吸引社会资本进入、降低实体经济成本、减轻社会负担和提高人民群众满意度。为贯彻落实党中央、国务院决策部署，理清价费关系、完善价格机制、提升服务质量，现就清理规范城镇供水供电供气供暖行业收费、促进行业高质量发展，提出以下意见。

一、总体要求

（一）指导思想。以习近平新时代中国特色社会主义思想为指导，全面贯彻党的十九大和十九届二中、三中、四中、五中全会精神，深化供水供电供气供暖行业市场化改革，区分网络型自然垄断环节和竞争性环节，明确属性定位，合理界定政府、企业、用户的权利义务，进一步深化公用事业领域“放管服”改革，加快推进竞争性环节的市场化，提升对网络型自然垄断环节价格监管的科学化、精细化、规范化水平，有效发挥价格机制激励约束作用，降低城镇经济社会运行基础成本，不断提高水电气暖等产品和服务供给的质量和效率，增强人民群众获得感。

（二）基本原则。

——坚持权责对等。科学界定政府、企业、用户的权责关系，实现主体明确、价费清晰、权责相符。按照“谁运营、谁负责”、“谁受益、谁付费”原则，明确投资、建设、运营、维护、使用、监管等主体责任，引导公用事业属性合理定位和成本合理分担。

——坚持清费顺价。坚决清理取消各种形式的不合理收费，提供产品和服务的合理成本主要通过价格得到补偿。对实行政府定价或政府指导价的项目，合理确定成本构成，加强成本监审，完善价格形成机制，科学确定价格水平。

——坚持标本兼治。着眼长远，着力当下，既要抓紧解决供水供电供气供暖行业收费方面存在的突出问题，又要持续深化行业管理体制、企业经营机制改革，强化制度建设，完善政府监管体系，建立健全促进行业健康发展的长效机制。

——坚持稳步推进。统筹考虑各地区经济社会发展水平和社会承受能力，妥善处理经济效益与社会公平、企业发展与民生保障、改革与稳定的关系，因地制宜、稳慎推进，采取综合有效措施保障供水供电供气供热企业正常生产经营。

（三）主要目标。到2025年，清理规范供水供电供气供暖行业收费取得明显成效，科学、规范、透明的价格形成机制基本建立，政府投入机制进一步健全，相关行业定价办法、成本监审办法、价格行为和服务规范全面覆盖，水电气暖等产品和服务供给的质量和效率明显提高。

二、清理取消不合理收费

（一）供水环节收费。取消供水企业及其所属或委托的安装工程公司在用水报装工程验收接入环节向用户收取的接水费、增容费、报装费等类似名目开户费用，以及开关闸费、竣工核验费、竣工导线测量费、管线探测费、勾头费、水钻工程费、碰头费、出图费等类似名目工程费用。

（二）供电环节收费。取消供电企业及其所属或委托的安装工程公司在用电报装工程验收接入环节向用户收取的移表费、计量装置赔偿费、环境监测费、高压电缆介损试验费、高压电缆震荡波试验费、低压电缆试验费、低压计量检测费、互感器试验费、网络自动化费、配电室试验费、开闭站集资费、调试费等类似名目费用。

（三）供气环节收费。取消燃气企业应通过配气价格回收成本的收费项目，包括：涉及建筑区划红线外市政管网资产的增压费、增容费等类似名目费用；涉及市政管网至建筑区划红线连接的接驳费、开通费、接线费、切线费、吹扫费、放散费等建设及验收接入环节费用；涉及建筑区划红线内至燃气表的设施维修维护、到期表具更换等费用。取消与建筑区划红线内燃气工程安装不相关或已纳入工程安装成本的收费项目，包括开口费、开户费、接口费、接入费、入网费、清管费、通气费、点火费等类似名目费用。

（四）供暖环节收费。取消北方采暖地区城镇集中供热企业向用户收取的接口费、集中管网建设费、并网配套费等类似名目费用。建筑区划红线内属于用户资产的供热设施经验收合格依法依规移交供热企业管理的，相关维修维护等费用由供热企业承担，纳入企业经营成本，不得另行向用户收取。

（五）接入工程费用。在城镇规划建设用地范围内，供水供电供气供热企业的投资界面应延伸至用户建筑区划红线，除法律法规和相关政策另有规定外，不得由用户承担建筑区划红线外发生的任何费用。从用户建筑区划红线连接至公共管网发生的入网工程建设，由供水供电供气供热企业承担的部分，纳入企业经营成本；按规定由政府承担的部分，应及时拨款委托供水供电供气供热企业建设，或者由政府直接投资建设。

（六）其他各类收费。严禁政府部门、相关机构对供水供电供气供暖计量装置强制检定收费；供水供电供气供热企业或用户自愿委托相关机构对计量装置进行检定的，按照“谁委托、谁付费”原则，检定费用由委托方支付，但计量装置经检定确有问题的，由供水供电供气供热企业承担检定费用，并免费为用户更换合格的计量装置。严禁向用户收取水电气热计量装置费用。任何单位代收供水供电供气供暖费时，严禁向用户加收额外费用。建筑区划红线内供水供电供气供暖管网的建设安装、更新改造、维修维护等费用已由政府承担的，不得再向用户收取。新建商品房、保障性住房等建筑区划红线内供水供电供气供暖管线及配套设备设施的建设安装费用统一纳入房屋开发建设成本，不得另外向买受人收取；投入使用后，可依法依规移交给供水供电供气供热企业实行专业化运营管理，相关运行维护等费用纳入企业经营成本。

以上收费项目，没有合法有效政策依据的全部取消；地方政府采取特许经营协议等方式授权供水供电供气供热企业以入网费、集中管网建设费、并网配套费等名目收取专项建设费用补偿收入的，应结合理顺水电气暖价格、建立健全补贴机制逐步取消，具体取消时间由各地确定。

三、加快完善价格形成机制

（一）完善供水价格机制。城镇供水价格应纳入地方定价目录，实行政府定价或政府指导价。加快建立健全以“准许成本加合理收益”为基础，有利于激励提升供水质量、促进节约用水的价格机制。建筑区划红线内供水（含二次加压调蓄）设施依法依规移交给供水企业管理的，其运行维护、修理更新等费用计入供水成本。在严格成本监审的基础上，综合考虑企业生产经营及行业发展需要、社会承受能力、促进全社会节水等因素，合理制定并动态调整供水价格。

（二）完善电价机制。结合国家电力体制改革，逐步理顺输配电价结构，加快形成结构优化、水平合理的输配电价体系。平稳推进上网电价机制改革，有序放开各类电源上网电价，完善跨省跨区电力价格市场化形成机制。有序放开除居民、农业、重要公用事业和公益性服务以外的用电价格，逐步取消工商业目录电价。完善峰谷分时电价政策，健全差别电价机制。深入研究并逐步解决电价政策性交叉补贴问题。

（三）完善配气价格机制。城镇配气价格应纳入地方定价目录，实行政府定价或政府指导价。加快核定独立配气价格，由燃气企业投资建设的市政管网、市政管网至建筑区划红线外的管网，企业自用的储气设施，以及其他与配气业务相关的设备设施等，纳入配气价格有效资产。建筑区划红线内按法律法规规定由燃气企业承担运行维护的成本，以及燃气表后至燃具前由燃气企业为排除安全隐患而开展的上门服务、安全检查、设施修理、材料更换等服务成本，纳入企业经营成本。

（四）完善供暖价格机制。城镇集中供暖价格应纳入地方定价目录，实行政府定价或政府指导价。合理制定并动态调整热力销售价格，稳步推进计量收费改革，具备条件的地区逐步实行基本热价和计量热价相结合的两部制热价，暂不具备条件的地区按供热面积计收热费。热电联产的供热企业，应将成本在电、热之间合理分摊。

四、严格规范价格收费行为

（一）明确可保留的收费项目。供水供电供气供热企业设施产权分界点以后至用水用电用气用热器具前，为满足用户个性化需求所提供的延伸服务等，应明确服务项目、服务内容，允许收取合理费用，实行明码标价。对市场竞争不充分、仍具有垄断性的少数经营服务性收费，可依法实行政府定价或政府指导价。城镇老旧小区水电气暖改造工程费用，可通过政府补贴、企业自筹、用户出资等方式筹措，具体方式和费用分摊方案由各地区结合实际确定。

（二）规范政府定价行为。制定完善城镇供水供电供气供暖成本监审和定价办法，明确成本构成，细化职工薪酬、折旧费、损耗等约束性指标，合理制定价格。少数实行政府定价或政府指导价的工程安装收费，要合理确定利润率，偏高的要尽快降低。高可靠性供电收费政策，由各地区结合实际明确。对自备电厂系统备用费，各地区应参照当地大工业输配电价中的基本电价水平，并根据省级电网输配电价合理制定。对余热、余压、余气自备电厂，继续减免系统备用费。加强成本和价格信息公开，保障用户知情权。

（三）规范经营者收费行为。供水供电供气供热企业应抄表到户、服务到户，严格按照政府规定的销售价格向终端用户收取水电气暖费用。对供水供电供气供热企业暂未直抄到户的终端用户，任何单位或个人不得在水电气暖费用中加收其他费用，对具备表计条件的终端用户，应按照政府规定的销售价格执行；对不具备表计条件的终端用户，水电气暖费用应由终端用户公平分摊。物业公共部位、共用设施和配套设施的运行维护费用等，应通过物业费、租金或公共收益解决，不得以水电气暖费用为基数加收服务类费用。经营者要建立健全各项收费及费用分摊相关信息的公示制度，及时向终端用户公开。严禁以强制服务、捆绑收费等形式收取不合理费用。严禁供水供电供气供热企业实施垄断行为，对违反反垄断法、妨碍市场公平竞争、损害其他市场主体和消费者利益的，按照相关法律法规予以处罚。

五、提升服务水平

（一）健全行业管理制度和技术标准体系。有关行业主管部门要加快完善供水供电供气供暖等城市基础设施规划、工程设计、工程建设、工程验收、运行维护等制度规定，明确工程验收标准和程序，加强标准协调衔接，加快形成系统性技术标准体系。对于已有技术标准的，要进一步梳理完善，及时调整不合理规定；对于尚无技术标准的，要加快制定，尽快出台。

（二）加快完善行业服务质量体系。有关行业主管部门要按照深化“放管服”改革要求，制定完善供水供电供气供暖行业服务质量规范和评价体系。加强行业服务质量管理，通过采取行业服务质量评估、公开通报行业服务情况等方式，提升行业整体服务质量。

（三）不断提高企业服务水平。供水供电供气供热企业要增强服务意识，提高工作效率和服务水平，向用户提供安全、便捷、稳定、价格合理的产品和服务。制定简捷、标准化的服务办理流程，公开服务标准、资费标准等信息，严格落实承诺制度，接受社会监督。积极推进“一站式”办理和“互联网+”服务模式，推动申请报装、维修、过户、缴费、开具发票等“一窗受理、一网通办、一站办结”，进一步压缩办理时限，鼓励有条件的地区推动有关服务事项进驻政务服务大厅。

六、改善发展环境

（一）提升市政配套基础设施规划建设管理水平。坚持市政配套基础设施先规划后建设、先地下后地上，加强专项规划编制，统筹城镇基础设施规划、建设和管理，确保老城区与新城区及园区互联互通，地上与地下整体协调，避免条块分割、多头管理。储备土地应进行必要的前期开发建设，完善与地块相关的道路及供水供电供气供热等配套基础设施建设方案，落实工程建设资金，确保市政配套基础设施与建设项目同步使用。与储备土地直接相关的市政配套基础设施建设费用可按规定纳入土地开发支出，不得由供水供电供气供热企业负担。

（二）加快放开经营服务市场。深化供水供电供气供暖行业体制机制改革，进一步放开市场准入限制，推动向规模化、集约化、跨地区经营方向发展，促进行业提质增效。支持通过政府和社会资本合作（PPP）、混合经营等方式，引导社会资本有序进入，增加市场供给。创新项目投资运营管理方式，实行投资、建设、运营和监管分开，促进设计施工、工程验收、运行维护等环节公平竞争。鼓励推进企业主营业务和工程设计施工业务分离，同步加强工程设计审查、施工监理、竣工验收等工作，确保工程质量。

（三）完善相关法律法规制度。鼓励各地区不断总结实践经验，根据国家有关法律法规，建立健全地方性法规，合理界定政府、企业、用户的权利义务。尤其对建筑区划红线内外的工程，要分清管网设施设备产权和运行维护、抢修、更新改造的责任，明晰管理边界，确保主体明确、权责相符。

七、切实抓好政策落实

（一）加强组织领导。各地区各部门要充分认识清理规范供水供电供气供暖行业收费的重要意义，切实提高政治站位，统一思想，强化责任担当。各地方人民政府要明确部门任务分工，建立联合工作机制，逐项细化分解工作任务；落实主体责任，取消收费项目后属于公共服务范围的，应通过财政补贴、价格补偿等方式保障公共服务供给。

（二）稳妥推进实施。各地区要结合实际制定出台具体实施方案，深化细化实化改革措施，兼顾各方利益，充分评估可能出现的风险，制定应对预案，稳妥把握节奏和力度，合理设置过渡期，确保不影响正常生产生活。特别是对需要理顺价格的，要精心选择合适时机，对低收入群体予以重点关注，加大财政投入力度，做好兜底保障工作，确保平稳落地。对采取特许经营等方式的供水供电供气供暖企业，要合理制定相关收费标准，明确政府付费和使用者付费的界限，妥善处理好价格补偿和政府补贴的关系，保障项目正常运营。

（三）强化监督检查。供水供电供气供热企业要按照“规范化、标准化、便民化”要求，全面梳理自查现行收费项目和标准，取消不合理收费项目，纠正强制性收费，降低偏高收费标准。市场监管部门要加强对供水供电供气供暖工程安装、维护维修领域的价格监管和反垄断执法，着力查处不执行政府定价或政府指导价、收取不合理费用以及达成实施垄断协议、滥用市场支配地位和滥用行政权力排除限制竞争等违法违规行为。对违法违规典型案例，要及时向社会公开曝光，发挥警示作用。

（四）加强宣传引导。各地区各部门要通过多种渠道、多种方式广泛宣传清理规范供水供电供气供暖行业收费、促进行业高质量发展的重要意义和典型经验做法，加强政策解读，及时回应社会关切，营造良好舆论氛围。

本意见自2021年3月1日起施行。

3-26　发电企业与电网企业电费结算办法

（国能发监管〔2020〕79号，2020年12月30日国家能源局发布）

第一章　总　　则

第一条　为维护电力市场秩序，保障电力企业合法权益，规范发电企业与电网企业之间电费结算行为，根据《电力监管条例》（中华人民共和国国务院令第432号）及相关法律法规，制定本办法。

第二条　本办法适用于发电企业与电网企业（包括地方电网、增量配网）按照购售电合同开展的电费结算。电网企业在电力市场交易中承担代收代付电费职责的，与发电企业电费结算参照执行。

第三条　本办法所称的发电企业是指依法取得电力业务许可证（发电类）或符合许可豁免条件，从事发电业务的企业；电网企业是指依法取得电力业务许可证（输电类或供电类），从事输电或供电业务的企业，包括增量配电网企业；电费结算是指发电企业与电网企业就购售电业务相关的电量计量、电费确认、发票开具和资金收付等行为的总称。

第四条　发电企业与电网企业电费结算应当遵循依法依规、公平公正、诚实守信的原则。任何一方不得利用电费结算扰乱社会经济秩序，损害社会公共利益。

第五条　国家能源局及其派出机构（以下统称“能源监管机构”）依据《电力监管条例》和本办法对发电企业与电网企业电费结算行为进行监管。

第二章 电费结算要求

第六条 发电企业与电网企业应当按照有关要求签订购售电合同，未签订购售电合同的，不得进行电费结算。

第七条 电网企业代理优先用电用户的年度、月度、月内（多日）省内及跨省跨区电力中长期交易需签订购售电合同。

第八条 电费结算有关事项应当在购售电合同中予以明确，包括但不限于：计量装置及其设置，上网电量的抄录、计算、核对和确认，上网电费的计算、核对、修正和确认，基准电价、市场交易电价、超低排放电价、环保电价等各类价格水平，可再生能源补贴结算，上网电费发票开具，上网电费支付方式，发电企业收款账号，以及违约处理等。

第九条 发电企业、电网企业应当按照有关要求安装符合技术规范的上网电量计量装置，确保计费电量真实、准确。

第十条 发电企业、电网企业应当严格执行国家电价政策和市场规则，不得自行变更电价水平或电价机制进行电费结算。

第十一条 电费结算原则上以月度为周期（结算周期应当为每个自然月）。新建发电机组调试电费自并网运行后以月为周期进行结算。燃煤发电企业超低排放电费原则上以季度为周期进行结算，电网企业自收到环保部门出具的监测报告之日起十个工作日内向燃煤电厂兑现电价加价资金。

第十二条 电网企业应当及时足额向纳入国家补贴范围的可再生能源发电企业转付中央财政等补贴。原则上电网企业在收到中央财政补贴资金十个工作日内，按照有关要求及时兑付给可再生能源发电企业。电网企业转付地方财政补贴有明确规定的，按照有关规定执行；没有明确规定的，电网企业在收到地方财政补贴资金十个工作日内，及时兑付给可再生能源发电企业。

第十三条 发电企业上网电量根据相关地区交易结算有关规定进行抄录和确认，逐步实现发用双方抄表日历同期，原则上应当在次月初五个工作日内完成。

第十四条 发电企业上网电费应当严格按照购售电合同的约定进行计算，按规定进行核对、修正和确认，原则上应当在上网电量确认日后五个工作日内完成。

第十五条 发电企业应当根据厂网双方确认的电费结算单（结算依据）及时、足额向电网企业开具增值税专用发票，原则上应当在上网电费确认日后五个工作日内完成。电费结算单（结算依据）应当详细列明交易品种、交易电量、交易金额、辅助服务考核项目及金额。实行分时电价机制的应当详细列明分时电量、电费等内容。

第十六条 跨省跨区交易结算由相应电力交易机构统一出具结算依据，由电网企业负责电费收取，向输电方支付输配电费及线损折价，向发电企业支付购电费。

第十七条 电网企业根据结算双方确认的电费结算单（结算依据），及时足额支付电费。

电费原则上一次性支付，在电费确认日后十个工作日内，由电网企业将当期电费全额支付给发电企业。电网企业经与发电企业协商一致后，也可分两次支付。第一次支付不低于该期电费的百分之五十，付清时间不得超过电费确认日后五个工作日，第二次付清时间不得超过电费确认日后十个工作日。

第十八条 电费结算采取国家规定的结算方式，由发电企业与电网企业协商一致，在购售电合同中作出明确、合理约定。

从用户侧收取电费中承兑汇票占比较高且经营效益较差的电网企业，向发电企业支付的承兑汇票，不得高于当期从用户侧收取承兑汇票的百分之五十，且应当在发电企业间进行合理分摊。经双方协商一致，电网企业与发电企业结算电费中使用承兑汇票的比例，应当在购售电合同中明确。电网企业不得使用承兑汇票兑付可再生能源发电企业中央财政补贴。

第十九条 电网企业应当采取有效措施从用户侧收取电费，不得以用户侧欠费为由停止或者减少向发电企业支付上网电费。电网企业如不能按合同约定期限支付上网电费（不可抗力因素除外），应当向发电企业支付违约金。违约金由双方协商约定，由电网企业支付至发电企业电费结算账户。

第二十条 电网企业代理的优先用电用户电量（包括跨省跨区交易电量）应当合理分摊辅助服务费用。

第二十一条 发电企业、电网企业应当保存各自电费结算的原始资料与记录。

第二十二条 发电企业、电网企业在电费结算过程中发生争议，双方可自行协商解决。无法达成一致的，可向能源监管机构申请调解，争议和调解不得影响无争议电费的结算。

第三章 电费结算监管

第二十三条 能源监管机构可采取信息统计、座谈交流、查阅资料、现场监管等方式进行监管，并适时在一定范围内发布监管报告。

第二十四条 发电企业、电网企业应当按照电力企业信息报送有关规定，向能源监管机构报送电费结算情况。

第二十五条 能源监管机构按照《国家能源局能源争议纠纷调解规定》（国能监管〔2017〕74号）对电费结算争议进行调解。经调解仍无法达成一致的，发电企业、电网企业可按照司法程序解决。

第二十六条 电网企业无正当理由未按合同约定支付上网电费的，能源监管机构可责令改正；恶意拖欠电费的，能源监管机构可依据《电力监管条例》有关规定进行处罚，并公示处理结果。

第二十七条 发电企业、电网企业进行电费结算时如有不执行国家电价政策、不执行市场规则、擅自改变电价水平和电价机制等行为，能源监管机构有权制止，责令其限期改正，并公示处理结果。

第二十八条 发电企业和电网企业如有拒绝或者阻碍能源监管机构工作人员依法依规履行监管职责、不按要求向能源监管机构提供有关信息等行为，能源监管机构可依据《电力监管条例》以及电力企业信息报送和披露等有关规定对其进行处罚。

发电企业、电网企业在电费结算过程中扰乱社会经济秩序，损害社会公共利益构成犯罪的，按照司法程序依法追究刑事责任。

第四章 附 则

第二十九条 本办法由国家能源局负责解释。

第三十条 本办法自2021年1月1日起施行，有效期三年，原国家电力监管委员会《发电企业与电网企业电费结算暂行办法》（电监价财〔2008〕24号）同时废止。

3-27 最高人民法院关于适用《中华人民共和国民法典》有关担保制度的解释

（法释〔2020〕28号，2020年12月31日最高人民法院公布）

为正确适用《中华人民共和国民法典》有关担保制度的规定，结合民事审判实践，制定本解释。

一、关于一般规定

第一条 因抵押、质押、留置、保证等担保发生的纠纷，适用本解释。所有权保留买卖、融资租赁、保理等涉及担保功能发生的纠纷，适用本解释的有关规定。

第二条 当事人在担保合同中约定担保合同的效力独立于主合同，或者约定担保人对主合同无效的法律后果承担担保责任，该有关担保独立性的约定无效。主合同有效的，有关担保独立性的约定无效不影响担保合同的效力；主合同无效的，人民法院应当认定担保合同无效，但是法律另有规定的除外。

因金融机构开立的独立保函发生的纠纷，适用《最高人民法院关于审理独立保函纠纷案件若干问题的规定》。

第三条 当事人对担保责任的承担约定专门的违约责任，或者约定的担保责任范围超出债务人应当承担的责任范围，担保人主张仅在债务人应当承担的责任范围内承担责任的，人民法院应予支持。

担保人承担的责任超出债务人应当承担的责任范围，担保人向债务人追偿，债务人主张仅在其应当承担的责任范围内承担责任的，人民法院应予支持；担保人请求债权人返还超出部分的，人民法院依法予以支持。

第四条 有下列情形之一，当事人将担保物权登记在他人名下，债务人不履行到期债务或者发生当事人约定的实现担保物权的情形，债权人或者其受托人主张就该财产优先受偿的，人民法院依法予以支持：

（一）为债券持有人提供的担保物权登记在债券受托管理人名下；

（二）为委托贷款人提供的担保物权登记在受托人名下；

（三）担保人知道债权人与他人之间存在委托关系的其他情形。

第五条 机关法人提供担保的，人民法院应当认定担保合同无效，但是经国务院批准为使用外国政府或者国际经济组织贷款进行转贷的除外。

居民委员会、村民委员会提供担保的，人民法院应当认定担保合同无效，但是依法代行村集体经济组织职能的村民委员会，依照村民委员会组织法规定的讨论决定程序对外提供担保的除外。

第六条 以公益为目的的非营利性学校、幼儿园、医疗机构、养老机构等提供担保的，人民法院应当认定担保合同无效，但是有下列情形之一的除外：

（一）在购入或者以融资租赁方式承租教育设施、医疗卫生设施、养老服务设施和其他公益设施时，出卖人、出租人为担保价款或者租金实现而在该公益设施上保留所有权；

（二）以教育设施、医疗卫生设施、养老服务设施和其他公益设施以外的不动产、动产或者财产权利设立担保物权。

登记为营利法人的学校、幼儿园、医疗机构、养老机构等提供担保，当事人以其不具有担保资格为由主张担保合同无效的，人民法院不予支持。

第七条 公司的法定代表人违反公司法关于公司对外担保决议程序的规定，超越权限代表公司与相对人订立担保合同，人民法院应当依照民法典第六十一条和第五百零四条等规定处理：

（一）相对人善意的，担保合同对公司发生效力；相对人请求公司承担担保责任的，人民法院应予支持。

（二）相对人非善意的，担保合同对公司不发生效力；相对人请求公司承担赔偿责任的，参照适用本解释第十七条的有关规定。

法定代表人超越权限提供担保造成公司损失，公司请求法定代表人承担赔偿责任的，人民法院应予支持。

第一款所称善意，是指相对人在订立担保合同时不知道且不应当知道法定代表人超越权限。相对人有证据证明已对公司决议进行了合理审查，人民法院应当认定其构成善意，但是公司有证据证明相对人知道或者应当知道决议系伪造、变造的除外。

第八条 有下列情形之一，公司以其未依照公司法关于公司对外担保的规定作出决议为由主张不承担担保责任的，人民法院不予支持：

（一）金融机构开立保函或者担保公司提供担保；

（二）公司为其全资子公司开展经营活动提供担保；

（三）担保合同系由单独或者共同持有公司三分之二以上对担保事项有表决权的股东签字同意。

上市公司对外提供担保，不适用前款第二项、第三项的规定。

第九条 相对人根据上市公司公开披露的关于担保事项已经董事会或者股东大会决议通过的信息，与上市公司订立担保合同，相对人主张担保合同对上市公司发生效力，并由上市公司承担担保责任的，人民法院应予支持。

相对人未根据上市公司公开披露的关于担保事项已经董事会或者股东大会决议通过的信息，与上市公司订立担保合同，上市公司主张担保合同对其不发生效力，且不承担担保责任或者赔偿责任的，人民法院应予支持。

相对人与上市公司已公开披露的控股子公司订立的担保合同，或者相对人与股票在国务院批准的其他全国性证券交易场所交易的公司订立的担保合同，适用前两款规定。

第十条 一人有限责任公司为其股东提供担保，公司以违反公司法关于公司对外担保决议程序的规定为由主张不承担担保责任的，人民法院不予支持。公司因承担担保责任导致无法清偿其他债务，提供担保时的股东不能证明公司财产独立于自己的财产，其他债权人请求该股东承担连带责任的，人民法院应予支持。

第十一条 公司的分支机构未经公司股东（大）会或者董事会决议以自己的名义对外提供担保，相对人请求公司或者其分支机构承担担保责任的，人民法院不予支持，但是相对人不知道且不应当知道分支机构对外提供担保未经公司决议程序的除外。

金融机构的分支机构在其营业执照记载的经营范围内开立保函，或者经有权从事担保业务的上级机构授权开立保函，金融机构或者其分支机构以违反公司法关于公司对外担保决议程序的规定为由主张不承担担保责任的，人民法院不予支持。金融机构的分支机构未经金融机构授权提供保函之外的担保，金融机构或者其分支机构主张不承担担保责任的，人民法院应予支持，但是相对人不知道且不应当知道分支机构对外提供担保未经金融机构授权的除外。

担保公司的分支机构未经担保公司授权对外提供担保，担保公司或者其分支机构主张不承担担保责任的，人民法院应予支持，但是相对人不知道且不应当知道分支机构对外提供担保未经担保公司授权的除外。

公司的分支机构对外提供担保，相对人非善意，请求公司承担赔偿责任的，参照本解释第十七条的有关规定处理。

第十二条　法定代表人依照民法典第五百五十二条的规定以公司名义加入债务的，人民法院在认定该行为的效力时，可以参照本解释关于公司为他人提供担保的有关规则处理。

第十三条　同一债务有两个以上第三人提供担保，担保人之间约定相互追偿及分担份额，承担了担保责任的担保人请求其他担保人按照约定分担份额的，人民法院应予支持；担保人之间约定承担连带共同担保，或者约定相互追偿但是未约定分担份额的，各担保人按照比例分担向债务人不能追偿的部分。

同一债务有两个以上第三人提供担保，担保人之间未对相互追偿作出约定且未约定承担连带共同担保，但是各担保人在同一份合同书上签字、盖章或者按指印，承担了担保责任的担保人请求其他担保人按照比例分担向债务人不能追偿部分的，人民法院应予支持。

除前两款规定的情形外，承担了担保责任的担保人请求其他担保人分担向债务人不能追偿部分的，人民法院不予支持。

第十四条　同一债务有两个以上第三人提供担保，担保人受让债权的，人民法院应当认定该行为系承担担保责任。受让债权的担保人作为债权人请求其他担保人承担担保责任的，人民法院不予支持；该担保人请求其他担保人分担相应份额的，依照本解释第十三条的规定处理。

第十五条　最高额担保中的最高债权额，是指包括主债权及其利息、违约金、损害赔偿金、保管担保财产的费用、实现债权或者实现担保物权的费用等在内的全部债权，但是当事人另有约定的除外。

登记的最高债权额与当事人约定的最高债权额不一致的，人民法院应当依据登记的最高债权额确定债权人优先受偿的范围。

第十六条　主合同当事人协议以新贷偿还旧贷，债权人请求旧贷的担保人承担担保责任的，人民法院不予支持；债权人请求新贷的担保人承担担保责任的，按照下列情形处理：

（一）新贷与旧贷的担保人相同的，人民法院应予支持；

（二）新贷与旧贷的担保人不同，或者旧贷无担保新贷有担保的，人民法院不予支持，但是债权人有证据证明新贷的担保人提供担保时对以新贷偿还旧贷的事实知道或者应当知道的除外。

主合同当事人协议以新贷偿还旧贷，旧贷的物的担保人在登记尚未注销的情形下同意继续为新贷提供担保，在订立新的贷款合同前又以该担保财产为其他债权人设立担保物权，其他债权人主张其担保物权顺位优先于新贷债权人的，人民法院不予支持。

第十七条　主合同有效而第三人提供的担保合同无效，人民法院应当区分不同情形确定担保人的赔偿责任：

（一）债权人与担保人均有过错的，担保人承担的赔偿责任不应超过债务人不能清偿部分的二分之一；

（二）担保人有过错而债权人无过错的，担保人对债务人不能清偿的部分承担赔偿责任；

（三）债权人有过错而担保人无过错的，担保人不承担赔偿责任。

主合同无效导致第三人提供的担保合同无效，担保人无过错的，不承担赔偿责任；担保人有过错的，其承担的赔偿责任不应超过债务人不能清偿部分的三分之一。

第十八条 承担了担保责任或者赔偿责任的担保人，在其承担责任的范围内向债务人追偿的，人民法院应予支持。

同一债权既有债务人自己提供的物的担保，又有第三人提供的担保，承担了担保责任或者赔偿责任的第三人，主张行使债权人对债务人享有的担保物权的，人民法院应予支持。

第十九条 担保合同无效，承担了赔偿责任的担保人按照反担保合同的约定，在其承担赔偿责任的范围内请求反担保人承担担保责任的，人民法院应予支持。

反担保合同无效的，依照本解释第十七条的有关规定处理。当事人仅以担保合同无效为由主张反担保合同无效的，人民法院不予支持。

第二十条 人民法院在审理第三人提供的物的担保纠纷案件时，可以适用民法典第六百九十五条第一款、第六百九十六条第一款、第六百九十七条第二款、第六百九十九条、第七百条、第七百零一条、第七百零二条等关于保证合同的规定。

第二十一条 主合同或者担保合同约定了仲裁条款的，人民法院对约定仲裁条款的合同当事人之间的纠纷无管辖权。

债权人一并起诉债务人和担保人的，应当根据主合同确定管辖法院。

债权人依法可以单独起诉担保人且仅起诉担保人的，应当根据担保合同确定管辖法院。

第二十二条 人民法院受理债务人破产案件后，债权人请求担保人承担担保责任，担保人主张担保债务自人民法院受理破产申请之日起停止计息的，人民法院对担保人的主张应予支持。

第二十三条 人民法院受理债务人破产案件，债权人在破产程序中申报债权后又向人民法院提起诉讼，请求担保人承担担保责任的，人民法院依法予以支持。

担保人清偿债权人的全部债权后，可以代替债权人在破产程序中受偿；在债权人的债权未获全部清偿前，担保人不得代替债权人在破产程序中受偿，但是有权就债权人通过破产分配和实现担保债权等方式获得清偿总额中超出债权的部分，在其承担担保责任的范围内请求债权人返还。

债权人在债务人破产程序中未获全部清偿，请求担保人继续承担担保责任的，人民法院应予支持；担保人承担担保责任后，向和解协议或者重整计划执行完毕后的债务人追偿的，人民法院不予支持。

第二十四条 债权人知道或者应当知道债务人破产，既未申报债权也未通知担保人，致使担保人不能预先行使追偿权的，担保人就该债权在破产程序中可能受偿的范围内免除担保责任，但是担保人因自身过错未行使追偿权的除外。

二、关于保证合同

第二十五条 当事人在保证合同中约定了保证人在债务人不能履行债务或者无力偿还债务时才承担保证责任等类似内容，具有债务人应当先承担责任的意思表示的，人民法院应当将其认定为一般保证。

当事人在保证合同中约定了保证人在债务人不履行债务或者未偿还债务时即承担保证责任、无条件承担保证责任等类似内容，不具有债务人应当先承担责任的意思表示的，人民法院应当将其认定为连带责任保证。

第二十六条 一般保证中，债权人以债务人为被告提起诉讼的，人民法院应予受理。债权人未就主合同纠纷提起诉讼或者申请仲裁，仅起诉一般保证人的，人民法院应当驳回起诉。

一般保证中，债权人一并起诉债务人和保证人的，人民法院可以受理，但是在作出判决时，除有民法典第六百八十七条第二款但书规定的情形外，应当在判决书主文中明确，保证人仅对债务人财产依法强制执行后仍不能履行的部分承担保证责任。

债权人未对债务人的财产申请保全，或者保全的债务人的财产足以清偿债务，债权人申请对一般保证人的财产进行保全的，人民法院不予准许。

第二十七条 一般保证的债权人取得对债务人赋予强制执行效力的公证债权文书后，在保证期间内向人民法院申请强制执行，保证人以债权人未在保证期间内对债务人提起诉讼或者申请仲裁为由主张不承担保证责任的，人民法院不予支持。

第二十八条 一般保证中，债权人依据生效法律文书对债务人的财产依法申请强制执行，保证债务诉讼时效的起算时间按照下列规则确定：

（一）人民法院作出终结本次执行程序裁定，或者依照民事诉讼法第二百五十七条第三项、第五项的规定作出终结执行裁定的，自裁定送达债权人之日起开始计算；

（二）人民法院自收到申请执行书之日起一年内未作出前项裁定的，自人民法院收到申请执行书满一年之日起开始计算，但是保证人有证据证明债务人仍有财产可供执行的除外。

一般保证的债权人在保证期间届满前对债务人提起诉讼或者申请仲裁，债权人举证证明存在民法典第六百八十七条第二款但书规定情形的，保证债务的诉讼时效自债权人知道或者应当知道该情形之日起开始计算。

第二十九条 同一债务有两个以上保证人，债权人以其已经在保证期间内依法向部分保证人行使权利为由，主张已经在保证期间内向其他保证人行使权利的，人民法院不予支持。

同一债务有两个以上保证人，保证人之间相互有追偿权，债权人未在保证期间内依法向部分保证人行使权利，导致其他保证人在承担保证责任后丧失追偿权，其他保证人主张在其不能追偿的范围内免除保证责任的，人民法院应予支持。

第三十条 最高额保证合同对保证期间的计算方式、起算时间等有约定的，按照其约定。

最高额保证合同对保证期间的计算方式、起算时间等没有约定或者约定不明，被担保债权的履行期限均已届满的，保证期间自债权确定之日起开始计算；被担保债权的履行期限尚未届满的，保证期间自最后到期债权的履行期限届满之日起开始计算。

前款所称债权确定之日，依照民法典第四百二十三条的规定认定。

第三十一条 一般保证的债权人在保证期间内对债务人提起诉讼或者申请仲裁后，又撤回起诉或者仲裁申请，债权人在保证期间届满前未再行提起诉讼或者申请仲裁，保证人主张不再承担保证责任的，人民法院应予支持。

连带责任保证的债权人在保证期间内对保证人提起诉讼或者申请仲裁后，又撤回起诉或者仲裁申请，起诉状副本或者仲裁申请书副本已经送达保证人的，人民法院应当认定债权人已经在保证期间内向保证人行使了权利。

第三十二条 保证合同约定保证人承担保证责任直至主债务本息还清时为止等类似内容

的，视为约定不明，保证期间为主债务履行期限届满之日起六个月。

第三十三条 保证合同无效，债权人未在约定或者法定的保证期间内依法行使权利，保证人主张不承担赔偿责任的，人民法院应予支持。

第三十四条 人民法院在审理保证合同纠纷案件时，应当将保证期间是否届满、债权人是否在保证期间内依法行使权利等事实作为案件基本事实予以查明。

债权人在保证期间内未依法行使权利的，保证责任消灭。保证责任消灭后，债权人书面通知保证人要求承担保证责任，保证人在通知书上签字、盖章或者按指印，债权人请求保证人继续承担保证责任的，人民法院不予支持，但是债权人有证据证明成立了新的保证合同的除外。

第三十五条 保证人知道或者应当知道主债权诉讼时效期间届满仍然提供保证或者承担保证责任，又以诉讼时效期间届满为由拒绝承担保证责任或者请求返还财产的，人民法院不予支持；保证人承担保证责任后向债务人追偿的，人民法院不予支持，但是债务人放弃诉讼时效抗辩的除外。

第三十六条 第三人向债权人提供差额补足、流动性支持等类似承诺文件作为增信措施，具有提供担保的意思表示，债权人请求第三人承担保证责任的，人民法院应当依照保证的有关规定处理。

第三人向债权人提供的承诺文件，具有加入债务或者与债务人共同承担债务等意思表示的，人民法院应当认定为民法典第五百五十二条规定的债务加入。

前两款中第三人提供的承诺文件难以确定是保证还是债务加入的，人民法院应当将其认定为保证。

第三人向债权人提供的承诺文件不符合前三款规定的情形，债权人请求第三人承担保证责任或者连带责任的，人民法院不予支持，但是不影响其依据承诺文件请求第三人履行约定的义务或者承担相应的民事责任。

三、关于担保物权

（一）担保合同与担保物权的效力

第三十七条 当事人以所有权、使用权不明或者有争议的财产抵押，经审查构成无权处分的，人民法院应当依照民法典第三百一十一条的规定处理。

当事人以依法被查封或者扣押的财产抵押，抵押权人请求行使抵押权，经审查查封或者扣押措施已经解除的，人民法院应予支持。抵押人以抵押权设立时财产被查封或者扣押为由主张抵押合同无效的，人民法院不予支持。

以依法被监管的财产抵押的，适用前款规定。

第三十八条 主债权未受全部清偿，担保物权人主张就担保财产的全部行使担保物权的，人民法院应予支持，但是留置权人行使留置权的，应当依照民法典第四百五十条的规定处理。

担保财产被分割或者部分转让，担保物权人主张就分割或者转让后的担保财产行使担保物权的，人民法院应予支持，但是法律或者司法解释另有规定的除外。

第三十九条 主债权被分割或者部分转让，各债权人主张就其享有的债权份额行使担保物权的，人民法院应予支持，但是法律另有规定或者当事人另有约定的除外。

主债务被分割或者部分转移，债务人自己提供物的担保，债权人请求以该担保财产担保全部债务履行的，人民法院应予支持；第三人提供物的担保，主张对未经其书面同意转移的债务不再承担担保责任的，人民法院应予支持。

第四十条 从物产生于抵押权依法设立前，抵押权人主张抵押权的效力及于从物的，人民法院应予支持，但是当事人另有约定的除外。

从物产生于抵押权依法设立后，抵押权人主张抵押权的效力及于从物的，人民法院不予支持，但是在抵押权实现时可以一并处分。

第四十一条 抵押权依法设立后，抵押财产被添附，添附物归第三人所有，抵押权人主张抵押权效力及于补偿金的，人民法院应予支持。

抵押权依法设立后，抵押财产被添附，抵押人对添附物享有所有权，抵押权人主张抵押权的效力及于添附物的，人民法院应予支持，但是添附导致抵押财产价值增加的，抵押权的效力不及于增加的价值部分。

抵押权依法设立后，抵押人与第三人因添附成为添附物的共有人，抵押权人主张抵押权的效力及于抵押人对共有物享有的份额的，人民法院应予支持。

本条所称添附，包括附合、混合与加工。

第四十二条 抵押权依法设立后，抵押财产毁损、灭失或者被征收等，抵押权人请求按照原抵押权的顺位就保险金、赔偿金或者补偿金等优先受偿的，人民法院应予支持。

给付义务人已经向抵押人给付了保险金、赔偿金或者补偿金，抵押权人请求给付义务人向其给付保险金、赔偿金或者补偿金的，人民法院不予支持，但是给付义务人接到抵押权人要求向其给付的通知后仍然向抵押人给付的除外。

抵押权人请求给付义务人向其给付保险金、赔偿金或者补偿金的，人民法院可以通知抵押人作为第三人参加诉讼。

第四十三条 当事人约定禁止或者限制转让抵押财产但是未将约定登记，抵押人违反约定转让抵押财产，抵押权人请求确认转让合同无效的，人民法院不予支持；抵押财产已经交付或者登记，抵押权人请求确认转让不发生物权效力的，人民法院不予支持，但是抵押权人有证据证明受让人知道的除外；抵押权人请求抵押人承担违约责任的，人民法院依法予以支持。

当事人约定禁止或者限制转让抵押财产且已经将约定登记，抵押人违反约定转让抵押财产，抵押权人请求确认转让合同无效的，人民法院不予支持；抵押财产已经交付或者登记，抵押权人主张转让不发生物权效力的，人民法院应予支持，但是因受让人代替债务人清偿债务导致抵押权消灭的除外。

第四十四条 主债权诉讼时效期间届满后，抵押权人主张行使抵押权的，人民法院不予支持；抵押人以主债权诉讼时效期间届满为由，主张不承担担保责任的，人民法院应予支持。主债权诉讼时效期间届满前，债权人仅对债务人提起诉讼，经人民法院判决或者调解后未在民事诉讼法规定的申请执行时效期间内对债务人申请强制执行，其向抵押人主张行使抵押权的，人民法院不予支持。

主债权诉讼时效期间届满后，财产被留置的债务人或者对留置财产享有所有权的第三人请求债权人返还留置财产的，人民法院不予支持；债务人或者第三人请求拍卖、变卖留置财产并以所得价款清偿债务的，人民法院应予支持。

主债权诉讼时效期间届满的法律后果，以登记作为公示方式的权利质权，参照适用第一款的规定；动产质权、以交付权利凭证作为公示方式的权利质权，参照适用第二款的规定。

第四十五条 当事人约定当债务人不履行到期债务或者发生当事人约定的实现担保物权的情形，担保物权人有权将担保财产自行拍卖、变卖并就所得的价款优先受偿的，该约定有效。

因担保人的原因导致担保物权人无法自行对担保财产进行拍卖、变卖，担保物权人请求担保人承担因此增加的费用的，人民法院应予支持。

当事人依照民事诉讼法有关“实现担保物权案件”的规定，申请拍卖、变卖担保财产，被申请人以担保合同约定仲裁条款为由主张驳回申请的，人民法院经审查后，应当按照以下情形分别处理：

（一）当事人对担保物权无实质性争议且实现担保物权条件已经成就的，应当裁定准许拍卖、变卖担保财产；

（二）当事人对实现担保物权有部分实质性争议的，可以就无争议的部分裁定准许拍卖、变卖担保财产，并告知可以就有争议的部分申请仲裁；

（三）当事人对实现担保物权有实质性争议的，裁定驳回申请，并告知可以向仲裁机构申请仲裁。

债权人以诉讼方式行使担保物权的，应当以债务人和担保人作为共同被告。

（二）不动产抵押

第四十六条 不动产抵押合同生效后未办理抵押登记手续，债权人请求抵押人办理抵押登记手续的，人民法院应予支持。

抵押财产因不可归责于抵押人自身的原因灭失或者被征收等导致不能办理抵押登记，债权人请求抵押人在约定的担保范围内承担责任的，人民法院不予支持；但是抵押人已经获得保险金、赔偿金或者补偿金等，债权人请求抵押人在其所获金额范围内承担赔偿责任的，人民法院依法予以支持。

因抵押人转让抵押财产或者其他可归责于抵押人自身的原因导致不能办理抵押登记，债权人请求抵押人在约定的担保范围内承担责任的，人民法院依法予以支持，但是不得超过抵押权能够设立时抵押人应当承担的责任范围。

第四十七条 不动产登记簿就抵押财产、被担保的债权范围等所作的记载与抵押合同约定不一致的，人民法院应当根据登记簿的记载确定抵押财产、被担保的债权范围等事项。

第四十八条 当事人申请办理抵押登记手续时，因登记机构的过错致使其不能办理抵押登记，当事人请求登记机构承担赔偿责任的，人民法院依法予以支持。

第四十九条 以违法的建筑物抵押的，抵押合同无效，但是一审法庭辩论终结前已经办理合法手续的除外。抵押合同无效的法律后果，依照本解释第十七条的有关规定处理。

当事人以建设用地使用权依法设立抵押，抵押人以土地上存在违法的建筑物为由主张抵押合同无效的，人民法院不予支持。

第五十条 抵押人以划拨建设用地上的建筑物抵押，当事人以该建设用地使用权不能抵押或者未办理批准手续为由主张抵押合同无效或者不生效的，人民法院不予支持。抵押权依法实现时，拍卖、变卖建筑物所得的价款，应当优先用于补缴建设用地使用权出让金。

当事人以划拨方式取得的建设用地使用权抵押，抵押人以未办理批准手续为由主张抵押合同无效或者不生效的，人民法院不予支持。已经依法办理抵押登记，抵押权人主张行使抵押权的，人民法院应予支持。抵押权依法实现时所得的价款，参照前款有关规定处理。

第五十一条 当事人仅以建设用地使用权抵押，债权人主张抵押权的效力及于土地上已有的建筑物以及正在建造的建筑物已完成部分的，人民法院应予支持。债权人主张抵押权的效力及于正在建造的建筑物的续建部分以及新增建筑物的，人民法院不予支持。

当事人以正在建造的建筑物抵押，抵押权的效力范围限于已办理抵押登记的部分。当事人按照担保合同的约定，主张抵押权的效力及于续建部分、新增建筑物以及规划中尚未建造的建筑物的，人民法院不予支持。

抵押人将建设用地使用权、土地上的建筑物或者正在建造的建筑物分别抵押给不同债权人的，人民法院应当根据抵押登记的时间先后确定清偿顺序。

第五十二条 当事人办理抵押预告登记后，预告登记权利人请求就抵押财产优先受偿，经审查存在尚未办理建筑物所有权首次登记、预告登记的财产与办理建筑物所有权首次登记时的财产不一致、抵押预告登记已经失效等情形，导致不具备办理抵押登记条件的，人民法院不予支持；经审查已经办理建筑物所有权首次登记，且不存在预告登记失效等情形的，人民法院应予支持，并应当认定抵押权自预告登记之日起设立。

当事人办理了抵押预告登记，抵押人破产，经审查抵押财产属于破产财产，预告登记权利人主张就抵押财产优先受偿的，人民法院应当在受理破产申请时抵押财产的价值范围内予以支持，但是在人民法院受理破产申请前一年内，债务人对没有财产担保的债务设立抵押预告登记的除外。

（三）动产与权利担保

第五十三条 当事人在动产和权利担保合同中对担保财产进行概括描述，该描述能够合理识别担保财产的，人民法院应当认定担保成立。

第五十四条 动产抵押合同订立后未办理抵押登记，动产抵押权的效力按照下列情形分别处理：

（一）抵押人转让抵押财产，受让人占有抵押财产后，抵押权人向受让人请求行使抵押权的，人民法院不予支持，但是抵押权人能够举证证明受让人知道或者应当知道已经订立抵押合同的除外；

（二）抵押人将抵押财产出租给他人并移转占有，抵押权人行使抵押权的，租赁关系不受影响，但是抵押权人能够举证证明承租人知道或者应当知道已经订立抵押合同的除外；

（三）抵押人的其他债权人向人民法院申请保全或者执行抵押财产，人民法院已经作出财产保全裁定或者采取执行措施，抵押权人主张对抵押财产优先受偿的，人民法院不予支持；

（四）抵押人破产，抵押权人主张对抵押财产优先受偿的，人民法院不予支持。

第五十五条 债权人、出质人与监管人订立三方协议，出质人以通过一定数量、品种等概括描述能够确定范围的货物为债务的履行提供担保，当事人有证据证明监管人系受债权人的委托监管并实际控制该货物的，人民法院应当认定质权于监管人实际控制货物之日起设立。监管人违反约定向出质人或者其他人放货、因保管不善导致货物毁损灭失，债权人请求监管人承担违约责任的，人民法院依法予以支持。

在前款规定情形下，当事人有证据证明监管人系受出质人委托监管该货物，或者虽然受债权人委托但是未实际履行监管职责，导致货物仍由出质人实际控制的，人民法院应当认定质权未设立。债权人可以基于质押合同的约定请求出质人承担违约责任，但是不得超过质权有效设立时出质人应当承担的责任范围。监管人未履行监管职责，债权人请求监管人承担责任的，人民法院依法予以支持。

第五十六条 买受人在出卖人正常经营活动中通过支付合理对价取得已被设立担保物权的动产，担保物权人请求就该动产优先受偿的，人民法院不予支持，但是有下列情形之一的除外：

（一）购买商品的数量明显超过一般买受人；

（二）购买出卖人的生产设备；

（三）订立买卖合同的目的在于担保出卖人或者第三人履行债务；

（四）买受人与出卖人存在直接或者间接的控制关系；

（五）买受人应当查询抵押登记而未查询的其他情形。

前款所称出卖人正常经营活动，是指出卖人的经营活动属于其营业执照明确记载的经营范围，且出卖人持续销售同类商品。前款所称担保物权人，是指已经办理登记的抵押权人、所有权保留买卖的出卖人、融资租赁合同的出租人。

第五十七条　担保人在设立动产浮动抵押并办理抵押登记后又购入或者以融资租赁方式承租新的动产，下列权利人为担保价款债权或者租金的实现而订立担保合同，并在该动产交付后十日内办理登记，主张其权利优先于在先设立的浮动抵押权的，人民法院应予支持：

（一）在该动产上设立抵押权或者保留所有权的出卖人；

（二）为价款支付提供融资而在该动产上设立抵押权的债权人；

（三）以融资租赁方式出租该动产的出租人。

买受人取得动产但未付清价款或者承租人以融资租赁方式占有租赁物但是未付清全部租金，又以标的物为他人设立担保物权，前款所列权利人为担保价款债权或者租金的实现而订立担保合同，并在该动产交付后十日内办理登记，主张其权利优先于买受人为他人设立的担保物权的，人民法院应予支持。

同一动产上存在多个价款优先权的，人民法院应当按照登记的时间先后确定清偿顺序。

第五十八条　以汇票出质，当事人以背书记载“质押”字样并在汇票上签章，汇票已经交付质权人的，人民法院应当认定质权自汇票交付质权人时设立。

第五十九条　存货人或者仓单持有人在仓单上以背书记载“质押”字样，并经保管人签章，仓单已经交付质权人的，人民法院应当认定质权自仓单交付质权人时设立。没有权利凭证的仓单，依法可以办理出质登记的，仓单质权自办理出质登记时设立。

出质人既以仓单出质，又以仓储物设立担保，按照公示的先后确定清偿顺序；难以确定先后的，按照债权比例清偿。

保管人为同一货物签发多份仓单，出质人在多份仓单上设立多个质权，按照公示的先后确定清偿顺序；难以确定先后的，按照债权比例受偿。

存在第二款、第三款规定的情形，债权人举证证明其损失系由出质人与保管人的共同行为所致，请求出质人与保管人承担连带赔偿责任的，人民法院应予支持。

第六十条　在跟单信用证交易中，开证行与开证申请人之间约定以提单作为担保的，人民法院应当依照民法典关于质权的有关规定处理。

在跟单信用证交易中，开证行依据其与开证申请人之间的约定或者跟单信用证的惯例持有提单，开证申请人未按照约定付款赎单，开证行主张对提单项下货物优先受偿的，人民法院应予支持；开证行主张对提单项下货物享有所有权的，人民法院不予支持。

在跟单信用证交易中，开证行依据其与开证申请人之间的约定或者跟单信用证的惯例，通过转让提单或者提单项下货物取得价款，开证申请人请求返还超出债权部分的，人民法院应予支持。

前三款规定不影响合法持有提单的开证行以提单持有人身份主张运输合同项下的权利。

第六十一条　以现有的应收账款出质，应收账款债务人向质权人确认应收账款的真实性后，又以应收账款不存在或者已经消灭为由主张不承担责任的，人民法院不予支持。

以现有的应收账款出质，应收账款债务人未确认应收账款的真实性，质权人以应收账款债务人为被告，请求就应收账款优先受偿，能够举证证明办理出质登记时应收账款真实存在的，人民法院应予支持；质权人不能举证证明办理出质登记时应收账款真实存在，仅以已经办理出质登记为由，请求就应收账款优先受偿的，人民法院不予支持。

以现有的应收账款出质，应收账款债务人已经向应收账款债权人履行了债务，质权人请求应收账款债务人履行债务的，人民法院不予支持，但是应收账款债务人接到质权人要求向其履行的通知后，仍然向应收账款债权人履行的除外。

以基础设施和公用事业项目收益权、提供服务或者劳务产生的债权以及其他将有的应收账款出质，当事人为应收账款设立特定账户，发生法定或者约定的质权实现事由时，质权人请求就该特定账户内的款项优先受偿的，人民法院应予支持；特定账户内的款项不足以清偿债务或者未设立特定账户，质权人请求折价或者拍卖、变卖项目收益权等将有的应收账款，并以所得的价款优先受偿的，人民法院依法予以支持。

第六十二条　债务人不履行到期债务，债权人因同一法律关系留置合法占有的第三人的动产，并主张就该留置财产优先受偿的，人民法院应予支持。第三人以该留置财产并非债务人的财产为由请求返还的，人民法院不予支持。

企业之间留置的动产与债权并非同一法律关系，债务人以该债权不属于企业持续经营中发生的债权为由请求债权人返还留置财产的，人民法院应予支持。

企业之间留置的动产与债权并非同一法律关系，债权人留置第三人的财产，第三人请求债权人返还留置财产的，人民法院应予支持。

四、关于非典型担保

第六十三条　债权人与担保人订立担保合同，约定以法律、行政法规尚未规定可以担保的财产权利设立担保，当事人主张合同无效的，人民法院不予支持。当事人未在法定的登记机构依法进行登记，主张该担保具有物权效力的，人民法院不予支持。

第六十四条　在所有权保留买卖中，出卖人依法有权取回标的物，但是与买受人协商不成，当事人请求参照民事诉讼法“实现担保物权案件”的有关规定，拍卖、变卖标的物的，人民法院应予准许。

出卖人请求取回标的物，符合民法典第六百四十二条规定的，人民法院应予支持；买受人以抗辩或者反诉的方式主张拍卖、变卖标的物，并在扣除买受人未支付的价款以及必要费用后返还剩余款项的，人民法院应当一并处理。

第六十五条　在融资租赁合同中，承租人未按照约定支付租金，经催告后在合理期限内仍不支付，出租人请求承租人支付全部剩余租金，并以拍卖、变卖租赁物所得的价款受偿的，人民法院应予支持；当事人请求参照民事诉讼法“实现担保物权案件”的有关规定，以拍卖、变卖租赁物所得价款支付租金的，人民法院应予准许。

出租人请求解除融资租赁合同并收回租赁物，承租人以抗辩或者反诉的方式主张返还租赁物价值超过欠付租金以及其他费用的，人民法院应当一并处理。当事人对租赁物的价值有争议的，应当按照下列规则确定租赁物的价值：

（一）融资租赁合同有约定的，按照其约定；

（二）融资租赁合同未约定或者约定不明的，根据约定的租赁物折旧以及合同到期后租赁物的残值来确定；

（三）根据前两项规定的方法仍然难以确定，或者当事人认为根据前两项规定的方法确定的价值严重偏离租赁物实际价值的，根据当事人的申请委托有资质的机构评估。

第六十六条 同一应收账款同时存在保理、应收账款质押和债权转让，当事人主张参照民法典第七百六十八条的规定确定优先顺序的，人民法院应予支持。

在有追索权的保理中，保理人以应收账款债权人或者应收账款债务人为被告提起诉讼，人民法院应予受理；保理人一并起诉应收账款债权人和应收账款债务人的，人民法院可以受理。

应收账款债权人向保理人返还保理融资款本息或者回购应收账款债权后，请求应收账款债务人向其履行应收账款债务的，人民法院应予支持。

第六十七条 在所有权保留买卖、融资租赁等合同中，出卖人、出租人的所有权未经登记不得对抗的“善意第三人”的范围及其效力，参照本解释第五十四条的规定处理。

第六十八条 债务人或者第三人与债权人约定将财产形式上转移至债权人名下，债务人不履行到期债务，债权人有权对财产折价或者以拍卖、变卖该财产所得价款偿还债务的，人民法院应当认定该约定有效。当事人已经完成财产权利变动的公示，债务人不履行到期债务，债权人请求参照民法典关于担保物权的有关规定就该财产优先受偿的，人民法院应予支持。

债务人或者第三人与债权人约定将财产形式上转移至债权人名下，债务人不履行到期债务，财产归债权人所有的，人民法院应当认定该约定无效，但是不影响当事人有关提供担保的意思表示的效力。当事人已经完成财产权利变动的公示，债务人不履行到期债务，债权人请求对该财产享有所有权的，人民法院不予支持；债权人请求参照民法典关于担保物权的规定对财产折价或者以拍卖、变卖该财产所得的价款优先受偿的，人民法院应予支持；债务人履行债务后请求返还财产，或者请求对财产折价或者以拍卖、变卖所得的价款清偿债务的，人民法院应予支持。

债务人与债权人约定将财产转移至债权人名下，在一定期间后再由债务人或者其指定的第三人以交易本金加上溢价款回购，债务人到期不履行回购义务，财产归债权人所有的，人民法院应当参照第二款规定处理。回购对象自始不存在的，人民法院应当依照民法典第一百四十六条第二款的规定，按照其实际构成的法律关系处理。

第六十九条 股东以将其股权转移至债权人名下的方式为债务履行提供担保，公司或者公司的债权人以股东未履行或者未全面履行出资义务、抽逃出资等为由，请求作为名义股东的债权人与股东承担连带责任的，人民法院不予支持。

第七十条 债务人或者第三人为担保债务的履行，设立专门的保证金账户并由债权人实际控制，或者将其资金存入债权人设立的保证金账户，债权人主张就账户内的款项优先受偿的，人民法院应予支持。当事人以保证金账户内的款项浮动为由，主张实际控制该账户的债权人对账户内的款项不享有优先受偿权的，人民法院不予支持。

在银行账户下设立的保证金分户，参照前款规定处理。

当事人约定的保证金并非为担保债务的履行设立，或者不符合前两款规定的情形，债权人主张就保证金优先受偿的，人民法院不予支持，但是不影响当事人依照法律的规定或者按照当事人的约定主张权利。

五、附则

第七十一条 本解释自 2021 年 1 月 1 日起施行。

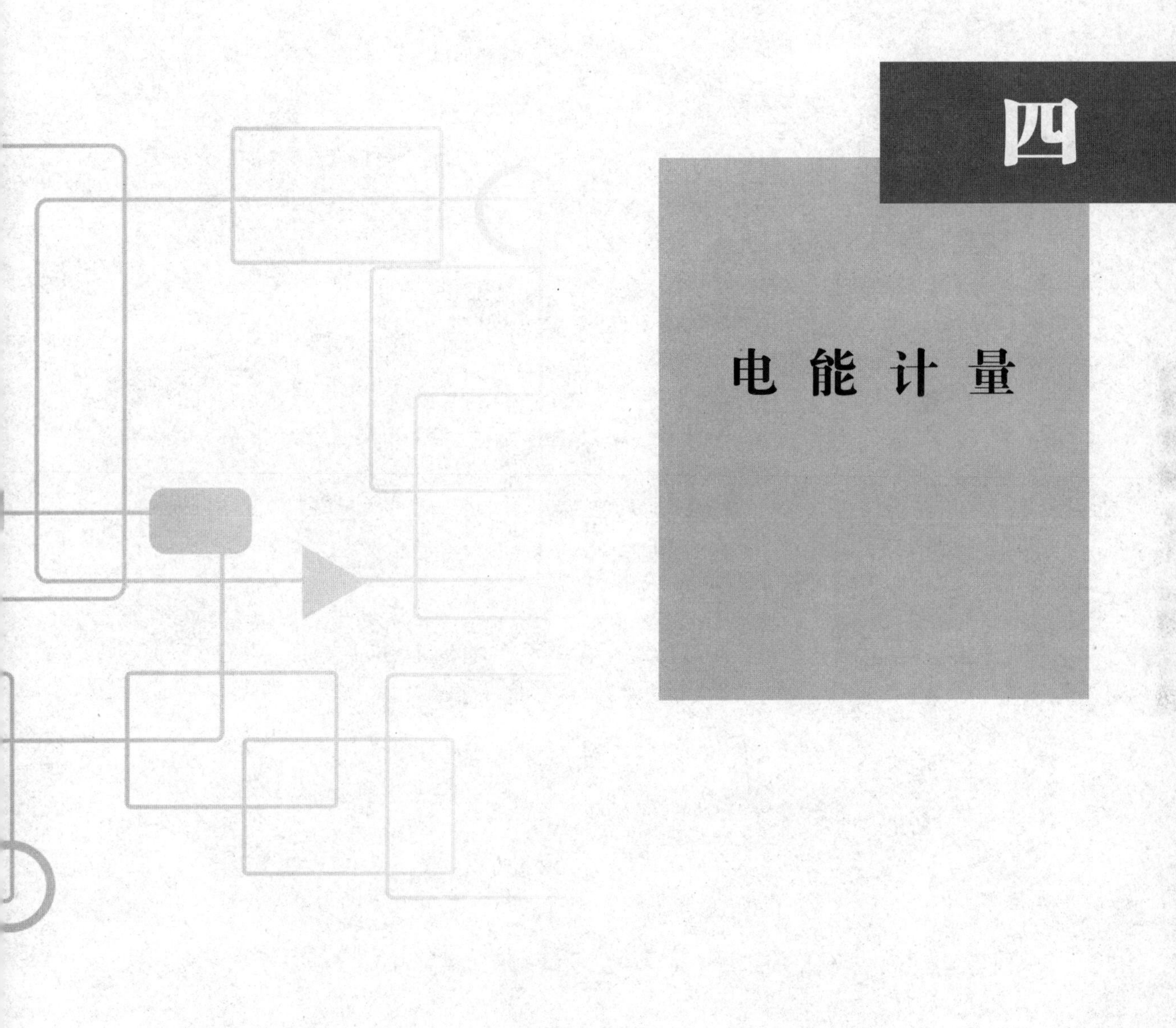

四

电 能 计 量

4-1　中华人民共和国计量法

（1985年9月6日第六届全国人民代表大会常务委员会第十二次会议通过，根据2009年8月27日第十一届全国人民代表大会常务委员会第十次会议《关于修改部分法律的决定》第一次修正，根据2013年12月28日第十二届全国人民代表大会常务委员会第六次会议《关于修改〈中华人民共和国海洋环境保护法〉等七部法律的决定》第二次修正，根据2015年4月24日第十二届全国人民代表大会常务委员会第十四次会议《关于修改〈中华人民共和国计量法〉等五部法律的决定》第三次修正，根据2017年12月27日第十二届全国人民代表大会常务委员会第三十一次会议《关于修改〈中华人民共和国招标投标法〉〈中华人民共和国计量法〉的决定》第四次修正，根据2018年10月26日第十三届全国人民代表大会常务委员会第六次会议《关于修改〈中华人民共和国野生动物保护法〉等十五部法律的决定》第五次修正）

第一章　总　　则

第一条　为了加强计量监督管理，保障国家计量单位制的统一和量值的准确可靠，有利于生产、贸易和科学技术的发展，适应社会主义现代化建设的需要，维护国家、人民的利益，制定本法。

第二条　在中华人民共和国境内，建立计量基准器具、计量标准器具，进行计量检定，制造、修理、销售、使用计量器具，必须遵守本法。

第三条　国家实行法定计量单位制度。

国际单位制计量单位和国家选定的其他计量单位，为国家法定计量单位。国家法定计量单位的名称、符号由国务院公布。

因特殊需要采用非法定计量单位的管理办法，由国务院计量行政部门另行制定。

第四条　国务院计量行政部门对全国计量工作实施统一监督管理。

县级以上地方人民政府计量行政部门对本行政区域内的计量工作实施监督管理。

第二章　计量基准器具、计量标准器具和计量检定

第五条　国务院计量行政部门负责建立各种计量基准器具，作为统一全国量值的最高依据。

第六条　县级以上地方人民政府计量行政部门根据本地区的需要，建立社会公用计量标准器具，经上级人民政府计量行政部门主持考核合格后使用。

第七条　国务院有关主管部门和省、自治区、直辖市人民政府有关主管部门，根据本部门的特殊需要，可以建立本部门使用的计量标准器具，其各项最高计量标准器具经同级人民政府计量行政部门主持考核合格后使用。

第八条　企业、事业单位根据需要，可以建立本单位使用的计量标准器具，其各项最高计量标准器具经有关人民政府计量行政部门主持考核合格后使用。

第九条　县级以上人民政府计量行政部门对社会公用计量标准器具，部门和企业、事业单

位使用的最高计量标准器具，以及用于贸易结算、安全防护、医疗卫生、环境监测方面的列入强制检定目录的工作计量器具，实行强制检定。未按照规定申请检定或者检定不合格的，不得使用。实行强制检定的工作计量器具的目录和管理办法，由国务院制定。

对前款规定以外的其他计量标准器具和工作计量器具，使用单位应当自行定期检定或者送其他计量检定机构检定。

第十条 计量检定必须按照国家计量检定系统表进行。国家计量检定系统表由国务院计量行政部门制定。

计量检定必须执行计量检定规程。国家计量检定规程由国务院计量行政部门制定。没有国家计量检定规程的，由国务院有关主管部门和省、自治区、直辖市人民政府计量行政部门分别制定部门计量检定规程和地方计量检定规程。

第十一条 计量检定工作应当按照经济合理的原则，就地就近进行。

第三章 计量器具管理

第十二条 制造、修理计量器具的企业、事业单位，必须具有与所制造、修理的计量器具相适应的设施、人员和检定仪器设备。

第十三条 制造计量器具的企业、事业单位生产本单位未生产过的计量器具新产品，必须经省级以上人民政府计量行政部门对其样品的计量性能考核合格，方可投入生产。

第十四条 任何单位和个人不得违反规定制造、销售和进口非法定计量单位的计量器具。

第十五条 制造、修理计量器具的企业、事业单位必须对制造、修理的计量器具进行检定，保证产品计量性能合格，并对合格产品出具产品合格证。

第十六条 使用计量器具不得破坏其准确度，损害国家和消费者的利益。

第十七条 个体工商户可以制造、修理简易的计量器具。

个体工商户制造、修理计量器具的范围和管理办法，由国务院计量行政部门制定。

第四章 计量监督

第十八条 县级以上人民政府计量行政部门应当依法对制造、修理、销售、进口和使用计量器具，以及计量检定等相关计量活动进行监督检查。有关单位和个人不得拒绝、阻挠。

第十九条 县级以上人民政府计量行政部门，根据需要设置计量监督员。计量监督员管理办法，由国务院计量行政部门制定。

第二十条 县级以上人民政府计量行政部门可以根据需要设置计量检定机构，或者授权其他单位的计量检定机构，执行强制检定和其他检定、测试任务。

执行前款规定的检定、测试任务的人员，必须经考核合格。

第二十一条 处理因计量器具准确度所引起的纠纷，以国家计量基准器具或者社会公用计量标准器具检定的数据为准。

第二十二条 为社会提供公证数据的产品质量检验机构，必须经省级以上人民政府计量行政部门对其计量检定、测试的能力和可靠性考核合格。

第五章 法 律 责 任

第二十三条 制造、销售未经考核合格的计量器具新产品的，责令停止制造、销售该种新产品，没收违法所得，可以并处罚款。

第二十四条 制造、修理、销售的计量器具不合格的，没收违法所得，可以并处罚款。

第二十五条 属于强制检定范围的计量器具，未按照规定申请检定或者检定不合格继续使用的，责令停止使用，可以并处罚款。

第二十六条 使用不合格的计量器具或者破坏计量器具准确度，给国家和消费者造成损失的，责令赔偿损失，没收计量器具和违法所得，可以并处罚款。

第二十七条 制造、销售、使用以欺骗消费者为目的的计量器具的，没收计量器具和违法所得，处以罚款；情节严重的，并对个人或者单位直接责任人员依照刑法有关规定追究刑事责任。

第二十八条 违反本法规定，制造、修理、销售的计量器具不合格，造成人身伤亡或者重大财产损失的，依照刑法有关规定，对个人或者单位直接责任人员追究刑事责任。

第二十九条 计量监督人员违法失职，情节严重的，依照刑法有关规定追究刑事责任；情节轻微的，给予行政处分。

第三十条 本法规定的行政处罚，由县级以上地方人民政府计量行政部门决定。

第三十一条 当事人对行政处罚决定不服的，可以在接到处罚通知之日起十五日内向人民法院起诉；对罚款、没收违法所得的行政处罚决定期满不起诉又不履行的，由作出行政处罚决定的机关申请人民法院强制执行。

第六章 附 则

第三十二条 中国人民解放军和国防科技工业系统计量工作的监督管理办法，由国务院、中央军事委员会依据本法另行制定。

第三十三条 国务院计量行政部门根据本法制定实施细则，报国务院批准施行。

第三十四条 本法自 1986 年 7 月 1 日起施行。

4-2 中华人民共和国计量法实施细则

（1987 年 1 月 19 日国务院批准，1987 年 2 月 1 日国家计量局公布，根据 2016 年 2 月 6 日《国务院关于修改部分行政法规的决定》第一次修订，根据 2017 年 3 月 1 日《国务院关于修改和废止部分行政法规的决定》第二次修订，根据 2018 年 3 月 19 日《国务院关于修改和废止部分行政法规的决定》第三次修订，根据 2022 年 3 月 29 日《国务院关于修改和废止部分行政法规的决定》第四次修订）

第一章 总 则

第一条 根据《中华人民共和国计量法》的规定，制定本细则。

第二条 国家实行法定计量单位制度。法定计量单位的名称、符号按照国务院关于在我国统一实行法定计量单位的有关规定执行。

第三条 国家有计划地发展计量事业，用现代计量技术装备各级计量检定机构，为社会主义现代化建设服务，为工农业生产、国防建设、科学实验、国内外贸易以及人民的健康、安全提供计量保证，维护国家和人民的利益。

第二章 计量基准器具和计量标准器具

第四条 计量基准器具（简称计量基准，下同）的使用必须具备下列条件：

（一）经国家鉴定合格；

（二）具有正常工作所需要的环境条件；

（三）具有称职的保存、维护、使用人员；

（四）具有完善的管理制度。

符合上述条件的，经国务院计量行政部门审批并颁发计量基准证书后，方可使用。

第五条 非经国务院计量行政部门批准，任何单位和个人不得拆卸、改装计量基准，或者自行中断其计量检定工作。

第六条 计量基准的量值应当与国际上的量值保持一致。国务院计量行政部门有权废除技术水平落后或者工作状况不适应需要的计量基准。

第七条 计量标准器具（简称计量标准，下同）的使用，必须具备下列条件：

（一）经计量检定合格；

（二）具有正常工作所需要的环境条件；

（三）具有称职的保存、维护、使用人员；

（四）具有完善的管理制度。

第八条 社会公用计量标准对社会上实施计量监督具有公证作用。县级以上地方人民政府计量行政部门建立的本行政区域内最高等级的社会公用计量标准，须向上一级人民政府计量行政部门申请考核；其他等级的，由当地人民政府计量行政部门主持考核。

经考核符合本细则第七条规定条件并取得考核合格证的，由当地县级以上人民政府计量行政部门审批颁发社会公用计量标准证书后，方可使用。

第九条 国务院有关主管部门和省、自治区、直辖市人民政府有关主管部门建立的本部门各项最高计量标准，经同级人民政府计量行政部门考核，符合本细则第七条规定条件并取得考核合格证的，由有关主管部门批准使用。

第十条 企业、事业单位建立本单位各项最高计量标准，须向与其主管部门同级的人民政府计量行政部门申请考核。乡镇企业向当地县级人民政府计量行政部门申请考核。经考核符合本细则第七条规定条件并取得考核合格证的，企业、事业单位方可使用，并向其主管部门备案。

第三章 计 量 检 定

第十一条 使用实行强制检定的计量标准的单位和个人，应当向主持考核该项计量标准的有关人民政府计量行政部门申请周期检定。

使用实行强制检定的工作计量器具的单位和个人，应当向当地县（市）级人民政府计量行政部门指定的计量检定机构申请周期检定。当地不能检定的，向上一级人民政府计量行政部门指定的计量检定机构申请周期检定。

第十二条 企业、事业单位应当配备与生产、科研、经营管理相适应的计量检测设施，制定具体的检定管理办法和规章制度，规定本单位管理的计量器具明细目录及相应的检定周期，保证使用的非强制检定的计量器具定期检定。

第十三条 计量检定工作应当符合经济合理、就地就近的原则，不受行政区划和部门管辖的限制。

第四章 计量器具的制造和修理

第十四条 制造、修理计量器具的企业、事业单位和个体工商户须在固定的场所从事经营，具有符合国家规定的生产设施、检验条件、技术人员等，并满足安全要求。

第十五条 凡制造在全国范围内从未生产过的计量器具新产品，必须经过定型鉴定。定型鉴定合格后，应当履行型式批准手续，颁发证书。在全国范围内已经定型，而本单位未生产过的计量器具新产品，应当进行样机试验。样机试验合格后，发给合格证书。凡未经型式批准或者未取得样机试验合格证书的计量器具，不准生产。

第十六条 计量器具新产品定型鉴定，由国务院计量行政部门授权的技术机构进行；样机试验由所在地方的省级人民政府计量行政部门授权的技术机构进行。

计量器具新产品的型式，由当地省级人民政府计量行政部门批准。省级人民政府计量行政部门批准的型式，经国务院计量行政部门审核同意后，作为全国通用型式。

第十七条 申请计量器具新产品定型鉴定和样机试验的单位，应当提供新产品样机及有关技术文件、资料。

负责计量器具新产品定型鉴定和样机试验的单位，对申请单位提供的样机和技术文件、资料必须保密。

第十八条 对企业、事业单位制造、修理计量器具的质量，各有关主管部门应当加强管理，县级以上人民政府计量行政部门有权进行监督检查，包括抽检和监督试验。凡无产品合格印、证，或者经检定不合格的计量器具，不准出厂。

第五章 计量器具的销售和使用

第十九条 外商在中国销售计量器具，须比照本细则第十八条的规定向国务院计量行政部门申请型式批准。

第二十条 县级以上地方人民政府计量行政部门对当地销售的计量器具实施监督检查。凡没有产品合格印、证标志的计量器具不得销售。

第二十一条 任何单位和个人不得经营销售残次计量器具零配件，不得使用残次零配件组装和修理计量器具。

第二十二条 任何单位和个人不准在工作岗位上使用无检定合格印、证或者超过检定周期以及经检定不合格的计量器具。在教学示范中使用计量器具不受此限。

第六章 计 量 监 督

第二十三条 国务院计量行政部门和县级以上地方人民政府计量行政部门监督和贯彻实施计量法律、法规的职责是：

（一）贯彻执行国家计量工作的方针、政策和规章制度，推行国家法定计量单位；

（二）制定和协调计量事业的发展规划，建立计量基准和社会公用计量标准，组织量值传递；

（三）对制造、修理、销售、使用计量器具实施监督；

（四）进行计量认证，组织仲裁检定，调解计量纠纷；

（五）监督检查计量法律、法规的实施情况，对违反计量法律、法规的行为，按照本细则的有关规定进行处理。

第二十四条 县级以上人民政府计量行政部门的计量管理人员，负责执行计量监督、管理任务；计量监督员负责在规定的区域、场所巡回检查，并可根据不同情况在规定的权限内对违反计量法律、法规的行为，进行现场处理，执行行政处罚。

计量监督员必须经考核合格后，由县级以上人民政府计量行政部门任命并颁发监督员证件。

第二十五条 县级以上人民政府计量行政部门依法设置的计量检定机构，为国家法定计量检定机构。其职责是：负责研究建立计量基准、社会公用计量标准，进行量值传递，执行强制检定和法律规定的其他检定、测试任务，起草技术规范，为实施计量监督提供技术保证，并承办有关计量监督工作。

第二十六条 国家法定计量检定机构的计量检定人员，必须经考核合格。

计量检定人员的技术职务系列，由国务院计量行政部门会同有关主管部门制定。

第二十七条 县级以上人民政府计量行政部门可以根据需要，采取以下形式授权其他单位的计量检定机构和技术机构，在规定的范围内执行强制检定和其他检定、测试任务：

（一）授权专业性或区域性计量检定机构，作为法定计量检定机构；

（二）授权建立社会公用计量标准；

（三）授权某一部门或某一单位的计量检定机构，对其内部使用的强制检定计量器具执行强制检定；

（四）授权有关技术机构，承担法律规定的其他检定、测试任务。

第二十八条 根据本细则第二十七条规定被授权的单位，应当遵守下列规定：

（一）被授权单位执行检定、测试任务的人员，必须经考核合格；

（二）被授权单位的相应计量标准，必须接受计量基准或者社会公用计量标准的检定；

（三）被授权单位承担授权的检定、测试工作，须接受授权单位的监督；

（四）被授权单位成为计量纠纷中当事人一方时，在双方协商不能自行解决的情况下，由县级以上有关人民政府计量行政部门进行调解和仲裁检定。

第七章 产品质量检验机构的计量认证

第二十九条 为社会提供公证数据的产品质量检验机构，必须经省级以上人民政府计量行政部门计量认证。

第三十条 产品质量检验机构计量认证的内容：

（一）计量检定、测试设备的性能；

（二）计量检定、测试设备的工作环境和人员的操作技能；

（三）保证量值统一、准确的措施及检测数据公正可靠的管理制度。

第三十一条 产品质量检验机构提出计量认证申请后，省级以上人民政府计量行政部门应指定所属的计量检定机构或者被授权的技术机构按照本细则第三十条规定的内容进行考核。考核合格后，由接受申请的省级以上人民政府计量行政部门发给计量认证合格证书。产品质量检验机构自愿签署告知承诺书并按要求提交材料的，按照告知承诺相关程序办理。未取得计量认证合格证书的，不得开展产品质量检验工作。

第三十二条 省级以上人民政府计量行政部门有权对计量认证合格的产品质量检验机构，按照本细则第三十条规定的内容进行监督检查。

第三十三条 已经取得计量认证合格证书的产品质量检验机构，需新增检验项目时，应按照本细则有关规定，申请单项计量认证。

第八章 计量调解和仲裁检定

第三十四条 县级以上人民政府计量行政部门负责计量纠纷的调解和仲裁检定，并可根据司法机关、合同管理机关、涉外仲裁机关或者其他单位的委托，指定有关计量检定机构进行仲裁检定。

第三十五条 在调解、仲裁及案件审理过程中，任何一方当事人均不得改变与计量纠纷有关的计量器具的技术状态。

第三十六条 计量纠纷当事人对仲裁检定不服的，可以在接到仲裁检定通知书之日起 15 日内向上一级人民政府计量行政部门申诉。上一级人民政府计量行政部门进行的仲裁检定为终局仲裁检定。

第九章 费　用

第三十七条 建立计量标准申请考核，使用计量器具申请检定，制造计量器具新产品申请定型和样机试验，以及申请计量认证和仲裁检定，应当缴纳费用，具体收费办法或收费标准，由国务院计量行政部门会同国家财政、物价部门统一制定。

第三十八条 县级以上人民政府计量行政部门实施监督检查所进行的检定和试验不收费。被检查的单位有提供样机和检定试验条件的义务。

第三十九条 县级以上人民政府计量行政部门所属的计量检定机构，为贯彻计量法律、法规，实施计量监督提供技术保证所需要的经费，按照国家财政管理体制的规定，分别列入各级财政预算。

第十章 法律责任

第四十条 违反本细则第二条规定，使用非法定计量单位的，责令其改正；属出版物的，责令其停止销售，可并处 1000 元以下的罚款。

第四十一条 违反《中华人民共和国计量法》第十四条规定，制造、销售和进口非法定计量单位的计量器具的，责令其停止制造、销售和进口，没收计量器具和全部违法所得，可并处相当其违法所得10%至50%的罚款。

第四十二条 部门和企业、事业单位的各项最高计量标准，未经有关人民政府计量行政部门考核合格而开展计量检定的，责令其停止使用，可并处1000元以下的罚款。

第四十三条 属于强制检定范围的计量器具，未按照规定申请检定和属于非强制检定范围的计量器具未自行定期检定或者送其他计量检定机构定期检定的，以及经检定不合格继续使用的，责令其停止使用，可并处1000元以下的罚款。

第四十四条 制造、销售未经型式批准或样机试验合格的计量器具新产品的，责令其停止制造、销售，封存该种新产品，没收全部违法所得，可并处3000元以下的罚款。

第四十五条 制造、修理的计量器具未经出厂检定或者经检定不合格而出厂的，责令其停止出厂，没收全部违法所得；情节严重的，可并处3000元以下的罚款。

第四十六条 使用不合格计量器具或者破坏计量器具准确度和伪造数据，给国家和消费者造成损失的，责令其赔偿损失，没收计量器具和全部违法所得，可并处2000元以下的罚款。

第四十七条 经营销售残次计量器具零配件的，责令其停止经营销售，没收残次计量器具零配件和全部违法所得，可并处2000元以下的罚款；情节严重的，由工商行政管理部门吊销其营业执照。

第四十八条 制造、销售、使用以欺骗消费者为目的的计量器具的单位和个人，没收其计量器具和全部违法所得，可并处2000元以下的罚款；构成犯罪的，对个人或者单位直接责任人员，依法追究刑事责任。

第四十九条 个体工商户制造、修理国家规定范围以外的计量器具或者不按照规定场所从事经营活动的，责令其停止制造、修理，没收全部违法所得，可并处以500元以下的罚款。

第五十条 未取得计量认证合格证书的产品质量检验机构，为社会提供公证数据的，责令其停止检验，可并处1000元以下的罚款。

第五十一条 伪造、盗用、倒卖强制检定印、证的，没收其非法检定印、证和全部违法所得，可并处2000元以下的罚款；构成犯罪的，依法追究刑事责任。

第五十二条 计量监督管理人员违法失职，徇私舞弊，情节轻微的，给予行政处分；构成犯罪的，依法追究刑事责任。

第五十三条 负责计量器具新产品定型鉴定、样机试验的单位，违反本细则第十七条第二款规定的，应当按照国家有关规定，赔偿申请单位的损失，并给予直接责任人员行政处分；构成犯罪的，依法追究刑事责任。

第五十四条 计量检定人员有下列行为之一的，给予行政处分；构成犯罪的，依法追究刑事责任：

（一）伪造检定数据的；

（二）出具错误数据，给送检一方造成损失的；

（三）违反计量检定规程进行计量检定的；

（四）使用未经考核合格的计量标准开展检定的；

（五）未经考核合格执行计量检定的。

第五十五条 本细则规定的行政处罚，由县级以上地方人民政府计量行政部门决定。罚款

1 万元以上的，应当报省级人民政府计量行政部门决定。没收违法所得及罚款一律上缴国库。

本细则第四十六条规定的行政处罚，也可以由工商行政管理部门决定。

第十一章　附　　则

第五十六条　本细则下列用语的含义是：

（一）计量器具是指能用以直接或间接测出被测对象量值的装置、仪器仪表、量具和用于统一量值的标准物质，包括计量基准、计量标准、工作计量器具。

（二）计量检定是指为评定计量器具的计量性能，确定其是否合格所进行的全部工作。

（三）定型鉴定是指对计量器具新产品样机的计量性能进行全面审查、考核。

（四）计量认证是指政府计量行政部门对有关技术机构计量检定、测试的能力和可靠性进行的考核和证明。

（五）计量检定机构是指承担计量检定工作的有关技术机构。

（六）仲裁检定是指用计量基准或者社会公用计量标准所进行的以裁决为目的的计量检定、测试活动。

第五十七条　中国人民解放军和国防科技工业系统涉及本系统以外的计量工作的监督管理，亦适用本细则。

第五十八条　本细则有关的管理办法、管理范围和各种印、证标志，由国务院计量行政部门制定。

第五十九条　本细则由国务院计量行政部门负责解释。

第六十条　本细则自发布之日起施行。

4-3　中华人民共和国强制检定的工作计量器具检定管理办法

（国发〔1987〕31 号，1987 年 4 月 15 日国务院公布）

第一条　为适应社会主义现代化建设需要，维护国家和消费者的利益，保护人民健康和生命、财产的安全，加强对强制检定的工作计量器具的管理，根据《中华人民共和国计量法》第九条的规定，制定本办法。

第二条　强制检定是指由县级以上人民政府计量行政部门所属或者授权的计量检定机构，对用于贸易结算、安全防护、医疗卫生、环境监测方面，并列入本办法所附《中华人民共和国强制检定的工作计量器具目录》的计量器具实行定点定期检定。

进行强制检定工作及使用强制检定的工作计量器具，适用本办法。

第三条　县级以上人民政府计量行政部门对本行政区域内的强制检定工作统一实施监督管理，并按照经济合理、就地就近的原则，指定所属或者授权的计量检定机构执行强制检定任务。

第四条　县级以上人民政府计量行政部门所属计量检定机构，为实施国家强制检定所需要的计量标准和检定设施由当地人民政府负责配备。

第五条　使用强制检定的工作计量器具的单位或者个人，必须按照规定将其使用的强制检定的工作计量器具登记造册，报当地县（市）级人民政府计量行政部门备案，并向其指定的计量检定机构申请周期检定。当地不能检定的，向上一级人民政府计量行政部门指定的计量检定机构申请周期检定。

第六条 强制检定的周期，由执行强制检定的计量检定机构根据计量检定规程确定。

第七条 属于强制检定的工作计量器具，未按照本办法规定申请检定或者经检定不合格的，任何单位或者个人不得使用。

第八条 国务院计量行政部门和各省、自治区、直辖市人民政府计量行政部门应当对各种强制检定的工作计量器具作出检定期限的规定。执行强制检定工作的机构应当在规定期限内按时完成检定。

第九条 执行强制检定的机构对检定合格的计量器具，发给国家统一规定的检定证书、检定合格证或者在计量器具上加盖检定合格印；对检定不合格的，发给检定结果通知书或者注销原检定合格印、证。

第十条 县级以上人民政府计量行政部门按照有利于管理、方便生产和使用的原则，结合本地区的实际情况，可以授权有关单位的计量检定机构在规定的范围内执行强制检定工作。

第十一条 被授权执行强制检定任务的机构，其相应的计量标准，应当接受计量基准或者社会公用计量标准的检定；执行强制检定的人员，必须经授权单位考核合格；授权单位应当对其检定工作进行监督。

第十二条 被授权执行强制检定任务的机构成为计量纠纷中当事人一方时，按照《中华人民共和国计量法实施细则》的有关规定处理。

第十三条 企业、事业单位应当对强制检定的工作计量器具的使用加强管理，制定相应的规章制度，保证按照周期进行检定。

第十四条 使用强制检定的工作计量器具的任何单位或者个人，计量监督、管理人员和执行强制检定工作的计量检定人员，违反本办法规定的，按照《中华人民共和国计量法实施细则》的有关规定，追究法律责任。

第十五条 执行强制检定工作的机构，违反本办法第八条规定拖延检定期限的，应当按照送检单位的要求，及时安排检定，并免收检定费。

第十六条 国务院计量行政部门可以根据本办法和《中华人民共和国强制检定的工作计量器具目录》，制定强制检定的工作计量器具的明细目录。

第十七条 本办法由国务院计量行政部门负责解释。

第十八条 本办法自一九八七年七月一日起施行。

附：中华人民共和国强制检定的工作计量器具目录（略）

4-4 水利电力部门电测、热工计量仪表和装置检定、管理的规定

（国函〔1986〕59号，1986年6月1日国家计量局、水利电力部公布）

为实施《中华人民共和国计量法》（以下简称计量法），现对水利电力部门电测、热工计量

仪表和装置检定、管理工作，规定如下：

一、根据电力生产、科研和经营管理的特殊需要，在业务上属水利电力部门管理的各企业、事业单位内部使用的电测、热工计量仪表和装置，按计量法第七条规定，由水利电力部建立本部门的计量标准，并负责检定、管理。根据计量法第二十条规定，授权水利电力部门计量检定机构对所属单位的电测、热工最高计量标准执行强制检定。水利电力部门的电测、热工最高计量标准，接受国家计量基准的传递和监督。

二、在业务上属水利电力部门管理的各企业、事业单位，其电测、热工最高计量标准的建标考核，由被授权执行强制检定的水利电力部门计量检定机构考核合格后使用；属地方人民政府或其他单位管理的，由有关地方人民政府计量局主持考核合格后批准使用。

三、在业务上属水利电力部门管理的各企业、事业单位内部使用的强制检定的工作计量器具，授权水利电力部门计量检定机构执行强制检定。县级以上地方人民政府计量局负责对其计量工作检查、指导。

四、水利电力部门管理的用于结算、收费的电能计量仪表和装置，按照方便生产、利于管理的原则，根据计量法第二十条规定，授权水利电力部门计量检定机构执行强制检定。县级以上地方人民政府计量局对其考核检定人员，建立和执行计量规章制度及检定工作，负责监督检查。

属地方人民政府管理的用于结算、收费的电能计量仪表和装置，以及其他企业、事业单位使用的电能计量仪表和装置的检定、管理办法，由地方人民政府决定。

五、水利电力部门计量检定机构在计量器具的强制检定中，可根据需要开展修理业务，其工作受有关人民政府计量局检查、指导。

六、水利电力部门计量检定机构被授权执行强制检定工作的人员，在有关人民政府计量监督下，由水利电力部门组织考核、发证。在此规定发布之前，水利电力部门已进行的考核有效。

七、水利电力部门要对授权检定的计量工作加强管理，保证结算、收费电能计量仪表和装置的准确。当用户对计量准确性提出质疑时，应负责认真查处。对违反计量法律、法规的行为，由县级以上地方人民政府计量局按计量法有关规定追究法律责任。

八、水利电力部门所属供电单位与其他部门用电单位因电能计量准确度发生的纠纷，先由上一级水利电力部门会同对方主管部门进行第一次复核调解。对第一次调解不服的，可向双方再上一级主管部门申请第二次调解。

对调解后仍未达成一致的问题，由相应的人民政府计量局主持仲裁检定，以国家电能计量基准或社会公用电能计量标准检定的数据为准。

4-5　计量授权管理办法

（1989年11月6日国家技术监督局令第4号公布，根据2021年4月2日《国家市场监督管理总局关于废止和修改部分规章的决定》修改）

第一条　根据《中华人民共和国计量法》和《中华人民共和国计量法实施细则》的规定，制定本办法。

第二条　计量授权是指县级以上人民政府计量行政部门，依法授权予其他部门或单位的计量检定机构或技术机构，执行计量法规定的强制检定和其他检定、测试任务。

凡申请计量授权，承担计量授权任务及办理、管理计量授权，均须遵守本办法。

第三条 县级以上人民政府计量行政部门，应根据本行政区实施计量法的需要，充分发挥社会技术力量的作用，按照统筹规划、经济合理、就地就近、方便生产、利于管理的原则，实行计量授权。

第四条 计量授权包括以下形式：

（一）授权有关部门或单位的专业性或区域性计量检定机构，作为法定计量检定机构；

（二）授权有关部门或单位建立计量基准、社会公用计量标准；

（三）授权有关部门或单位的计量检定机构，对其内部使用的强制检定计量器具执行强制检定；

（四）授权有关部门或单位的计量检定机构或技术机构，承担计量标准的技术考核，仲裁检定，计量器具新产品型式评价，标准物质定级鉴定，计量器具产品质量监督试验和对社会开展强制检定、非强制检定。

第五条 申请授权必须具备的条件：

（一）计量标准、检测装置和配套设施必须与申请授权项目相适应，满足授权任务的要求；

（二）工作环境能适应授权任务的需要，保证有关计量检定、测试工作的正常进行；

（三）检定、测试人员必须适应授权任务的需要，掌握有关专业知识和计量检定、测试技术，并经考核合格；

（四）具有保证计量检定、测试结果公正、准确的有关工作制度和管理制度。

第六条 申请授权应按以下规定向有关人民政府计量行政部门提出申请。

（一）申请建立计量基准，向国务院计量行政部门提出申请；

（二）申请承担计量器具新产品型式评价的授权，向省级以上人民政府计量行政部门提出申请；

（三）申请对本部门内部使用的强制检定计量器具执行强制检定的授权，向同级人民政府计量行政部门提出申请；

（四）申请对本单位内部使用的强制检定的工作计量器具执行强制检定的授权，向当地县（市）级人民政府计量行政部门提出申请；

（五）申请作为法定计量检定机构、建立社会公用计量标准、承担计量器具产品质量监督试验和对社会开展强制检定、非强制检定的授权，应根据申请承担授权任务的区域，向相应的人民政府计量行政部门提出申请。

第七条 申请授权应递交计量授权申请书，并同时报送有关技术文件和资料。

第八条 计量授权申请被接受后，有关人民政府计量行政部门应按照以下规定和本办法第五条规定的条件进行考核。

（一）申请作为法定计量检定机构、建立本地区最高社会公用计量标准的，由受理申请的人民政府计量行政部门报请上一级人民政府计量行政部门主持考核；

（二）申请建立计量基准、非本地区最高社会公用计量标准，对内部使用的强制检定计量器具执行强制检定，承担计量器具产品质量监督试验，新产品型式评价和对社会开展强制检定、非强制检定的，由受理申请的人民政府计量行政部门主持考核。

第九条 申请授权的单位，其有关计量检定、测试人员，应当具有相应职业资格。

第十条 对考核合格的单位，由受理申请的人民政府计量行政部门批准，颁发相应的计量授权证书，并公布被授权单位的机构名称和所承担授权的业务范围。

第十一条 被授权单位必须按照授权范围开展工作，需新增计量授权项目，应按照本办法的有关规定，申请新增项目的授权。

违反上款规定的，责令其改正，停止开展超出授权范围的相关检定、测试活动。

第十二条 计量标准技术考核，标准物质定级鉴定和仲裁检定的授权，由有关人民政府计量行政部门根据相应管理办法的规定，采取指定的形式办理。

第十三条 被授权单位必须认真贯彻执行计量法律、法规。

第十四条 被授权单位的相应计量标准，必须接受计量基准或者社会公用计量标准的检定；开展授权的计量检定、测试工作，必须接受授权单位的监督。

第十五条 当被授权单位成为计量纠纷中当事人一方时，在双方协商不能自行解决的情况下，由县级以上有关人民政府计量行政部门进行调解或仲裁检定。

第十六条 计量授权证书应由授权单位规定有效期，最长不得超过5年。被授权单位可在有效期满前6个月提出继续承担授权任务的申请；授权单位根据需要和被授权单位的申请在有效期满前进行复查，经复查合格的，延长有效期。

第十七条 被授权单位要终止所承担的授权工作，应提前6个月向授权单位提出书面报告，未经批准不得擅自终止工作。

违反上款规定，给有关单位造成损失的，责令其赔偿损失。

第十八条 凡政府计量行政部门所属的法定计量检定机构，在本行政区内不能开展的计量检定项目，需要办理授权的，应报请上一级人民政府计量行政部门统筹安排。

第十九条 上级人民政府计量行政部门对下级人民政府计量行政部门的计量授权应进行监督，对违反本办法规定的授权，应予以纠正。

第二十条 与本办法有关的计量授权申请书、证书的式样，由国务院计量行政部门统一规定。

第二十一条 本办法由国务院计量行政部门负责解释。

第二十二条 本办法自发布之日起施行。

4-6 能源计量监督管理办法

（2010年9月17日国家质量监督检验检疫总局令第132号公布，根据2020年10月23日国家市场监督管理总局令第31号《关于修改部分规章的决定》修订）

第一条 为加强能源计量监督管理，促进节能减排和可持续发展，根据《中华人民共和国节约能源法》、《中华人民共和国计量法》等法律法规，制定本办法。

第二条 在中华人民共和国境内用能单位从事能源计量活动以及实施能源计量监督管理适用本办法。

第三条 国家市场监督管理总局对全国能源计量工作实施统一监督管理。

县级以上地方市场监督管理部门对本行政区域内的能源计量工作实施监督管理。

第四条 各级市场监督管理部门应当鼓励和支持能源计量新技术的开发、研究和应用，推广经济、适用、可靠性高、带有自动数据采集和传输功能、具有智能和物联网功能的能源计量器具，促进用能单位完善能源计量管理和检测体系，引导用能单位提高能源计量管理水平。

第五条 用能单位应当建立健全能源计量管理制度，明确计量管理职责，加强能源计量管理，确保能源计量数据真实准确。

第六条 用能单位应当配备符合规定要求的能源计量器具。

用能单位配备的能源计量器具应当满足能源分类、分级、分项计量要求。

第七条 用能单位应当建立能源计量器具台账，加强能源计量器具管理。

第八条 用能单位应当按照规定使用符合要求的能源计量器具，确保在用能源计量器具的量值准确可靠。

第九条 用能单位应当加强能源计量数据管理，建立完善的能源计量数据管理制度。

用能单位应当保证能源计量数据与能源计量器具实际测量结果相符，不得伪造或者篡改能源计量数据。

第十条 用能单位应当将能源计量数据作为统计调查、统计分析的基础，对各类能源消耗实行分类计量、统计。

第十一条 重点用能单位制定年度节能目标和实施方案，应当以能源计量数据为基础，有针对性地采取计量管理或者计量改造措施。

第十二条 重点用能单位应当配备专业人员从事能源计量工作。

重点用能单位的能源计量工作人员应当具有能源计量专业知识，定期接受能源计量专业知识培训。

第十三条 用能单位可以委托有关计量技术机构对大宗能源的贸易交接、能源消耗状况实行第三方公正计量。

第十四条 计量技术机构可以开展以下能源计量服务活动，为能源计量监督管理提供技术支持：

（一）开展能源计量数据采集、监测；

（二）开展能源计量器具计量检定/校准技术研究，确保能源计量器具准确；

（三）能源计量技术研究、能源效率测试、用能产品能源效率计量检测等工作；

（四）接受委托开展能源审计、能源平衡测试、能源效率限额对标；

（五）开展其他能源计量服务活动。

第十五条 用能单位应当每年对其能源计量工作开展情况进行自查；发现问题的，应当及时整改。

第十六条 市场监督管理部门应当对用能单位能源计量工作情况、列入国家能源效率标识管理产品目录的用能产品能源效率实施监督检查。

任何单位和个人不得拒绝、阻碍依法开展的能源计量监督检查。

第十七条 市场监督管理部门应当对重点用能单位的能源计量器具配备和使用，计量数据管理以及能源计量工作人员配备和培训等能源计量工作情况开展定期审查。

第十八条 违反本办法规定，用能单位未按照规定配备、使用能源计量器具的，由县级以上地方市场监督管理部门按照《中华人民共和国节约能源法》第七十四条等规定予以处罚。

第十九条 违反本办法规定，重点用能单位未按照规定配备能源计量工作人员或者能源计量工作人员未接受能源计量专业知识培训的，由县级以上地方市场监督管理部门责令限期改正；

逾期不改正的，处 1 万元以上 3 万元以下罚款。

第二十条 违反本办法规定，拒绝、阻碍能源计量监督检查的，由县级以上地方市场监督管理部门予以警告，可并处 1 万元以上 3 万元以下罚款；构成犯罪的，依法追究刑事责任。

第二十一条 从事能源计量监督管理的国家工作人员滥用职权，玩忽职守，徇私舞弊，情节轻微的，给予行政处分；构成犯罪的，依法追究刑事责任。

第二十二条 本办法由国家市场监督管理总局负责解释。

第二十三条 本办法自 2010 年 11 月 1 日起施行。

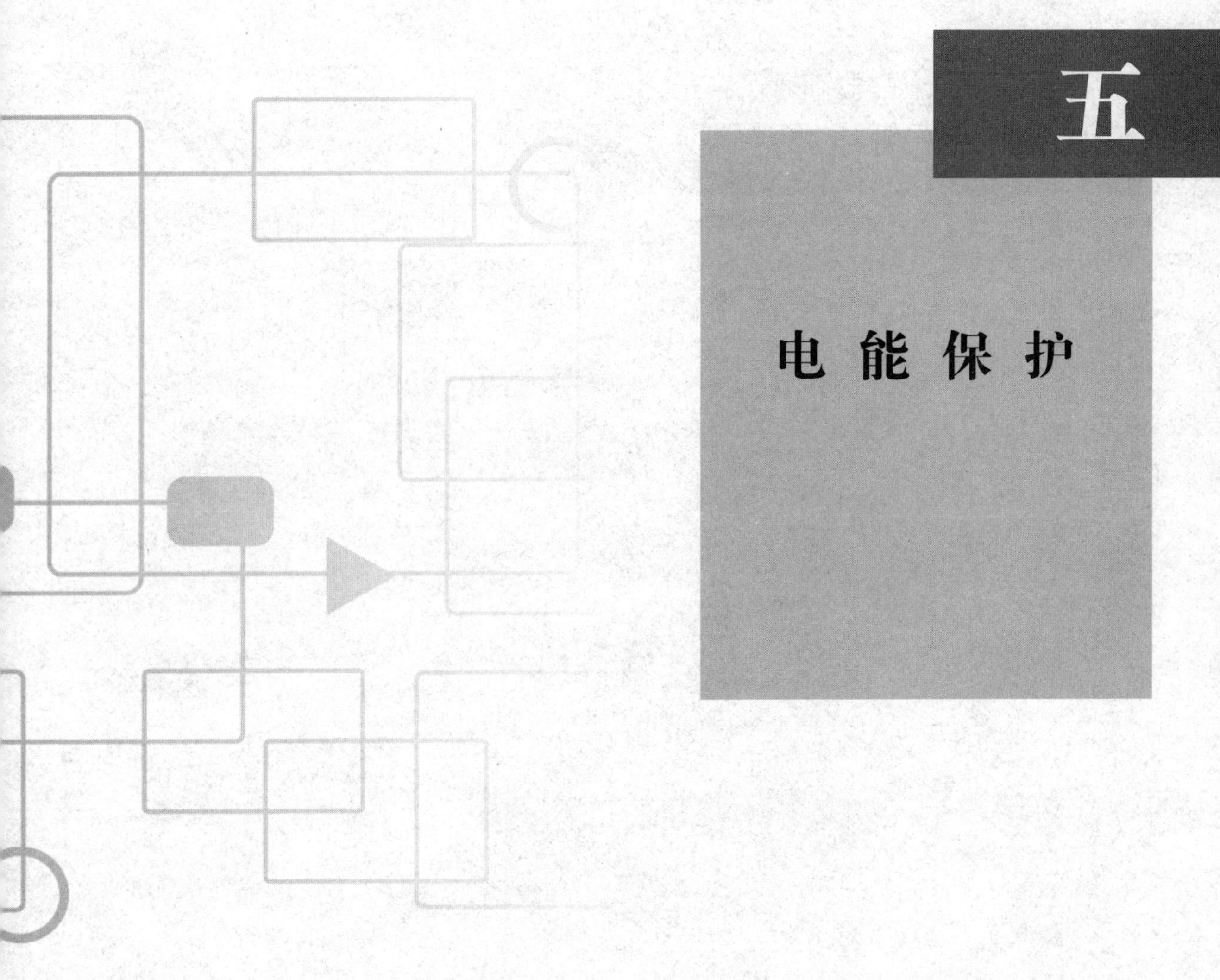

五

电能保护

5-1　中华人民共和国刑法（节选）

［1979 年 7 月 1 日第五届全国人民代表大会第二次会议通过，1997 年 3 月 14 日第八届全国人民代表大会第五次会议修正，根据 1998 年 12 月 29 日《全国人民代表大会常务委员会关于惩治骗购外汇、逃汇和非法买卖外汇犯罪的决定》、1999 年 12 月 25 日《中华人民共和国刑法修正案》、2001 年 8 月 31 日《中华人民共和国刑法修正案（二）》、2001 年 12 月 29 日《中华人民共和国刑法修正案（三）》、2002 年 12 月 28 日《中华人民共和国刑法修正案（四）》、2005 年 2 月 28 日《中华人民共和国刑法修正案（五）》、2006 年 6 月 29 日《中华人民共和国刑法修正案（六）》、2009 年 2 月 28 日《中华人民共和国刑法修正案（七）》、2009 年 8 月 27 日《全国人民代表大会常务委员会关于修改部分法律的决定》、2011 年 2 月 25 日《中华人民共和国刑法修正案（八）》、2015 年 8 月 29 日《中华人民共和国刑法修正案（九）》、2017 年 11 月 4 日《中华人民共和国刑法修正案（十）》、2020 年 12 月 26 日《中华人民共和国刑法修正案（十一）》修正］

第一百一十九条　【破坏交通工具罪】【破坏交通设施罪】【破坏电力设备罪】【破坏易燃易爆设备罪】破坏交通工具、交通设施、电力设备、燃气设备、易燃易爆设备，造成严重后果的，处十年以上有期徒刑、无期徒刑或者死刑。

【过失损坏交通工具罪】【过失损坏交通设施罪】【过失损坏电力设备罪】【过失损坏易燃易爆设备罪】过失犯前款罪的，处三年以上七年以下有期徒刑；情节较轻的，处三年以下有期徒刑或者拘役。

第二百六十二条之二　【组织未成年人进行违反治安管理活动罪】组织未成年人进行盗窃、诈骗、抢夺、敲诈勒索等违反治安管理活动的，处三年以下有期徒刑或者拘役，并处罚金；情节严重的，处三年以上七年以下有期徒刑，并处罚金。

第二百六十三条　【抢劫罪】以暴力、胁迫或者其他方法抢劫公私财物的，处三年以上十年以下有期徒刑，并处罚金；有下列情形之一的，处十年以上有期徒刑、无期徒刑或者死刑，并处罚金或者没收财产：

（一）入户抢劫的；

（二）在公共交通工具上抢劫的；

（三）抢劫银行或者其他金融机构的；

（四）多次抢劫或者抢劫数额巨大的；

（五）抢劫致人重伤、死亡的；

（六）冒充军警人员抢劫的；

（七）持枪抢劫的；

（八）抢劫军用物资或者抢险、救灾、救济物资的。

第二百六十四条　【盗窃罪】盗窃公私财物，数额较大的，或者多次盗窃、入户盗窃、携带凶器盗窃、扒窃的，处三年以下有期徒刑、拘役或者管制，并处或者单处罚金；数额巨大或者有其他严重情节的，处三年以上十年以下有期徒刑，并处罚金；数额特别巨大或者有其他特别严重情节的，处十年以上有期徒刑或者无期徒刑，并处罚金或者没收财产。

第二百六十九条　【转化的抢劫罪】犯盗窃、诈骗、抢夺罪，为窝藏赃物、抗拒抓捕或者毁灭罪证而当场使用暴力或者以暴力相威胁的，依照本法第二百六十三条的规定定罪处罚。

5-2 中华人民共和国治安管理处罚法（节选）

（2005年8月28日第十届全国人民代表大会常务委员会第十七次会议通过，根据2012年10月26日第十一届全国人民代表大会常务委员会第二十九次会议《关于修改〈中华人民共和国治安管理处罚法〉的决定》修正）

第二条 扰乱公共秩序，妨害公共安全，侵犯人身权利、财产权利，妨害社会管理，具有社会危害性，依照《中华人民共和国刑法》的规定构成犯罪的，依法追究刑事责任；尚不够刑事处罚的，由公安机关依照本法给予治安管理处罚。

第三条 治安管理处罚的程序，适用本法的规定；本法没有规定的，适用《中华人民共和国行政处罚法》的有关规定。

第五条 治安管理处罚必须以事实为依据，与违反治安管理行为的性质、情节以及社会危害程度相当。

实施治安管理处罚，应当公开、公正，尊重和保障人权，保护公民的人格尊严。

办理治安案件应当坚持教育与处罚相结合的原则。

第七条 国务院公安部门负责全国的治安管理工作。县级以上地方各级人民政府公安机关负责本行政区域内的治安管理工作。

治安案件的管辖由国务院公安部门规定。

第八条 违反治安管理的行为对他人造成损害的，行为人或者其监护人应当依法承担民事责任。

第十条 治安管理处罚的种类分为：

（一）警告；

（二）罚款；

（三）行政拘留；

（四）吊销公安机关发放的许可证。

对违反治安管理的外国人，可以附加适用限期出境或者驱逐出境。

第十一条 办理治安案件所查获的毒品、淫秽物品等违禁品，赌具、赌资，吸食、注射毒品的用具以及直接用于实施违反治安管理行为的本人所有的工具，应当收缴，按照规定处理。

违反治安管理所得的财物，追缴退还被侵害人；没有被侵害人的，登记造册，公开拍卖或者按照国家有关规定处理，所得款项上缴国库。

第十二条 已满十四周岁不满十八周岁的人违反治安管理的，从轻或者减轻处罚；不满十四周岁的人违反治安管理的，不予处罚，但是应当责令其监护人严加管教。

第十三条 精神病人在不能辨认或者不能控制自己行为的时候违反治安管理的，不予处罚，但是应当责令其监护人严加看管和治疗。间歇性的精神病人在精神正常的时候违反治安管理的，应当给予处罚。

第十四条 盲人或者又聋又哑的人违反治安管理的，可以从轻、减轻或者不予处罚。

第十五条 醉酒的人违反治安管理的，应当给予处罚。

醉酒的人在醉酒状态中，对本人有危险或者对他人的人身、财产或者公共安全有威胁的，应当对其采取保护性措施约束至酒醒。

第十六条 有两种以上违反治安管理行为的，分别决定，合并执行。行政拘留处罚合并执行的，最长不超过二十日。

第十七条 共同违反治安管理的，根据违反治安管理行为人在违反治安管理行为中所起的作用，分别处罚。

教唆、胁迫、诱骗他人违反治安管理的，按照其教唆、胁迫、诱骗的行为处罚。

第十八条 单位违反治安管理的，对其直接负责的主管人员和其他直接责任人员依照本法的规定处罚。其他法律、行政法规对同一行为规定给予单位处罚的，依照其规定处罚。

第十九条 违反治安管理有下列情形之一的，减轻处罚或者不予处罚：

（一）情节特别轻微的；

（二）主动消除或者减轻违法后果，并取得被侵害人谅解的；

（三）出于他人胁迫或者诱骗的；

（四）主动投案，向公安机关如实陈述自己的违法行为的；

（五）有立功表现的。

第二十条 违反治安管理有下列情形之一的，从重处罚：

（一）有较严重后果的；

（二）教唆、胁迫、诱骗他人违反治安管理的；

（三）对报案人、控告人、举报人、证人打击报复的；

（四）六个月内曾受过治安管理处罚的。

第二十一条 违反治安管理行为人有下列情形之一，依照本法应当给予行政拘留处罚的，不执行行政拘留处罚：

（一）已满十四周岁不满十六周岁的；

（二）已满十六周岁不满十八周岁，初次违反治安管理的；

（三）七十周岁以上的；

（四）怀孕或者哺乳自己不满一周岁婴儿的。

第二十二条 违反治安管理行为在六个月内没有被公安机关发现的，不再处罚。

前款规定的期限，从违反治安管理行为发生之日起计算；违反治安管理行为有连续或者继续状态的，从行为终了之日起计算。

第二十三条 有下列行为之一的，处警告或者二百元以下罚款；情节较重的，处五日以上十日以下拘留，可以并处五百元以下罚款：

（一）扰乱机关、团体、企业、事业单位秩序，致使工作、生产、营业、医疗、教学、科研不能正常进行，尚未造成严重损失的；

（二）扰乱车站、港口、码头、机场、商场、公园、展览馆或者其他公共场所秩序的；

（三）扰乱公共汽车、电车、火车、船舶、航空器或者其他公共交通工具上的秩序的；

（四）非法拦截或者强登、扒乘机动车、船舶、航空器以及其他交通工具，影响交通工具正常行驶的；

（五）破坏依法进行的选举秩序的。

聚众实施前款行为的，对首要分子处十日以上十五日以下拘留，可以并处一千元以下罚款。

第二十五条 有下列行为之一的，处五日以上十日以下拘留，可以并处五百元以下罚款；情节较轻的，处五日以下拘留或者五百元以下罚款：

（一）散布谣言，谎报险情、疫情、警情或者以其他方法故意扰乱公共秩序的；

（二）投放虚假的爆炸性、毒害性、放射性、腐蚀性物质或者传染病病原体等危险物质扰乱公共秩序的；

（三）扬言实施放火、爆炸、投放危险物质扰乱公共秩序的。

第二十六条 有下列行为之一的，处五日以上十日以下拘留，可以并处五百元以下罚款；情节较重的，处十日以上十五日以下拘留，可以并处一千元以下罚款：

（一）结伙斗殴的；

（二）追逐、拦截他人的；

（三）强拿硬要或者任意损毁、占用公私财物的；

（四）其他寻衅滋事行为。

第二十九条 有下列行为之一的，处五日以下拘留；情节较重的，处五日以上十日以下拘留：

（一）违反国家规定，侵入计算机信息系统，造成危害的；

（二）违反国家规定，对计算机信息系统功能进行删除、修改、增加、干扰，造成计算机信息系统不能正常运行的；

（三）违反国家规定，对计算机信息系统中存储、处理、传输的数据和应用程序进行删除、修改、增加的；

（四）故意制作、传播计算机病毒等破坏性程序，影响计算机信息系统正常运行的。

第三十三条 有下列行为之一的，处十日以上十五日以下拘留：

（一）盗窃、损毁油气管道设施、电力电信设施、广播电视设施、水利防汛工程设施或者水文监测、测量、气象测报、环境监测、地质监测、地震监测等公共设施的；

（二）移动、损毁国家边境的界碑、界桩以及其他边境标志、边境设施或者领土、领海标志设施的；

（三）非法进行影响国（边）界线走向的活动或者修建有碍国（边）境管理的设施的。

第三十七条 有下列行为之一的，处五日以下拘留或者五百元以下罚款；情节严重的，处五日以上十日以下拘留，可以并处五百元以下罚款：

（一）未经批准，安装、使用电网的，或者安装、使用电网不符合安全规定的；

（二）在车辆、行人通行的地方施工，对沟井坎穴不设覆盖物、防围和警示标志的，或者故意损毁、移动覆盖物、防围和警示标志的；

（三）盗窃、损毁路面井盖、照明等公共设施的。

第三十九条 旅馆、饭店、影剧院、娱乐场、运动场、展览馆或者其他供社会公众活动的场所的经营管理人员，违反安全规定，致使该场所有发生安全事故危险，经公安机关责令改正，拒不改正的，处五日以下拘留。

第四十六条 强买强卖商品，强迫他人提供服务或者强迫他人接受服务的，处五日以上十日以下拘留，并处二百元以上五百元以下罚款；情节较轻的，处五日以下拘留或者五百元以下罚款。

第四十九条 盗窃、诈骗、哄抢、抢夺、敲诈勒索或者故意损毁公私财物的，处五日以上十日以下拘留，可以并处五百元以下罚款；情节较重的，处十日以上十五日以下拘留，可以并处一千元以下罚款。

第五十条 有下列行为之一的，处警告或者二百元以下罚款；情节严重的，处五日以上十日以下拘留，可以并处五百元以下罚款：

（一）拒不执行人民政府在紧急状态情况下依法发布的决定、命令的；

（二）阻碍国家机关工作人员依法执行职务的；

（三）阻碍执行紧急任务的消防车、救护车、工程抢险车、警车等车辆通行的；

（四）强行冲闯公安机关设置的警戒带、警戒区的。

阻碍人民警察依法执行职务的，从重处罚。

第五十二条 有下列行为之一的，处十日以上十五日以下拘留，可以并处一千元以下罚款；情节较轻的，处五日以上十日以下拘留，可以并处五百元以下罚款：

（一）伪造、变造或者买卖国家机关、人民团体、企业、事业单位或者其他组织的公文、证件、证明文件、印章的；

（二）买卖或者使用伪造、变造的国家机关、人民团体、企业、事业单位或者其他组织的公文、证件、证明文件的；

（三）伪造、变造、倒卖车票、船票、航空客票、文艺演出票、体育比赛入场券或者其他有价票证、凭证的；

（四）伪造、变造船舶户牌，买卖或者使用伪造、变造的船舶户牌，或者涂改船舶发动机号码的。

第五十四条 有下列行为之一的，处十日以上十五日以下拘留，并处五百元以上一千元以下罚款；情节较轻的，处五日以下拘留或者五百元以下罚款：

（一）违反国家规定，未经注册登记，以社会团体名义进行活动，被取缔后，仍进行活动的；

（二）被依法撤销登记的社会团体，仍以社会团体名义进行活动的；

（三）未经许可，擅自经营按照国家规定需要由公安机关许可的行业的。

有前款第三项行为的，予以取缔。

取得公安机关许可的经营者，违反国家有关管理规定，情节严重的，公安机关可以吊销许可证。

第五十五条 煽动、策划非法集会、游行、示威，不听劝阻的，处十日以上十五日以下拘留。

第五十九条 有下列行为之一的，处五百元以上一千元以下罚款；情节严重的，处五日以上十日以下拘留，并处五百元以上一千元以下罚款：

（一）典当业工作人员承接典当的物品，不查验有关证明、不履行登记手续，或者明知是违法犯罪嫌疑人、赃物，不向公安机关报告的；

（二）违反国家规定，收购铁路、油田、供电、电信、矿山、水利、测量和城市公用设施等废旧专用器材的；

（三）收购公安机关通报寻查的赃物或者有赃物嫌疑的物品的；

（四）收购国家禁止收购的其他物品的。

第六十条 有下列行为之一的，处五日以上十日以下拘留，并处二百元以上五百元以下罚款：

（一）隐藏、转移、变卖或者损毁行政执法机关依法扣押、查封、冻结的财物的；

（二）伪造、隐匿、毁灭证据或者提供虚假证言、谎报案情，影响行政执法机关依法办案的；

（三）明知是赃物而窝藏、转移或者代为销售的；

（四）被依法执行管制、剥夺政治权利或者在缓刑、暂予监外执行中的罪犯或者被依法采取刑事强制措施的人，有违反法律、行政法规或者国务院有关部门的监督管理规定的行为。

第六十三条 有下列行为之一的，处警告或者二百元以下罚款；情节较重的，处五日以上十日以下拘留，并处二百元以上五百元以下罚款：

（一）刻划、涂污或者以其他方式故意损坏国家保护的文物、名胜古迹的；

（二）违反国家规定，在文物保护单位附近进行爆破、挖掘等活动，危及文物安全的。

第七十五条 饲养动物，干扰他人正常生活的，处警告；警告后不改正的，或者放任动物恐吓他人的，处二百元以上五百元以下罚款。

驱使动物伤害他人的，依照本法第四十三条第一款的规定处罚。

第八十七条 公安机关对与违反治安管理行为有关的场所、物品、人身可以进行检查。检查时，人民警察不得少于二人，并应当出示工作证件和县级以上人民政府公安机关开具的检查证明文件。对确有必要立即进行检查的，人民警察经出示工作证件，可以当场检查，但检查公民住所应当出示县级以上人民政府公安机关开具的检查证明文件。

检查妇女的身体，应当由女性工作人员进行。

第八十八条 检查的情况应当制作检查笔录，由检查人、被检查人和见证人签名或者盖章；被检查人拒绝签名的，人民警察应当在笔录上注明。

第八十九条 公安机关办理治安案件，对与案件有关的需要作为证据的物品，可以扣押；对被侵害人或者善意第三人合法占有的财产，不得扣押，应当予以登记。对与案件无关的物品，不得扣押。

对扣押的物品，应当会同在场见证人和被扣押物品持有人查点清楚，当场开列清单一式二份，由调查人员、见证人和持有人签名或者盖章，一份交给持有人，另一份附卷备查。

对扣押的物品，应当妥善保管，不得挪作他用；对不宜长期保存的物品，按照有关规定处理。经查明与案件无关的，应当及时退还；经核实属于他人合法财产的，应当登记后立即退还；满六个月无人对该财产主张权利或者无法查清权利人的，应当公开拍卖或者按照国家有关规定处理，所得款项上缴国库。

第九十条 为了查明案情，需要解决案件中有争议的专门性问题的，应当指派或者聘请具有专门知识的人员进行鉴定；鉴定人鉴定后，应当写出鉴定意见，并且签名。

5-3 最高人民检察院《关于单位有关人员组织实施盗窃行为如何适用法律问题的批复》

（高检发释字〔2002〕5号，2002年8月9日最高人民检察院发布）

各省、自治区、直辖市人民检察院，军事检察院，新疆生产建设兵团人民检察院：

近来，一些省人民检察院就单位有关人员为谋取单位利益组织实施盗窃行为如何适用法律问题向我院请示。根据刑法有关规定，现批复如下：

单位有关人员为谋取单位利益组织实施盗窃行为，情节严重的，应当依照刑法第二百六十四条的规定以盗窃罪追究直接责任人员的刑事责任。

此复

最高人民检察院

2002年8月9日

5-4　最高人民法院关于审理破坏电力设备刑事案件具体应用法律若干问题的解释

（法释〔2007〕15号，2007年8月13日最高人民法院审判委员会第1435次会议通过）

为维护公共安全，依法惩治破坏电力设备等犯罪活动，根据刑法有关规定，现就审理这类刑事案件具体应用法律的若干问题解释如下：

第一条　破坏电力设备，具有下列情形之一的，属于刑法第一百一十九条第一款规定的“造成严重后果”，以破坏电力设备罪判处十年以上有期徒刑、无期徒刑或者死刑：

（一）造成一人以上死亡、三人以上重伤或者十人以上轻伤的；

（二）造成一万以上用户电力供应中断六小时以上，致使生产、生活受到严重影响的；

（三）造成直接经济损失一百万元以上的；

（四）造成其他危害公共安全严重后果的。

第二条　过失损坏电力设备，造成本解释第一条规定的严重后果的，依照刑法第一百一十九条第二款的规定，以过失损坏电力设备罪判处三年以上七年以下有期徒刑；情节较轻的，处三年以下有期徒刑或者拘役。

第三条　盗窃电力设备，危害公共安全，但不构成盗窃罪的，以破坏电力设备罪定罪处罚；同时构成盗窃罪和破坏电力设备罪的，依照刑法处罚较重的规定定罪处罚。

盗窃电力设备，没有危及公共安全，但应当追究刑事责任的，可以根据案件的不同情况，按照盗窃罪等犯罪处理。

第四条　本解释所称电力设备，是指处于运行、应急等使用中的电力设备；已经通电使用，只是由于枯水季节或电力不足等原因暂停使用的电力设备；已经交付使用但尚未通电的电力设备。不包括尚未安装完毕，或者已经安装完毕但尚未交付使用的电力设备。

本解释中直接经济损失的计算范围，包括电量损失金额，被毁损设备材料的购置、更换、修复费用，以及因停电给用户造成的直接经济损失等。

5-5　最高人民法院、最高人民检察院关于办理盗窃刑事案件适用法律若干问题的解释

（法释〔2013〕8号，2013年3月8日最高人民法院审判委员会第1571次会议、2013年3月18日最高人民检察院第十二届检察委员会第一次会议通过）

为依法惩治盗窃犯罪活动，保护公私财产，根据《中华人民共和国刑法》、《中华人民共和

国刑事诉讼法》的有关规定，现就办理盗窃刑事案件适用法律的若干问题解释如下：

第一条 盗窃公私财物价值一千元至三千元以上、三万元至十万元以上、三十万元至五十万元以上的，应当分别认定为刑法第二百六十四条规定的“数额较大”、“数额巨大”、“数额特别巨大”。

各省、自治区、直辖市高级人民法院、人民检察院可以根据本地区经济发展状况，并考虑社会治安状况，在前款规定的数额幅度内，确定本地区执行的具体数额标准，报最高人民法院、最高人民检察院批准。

在跨地区运行的公共交通工具上盗窃，盗窃地点无法查证的，盗窃数额是否达到“数额较大”、“数额巨大”、“数额特别巨大”，应当根据受理案件所在地省、自治区、直辖市高级人民法院、人民检察院确定的有关数额标准认定。

盗窃毒品等违禁品，应当按照盗窃罪处理的，根据情节轻重量刑。

第二条 盗窃公私财物，具有下列情形之一的，“数额较大”的标准可以按照前条规定标准的百分之五十确定：

（一）曾因盗窃受过刑事处罚的；

（二）一年内曾因盗窃受过行政处罚的；

（三）组织、控制未成年人盗窃的；

（四）自然灾害、事故灾害、社会安全事件等突发事件期间，在事件发生地盗窃的；

（五）盗窃残疾人、孤寡老人、丧失劳动能力人的财物的；

（六）在医院盗窃病人或者其亲友财物的；

（七）盗窃救灾、抢险、防汛、优抚、扶贫、移民、救济款物的；

（八）因盗窃造成严重后果的。

第三条 二年内盗窃三次以上的，应当认定为“多次盗窃”。

非法进入供他人家庭生活，与外界相对隔离的住所盗窃的，应当认定为“入户盗窃”。

携带枪支、爆炸物、管制刀具等国家禁止个人携带的器械盗窃，或者为了实施违法犯罪携带其他足以危害他人人身安全的器械盗窃的，应当认定为“携带凶器盗窃”。

在公共场所或者公共交通工具上盗窃他人随身携带的财物的，应当认定为“扒窃”。

第四条 盗窃的数额，按照下列方法认定：

（一）被盗财物有有效价格证明的，根据有效价格证明认定；无有效价格证明，或者根据价格证明认定盗窃数额明显不合理的，应当按照有关规定委托估价机构估价；

（二）盗窃外币的，按照盗窃时中国外汇交易中心或者中国人民银行授权机构公布的人民币对该货币的中间价折合成人民币计算；中国外汇交易中心或者中国人民银行授权机构未公布汇率中间价的外币，按照盗窃时境内银行人民币对该货币的中间价折算成人民币，或者该货币在境内银行、国际外汇市场对美元汇率，与人民币对美元汇率中间价进行套算；

（三）盗窃电力、燃气、自来水等财物，盗窃数量能够查实的，按照查实的数量计算盗窃数额；盗窃数量无法查实的，以盗窃前六个月月均正常用量减去盗窃后计量仪表显示的月均用量推算盗窃数额；盗窃前正常使用不足六个月的，按照正常使用期间的月均用量减去盗窃后计量仪表显示的月均用量推算盗窃数额；

（四）明知是盗接他人通信线路、复制他人电信码号的电信设备、设施而使用的，按照合法用户为其支付的费用认定盗窃数额；无法直接确认的，以合法用户的电信设备、设施被盗接、复制后的月缴费额减去被盗接、复制前六个月的月均电话费推算盗窃数额；合法用户使用电信设备、设施不足六个月的，按照实际使用的月均电话费推算盗窃数额；

（五）盗接他人通信线路、复制他人电信码号出售的，按照销赃数额认定盗窃数额。

盗窃行为给失主造成的损失大于盗窃数额的，损失数额可以作为量刑情节考虑。

第五条 盗窃有价支付凭证、有价证券、有价票证的，按照下列方法认定盗窃数额：

（一）盗窃不记名、不挂失的有价支付凭证、有价证券、有价票证的，应当按票面数额和盗窃时应得的孳息、奖金或者奖品等可得收益一并计算盗窃数额；

（二）盗窃记名的有价支付凭证、有价证券、有价票证，已经兑现的，按照兑现部分的财物价值计算盗窃数额；没有兑现，但失主无法通过挂失、补领、补办手续等方式避免损失的，按照给失主造成的实际损失计算盗窃数额。

第六条 盗窃公私财物，具有本解释第二条第三项至第八项规定情形之一，或者入户盗窃、携带凶器盗窃，数额达到本解释第一条规定的“数额巨大”、“数额特别巨大”百分之五十的，可以分别认定为刑法第二百六十四条规定的“其他严重情节”或者“其他特别严重情节”。

第七条 盗窃公私财物数额较大，行为人认罪、悔罪，退赃、退赔，且具有下列情形之一，情节轻微的，可以不起诉或者免予刑事处罚；必要时，由有关部门予以行政处罚：

（一）具有法定从宽处罚情节的；

（二）没有参与分赃或者获赃较少且不是主犯的；

（三）被害人谅解的；

（四）其他情节轻微、危害不大的。

第八条 偷拿家庭成员或者近亲属的财物，获得谅解的，一般可不认为是犯罪；追究刑事责任的，应当酌情从宽。

第九条 盗窃国有馆藏一般文物、三级文物、二级以上文物的，应当分别认定为刑法第二百六十四条规定的“数额较大”、“数额巨大”、“数额特别巨大”。

盗窃多件不同等级国有馆藏文物的，三件同级文物可以视为一件高一级文物。

盗窃民间收藏的文物的，根据本解释第四条第一款第一项的规定认定盗窃数额。

第十条 偷开他人机动车的，按照下列规定处理：

（一）偷开机动车，导致车辆丢失的，以盗窃罪定罪处罚；

（二）为盗窃其他财物，偷开机动车作为犯罪工具使用后非法占有车辆，或者将车辆遗弃导致丢失的，被盗车辆的价值计入盗窃数额；

（三）为实施其他犯罪，偷开机动车作为犯罪工具使用后非法占有车辆，或者将车辆遗弃导致丢失的，以盗窃罪和其他犯罪数罪并罚；将车辆送回未造成丢失的，按照其所实施的其他犯罪从重处罚。

第十一条 盗窃公私财物并造成财物损毁的，按照下列规定处理：

（一）采用破坏性手段盗窃公私财物，造成其他财物损毁的，以盗窃罪从重处罚；同时构成盗窃罪和其他犯罪的，择一重罪从重处罚；

（二）实施盗窃犯罪后，为掩盖罪行或者报复等，故意毁坏其他财物构成犯罪的，以盗窃罪和构成的其他犯罪数罪并罚；

（三）盗窃行为未构成犯罪，但损毁财物构成其他犯罪的，以其他犯罪定罪处罚。

第十二条 盗窃未遂，具有下列情形之一的，应当依法追究刑事责任：

（一）以数额巨大的财物为盗窃目标的；

（二）以珍贵文物为盗窃目标的；

（三）其他情节严重的情形。

盗窃既有既遂，又有未遂，分别达到不同量刑幅度的，依照处罚较重的规定处罚；达到同一量刑幅度的，以盗窃罪既遂处罚。

第十三条 单位组织、指使盗窃，符合刑法第二百六十四条及本解释有关规定的，以盗窃罪追究组织者、指使者、直接实施者的刑事责任。

第十四条 因犯盗窃罪，依法判处罚金刑的，应当在一千元以上盗窃数额的二倍以下判处罚金；没有盗窃数额或者盗窃数额无法计算的，应当在一千元以上十万元以下判处罚金。

第十五条 本解释发布实施后，《最高人民法院关于审理盗窃案件具体应用法律若干问题的解释》（法释〔1998〕4号）同时废止；之前发布的司法解释和规范性文件与本解释不一致的，以本解释为准。

5-6 最高人民法院研究室关于对《关于查处窃电行为有关问题的请示》答复意见的函

（法研〔2002〕118号，2002年9月6日最高人民法院研究室发布）

国务院法制办公室秘书行政司：

你司送来征求意见的安徽省政府法制办《关于查处窃电行为有关问题的请示》（以下称“请示”）收悉。经研究，提出以下意见：

一、《中华人民共和国电力法》（以下称电力法）第六条、第七条已经明确规定了政府电力管理部门的行政管理职责和电力企业的民事法律关系主体地位，而且电力企业的这种地位在《中华人民共和国合同法》（以下称合同法）第十章“供用电、水、气、热力合同”中有更具体的体现。因此，电力企业在供电合同的订立和履行过程中的活动应当适用合同法和其他有关民事法律。供电局发现用户有窃电行为的，可以依法提起民事诉讼。

二、虽然供电活动属于合同法规定的民事活动，但鉴于供电活动的特殊性和电力管理制度的传统，电力法对供电企业和用户的权利义务又作了一些特别规定。例如，第三十二条规定：“用户用电不得危害供电、用电安全和扰乱供电、用电秩序。对危害供电、用电安全和扰乱供电、用电秩序的供电企业有权制止。”第三十三条规定：“供电企业应当按照国家核准的电价和用电计量装置的记录，向用户计收电费。供电企业查电人员和抄表收费人员进入用户，进行用电安全检查或者抄表收费时，应当出示有关证件。用户应当按照国家核准的电价和用电计量装置的记录，按时交纳电费；对供电企业查电人员和抄表收费人员依法履行职责，应当提供方便。”这些规定属于特别法的规定，与合同法不相抵触。

三、电力法第六条第二款规定：“县级以上地方人民政府经济综合主管部门是本行政区域内的电力管理部门，负责电力事业的监督管理。县级以上地方人民政府有关部门在各自的职责范围内负责电力事业的监督管理。”也就是说，自该法1996年4月1日生效施行之日起，原来各级政府中实行政企合一的电力局（或称供电局、电业局等）依法不再享有行政监督管理职权，而改由各级人民政府的经贸委行使该职权，电力局成为单独的电力企业。因此，其他行政法规、规章中关于电力局行政监督管理职权的规定与电力法和合同法不一致的，不应当继续使用。

四、关于“请示”中所称“我省市县机构改革尚未完成，市、县供电局属于政企合一机构”，不能作为与电力法有关规定对抗的理由国务院和地方各级人民政府将电力企业与电力监督管理部门的机构和职能分开，是根据电力法进行的。电力法从公布到生效之前已经留有三个月的准备时间，各级人民政府相关的改革工作应当在法律生效之前完成，以保证法律的执行。某些地方在电力法实施后六年半之久尚未完成这一工作，属于工作中的问题，不应影响电力法有关规定的效力。

以上意见供参考。

最高人民法院研究室

2002 年 9 月 6 日

5-7　国家经济贸易委员会关于查处窃电有关法律问题的复函

（电力〔1999〕22 号，1999 年 7 月 6 日国家经济贸易委员会办公厅发布）

江苏省电力工业局：

你局《关于查处窃电行为有关法律问题的请示（苏电法〔1999〕680 号）收悉，现复函如下：

一、用户对供电企业查处窃电所作出的处理不服，应属民事纠纷，向人民法院提起的应是民事诉讼而不是行政诉讼。

二、用户窃电尚未构成犯罪的，供电企业双方有协议时，窃电属于违约行为；无协议时，窃电属于侵权行为，窃电者应当承担侵权的民事责任。

三、《供电营业规则》第一百零二条的规定与《电力法》第七十一条和《电力供应与使用条例》第四十一条的规定不发生法律冲突。前者是关于供电企业处理窃电的办法及程序规定，是赋予供电企业的民事权利；后两者则是关于电力管理部门对窃电者实施行政处罚的规定，是赋予电力管理部门的行政处罚权。

四、《电力供应与使用条例》第四十条的规定与《电力法》第三十二、第六十五条的规定不发生法律冲突。前者是对《电力法》第三十二条的具体阐述，是赋予供电企业的民事权利；《电力法》第六十五条则是关于电力管理部门对违法者实施行政处罚的规定。

国家经济贸易委员会办公厅

1999 年 7 月 6 日

5-8　国家经济贸易委员会关于窃电案适用《供电营业规则》有关问题请示的复函

（电力〔2000〕19 号，2000 年 11 月 3 日国家经济贸易委员会办公厅发布）

国家电力公司东北公司：

你公司《关于窃电案适用〈供电营业规则〉有关问题的请示》（东电办〔2000〕10 号）收

悉。经研究，现复函如下：

一、原电力工业部1996年10月8日发布施行的《供电营业规则》，是根据《电力法》《电力供应与使用条例》制定的行政规章，该规章现行有效。

二、根据《刑法》和《最高人民法院关于审理盗窃案件具体应用法律若干问题的解释》（法释〔1998〕4号），以非法占有为目的，窃电数额较大或者达到多次窃电的行为，构成盗窃罪。关于盗窃罪的具体定罪量刑，《刑法》已做出明确规定；对窃电行为的认定和窃电数额的确定，应按照《供电营业规则》第一百零一条、第一百零三条的规定执行。

三、根据《供电营业规则》第一百零一条、第一百零三条的规定，采用绕越变压器计量装置进行窃电的，窃电数额按计费电能表标定的电流值（对装有限流器的，按限流器标定电流值）所指的容量乘以实际窃电的时间计算确定。窃电时间无法查明的，窃电日数至少以180天计算，每日窃电时间：电力用户按12小时计算；照明用户按6小时计算。

国家经济贸易委员会办公厅

2000年11月3日

5-9　国家经济贸易委员会关于供电企业查处窃电中有关法律法规适用问题的请示复函

（国经贸厅电力函〔2001〕837号，2001年11月3日国家经济贸易委员会办公厅发布）

安徽省经济贸易委员会：

你委《关于供电企业查处窃电中有关法律法规适用问题的请示》（皖经贸电力〔2001〕454号）收悉。经研究，现复函如下：

一、国务院电力管理部门根据《电力法》《电力供应与使用条例》等法律、法规的规定，制定了《供用电监督管理办法》《用电检查管理办法》《供电营业规则》，其目的在于分别规范电力管理部门的行政行为和供电企业的民事行为，维护正常的供用电秩序。鉴于《用电检查管理办法》和《供电营业规则》两个规章的民事性质，供电企业依照这两个规章所实施的行为应属民事性质。

二、根据《电力法》第三十二条、《用电检查管理办法》第二十一条、《供电营业规则》第一百零二条的规定，供电企业在确认有窃电行为后，可以依法中止供电，包括为防止窃电人自行恢复供电而采取必要的辅助技术措施。

三、《用电检查管理办法》《供电营业规则》中有关窃电行为处理的规定与《电力法》《电力供应与使用条例》中有关窃电行为处理的规定不发生法律冲突。前两者是关于供电企业处理窃电的办法及程序规定，是赋予供电企业的民事权利；后两者则是关于电力管理部门对窃电者实施行政处罚的规定，是赋予电力管理部门的行政处罚权。

国家经济贸易委员会办公厅

2001年11月3日

六

售电侧改革

6-1 售电公司管理办法

（发改体改规〔2021〕1595号，2021年11月11日国家发展和改革委员会、国家能源局发布）

第一章 总 则

第一条 为积极稳妥推进售电侧改革，建立健全有序竞争的市场秩序，保护各类市场主体的合法权益，依据《中共中央、国务院关于进一步深化电力体制改革的若干意见》和电力体制改革配套文件，制定本办法。

第二条 售电公司注册、运营和退出，坚持依法合规、开放竞争、安全高效、改革创新、优质服务、常态监管的原则。

第三条 本办法所指售电公司是指提供售电服务或配售电服务的市场主体。售电公司在零售市场与电力用户确立售电服务关系，在批发市场开展购售电业务。

第四条 电力、价格主管部门和市场监督管理部门、能源监管机构等依法对售电公司市场行为实施监管和开展行政执法工作。

第二章 注 册 条 件

第五条 售电公司注册条件。

（一）依照《中华人民共和国公司法》登记注册的企业法人。

（二）资产要求。

1．资产总额不得低于2千万元人民币。

2．资产总额在2千万元至1亿元（不含）人民币的，可以从事年售电量不超过30亿千瓦时的售电业务。

3．资产总额在1亿元至2亿元（不含）人民币的，可以从事年售电量不超过60亿千瓦时的售电业务。

4．资产总额在2亿元人民币以上的，不限制其售电量。

（三）从业人员。售电公司应拥有10名及以上具有劳动关系的全职专业人员。专业人员应掌握电力系统基本技术、经济专业知识，具备风险管理、电能管理、节能管理、需求侧管理等能力，有电力、能源、经济、金融等行业3年及以上工作经验。其中，至少拥有1名高级职称和3名中级职称的专业管理人员，技术职称包括电力、经济、会计等相关专业。

（四）经营场所和技术支持系统。售电公司应具有固定经营场所及能够满足参加市场交易的报价、信息报送、合同签订、客户服务等功能的电力市场技术支持系统和客户服务平台，参与电力批发市场的售电公司技术支持系统应能接入电力交易平台。

（五）信用要求。售电公司法定代表人及主要股东具有良好的财务状况和信用记录，并按照规定要求做出信用承诺，确保诚实守信经营。董事、监事、高级管理人员、从业人员无失信被执行记录。

（六）法律、行政法规和地方性法规规定的其他条件。

第六条 发电企业、电力建设企业、高新产业园区、经济技术开发区、供水、供气、供热等公共服务行业和节能服务公司所属售电公司（含全资、控股或参股）应当具有独立法人资格，独立运营。上述公司申请经营范围增项开展售电业务的，新开展的同一笔交易中不能同时作为买方和卖方。

第七条 电网企业（含关联企业）所属售电公司（含全资、控股或参股）应当具有独立法人资格并且独立运营，确保售电业务从人员、财务、办公地点、信息等方面与其他业务隔离，不得通过电力交易机构、电力调度机构、电网企业获得售电竞争方面的合同商务信息以及超过其他售电公司的优势权利。

第三章 注 册 程 序

第八条 电力交易机构负责售电公司注册服务，政府部门不得直接办理售电公司注册业务或干预电力交易机构正常办理售电公司注册业务。符合注册条件的售电公司自主选择电力交易机构办理注册，获取交易资格，无需重复注册。已完成注册售电公司按相关交易规则公平参与交易。各电力交易机构按照“一地注册，信息共享”原则，统一售电公司注册服务流程、服务规范、要件清单、审验标准等，明确受理期限、接待日、公示日。其他地区推送的售电公司在售电业务所在行政区域需具备相应的经营场所、技术支持系统后，平等参与当地电力市场化交易。

建立售电公司首注负责制。负责首次办理售电公司注册手续的电力交易机构，负责对其按照本办法规定办理业务的有关材料进行完整性审查，必要时组织对售电公司进行现场核验。鼓励网上办理注册手续，对于网上提交的材料，电力交易机构应与当事人进行原件核对。

第九条 售电公司办理注册时，应按固定格式签署信用承诺书，并通过电力交易平台向电力交易机构提交以下资料：工商注册信息、法定代表人信息、统一社会信用代码、资产和从业人员信息、开户信息、营业执照、资产证明、经营场所和技术支持系统证明等材料。

（一）营业执照经营范围必须明确具备电力销售、售电或电力供应等业务事项。

（二）需提供资产证明包括，具备资质、无不良信用记录的会计事务所出具的该售电公司近3个月内的资产评估报告，或近1年的审计报告，或近6个月的验资报告、银行流水，或开户银行出具的实收资本证明。对于成立时间不满6个月的售电公司，需提供自市场监督管理部门注册以后到申请市场注册时的资产评估报告，或审计报告，或验资报告、银行流水，或开户银行出具的实收资本证明。

（三）从业人员需提供能够证明售电公司全职在职员工近3个月的社保缴费记录、职称证书。从业人员不能同时在两个及以上售电公司重复任职。

（四）经营场所证明需提供商业地产的产权证明或1年及以上的房屋出租合同、经营场所照片等。

（五）接入电力交易平台的售电公司技术支持系统，需提供安全等级报告和软件著作权证书以及平台功能截图，对于购买或租赁平台的还需提供购买或租赁合同。

拥有配电网运营权的售电公司还需提供配电网电压等级、供电范围、电力业务许可证（供电类）等相关资料。除电网企业存量资产外，现有符合条件的高新产业园区、经济技术开发区和其他企业建设、运营配电网的，履行相应的注册程序后，可自愿转为拥有配电业务的售电公司。

第十条 接受注册后，电力交易机构要通过电力交易平台、“信用中国”网站等政府指定网站，将售电公司满足注册条件的信息、材料和信用承诺书向社会公示，公示期为1个月。

电力交易机构收到售电公司提交的注册申请和注册材料后，在7个工作日内完成材料完整性审查，并在满足注册条件后完成售电公司的注册手续。对于售电公司提交的注册材料不符合要求的，电力交易机构应予以一次性书面告知。

第十一条 公示期满无异议的售电公司，注册手续自动生效。电力交易机构将公示期满无异议的售电公司纳入自主交易市场主体目录，实行动态管理并向社会公布。

第十二条 电力交易机构应对公示期间被提出异议的售电公司的异议情况进行调查核实，并根据核实情况分类处理。

（一）如因公示材料疏漏缺失或公示期间发生人员等变更而产生异议，售电公司可以补充材料申请再公示。

（二）如因材料造假发生异议，售电公司自接到电力交易机构关于异议的告知之日起，5个工作日内无法作出合理解释，电力交易机构终止其公示，退回售电公司的注册申请，将情况报送地方主管部门。

第十三条 电力交易机构按月汇总售电公司注册情况向地方主管部门、能源监管机构备案，并通过电力交易平台、“信用中国”网站等政府指定网站向社会公布。

第十四条 售电公司注册信息发生变化时，应在5个工作日内向首次注册的电力交易机构申请信息变更。法人信息、公司股东、股权结构、从业人员、配电网资质等发生如下变化的，售电公司需重新签署信用承诺书并予以公示，公示期为7天。

（一）企业更名或法定代表人变更。

（二）企业控制权转移，因公司股权转让导致公司控股股东或者实际控制人发生变化。

（三）资产总额发生超出注册条件所规定范围的变更。

（四）企业高级或中级职称的专业人员变更。

（五）配电网运营资质变化。

第四章　权利与义务

第十五条 售电公司享有以下权利：

（一）可以采取多种方式通过电力市场购售电，可通过电力交易平台开展双边协商交易或集中交易。

（二）售电公司自主选择各级电力交易机构进行跨省跨区购电和省内购电。

（三）多个售电公司可以在同一配电区域内售电。同一售电公司可在多个配电区域内售电。

（四）可向用户提供包括但不限于合同能源管理、综合节能、合理用能咨询和用电设备运行维护等增值服务，并收取相应费用。

（五）可根据用户授权掌握历史用电信息，在电力交易平台进行数据查询和下载。

第十六条 售电公司应履行以下义务：

（一）承担保密义务，不得泄漏用户信息。

（二）遵守电力市场交易规则。

（三）与用户签订合同，提供优质专业的售电服务，履行合同规定的各项义务。

（四）受委托代理用户与电网企业的涉网事宜。

（五）按照国家有关规定，在电力交易平台、“信用中国”网站等政府指定网站上公示公司资产、从业人员、场所、技术支持系统、经营状况等信息、证明材料和信用承诺，依法及时对公司重大事项进行公告，并定期公布公司年报。

（六）不得干涉用户自由选择售电公司的权利。

（七）按照可再生能源电力消纳责任权重有关规定，承担与年售电量相对应的可再生能源电力消纳量。

（八）同意电力交易机构对其公司及公司从业人员满足注册条件的信息、证明材料对外公示，以及对其持续满足注册条件开展的动态管理。

第五章　运　营　管　理

第十七条　售电公司应持续满足注册条件。

第十八条　售电公司注册生效后，通过电力交易平台每年 3 月底前披露其资产、人员、经营场所、技术支持系统等持续满足注册条件的信息和证明材料。电力交易机构根据需要启动对售电公司持续满足注册条件情况的核验。核验结果可以与市场监督管理部门、“信用中国”网站等形成联动机制和信息共享，年度审查次数根据售电公司的信用评级或入市时长确定。

第十九条　售电公司与电力用户在电力交易平台建立零售服务关系。经售电公司与电力用户双方协商一致，在确立绑定关系期限内，任何一方均可在电力交易平台中发起零售服务关系确立，由双方法定代表人（授权代理人）在电力交易平台中确认。

第二十条　电力用户在同一合同周期内仅可与一家售电公司确立零售服务关系，双方在电力交易平台绑定确认后，电力交易机构不再受理新的绑定申请，电力用户全部电量通过该售电公司购买。

第二十一条　售电公司与电力用户零售服务关系在电力交易平台中确认后，即视同不从电网企业购电，电网企业与电力用户的供用电合同中电量、电价等结算相关的条款失效，两者的供用电关系不变，电力用户、售电公司与电网企业应签订三方电费结算补充协议，无需再签订售电公司、电力用户、电网企业三方合同，电力交易机构将电力用户与售电公司零售服务关系信息统一推送给向电力用户供电的电网企业。

第二十二条　售电公司与电力用户按照月为最小单位签订合同，其中新注册用户的合同生效时间为当月实际签订时间。合同应包括但不限于以下内容：电力用户企业名称、电压等级、户号、合同期限、电量及分月计划、费用结算、违约责任、电力用户偏差电量处理方式等内容。售电公司在批发市场与零售市场应考虑电力辅助服务费用和阻塞费用等费用，相关盈亏由售电公司承担。

第二十三条　电力交易机构负责出具售电公司以及零售电力用户等零售侧结算依据，电网企业根据结算依据对零售电力用户进行零售交易资金结算，对售电公司批发、零售价差收益、偏差考核进行资金结算。

第二十四条　售电公司参与批发和（或）零售市场交易前，应通过以下额度的最大值向电力交易机构提交履约保函或者履约保险等履约保障凭证：1. 过去 12 个月批发市场交易总电量，按标准不低于 0.8 分/千瓦时；2. 过去 2 个月内参与批发、零售两个市场交易电量的大值，按标准不低于5分/千瓦时。现货市场地区，地方主管部门可以根据市场风险状况，适当提高标准，具体标准由各地自行确定。

（一）对于在多个省（区、市）开展售电业务的售电公司，需分别提交履约保函或保险。

（二）电力交易机构应拟定履约保函、保险管理制度，并负责履约保函、保险单的接收、管理、退还、使用申请、执行情况记录、履约额度跟踪和通报程序。制度应经相关市场管理委员会审议后，报地方主管部门备案。

（三）履约保函、保险提交主体为售电公司，受益人为与其签署资金结算协议的电网企业。

（四）售电公司未缴纳或未足额缴纳相关结算费用，电网企业可根据电力交易机构出具的结算依据申请使用履约保函、保险，并由电力交易机构向履约保函、保险开立单位出具原件，要求支付款项，同时向相关市场主体发出执行告知书，说明售电公司欠费情况，并做好相关信用管理和交易工作。

（五）在使用履约保函、保险时，若售电公司所交履约保函、保险额度不足以支付应缴相关结算费用，售电公司需根据履约保函、保险执行告知书要求，在规定时限内足额缴纳相关结算费用。

（六）电力交易机构应于履约保函、保险执行前向市场主体公示售电公司欠费情况。

第二十五条 建立售电公司履约额度跟踪预警机制。电力现货市场结算试运行期间，电力交易机构动态监测售电公司运营履约额度与实际提交的履约保函或保险额度，每日上报地方主管部门，按周上报国家主管部门；非电力现货试点地区以及电力现货市场未结算试运行期间，电力交易机构按周动态监测上报地方主管部门，按月上报国家主管部门。发现实际提交的履约保函、保险额度不足时及时通知售电公司补缴。售电公司应在接到电力交易机构通知的3个工作日内，向电力交易机构提交足额履约保函、保险，满足市场交易信用要求。如售电公司提交的履约保函额度超过规定标准，可向电力交易机构申请退还多缴的履约保函。

第二十六条 售电公司未按时足额缴纳履约保函、保险，经电力交易机构书面提醒仍拒不足额缴纳的，应对其实施以下措施：

（一）取消其后续交易资格；

（二）在电力交易平台、“信用中国”网站等政府指定网站公布该售电公司相关信息和行为；

（三）公示结束后按照国家有关规定，对该企业法定代表人、自然人股东、其他相关人员依法依规实施失信惩戒；

（四）其所有已签订但尚未履行的购售电合同由地方主管部门征求合同购售电各方意愿，通过电力交易平台转让给其他售电公司。

第二十七条 连续12个月未进行实际交易的售电公司，电力交易机构征得地方主管部门同意后暂停其交易资格，重新参与交易前须再次进行公示。

第六章 退 出 方 式

第二十八条 售电公司有下列情形之一的，经地方主管部门和能源监管机构调查确认后，启动强制退出程序：

（一）隐瞒有关情况或者以提供虚假申请材料等方式违法违规进入市场，且拒不整改的。

（二）严重违反市场交易规则，且拒不整改的。

（三）依法被撤销、解散，依法宣告破产、歇业的。

（四）企业违反信用承诺且拒不整改的。

（五）被有关部门和社会组织依法依规对其他领域失信行为做出处理的。

（六）连续 3 年未在任一行政区域开展售电业务的。

（七）出现市场串谋、提供虚假材料误导调查、散布不实市场信息等严重扰乱市场秩序的。

（八）与其他市场主体发生购售电合同纠纷，经法院裁定为售电公司存在诈骗等行为的，或经司法机构或司法鉴定机构裁定伪造公章等行为的。

（九）未持续满足注册条件，且未在规定时间内整改到位的。

（十）法律、法规规定的其他情形。

第二十九条 在地方主管部门确认售电公司符合强制退出条件后，应通过电力交易平台、“信用中国”网站等政府指定网站向社会公示 10 个工作日。公示期满无异议的，地方主管部门通知电力交易机构对该售电公司实施强制退出。

第三十条 售电公司被强制退出，其所有已签订但尚未履行的购售电合同优先通过自主协商的方式，在 10 个工作日内完成处理；自主协商期满，退出售电公司未与合同购售电各方就合同解除协商一致的，由地方主管部门征求合同购售电各方意愿，通过电力市场交易平台以转让、拍卖等方式转给其他售电公司；经合同转让、拍卖等方式仍未完成处理的，已签订尚未履行的购售电合同终止履行，零售用户可以与其他售电公司签订新的零售合同，否则由保底售电公司代理该部分零售用户，并按照保底售电公司的相关条款与其签订零售合同，并处理好其他相关事宜。

第三十一条 售电公司可自愿申请退出售电市场，应提前 45 个工作日向电力交易机构提交退出申请，明确退出原因和计划的终止交易月。终止交易月之前（含当月），购售电合同由该售电公司继续履行，并处理好相关事宜。

第三十二条 对于自愿退出的售电公司，电力交易机构将退出申请及相关材料通过电力交易平台、“信用中国”网站等政府指定网站向社会公示 10 个工作日。公示期满无异议的，方可办理退出市场手续。

第三十三条 在地方主管部门和能源监管机构协调下，自愿退出售电公司应在终止交易月之前通过自主协商的方式完成购售电合同处理；自愿退出售电公司未与购售电合同各方就合同解除协商一致的，须继续参与市场化交易，直至购售电合同履行完毕或合同各方同意终止履行。对继续履行购售电合同确实存在困难的，其批发合同及电力用户按照有关要求由保底售电公司承接。对购售电合同各方造成的损失由自愿退出售电公司承担。

第三十四条 电力交易机构应及时将强制退出和自愿退出且公示期满无异议的售电公司从市场主体目录删除，向地方主管部门和能源监管机构备案，并通过电力交易平台、“信用中国”网站等政府指定网站向社会公布。拟退出售电公司退出前需结清市场化电费和交易手续费。电力交易机构注销售电公司的电力交易平台账号，但保留其历史信息。

第三十五条 考虑市场化电费差错退补有滞后性，电力交易机构在售电公司退出后保留其履约保函 6 个月，期满退还。履约保函在退出后 6 个月内失效的，或售电公司在退出后 6 个月内办理企业注销、需取回履约保函的，售电公司须与其股东、上级单位或其他有履行能力的第三方协商，由第三方出具连带责任担保并经过公证的承诺书，提交电力交易机构后退还其履约保函。

第七章 保 底 售 电

第三十六条 保底售电公司每年确定一次，具体数量由地方主管部门确定。原则上所有售电公司均可申请成为保底售电公司，地方主管部门负责审批选取其中经营稳定、信用良好、资金储备充足、人员技术实力强的主体成为保底售电公司，并向市场主体公布。

第三十七条 保底售电服务由电力交易机构报地方主管部门和能源监管机构同意后，方可启动：

（一）启动条件。

1．存在售电公司未在截止期限前缴清结算费用。

2．存在售电公司不符合市场履约风险有关要求。

3．存在售电公司自愿或强制退出市场，其购售电合同经自主协商、整体转让未处理完成。

（二）服务内容。确认启动保底售电服务后，电力交易机构书面通知保底售电公司、拟退出售电公司，以及拟退出售电公司的批发合同各方、电力用户。保底售电公司从发出通知的次月起承接批发合同及电力用户服务，其保底服务对应的市场化交易单独结算。电力用户执行保底零售价格，不再另行签订协议。中长期模式下，保底零售价格按照电网企业代理购电价格的 1.5 倍执行，具体价格水平由省级价格主管部门确定。现货结算试运行或正式运行期间，由地方主管部门根据电力市场实际价格及保底成本确定分时保底零售价格，并定期调整。保底成本包括因用户数量不确定导致的成本上升、极端因素导致的风险成本等。原则上，保底电价不得低于实际现货市场均价的 2 倍。

（三）兜底原则。若全部保底售电公司由于经营困难等原因，无法承接保底售电服务，由电网企业提供保底售电服务。

（四）保底售电业务监管。保底售电公司须将保底售电业务单独记账、独立核算，并定期将相关价格水平、盈亏情况上报地方主管部门。

第三十八条 其他事项。

（一）执行保底零售价格满一个月后，电力用户可自主选择与其他售电公司（包括保底售电公司）协商签订新的零售合同，保底售电公司不得以任何理由阻挠。

（二）因触发保底服务对批发合同各方、电力用户造成的损失由拟退出售电公司承担。

（三）售电公司被强制退出或自愿退出，其所有已签订但尚未履行的购售电合同若无保底售电公司承接，可由地方主管部门征求合同购售电各方意愿，通过电力市场交易平台以转让、拍卖等方式交由电网企业保底供电，并处理好其他相关事宜。未能处理好购售电合同相关事宜的，电力交易机构依法依规制定售电公司保函、保险偿付相应市场主体的方案，电网企业按方案完成函、保险使用、偿付工作。

（四）拥有配电网运营权的售电公司申请自愿退出时，应妥善处置配电资产。若无其他公司承担该地区配电业务，由电网企业接收并提供保底供电服务。

第八章 售电公司信用与监管

第三十九条 国家主管部门、国家发展改革委统筹组织地方主管部门授权电力交易机构、第三方征信机构开展售电公司信用评价工作。售电公司信用评价工作不得向售电主体收取费用。

第四十条 依托公共信用综合评价标准体系建立售电公司信用评价体系。依托电力交易平台、“信用中国”网站等政府指定网站，开发建设售电公司信用信息系统。建立企业法人及其法定代表人、董事、监事、高级管理人员信用记录，将其纳入全国信用信息共享平台，确保各类企业的信用状况透明，可追溯、可核查。

第四十一条 建立电力交易机构与全国信用信息共享平台信息共享机制，实现市场主体信用信息双向共享。

第四十二条 售电公司未按要求持续满足注册条件的，电力交易机构应立即通知售电公司限期整改，售电公司限期整改期间，暂停其交易资格，未在规定期限内整改到位的，经地方主管部门同意后予以强制退出，同时将相关信息推送至全国信用信息共享平台。

第四十三条 地方主管部门、能源监管机构根据职责对售电公司进行监管。地方主管部门对售电公司与售电公司、电力用户间发生的违反交易规则和失信行为按规定进行处理，记入信用记录，情节特别严重或拒不整改的，对其违法失信行为予以公开。能源监管机构对售电公司执行交易规则、参与批发市场交易行为进行监管，并按照有关规定对违规行为进行处理。

第九章 附 则

第四十四条 各省级政府可依据本办法制定实施细则。

第四十五条 本办法由国家发展改革委、国家能源局负责解释。

第四十六条 本办法自发布之日起施行，有效期5年。

6-2 有序放开配电网业务管理办法

（发改经体〔2016〕2120号，2016年10月8日国家发展和改革委员会、国家能源局发布）

第一章 总 则

第一条 为落实《中共中央国务院关于进一步深化电力体制改革的若干意见》（中发〔2015〕9号），鼓励社会资本有序投资、运营增量配电网，促进配电网建设发展，提高配电网运营效率，制定本办法。

第二条 本办法所称的配电网业务是指满足电力配送需要和规划要求的增量配电网投资、建设、运营及以混合所有制方式投资配电网增容扩建。

配电网原则上指110千伏及以下电压等级电网和220（330）千伏及以下电压等级工业园区（经济开发区）等局域电网。

除电网企业存量资产外，其他企业投资、建设和运营的存量配电网，适用本办法。

第三条 按照管住中间、放开两头的体制架构，结合输配电价改革和电力市场建设，有序放开配电网业务，鼓励社会资本投资、建设、运营增量配电网，通过竞争创新，为用户提供安全、方便、快捷的供电服务。拥有配电网运营权的售电公司，具备条件的要将配电业务和竞争性售电业务分开核算。

第四条 有序放开配电网业务要遵循以下基本原则：

（一）规划引领。增量配电网络应符合省级配电网规划，保证增量配电网业务符合国家电力发展战略、产业政策和市场主体对电能配送的要求。

（二）竞争开放。鼓励社会资本积极参与增量配电网业务，通过市场竞争确定投资主体。

（三）权责对等。社会资本投资增量配电网业务并负责运营管理，应遵守国家有关技术规范标准，在获取合理投资收益同时，履行安全可靠供电、保底供电和社会普遍服务等义务。

（四）创新机制。拥有配电网运营权的售电公司应创新运营机制和服务方式，以市场化、保底供电等多种方式向受托用户售电，并可为用户提供综合能源服务，利用现代信息技术，向用户提供智能用电、科学用电的服务，促进能源消费革命。

第二章 增量配电网项目管理

第五条 增量配电网项目管理包括规划编制、项目论证、项目核准及项目建设等。地方政府能源管理部门负责增量配电网项目管理，制定增量配电网项目管理的相关规章制度，做好项目建设过程中的指导和协调，根据需要开展项目验收和后评价。

第六条 增量配电网项目须纳入地方政府能源管理部门编制的配电网规划。

第七条 符合条件的市场主体依据规划向地方政府能源管理部门申请作为增量配电网项目的业主，地方政府能源管理部门应当通过招标等市场化机制公开、公平、公正优选确定项目业主，明确项目建设内容、工期、供电范围并签订协议。

第八条 项目业主完成可行性论证并获得所有支持性文件，具备核准条件后向地方政府能源管理部门申请项目核准。地方政府能源管理部门按照核准权限核准项目，国家能源局派出机构向项目业主颁发电力业务许可证（供电类）或赋予相应业务资质，不得附加其他前置条件。

第九条 项目业主遵循“整体规划、分步实施”的原则，依据电力建设管理相关规章制度和技术标准，按照项目核准要求组织项目设计、工程招投标、工程施工等，开展项目投资建设。

第十条 电网企业按照电网接入管理的有关规定以及电网运行安全的要求，向项目业主无歧视开放电网，提供便捷、及时、高效的并网服务。

第三章 配电网运营

第十一条 向地方政府能源管理部门申请并获准开展配电网业务的项目业主，拥有配电区域内与电网企业相同的权利，并切实履行相同的责任和义务。符合售电公司准入条件的，履行售电公司准入程序后，可开展售电业务。

第十二条 除电网企业存量资产外，拥有配电网存量资产绝对控股权的公司，包括高新产业园区、经济技术开发区、地方电网、趸售县等，未经营配电网业务的，可向地方政府能源管理部门申请并获准开展配电网业务。符合售电公司准入条件的，履行售电公司准入程序后，可开展售电业务。

第十三条 拥有配电网运营权的项目业主须依法取得电力业务许可证（供电类）。

第十四条 符合准入条件的项目业主，可以只拥有投资收益权，配电网运营权可委托电网企业或符合条件的售电公司，自主签订委托协议。

第十五条 电网企业控股增量配电网拥有其运营权，在配电区域内仅从事配电网业务。其竞争性售电业务，应逐步实现由独立的售电公司承担。鼓励电网企业与社会资本通过股权合作等方式成立产权多元化公司经营配电网。

第十六条 配电网运营者在其配电区域内从事供电服务，包括：

（一）负责配电网络的调度、运行、维护和故障消除。

（二）负责配电网建设与改造。

（三）向各类用户无歧视开放配电网络，负责用户用电设备的报装、接入和增容。

（四）向各类用户提供计量、抄表、收费、开具发票和催缴欠费等服务。

（五）承担其电力设施保护和防窃电义务。

（六）向各类用户提供电力普遍服务。公开配电网络的运行、检修和供电质量、服务质量等信息。受委托承担电力统计工作。

（七）向市场主体提供配电服务、增值服务。

（八）向非市场主体提供保底供电服务。在售电公司无法为其签约用户提供售电服务时，直接启动保底供电服务。

（九）承担代付其配电网内使用的可再生能源电量补贴的责任。

（十）法律、法规、规章规定的其他业务。

第十七条 配电区域内的售电公司或电力用户可以不受配电区域限制购电。配电区域内居民、农业、重要公用事业、公益性服务以外的用电价格，由发电企业或售电公司与电力用户协商确定的市场交易价格、配电网接入电压等级对应的省级电网共用网络输配电价（含线损和政策性交叉补贴）、配电网的配电价格、以及政府性基金及附加组成；居民、农业、重要公用事业、公益性服务等用电，继续执行所在省（区、市）的目录销售电价。配电区域内电力用户承担的国家规定的政府性基金及附加，由配电公司代收、省级电网企业代缴。

增量配电区域的配电价格由所在省（区、市）价格主管部门依据国家输配电价改革有关规定制定，并报国家发展改革委备案。配电价格核定前，暂按售电公司或电力用户接入电压等级对应的省级电网共用网络输配电价扣减该配电网接入电压等级对应的省级电网共用网络输配电价执行。

第十八条 配电网运营者向配电区域内用户提供的配电网服务包括：

（一）向市场主体提供配电网络的可用容量、实际容量等必要的市场信息。

（二）与市场主体签订经安全校核的三方购售电合同。

（三）履行合同约定，包括电能量、电力容量、辅助服务、持续时间、供电安全等级、可再生能源配额比例、保底供电服务内容等。

（四）承担配电区域内结算业务，按照政府核定的配电价格收取配电费，按照国家有关规定代收政府性基金和交叉补贴，按合同向各方支付相关费用。

第十九条 配电网运营者向居民、农业、重要公用事业和公益性服务等电力用户，具备市场交易资格选择不参与市场交易的电力用户，售电公司终止经营、无法提供售电服务的电力用户，以及政府规定暂不参与市场交易的其他电力用户实行保底供电服务。包括：

（一）按照国家标准或者电力行业标准提供安全、可靠的电力供应。

（二）履行普遍供电服务义务。

（三）按政府定价或有关价格规则向电力用户收取电费。

（四）按政府定价向发电企业优先购电。

第二十条 配电网运营者可有偿为各类用户提供增值服务。包括但不限于：

（一）用户用电规划、合理用能、节约用能、安全用电、替代方式等服务。

（二）用户智能用电、优化用电、需求响应等。

（三）用户合同能源管理服务。

（四）用户用电设备的运行维护。

（五）用户多种能源优化组合方案，提供发电、供热、供冷、供气、供水等智能化综合能源服务。

第二十一条 配电网运营者不得超出其配电区域从事配电业务。

发电企业及其资本不得参与投资建设电厂向用户直接供电的专用线路，也不得参与投资建设电厂与其参与投资的增量配电网络相连的专用线路。

第四章 配电网运营者的权利与义务

第二十二条 配电网运营者拥有以下权利：

（一）享有公平接入电网的权利。

（二）享有配电区域内投资建设、运行和维护配电网络的权利。

（三）享受公平通过市场安全校核、稳定购电的权利。

（四）公平获得电网应有的信息服务。

（五）为用户提供优质专业的配售电服务，获得配电和相关增值服务收入。

（六）参与辅助服务市场。

（七）获取政府规定的保底供电补贴。

第二十三条 配电网运营者须履行以下义务：

（一）满足国家相关技术规范和标准。

（二）遵守电力交易规则和电力交易机构有关规定，按要求向电力交易机构提供电力交易业务所需的各项信息。

（三）执行电网规划，服从并网管理。

（四）服从电力调度管理，遵守调度指令，提供电力调度业务所需的各项信息。

（五）保证配电网安全、可靠供电。

（六）无歧视开放电网，公平提供电源（用户）接入等普遍服务和保底供电服务。

（七）代国家收取政府性基金及政策性交叉补贴。

（八）接受监管机构监管。

第五章 附 则

第二十四条 本办法由国家发展改革委、国家能源局负责解释。

第二十五条 本办法所称的电网企业特指国家电网公司、中国南方电网有限责任公司和内蒙古电力（集团）有限责任公司和各地方电网企业。

第二十六条 本规则自发布之日起施行，有效期3年。

6-3　增量配电业务配电区域划分实施办法（试行）

（发改能源规〔2018〕424 号，2018 年 3 月 13 日国家发展和改革委员会、国家能源局发布）

第一章　总　　则

第一条　为深入学习贯彻习近平新时代中国特色社会主义思想和党的十九大精神，落实《中共中央　国务院关于进一步深化电力体制改革的若干意见》（中发〔2015〕9 号）及其配套文件精神，积极稳妥推进增量配电业务改革，依据《国家发展改革委　国家能源局关于印发〈售电公司准入与退出管理办法〉和〈有序放开配电网业务管理办法〉的通知》（发改经体〔2016〕2120 号）以及相关法律、法规、规章，制定本办法。

第二条　本办法所称增量配电业务配电区域（以下简称配电区域）是指拥有配电网运营权的售电公司向用户配送电能，并依法经营的区域。

第三条　在一个配电区域内，只能有一家售电公司拥有该配电网运营权，按照有关规定履行电力社会普遍服务、保底供电服务和无歧视提供配电服务义务，退出配电业务时履行配电网运营权移交义务。

第四条　国家发展改革委、国家能源局负责对全国配电区域划分实施情况进行监督管理。地方政府确认的主管部门（以下简称地方相关主管部门）负责配电区域的划分；国家能源局派出监管机构负责向增量配电业务项目业主颁发电力业务许可证（供电类）并在许可证中载明配电区域。

第二章　划　分　原　则

第五条　配电区域划分应坚持公平公正、安全可靠、经济合理、界限清晰、责任明确的基本原则。

第六条　配电区域原则上应按照地理范围或行政区域划分，具有清晰的边界，避免出现重复建设、交叉供电、普遍服务和保底供电服务无法落实等情况。

第七条　增量配电业务应符合国家电力发展战略及产业政策，符合省级配电网规划，并满足国家和行业对电能配送的有关规定及标准要求。

第八条　配电区域划分应与国家能源政策相衔接。国家发展改革委、国家能源局公布的各类能源行业示范项目中已包含增量配电业务并明确供电范围的，配电区域原则上与其保持一致。

第九条　鼓励以满足可再生能源就近消纳为主要目标的增量配电业务，支持依据其可再生能源供电范围、电力负荷等情况划分配电区域。不得依托燃煤自备电厂建设增量配电网，防止以规避社会责任为代价营造成本优势。

第十条　地方相关主管部门应当在配电网规划、项目论证、项目业主确定、项目核准（备案）等环节明确具有清晰地理边界的配电区域，出具配电区域划分意见，并抄送国家能源局派出监管机构。

第十一条 对于增量配电业务项目业主已确定，但尚未明确配电区域的，项目业主可向地方相关主管部门补充提出配电区域划分申请。

第十二条 配电区域划分意见应载明配电区域的地理范围、划分界限及产权分界点等信息，并附配电区域地理平面图、电网分布图等说明文件。

第十三条 增量配电业务项目业主按照有关规定申领电力业务许可证（供电类）时，国家能源局派出监管机构主要依据地方相关主管部门出具的配电区域划分意见，在电力业务许可证（供电类）中载明配电区域。已满足其他许可条件，但未取得配电区域划分意见的，国家能源局派出监管机构参考企业间自主达成的配电区域划分协议等材料，在电力业务许可证（供电类）中载明配电区域。

第三章 申请与办理

第十四条 增量配电业务项目业主向地方相关主管部门补充申请划分配电区域的，应提供以下资料：

（一）法人营业执照；

（二）增量配电业务项目业主确定材料；

（三）配电区域基本状况；

（四）配电区域划分协商情况及存在的主要争议；

（五）主张的配电区域划分方案及论证依据。

第十五条 地方相关主管部门收到项目业主配电区域划分书面申请后，应征求配电区域划分相关方对申请方所主张划分方案的意见。配电区域划分相关各方（含申请方）应配合做好资料提供、现场调查等工作。

第十六条 配电区域划分依据主要包括：

（一）配电网规划有关情况；

（二）增量配电业务项目业主确定情况；

（三）配电网覆盖范围及产权归属情况；

（四）配电网是否满足国家及行业对电能配送的有关规定和标准要求，在考虑外部电网的互联后，能否实现电力平衡和电量平衡；

（五）增量配电业务配电区域划分前，配电网运营单位与电网企业签订的供用电合同、电网接入意向或历史形成的实际供用电约定文件。

第十七条 地方相关主管部门收到配电区域划分申请后，应在20个工作日内向申请方及相关各方出具配电区域划分意见。因难度和争议较大，需要延迟的，需向申请方书面说明原因。

第十八条 地方相关主管部门收到配电区域划分申请至正式出具配电区域划分意见期间，配电区域划分相关各方（含申请方）原则上不得在相关配电区域内进行配电网施工建设。

第四章 资产与用户

第十九条 拥有配电网运营权的售电公司依法享有所辖配电区域配电网投资建设及经营管理的权利。由非本区域配电网运营主体投资建设并运营的存量配电网资产，可通过以下方式处置：

（一）存量配电网资产产权单位通过资产入股等方式，参股拥有本区域配电网运营权的售电公司，共同运营区域配电网；

（二）存量配电网资产产权单位通过出售、产权置换等方式，将存量配电网资产所有权转让给拥有本区域配电网运营权的售电公司；

（三）存量配电网资产产权单位通过租赁等方式，将存量配电网资产租借给拥有本区域配电网运营权的售电公司运营；

（四）存量配电网资产产权单位按照企业主管部门有关要求或其他符合法律法规的方式厘清配电网资产运营权。

第二十条 配电区域确定后，增量电力用户和随存量配电网资产移交的存量用户的配电业务按照属地原则，由拥有该区域配电网运营权的售电公司负责。

第二十一条 对于配电区域内，主要电源为其他配电网运营企业专线（专变）供电的电力用户，本着节约资源的原则，供电方式可维持不变（但保留用户的选择权），本专线（专变）不可再扩展其他电力用户。

第五章 变更与管理

第二十二条 配电区域发生变更的，地方相关主管部门应当出具配电区域变更意见，拥有该区域配电网运营权的售电公司应当依法申请电力业务许可证（供电类）的变更。

第二十三条 配电网运营企业擅自变更配电区域的，由国家能源局派出监管机构依法予以处理。

第二十四条 拥有配电网运营权的售电公司应建设运营满足区域内各类用电需求的配电网，按照《供电监管办法》等规定为用户提供接入电网、供电保障等服务，并接受国家能源局派出监管机构的监管。

第六章 附 则

第二十五条 本办法由国家发展改革委、国家能源局负责解释。

第二十六条 本办法自发布之日起施行，有效期2年。

6-4 国家发展改革委 国家能源局 关于进一步推进增量配电业务改革的通知

（发改经体〔2019〕27号，2019年1月5日国家发展和改革委员会、国家能源局发布）

各省、自治区、直辖市、新疆生产建设兵团发展改革委、能源局、经信委（工信委、工信厅、经信厅、工信局）、物价局，国家能源局各派出能源监管机构，国家电网公司、南方电网公司、内蒙古电力公司：

为深入贯彻习近平新时代中国特色社会主义思想和党的十九大精神，认真落实中央经济工作会议提出的“巩固、增强、提升、畅通”的方针和政府工作报告部署，根据《中共中央 国务院关于进一步深化电力体制改革的若干意见》（中发〔2015〕9号）及其配套文件要求，进一步推进增量配电业务改革，现就有关事项通知如下。

一、进一步规范项目业主确定

（一）所有新增增量配电业务试点项目，均应依照《招标投标法》及其《实施条例》的有关规定，通过招标等市场化方式公开、公平、公正优选确定项目业主。

（二）尚未确定业主的试点项目，地方政府部门不得直接指定试点项目业主，任何企业不得强行要求获取试点项目控股权，不建议电网企业或当地政府投资平台控股试点项目。已确定业主的试点项目可维持项目各投资方股比不变。

（三）已投资、建设和运营的存量配电网，应由产权所有人向地方能源主管部门申请作为配电网项目业主。

二、进一步明确增量和存量范围

（四）已纳入省级相关电网规划、但尚未核准或备案的配电网项目和已获核准或备案、但在相关文件有效期内未开工建设的配电网项目均属于增量配电业务范围，可依据《有序放开配电网业务管理办法》（发改经体〔2016〕2120号），视情况开展增量配电业务改革。

（五）未经核准或备案，任何企业不得开工建设配电网项目，违规建设的配电网项目不属于企业存量配电设施。

（六）电网企业已获批并开工、但在核准或备案文件有效期内实际完成投资不足10%的项目，可纳入增量配电业务试点，电网企业可将该项目资产通过资产入股等方式参与增量配电网建设。

（七）由于历史原因，地方或用户无偿移交给电网企业运营的配电设施，资产权属依法明确为电网企业的，属于存量配电设施；资产权属依法明确为非电网企业的，属于增量配电设施。

（八）各地可以根据需要，开展正常方式下仅具备配电功能的规划内220（330）千伏增量配电业务试点，可不限于用户专用变电站和终端变电站。

三、进一步做好增量配电网规划工作

（九）认真履行规划管理职能。对于已经批复的增量配电业务试点，地方能源主管部门应组织试点项目规划编制工作。对于园区类试点项目，考虑“多规合一”的需要，经授权可由园区管委会或区县政府代为履行。规划职能不应委托潜在投资主体代为履行，但应充分征求和吸纳电网企业、潜在投资主体等相关方提出的合理化规划建议。

（十）做好增量配电网规划统筹协调工作。增量配电业务试点项目规划需纳入省级相关电网规划，实现增量配电网与公用电网互联互通和优化布局，避免无序发展和重复建设。具备条件的，还应与分布式电源、微电网、综合能源等方面的发展相协调，允许符合政策且纳入规划的分布式电源以适当电压等级就近接入增量配电网，但试点项目内不得以常规机组“拉专线”的方式向用户直接供电，不得依托常规机组组建局域网、微电网，不得依托自备电厂建设增量配电网，禁止以任何方式将公用电厂转为自备电厂。规划编制过程中，地区配电网规划和输电网规划经论证确需调整的，省级能源主管部门应按电力规划管理办法履行相应程序后予以调整。

（十一）合理设定规划范围。设定规划范围应统筹考虑存量配电设施和增量配电设施，充分发挥存量资产供电能力，避免重复投资和浪费。园区类试点项目的规划范围原则上为园区土地利用规划和城乡建设规划等上位规划确定的范围，非园区类试点项目的规划范围由省级能源主管部门与地方政府协商确定。与增量配电网相邻的存量资产应纳入规划范围统筹规划，避免重复建设，提高系统效率。同一试点项目的多个规划范围之间，通过输电线路互联互通的，该输电项目不纳入增量配电网试点项目规划范围。

（十二）合理设定配电区域。配电区域是指拥有配电网运营权的售电公司向用户配送电能，并依法经营的区域。配电区域的范围结合规划情况和具体的存量资产处置方式，按照《增量配电业务配电区域划分实施办法（试行）》（发改能源规〔2018〕424 号）确定。

（十三）电网企业应按规定提供规划编制信息。试点所在地能源主管部门可向当地电网企业发函收集必要的规划编制信息，电网企业应在十五个工作日内复函并提供相关资料。规划编制信息主要包括当地电力系统现状，电网企业发展规划，以及相关变电站间隔、负载、供电能力等。

（十四）加强对增量配电网接入公用电网管理。增量配电试点项目业主应委托具备资质的专业机构编制项目接入系统设计报告，由地方能源主管部门委托具备资质的第三方咨询机构组织评审论证，论证过程应充分听取电网企业意见。地方能源主管部门协调确定接入系统意见，电网企业根据协调意见，按照电网接入管理的有关规定以及电网运行安全要求，向项目业主提供便捷、及时、高效的并网服务，不得拒绝和拖延并网，不得对参股项目和未参股项目差别对待。

（十五）做好增量配电网规划评审工作。规划方案由省级能源主管部门组织评审，具体评审工作应委托具备资质的第三方咨询机构开展，评审时应充分听取地方政府、经信（工信）、价格、住建、国家能源局派出能源监管机构等单位以及电网企业、潜在投资主体等方面的意见，不得邀请利益攸关方人员担任评审专家，以确保评审结论客观公正。

（十六）在规划编制阶段，可根据实际需要设置重复建设辨识环节，辨识论证应综合考虑电网结构、负荷增长潜力、电网安全、通道资源，以及现有配电项目的改扩建条件、供电能力、供电质量、供电经济合理性等因素具体开展，辨识论证的方法、计算过程和结论要以专门章节的形式在规划方案中体现。在规划评审阶段，由第三方评估机构对规划方案中的重复建设辨识论证开展评估，并给出明确意见。

（十七）地方政府主管部门会同国家能源局派出能源监管机构定期开展规划实施检查、监督、评估工作，确保规划有效执行。

四、进一步规范增量配电网的投资建设与运营

（十八）尚未确定配电区域的试点项目，应依据批复的试点项目规划，按照《增量配电业务配电区域划分实施办法（试行）》（发改能源规〔2018〕424 号）的要求，妥善处置规划范围内存量资产，确定配电区域。规划范围内的存量资产可通过资产入股、出售、产权置换等方式参与增量配电网投资、建设和运营。

（十九）增量配电网企业应设计合理的法人治理结构，独立作出投资决策，严格执行《公司法》的相关规定。

（二十）在试点项目获批至项目业主确定的过渡期内，为满足新增用户用电需求，经地方政府批复后可由电网企业先行投资建设配电设施并运行维护，也可由地方政府指定企业先行建设配电设施，并委托有能力企业运行维护。待项目业主确定后，先行建设的配电设施可选择折价入股或转让等方式进行处置。

（二十一）增量配电网与省级电网之间的结算电价，按照《关于制定地方电网和增量配电网配电价格的指导意见》（发改价格〔2017〕2269 号）的要求，按现行省级电网相应电压等级输配电价执行。

（二十二）鼓励各地结合本地实际采用招标定价法、准许收入法、最高限价法、标尺竞争法等方法核定独立配电价格。支持增量配电网企业在保证配电区域内用户平均配电价格不高于核定的配电价格水平情况下，采取灵活的价格策略，探索新的经营模式。

（二十三）建立增量配电业务试点项目退出机制。对于已批复的增量配电业务试点项目，经地方能源主管部门会同派出能源监管机构评估认定不再具备试点条件的，报国家发展改革委、国家能源局同意后可取消项目试点资格。

（二十四）建立增量配电网业主退出机制。增量配电网项目业主确定后，由于项目业主拖延建设、拒不履行建设承诺或运营水平达不到投标要求，造成无法满足区内用户用电需求的，应视情况依法依规取消项目业主资格，妥善处置已投入资产，并重新招标确定项目业主。过渡期间若无其他公司承担该地区配电业务，由电网企业接受并提供保底供电服务，不得因增量配电网业主更换影响电力安全、可靠供应。重新确定项目业主时，应统筹考虑过渡期间新建电网资产。

（二十五）各地有关部门应根据电力负荷增长、规划建设时序和工程前期工作开展情况，简化优化配电项目核准程序，提高审核效率，加快增量配电网建设项目核准工作。

（二十六）国家能源局资质中心、各派出监管机构应进一步简化电力业务许可证（供电类）申领程序，支持增量配电网项目业主加快开展增量配电业务。

（二十七）鼓励拥有配电网运营权的售电公司将配电业务与竞争性业务分开核算。

（二十八）增量配电网并网运行时，按网对网关系与相关电网调度机构签订并网协议。增量配电网项目业主在配电区域内拥有与电网企业在互联互通、建设运营、参与电力市场、保底供电、分布式电源和微电网并网、新能源消纳等方面同等的权利和义务。

（二十九）加强对增量配电项目业主履约行为管理，对违反电力管理等相关法律、法规规定，经相关政府部门认定严重违法失信行为的增量配电企业纳入电力行业失信“黑名单”。

（三十）国家发展改革委、国家能源局将加强对增量配电业务改革试点指导督促，对进展缓慢和问题突出的地区进行通报、约谈。各地区有关部门、国家能源局派出监管机构应认真履行职责，加快推进增量配电业务试点工作，积极协调解决改革推进中的主要问题，及时报告改革试点进展情况和意见建议，扎实推动改革试点落地生根，取得实效。

国家发展改革委　国家能源局

2019 年 1 月 5 日

6-5　国家能源局关于对拥有配电网运营权的售电公司颁发管理电力业务许可证（供电类）有关事项的通知

（国能资质〔2016〕353 号，2016 年 12 月 8 日国家能源局发布）

各派出能源监管机构，各省、自治区、直辖市、新疆生产建设兵团发展改革委（能源局）、经信委，国家电网公司、南方电网公司、内蒙古电力集团有限责任公司，华能、大唐、华电、国电、国家电投集团公司，有关电力企业：

为落实《中共中央国务院关于进一步深化电力体制改革的若干意见》（中发〔2015〕9号）及电力体制改革配套文件，积极稳妥推进售电侧改革，维护电力市场秩序，依据《电力业务许可证管理规定》《国家发展改革委、国家能源局关于印发〈售电公司准入与退出管理办法〉和〈有序放开配电网业务管理办法〉的通知》（发改经体〔2016〕2120号）以及相关法律、法规，现就对拥有配电网运营权的售电公司颁发管理电力业务许可证（供电类）有关事项通知如下：

一、许可证颁发

（一）拥有配电网运营权的售电公司，应当依法取得电力业务许可证（供电类）。

本通知所指配电网的范围依据《有序放开配电网业务管理办法》确定；除电网企业存量资产外，其他企业投资、建设和运营的存量配电网，适用本通知。

（二）国家能源局派出机构负责组织实施辖区内电力业务许可证（供电类）的颁发和管理工作。国家能源局负责对全国许可实施情况进行监督管理。

（三）取得电力业务许可证（供电类）的拥有配电网运营权售电公司（以下简称被许可人），接受国家能源局及其派出机构（以下简称能源监管机构）的监督管理。被许可人依法开展电力业务，受法律保护。

二、许可条件和申请材料

（四）拥有配电网运营权的售电公司申请电力业务许可证（供电类）的，应当具备下列条件：

1．具有法人资格；

2．配电网项目经有关政府主管部门核准或审批；

3．具有与申请从事的电力业务相适应的财务能力，其中资产总额不得低于2千万元人民币；注册资本不低于总资产的20%；

4．生产运行负责人、技术负责人、安全负责人和财务负责人具有3年以上与申请从事的电力业务相适应的工作经历，具有中级以上专业技术任职资格或者岗位培训合格证书；

5．具有配电区域的划分协议书或意见；

6．具有与申请从事的电力业务相适应的配电网络和营业网点；

7．履行电力社会普遍服务、保底供电服务和无歧视提供配电服务义务，退出配电业务时履行配电网运营权移交义务；

8．无严重失信信用记录，并按照规定要求做出信用承诺，确保诚实守信经营；

9．法律、法规规定的其他条件。

（五）拥有配电网运营权的售电公司申请电力业务许可证（供电类）的，应当提供下列材料：

1．法定代表人签署的许可证申请表；

2．法人营业执照副本及其复印件；

3．配电网项目经有关政府主管部门核准或审批的文件；

4．企业最近2年的年度财务报告；成立不足2年的，出具企业成立以来的财务报告；

5．企业生产运行负责人、技术负责人、安全负责人、财务负责人的简历、专业技术任职资格证书等有关证明材料；

6．配电区域的证明材料及地理平面图；

7．配电网络分布概况；

8．设立的配电营业分支机构及其相应的配电营业区域概况；

9．履行电力社会普遍服务、保底供电服务和无歧视提供配电服务义务的承诺书；退出配电业务时，履行配电网运营权移交义务的承诺书；

10．信用承诺书。

三、许可申请及审查

（六）拥有配电网运营权的售电公司在正式经营配售电业务前，应当向国家能源局派出机构申请电力业务许可证（供电类），取得许可后方可从事相关电力业务。

（七）拥有配电网运营权的售电公司需要从事竞争性售电业务的，应当在交易机构注册前取得电力业务许可证（供电类）。

（八）拥有配电网运营权的售电公司在提交电力业务许可申请前，应当取得配电区域的划分协议书或意见。

无法达成配电区域划分协议或意见的，由国家能源局派出机构根据配电网项目核准内容、电网实际覆盖范围，并综合考虑电网结构、电网安全、供电能力、供电质量、供电的经济合理性等因素，确定配电区域。

（九）国家能源局派出机构应当对申请人提交的申请材料进行审查，并根据需要对申请材料的实质内容进行核实。

（十）国家能源局派出机构在做出行政许可决定之日起 7 个工作日内，应当通过国家能源局派出机构的门户网站进行公示，并同步将公示内容推送至有关部门的门户网站、能源信用建设平台等。尚未建立相关信息系统或网站的部门，可通过数据拷贝或建立数据接口等方式，与能源信用建设平台保持数据报送与更新。

四、持证企业监督与管理

（十一）能源监管机构对被许可人是否持续符合许可证法定条件的情况实施监督管理。被许可人的注册资本和资产总额、生产经营场所、供电能力、主要管理人员等发生变化，不符合许可证法定条件的，国家能源局派出机构应当责令其限期整改，并对整改情况予以复查。逾期未整改或者整改后仍然不符合许可证法定条件的，撤销许可。

（十二）被许可人不得超越许可范围开展配电业务。

（十三）实行年度自查制度。被许可人应当每年开展自查并向国家能源局派出机构提交以下材料：

1．自查报告，内容包括：基本信息、主要管理人员情况、配售电业务经营情况、安全生产基本情况、配电设施情况、分支机构情况、遵守许可证制度情况等；

2．电力业务许可证副本或副本复印件；

3．企业法人营业执照副本或者营业执照副本复印件；

4．企业上一年度的资产负债表和利润表；

5．受到能源监管机构以及其他政府部门表彰或者行政处罚的证明材料；

6．按照电网企业安全生产标准化规范开展自查的报告；

7．能源监管机构要求报送的其他材料。

（十四）国家能源局派出机构应对被许可人自查情况进行监督和检查。

（十五）被许可人其名称、法定代表人、住所发生变更的应在工商登记变更之日起30日内向国家能源局派出机构申请登记事项变更。

（十六）被许可人配电区域发生变化的，应当自发生变化之日起30日内向国家能源局派出机构申请许可事项变更。

（十七）被许可人所经营的主要配电线路或者变配电设施发生变化的，应及时向国家能源局派出机构报送信息。

（十八）被许可人自愿终止配电业务的，应提前6个月向社会公示，妥善处理配电资产、债权债务及合同约定事项，并与承接其配电网运营权的公司完成交接后，向国家能源局派出机构提出申请，经批准后办理许可证注销手续。

（十九）被许可人有下列行为之一的，能源监管机构和有关部门应责令其整改，对拒不整改的，要将其纳入企业不良信用记录或黑名单，并依法予以处罚。

1. 超出许可范围或者超过许可期限从事相关电力业务的；

2. 未按照国家规定的电能质量和供电服务质量标准向用户提供服务的；

3. 未在规定的期限内申请许可变更的；

4. 严重违反市场交易规则的；

5. 不再具备许可条件仍从事相关电力业务，且限期未完成整改的；

6. 未经批准，擅自停业、歇业的；

7. 其他违反法律法规和本办法规定的行为。

（二十）对纳入黑名单的售电公司，按照能源信用体系惩戒管理制度，采取惩戒措施。

五、其他事项

（二十一）本通知未尽事宜，按照《中华人民共和国行政许可法》《中华人民共和国电力法》《电力监管条例》《电力业务许可证管理规定》和有关法律、法规及有关规定执行。

国家能源局

2016年12月8日

6-6 国家能源局综合司关于简化优化许可条件、加快推进增量配电项目电力业务许可工作的通知

（国能综通资质〔2018〕102号，2018年7月11日国家能源局综合司发布）

各派出能源监管机构：

为积极推动增量配电业务改革，加快推进增量配电项目电力业务许可工作，依据《电力业务许可证管理规定》（电监会令第9号）、《国家发展改革委　国家能源局关于印发〈售电公司准入与退出管理办法〉和〈有序放开配电网业务管理办法〉的通知》（发改经体〔2016〕2120号）、《国家发展改革委　国家能源局关于印发〈增量配电业务配电区域划分实施办法（试行）〉的通知》（发改能源规〔2018〕424号）及《国家能源局关于对拥有配电网运营权的售电公司颁发管理电力业务许可证（供电类）有关事项的通知》（国能资质〔2016〕353号）有关规定，现就简化优化许可条件、加快推进增量配电项目电力业务许可工作有关事项通知如下。

一、简化优化增量配电项目电力业务许可条件，助力社会资本参与增量配电业务

（一）简化优化部分配电项目核准（审批）证明材料

1．非电网企业存量配电项目

对于《有序放开配电网业务管理办法》（以下称《管理办法》）施行之前已建成投运的非电网企业存量配电项目，项目业主已按照《管理办法》有关要求向地方政府能源管理部门申请并获准开展配电业务的，申请电力业务许可证（供电类）时不要求提供项目核准（审批）材料，提供地方政府能源管理部门出具的同意其开展配电业务证明材料即可。

2．作为大型建设项目配套工程的配电项目

对于配电网是油田、矿山等大型项目的配套工程，且在主体项目核准（审批）材料中已明确建设任务的配电项目，项目业主申请电力业务许可证（供电类）时提供主体项目的核准（审批）材料即可，不要求提供独立的配电项目核准（审批）材料。

3．拥有多个电压等级配电网的配电项目

对于拥有多个电压等级配电网的配电项目，项目业主申请电力业务许可证（供电类）时，提供最高电压等级配电网的核准（审批）材料即可，不要求提供此电压等级配电网辐射出的低电压等级配电网核准（审批）材料。

（二）简化优化相关负责人从业证明材料

配电项目生产运行负责人、技术负责人、财务负责人可由股东单位派驻，劳动关系可保留在股东单位，但须在项目业主单位全职工作，并应做出相关履职承诺。

对于所有权与经营权分离的配电项目，项目生产运行负责人、技术负责人、财务负责人可由委托经营单位实际负责本配电项目的相关人员担任，劳动关系可保留在委托经营单位，但须在本项目全职工作，不可一人兼任多个配电项目负责人，并应做出相关履职承诺。

（三）简化优化配电区域证明材料

项目业主申请电力业务许可证（供电类）时，地方相关主管部门出具的配电区域划分意见是派出能源监管机构在许可证中载明增量配电业务配电区域的主要依据，企业间自主达成的配电区域划分协议不作为必要条件。

项目业主已满足其他许可条件，但未取得配电区域划分意见的，派出能源监管机构可参考企业间自主达成的配电区域划分协议等材料，在许可证中载明配电区域。项目业主在获得电力业务许可证（供电类）后，取得地方相关主管部门出具的配电区域划分意见，且配电区域发生变更的，应当依法申请许可证的变更。

（四）简化优化配电网络和营业网点证明材料

项目业主申请电力业务许可证（供电类）时，不须完成配电区域内所有配电网络及配电设施的建设，具备向配电区域内现有电力用户供电的能力，具有配电网络后续建设规划，承诺供电能力、供电质量符合《供电监管办法》等有关规定的要求即可；同时，不对配电营业网点的数量及各网点覆盖范围做具体要求，项目业主提供已有营业网点可满足现有电力用户需求的证明材料，且具有后续营业网点可覆盖全部配电区域的建设规划即可。

二、加快推进增量配电项目电力业务许可工作，进一步提高审核效率，提升服务质量

（一）动态跟踪试点项目进展，主动作为，推动试点项目尽快落地

各派出能源监管机构应动态跟踪增量配电业务改革试点项目进展，继续做好项目重大进展情况及电力业务许可情况季度统计及报告；对进展较快或条件较为成熟的试点项目，逐一落实

项目符合许可条件情况；梳理出近期有望取证的试点项目，主动作为，实现政策宣贯和工作指导全覆盖，助力其尽快取证，并于7月20日前将该类项目列表及有关工作推进情况报国家能源局（资质中心）。

（二）加强政策宣贯，打通绿色通道，多管齐下推进许可证核发工作

各派出能源监管机构应进一步加强对增量配电项目电力业务许可相关政策措施的宣贯；结合本次许可条件的简化优化，及时对许可条件符合情况发生变化的申请单位提供工作指导；在许可受理、审查等环节，为增量配电项目提供绿色通道，提高审核效率，提升服务质量，加快推进许可证的核发工作。

（三）强化持证企业后续监管，保护电力使用者的合法权益和社会公共利益

各派出能源监管机构应加强对持证企业持续符合许可条件情况、年度自查情况、相关事项变更情况以及履行电力社会普遍服务、保底供电服务和无歧视提供配电服务义务情况的监督管理，维护供电市场秩序，保护电力使用者的合法权益和社会公共利益。

国家能源局综合司

2018年7月11日

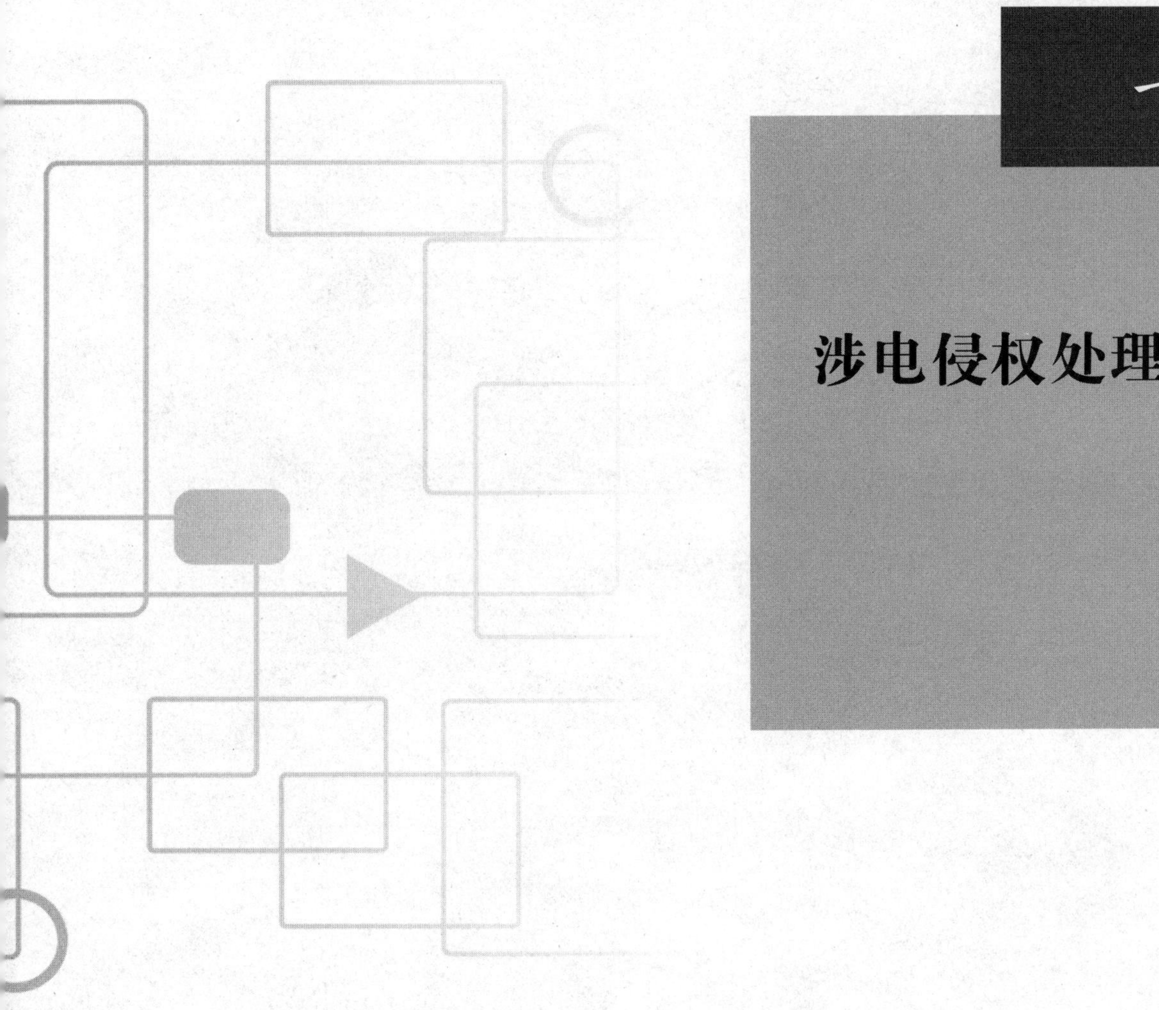

七

涉电侵权处理

7–1　最高人民法院关于审理人身损害赔偿案件适用法律若干问题的解释

（法释〔2003〕20号，2003年12月4日最高人民法院审判委员会第1299次会议通过，根据2020年12月29日《最高人民法院关于修改〈最高人民法院关于在民事审判工作中适用《中华人民共和国工会法》若干问题的解释〉等二十七件民事类司法解释的决定》修改）

为正确审理人身损害赔偿案件，依法保护当事人的合法权益，根据《中华人民共和国民法典》《中华人民共和国民事诉讼法》等有关法律规定，结合审判实践，制定本解释。

第一条　因生命、身体、健康遭受侵害，赔偿权利人起诉请求赔偿义务人赔偿物质损害和精神损害的，人民法院应予受理。

本条所称"赔偿权利人"，是指因侵权行为或者其他致害原因直接遭受人身损害的受害人以及死亡受害人的近亲属。

本条所称"赔偿义务人"，是指因自己或者他人的侵权行为以及其他致害原因依法应当承担民事责任的自然人、法人或者非法人组织。

第二条　赔偿权利人起诉部分共同侵权人的，人民法院应当追加其他共同侵权人作为共同被告。赔偿权利人在诉讼中放弃对部分共同侵权人的诉讼请求的，其他共同侵权人对被放弃诉讼请求的被告应当承担的赔偿份额不承担连带责任。责任范围难以确定的，推定各共同侵权人承担同等责任。

人民法院应当将放弃诉讼请求的法律后果告知赔偿权利人，并将放弃诉讼请求的情况在法律文书中叙明。

第三条　依法应当参加工伤保险统筹的用人单位的劳动者，因工伤事故遭受人身损害，劳动者或者其近亲属向人民法院起诉请求用人单位承担民事赔偿责任的，告知其按《工伤保险条例》的规定处理。

因用人单位以外的第三人侵权造成劳动者人身损害，赔偿权利人请求第三人承担民事赔偿责任的，人民法院应予支持。

第四条　无偿提供劳务的帮工人，在从事帮工活动中致人损害的，被帮工人应当承担赔偿责任。被帮工人承担赔偿责任后向有故意或者重大过失的帮工人追偿的，人民法院应予支持。被帮工人明确拒绝帮工的，不承担赔偿责任。

第五条　无偿提供劳务的帮工人因帮工活动遭受人身损害的，根据帮工人和被帮工人各自的过错承担相应的责任；被帮工人明确拒绝帮工的，被帮工人不承担赔偿责任，但可以在受益范围内予以适当补偿。

帮工人在帮工活动中因第三人的行为遭受人身损害的，有权请求第三人承担赔偿责任，也有权请求被帮工人予以适当补偿。被帮工人补偿后，可以向第三人追偿。

第六条　医疗费根据医疗机构出具的医药费、住院费等收款凭证，结合病历和诊断证明等相关证据确定。赔偿义务人对治疗的必要性和合理性有异议的，应当承担相应的举证责任。

医疗费的赔偿数额，按照一审法庭辩论终结前实际发生的数额确定。器官功能恢复训练所必要的康复费、适当的整容费以及其他后续治疗费，赔偿权利人可以待实际发生后另行起诉。

但根据医疗证明或者鉴定结论确定必然发生的费用，可以与已经发生的医疗费一并予以赔偿。

第七条 误工费根据受害人的误工时间和收入状况确定。

误工时间根据受害人接受治疗的医疗机构出具的证明确定。受害人因伤致残持续误工的，误工时间可以计算至定残日前一天。

受害人有固定收入的，误工费按照实际减少的收入计算。受害人无固定收入的，按照其最近三年的平均收入计算；受害人不能举证证明其最近三年的平均收入状况的，可以参照受诉法院所在地相同或者相近行业上一年度职工的平均工资计算。

第八条 护理费根据护理人员的收入状况和护理人数、护理期限确定。

护理人员有收入的，参照误工费的规定计算；护理人员没有收入或者雇佣护工的，参照当地护工从事同等级别护理的劳务报酬标准计算。护理人员原则上为一人，但医疗机构或者鉴定机构有明确意见的，可以参照确定护理人员人数。

护理期限应计算至受害人恢复生活自理能力时止。受害人因残疾不能恢复生活自理能力的，可以根据其年龄、健康状况等因素确定合理的护理期限，但最长不超过二十年。

受害人定残后的护理，应当根据其护理依赖程度并结合配制残疾辅助器具的情况确定护理级别。

第九条 交通费根据受害人及其必要的陪护人员因就医或者转院治疗实际发生的费用计算。交通费应当以正式票据为凭；有关凭据应当与就医地点、时间、人数、次数相符合。

第十条 住院伙食补助费可以参照当地国家机关一般工作人员的出差伙食补助标准予以确定。

受害人确有必要到外地治疗，因客观原因不能住院，受害人本人及其陪护人员实际发生的住宿费和伙食费，其合理部分应予赔偿。

第十一条 营养费根据受害人伤残情况参照医疗机构的意见确定。

第十二条 残疾赔偿金根据受害人丧失劳动能力程度或者伤残等级，按照受诉法院所在地上一年度城镇居民人均可支配收入或者农村居民人均纯收入标准，自定残之日起按二十年计算。但六十周岁以上的，年龄每增加一岁减少一年；七十五周岁以上的，按五年计算。

受害人因伤致残但实际收入没有减少，或者伤残等级较轻但造成职业妨害严重影响其劳动就业的，可以对残疾赔偿金作相应调整。

第十三条 残疾辅助器具费按照普通适用器具的合理费用标准计算。伤情有特殊需要的，可以参照辅助器具配制机构的意见确定相应的合理费用标准。

辅助器具的更换周期和赔偿期限参照配制机构的意见确定。

第十四条 丧葬费按照受诉法院所在地上一年度职工月平均工资标准，以六个月总额计算。

第十五条 被扶养人生活费根据扶养人丧失劳动能力程度，按照受诉法院所在地上一年度城镇居民人均消费性支出和农村居民人均年生活消费支出标准计算。被扶养人为未成年人的，计算至十八周岁；被扶养人无劳动能力又无其他生活来源的，计算二十年。但六十周岁以上的，年龄每增加一岁减少一年；七十五周岁以上的，按五年计算。

被扶养人是指受害人依法应当承担扶养义务的未成年人或者丧失劳动能力又无其他生活来源的成年近亲属。被扶养人还有其他扶养人的，赔偿义务人只赔偿受害人依法应当负担的部分。被扶养人有数人的，年赔偿总额累计不超过上一年度城镇居民人均消费性支出额或者农村居民人均年生活消费支出额。

第十六条 被扶养人生活费计入残疾赔偿金或者死亡赔偿金。

第十七条 死亡赔偿金按照受诉法院所在地上一年度城镇居民人均可支配收入或者农村居

民人均纯收入标准，按二十年计算。但六十周岁以上的，年龄每增加一岁减少一年；七十五周岁以上的，按五年计算。

第十八条 赔偿权利人举证证明其住所地或者经常居住地城镇居民人均可支配收入或者农村居民人均纯收入高于受诉法院所在地标准的，残疾赔偿金或者死亡赔偿金可以按照其住所地或者经常居住地的相关标准计算。

被扶养人生活费的相关计算标准，依照前款原则确定。

第十九条 超过确定的护理期限、辅助器具费给付年限或者残疾赔偿金给付年限，赔偿权利人向人民法院起诉请求继续给付护理费、辅助器具费或者残疾赔偿金的，人民法院应予受理。赔偿权利人确需继续护理、配制辅助器具，或者没有劳动能力和生活来源的，人民法院应当判令赔偿义务人继续给付相关费用五至十年。

第二十条 赔偿义务人请求以定期金方式给付残疾赔偿金、辅助器具费的，应当提供相应的担保。人民法院可以根据赔偿义务人的给付能力和提供担保的情况，确定以定期金方式给付相关费用。但是，一审法庭辩论终结前已经发生的费用、死亡赔偿金以及精神损害抚慰金，应当一次性给付。

第二十一条 人民法院应当在法律文书中明确定期金的给付时间、方式以及每期给付标准。执行期间有关统计数据发生变化的，给付金额应当适时进行相应调整。

定期金按照赔偿权利人的实际生存年限给付，不受本解释有关赔偿期限的限制。

第二十二条 本解释所称“城镇居民人均可支配收入”、“农村居民人均纯收入”、“城镇居民人均消费性支出”、“农村居民人均年生活消费支出”、“职工平均工资”，按照政府统计部门公布的各省、自治区、直辖市以及经济特区和计划单列市上一年度相关统计数据确定。

“上一年度”，是指一审法庭辩论终结时的上一统计年度。

第二十三条 精神损害抚慰金适用《最高人民法院关于确定民事侵权精神损害赔偿责任若干问题的解释》予以确定。

第二十四条 本解释自2004年5月1日起施行。2004年5月1日后新受理的一审人身损害赔偿案件，适用本解释的规定。已经作出生效裁判的人身损害赔偿案件依法再审的，不适用本解释的规定。

在本解释公布施行之前已经生效施行的司法解释，其内容与本解释不一致的，以本解释为准。

7-2 最高人民法院关于确定民事侵权精神损害赔偿责任若干问题的解释

（法释〔2001〕7号，2001年2月26日由最高人民法院审判委员会第1161次会议通过，根据2020年12月29日《最高人民法院关于修改〈最高人民法院关于在民事审判工作中适用《中华人民共和国工会法》若干问题的解释〉等二十七件民事类司法解释的决定》修改）

为在审理民事侵权案件中正确确定精神损害赔偿责任，根据《中华人民共和国民法典》等有关法律规定，结合审判实践，制定本解释。

第一条 因人身权益或者具有人身意义的特定物受到侵害，自然人或者其近亲属向人民法院提起诉讼请求精神损害赔偿的，人民法院应当依法予以受理。

第二条 非法使被监护人脱离监护，导致亲子关系或者近亲属间的亲属关系遭受严重损害，监护人向人民法院起诉请求赔偿精神损害的，人民法院应当依法予以受理。

第三条 死者的姓名、肖像、名誉、荣誉、隐私、遗体、遗骨等受到侵害，其近亲属向人民法院提起诉讼请求精神损害赔偿的，人民法院应当依法予以支持。

第四条 法人或者非法人组织以名誉权、荣誉权、名称权遭受侵害为由，向人民法院起诉请求精神损害赔偿的，人民法院不予支持。

第五条 精神损害的赔偿数额根据以下因素确定：

（一）侵权人的过错程度，但是法律另有规定的除外；

（二）侵权行为的目的、方式、场合等具体情节；

（三）侵权行为所造成的后果；

（四）侵权人的获利情况；

（五）侵权人承担责任的经济能力；

（六）受理诉讼法院所在地的平均生活水平。

第六条 在本解释公布施行之前已经生效施行的司法解释，其内容有与本解释不一致的，以本解释为准。

7-3 最高人民法院关于曹豪哲诉延边电业局、姜国政赔偿一案的责任划分及法律适用问题的复函

（〔1992〕民他字第51号，1993年5月5日最高人民法院发布）

吉林省高级人民法院：

你院《关于曹豪哲诉延边电业局、姜国政赔偿一案如何划分责任及适用法律的请示》收悉。经研究，我们认为，延边电业局的高压供电行为和姜国政在变压器台下堆柴垛的行为导致了受害人曹豪哲伤残的后果。延边电业局作为特殊侵权责任主体，且未能按《电力设施保护条例》采取有力措施消除危险，应负主要责任。姜国政违反《电力设施保护条例》的规定，对损害结果的发生也负有重要责任。曹豪哲无行为能力，被延边电业局和姜国政共同造成的危险致残，如法院认定其监护人未尽到监护职责，要求过苛，不宜这样处理。

以上意见供参考。

最高人民法院

1993年5月5日

7-4 最高人民法院关于从事高空高压对周围环境有高度危险作业造成他人损害的应适用《民法通则》还是《电力法》的复函

（〔2000〕法民字第5号，2000年2月1日最高人民法院发布）

黑龙江省高级人民法院：

你院《关于从事高空高压等对周围环境有高度危险作业造成他人损害的应适用民法通则还

是电力法》的请示收悉。经研究认为：民法通则规定，如能证明损害是由受害人故意造成的，电力部门不承担民事责任；电力法规定，由于不可抗力或用户自身的过错造成损害的，电力部门不承担赔偿责任。这两部法律对归责原则的规定是有所区别的。但电力法是民法通则颁布实施后对民事责任规范所作的特别规定，根据特别法优于普通法，后法优于前法的原则，你院所请示的案件应适用电力法。

最高人民法院

2000 年 2 月 1 日

7-5　最高人民法院关于郑某与宽城满族自治县电力局、宽城满族自治县孛罗台乡孛罗台村等损害赔偿一案的复函

（〔2002〕民监他字第 1 号，2002 年 4 月 2 日最高人民法院发布）

河北省高级人民法院：

你院请示收悉，经研究，答复如下：

宽城电力分公司在变压器安装验收时，明知台高不符合标准，且没有防护栏的情况下却违规送电，应承担郑某人身损害的主要责任；孛罗台村对供电设施疏于管理也是造成郑某人身损害的原因之一，应当承担相应责任；郑某的监护人未尽监护义务亦应承担一定责任。三者按照 70%、20%、10%的比例承担责任是适当的，精神损害抚慰金 50000 元的分担也是适当的。

最高人民法院

2002 年 4 月 2 日

7-6　国家经贸委关于触电事故有关问题的复函

（电力〔2000〕1 号，2000 年 1 月 5 日国家经济贸易委员会办公厅发布）

新疆维吾尔自治区电力公司：

你公司《关于徐利剑电力损害赔偿一案的请示》（新电法〔1999〕549 号）收悉。经研究，现函复如下：

一、根据原水电部颁发的《架空送电线路设计技术规程》（SDJ 3—79）第 96 条的规定，判断触电事故发生地是否属于居民区，关键要看该地区是否为人口密集地区。虽然时常有人、车辆或农业机械到达但未建房屋或房屋稀少的地区，亦属非居民区。从你公司提供的有关资料看，该事故发生地应属非居民区。

二、根据《电力设施保护条例》第十四条的规定，不得向导线抛掷物体和从事其他危害电力线路设施的行为。因此，在电力线路保护区内甩杆钓鱼属于违反此条规定的行为。

国家经济贸易委员会办公厅

2000 年 1 月 5 日

7-7　国家电力监管委员会关于能否在高压线下钓鱼的回复

（政法函〔2003〕8号，2003年12月1日国家电力监管委员会政策法规部发布）

江西省经贸委：

你委关于《能否在高压线下钓鱼的请示》收悉，经研究，现回复如下：

《最高人民法院关于审理触电人身损害赔偿案件若干问题的解释》规定，受害人在电力设施保护区内从事法律、行政法规所禁止的行为，电力设施产权人不承担民事责任。《电力设施保护条例》第十四条规定，不得向导线抛掷物体以及从事其他危害电力线路设施的行为。根据你委提供的情况，我们认为，在依法划定的电力设施保护区内钓鱼甩掷鱼竿属于违反《电力设施保护条例》第十四条规定的行为。

国家电力监管委员会政策法规部

2003年12月1日

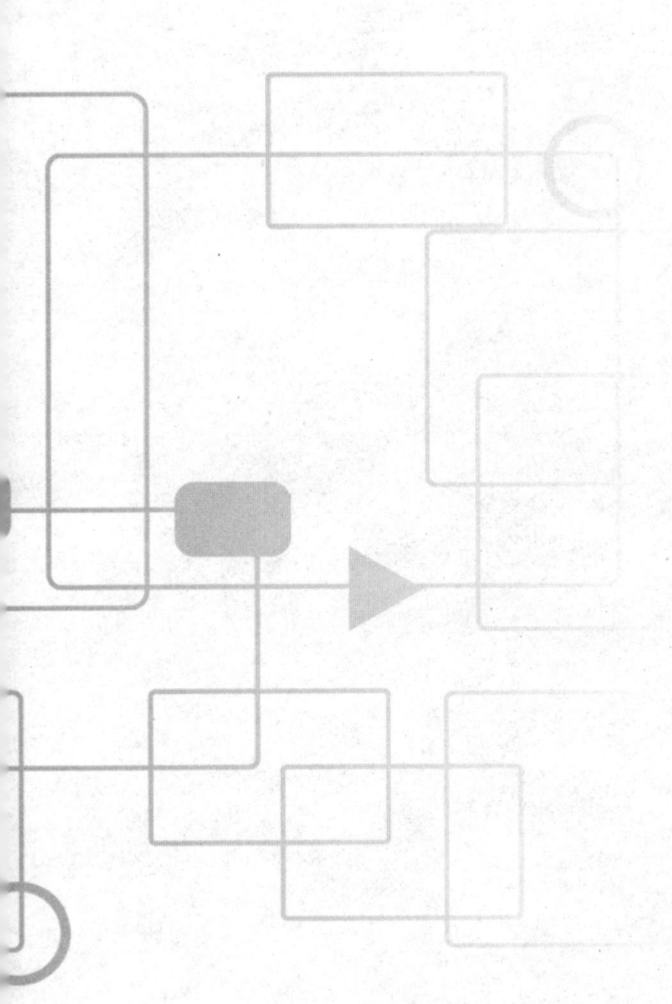

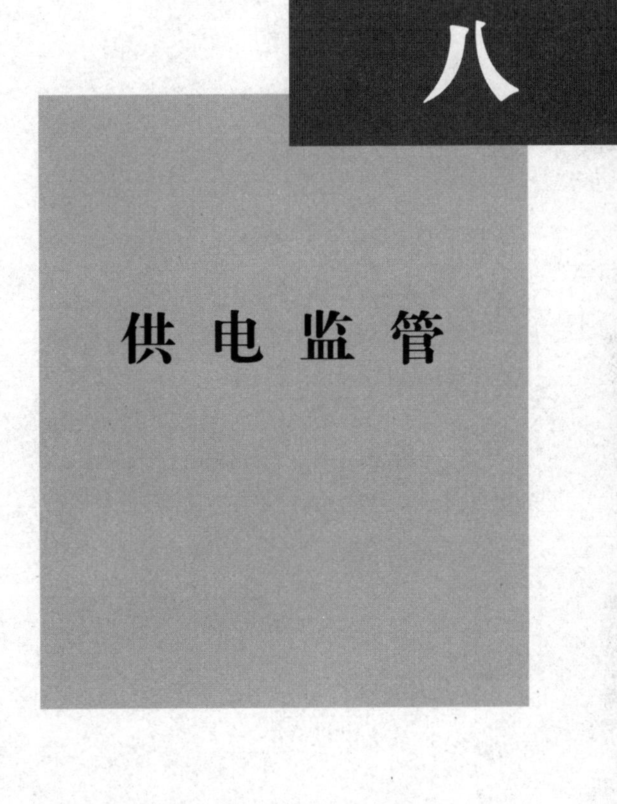

八

供电监管

八

8-1 电力监管条例

（2005年2月15日国务院令第432号公布）

第一章 总 则

第一条 为了加强电力监管，规范电力监管行为，完善电力监管制度，制定本条例。

第二条 电力监管的任务是维护电力市场秩序，依法保护电力投资者、经营者、使用者的合法权益和社会公共利益，保障电力系统安全稳定运行，促进电力事业健康发展。

第三条 电力监管应当依法进行，并遵循公开、公正和效率的原则。

第四条 国务院电力监管机构依照本条例和国务院有关规定，履行电力监管和行政执法职能；国务院有关部门依照有关法律、行政法规和国务院有关规定，履行相关的监管职能和行政执法职能。

第五条 任何单位和个人对违反本条例和国家有关电力监管规定的行为有权向电力监管机构和政府有关部门举报，电力监管机构和政府有关部门应当及时处理，并依照有关规定对举报有功人员给予奖励。

第二章 监 管 机 构

第六条 国务院电力监管机构根据履行职责的需要，经国务院批准，设立派出机构。国务院电力监管机构对派出机构实行统一领导和管理。

国务院电力监管机构的派出机构在国务院电力监管机构的授权范围内，履行电力监管职责。

第七条 电力监管机构从事监管工作的人员，应当具备与电力监管工作相适应的专业知识和业务工作经验。

第八条 电力监管机构从事监管工作的人员，应当忠于职守，依法办事，公正廉洁，不得利用职务便利谋取不正当利益，不得在电力企业、电力调度交易机构兼任职务。

第九条 电力监管机构应当建立监管责任制度和监管信息公开制度。

第十条 电力监管机构及其从事监管工作的人员依法履行电力监管职责，有关单位和人员应当予以配合和协助。

第十一条 电力监管机构应当接受国务院财政、监察、审计等部门依法实施的监督。

第三章 监 管 职 责

第十二条 国务院电力监管机构依照有关法律、行政法规和本条例的规定，在其职责范围内制定并发布电力监管规章、规则。

第十三条 电力监管机构依照有关法律和国务院有关规定，颁发和管理电力业务许可证。

第十四条 电力监管机构按照国家有关规定，对发电企业在各电力市场中所占份额的比例实施监管。

第十五条 电力监管机构对发电厂并网、电网互联以及发电厂与电网协调运行中执行有关规章、规则的情况实施监管。

第十六条 电力监管机构对电力市场向从事电力交易的主体公平、无歧视开放的情况以及输电企业公平开放电网的情况依法实施监管。

第十七条 电力监管机构对电力企业、电力调度交易机构执行电力市场运行规则的情况，以及电力调度交易机构执行电力调度规则的情况实施监管。

第十八条 电力监管机构对供电企业按照国家规定的电能质量和供电服务质量标准向用户提供供电服务的情况实施监管。

第十九条 电力监管机构具体负责电力安全监督管理工作。

国务院电力监管机构经商国务院发展改革部门、国务院安全生产监督管理部门等有关部门后，制订重大电力生产安全事故处置预案，建立重大电力生产安全事故应急处置制度。

第二十条 国务院价格主管部门、国务院电力监管机构依照法律、行政法规和国务院的规定，对电价实施监管。

第四章 监 管 措 施

第二十一条 电力监管机构根据履行监管职责的需要，有权要求电力企业、电力调度交易机构报送与监管事项相关的文件、资料。

电力企业、电力调度交易机构应当如实提供有关文件、资料。

第二十二条 国务院电力监管机构应当建立电力监管信息系统。

电力企业、电力调度交易机构应当按照国务院电力监管机构的规定将与监管相关的信息系统接入电力监管信息系统。

第二十三条 电力监管机构有权责令电力企业、电力调度交易机构按照国家有关电力监管规章、规则的规定如实披露有关信息。

第二十四条 电力监管机构依法履行职责，可以采取下列措施，进行现场检查：

（一）进入电力企业、电力调度交易机构进行检查；

（二）询问电力企业、电力调度交易机构的工作人员，要求其对有关检查事项作出说明；

（三）查阅、复制与检查事项有关的文件、资料，对可能被转移、隐匿、损毁的文件、资料予以封存；

（四）对检查中发现的违法行为，有权当场予以纠正或者要求限期改正。

第二十五条 依法从事电力监管工作的人员在进行现场检查时，应当出示有效执法证件；未出示有效执法证件的，电力企业、电力调度交易机构有权拒绝检查。

第二十六条 发电厂与电网并网、电网与电网互联，并网双方或者互联双方达不成协议，影响电力交易正常进行的，电力监管机构应当进行协调；经协调仍不能达成协议的，由电力监管机构作出裁决。

第二十七条 电力企业发生电力生产安全事故，应当及时采取措施，防止事故扩大，并向电力监管机构和其他有关部门报告。电力监管机构接到发生重大电力生产安全事故报告后，应当按照重大电力生产安全事故处置预案，及时采取处置措施。

电力监管机构按照国家有关规定组织或者参加电力生产安全事故的调查处理。

第二十八条 电力监管机构对电力企业、电力调度交易机构违反有关电力监管的法律、行政法规或者有关电力监管规章、规则，损害社会公共利益的行为及其处理情况，可以向社会公布。

第五章 法 律 责 任

第二十九条 电力监管机构从事监管工作的人员有下列情形之一的，依法给予行政处分；构成犯罪的，依法追究刑事责任：

（一）违反有关法律和国务院有关规定颁发电力业务许可证的；

（二）发现未经许可擅自经营电力业务的行为，不依法进行处理的；

（三）发现违法行为或者接到对违法行为的举报后，不及时进行处理的；

（四）利用职务便利谋取不正当利益的。

电力监管机构从事监管工作的人员在电力企业、电力调度交易机构兼任职务的，由电力监管机构责令改正，没收兼职所得；拒不改正的，予以辞退或者开除。

第三十条 违反规定未取得电力业务许可证擅自经营电力业务的，由电力监管机构责令改正，没收违法所得，可以并处违法所得5倍以下的罚款；构成犯罪的，依法追究刑事责任。

第三十一条 电力企业违反本条例规定，有下列情形之一的，由电力监管机构责令改正；拒不改正的，处10万元以上100万元以下的罚款；对直接负责的主管人员和其他直接责任人员，依法给予处分；情节严重的，可以吊销电力业务许可证：

（一）不遵守电力市场运行规则的；

（二）发电厂并网、电网互联不遵守有关规章、规则的；

（三）不向从事电力交易的主体公平、无歧视开放电力市场或者不按照规定公平开放电网的。

第三十二条 供电企业未按照国家规定的电能质量和供电服务质量标准向用户提供供电服务的，由电力监管机构责令改正，给予警告；情节严重的，对直接负责的主管人员和其他直接责任人员，依法给予处分。

第三十三条 电力调度交易机构违反本条例规定，不按照电力市场运行规则组织交易的，由电力监管机构责令改正；拒不改正的，处10万元以上100万元以下的罚款；对直接负责的主管人员和其他直接责任人员，依法给予处分。

电力调度交易机构工作人员泄露电力交易内幕信息的，由电力监管机构责令改正，并依法给予处分。

第三十四条 电力企业、电力调度交易机构有下列情形之一的，由电力监管机构责令改正；拒不改正的，处5万元以上50万元以下的罚款，对直接负责的主管人员和其他直接责任人员，依法给予处分；构成犯罪的，依法追究刑事责任：

（一）拒绝或者阻碍电力监管机构及其从事监管工作的人员依法履行监管职责的；

（二）提供虚假或者隐瞒重要事实的文件、资料的；

（三）未按照国家有关电力监管规章、规则的规定披露有关信息的。

第三十五条 本条例规定的罚款和没收的违法所得，按照国家有关规定上缴国库。

第六章　附　　则

第三十六条　电力企业应当按照国务院价格主管部门、财政部门的有关规定缴纳电力监管费。

第三十七条　本条例自2005年5月1日起施行。

8-2　电力市场监管办法

（2005年10月13日国家电力监管委员会令第11号公布）

第一章　总　　则

第一条　为了维护电力市场秩序，保证电力市场的统一、开放、竞争、有序，根据《电力监管条例》和有关法律、行政法规，制定本办法。

第二条　本办法适用于中华人民共和国境内的电力市场监管。

第三条　国家电力监管委员会（以下简称电监会）履行全国电力市场监管职责。

国家电力监管委员会区域监管局（以下简称区域电监局）负责辖区内电力市场监管工作。国家电力监管委员会城市监管办公室协助区域电监局从事电力市场监管工作。

第四条　电力市场监管依法进行，并遵循公开、公正和效率的原则。

第五条　电力市场主体、电力调度交易机构应当自觉遵守有关电力市场的法规、规章。

第六条　任何单位和个人对违反本规定的行为有权向电力监管机构举报，电力监管机构应当及时处理，并为举报人保密。

第二章　监管对象与内容

第七条　电力市场监管的对象包括电力市场主体和电力调度交易机构。电力市场主体包括按照有关规定取得电力业务许可证的发电企业、输电企业、供电企业，以及经电力监管机构核准的用户。电力调度交易机构包括区域电力调度交易中心和省、自治区、直辖市电力调度机构。

前款所称供电企业包括独立配售电企业；前款所称区域电力调度交易中心包括区域电力调度中心、区域电力交易中心。

第八条　电力监管机构对电力市场主体和电力调度交易机构的下列情况实施监管：

（一）履行电力系统安全义务的情况；

（二）进入和退出电力市场的情况；

（三）参与电力市场交易资质的情况；

（四）执行电力市场运行规则的情况；

（五）进行交易和电费结算情况；

（六）披露信息的情况；

（七）执行国家标准、行业标准的情况；

（八）平衡资金账户管理和资金使用情况。

第九条 除本办法第八条所列情况外，电力监管机构还对发电企业的下列情况实施监管：

（一）在各电力市场中所占份额的比例；

（二）新增装机、兼并、重组、股权变动或者租赁经营的情况；

（三）不正当竞争、串通报价和违规交易行为；

（四）执行调度指令的情况；

（五）执行与用户签订的有关合同的情况。

第十条 除本办法第八条所列情况外，电力监管机构还对输电企业的下列情况实施监管：

（一）公平、无歧视开放电网和提供输电服务的情况；

（二）电网互联的情况；

（三）所属发电企业的发电情况；

（四）执行输电价格的情况；

（五）对有偿辅助服务补偿的情况。

第十一条 除本办法第八条所列情况外，电力监管机构还对供电企业的下列情况实施监管：

（一）执行配电价格、售电价格的情况；

（二）按照国家规定的电能质量和供电服务质量标准向用户提供供电服务的情况。

第十二条 除本办法第八条所列情况外，电力监管机构还对电力调度交易机构的下列情况实施监管：

（一）公开、公平、公正地实施电力调度的情况；

（二）执行电力调度规则的情况；

（三）按照电力市场运营规则组织电力市场交易的情况；

（四）对电力市场实施干预的情况；

（五）对电力市场技术支持系统的建设、维护、运营和管理的情况；

（六）执行市场限价的情况。

第十三条 电力监管机构对用户履行与发电企业签订的有关合同的情况进行监管。

第三章 电力市场运营规则

第十四条 电力监管机构负责制定并组织实施电力市场运营规则。电力市场运营规则包括电力市场运营基本规则、区域电力市场运营规则和与区域电力市场运营规则相配套的相关细则。

第十五条 电监会制定电力市场运营基本规则；区域电监局拟定区域电力市场运营规则，报电监会批准后执行；区域电监局制定与区域电力市场运营规则配套的有关细则，报电监会备案。

第十六条 有下列情形之一的，电力监管机构应当修改电力市场运营规则：

（一）法律或者国家政策发生重大调整的；

（二）电力市场运行环境发生重大变化的；

（三）电力市场主体或者电力调度交易机构提出修改的意见和建议，电力监管机构认为确有必要的；

（四）电力监管机构认为必要的其他情形。

第十七条 电力监管机构制定或者修改电力市场运营规则，应当充分听取电力市场主体、电力调度交易机构、相关利益主体和社会有关方面的意见。

第四章 电力市场注册管理

第十八条 电力市场实行注册管理制度。进入或者退出电力市场应当办理相应的注册手续。电力调度交易机构具体负责电力市场注册管理工作。

第十九条 电力市场主体进入电力市场，应当向电力调度交易机构提出注册申请。经过批准后，方可参与电力市场交易。电力市场主体申请进入注册应当符合下列条件：

（一）取得电力业务许可证并在工商行政管理部门登记、注册；

（二）承诺遵守电力市场运营的法律法规并履行电力市场主体的责任和义务；

（三）具有符合电力市场要求的技术条件。

第二十条 电力市场主体申请进入注册应当提供与申请事项有关的经济、技术、安全等信息。

第二十一条 电力市场主体变更注册或者撤销注册，应当按照区域电力市场运营规则的规定，向电力调度交易机构提出书面申请。经过批准后，方可变更或者撤销注册。

第二十二条 电力调度交易机构应当按照电力市场运营规则规定的程序和时限，办理注册手续。注册审核情况应当向电力市场主体公布并报电力监管机构备案。

第五章 电力市场干预与中止

第二十三条 电力调度交易机构为保证电力市场安全运营，依据电力市场运营规则，可以进行市场干预。电力调度交易机构进行市场干预应当向电力市场主体公布干预原因。

第二十四条 有下列情形之一的，电力调度交易机构可以进行市场干预：

（一）电力系统出力不足，无法保证电力市场正常运行的；

（二）电力系统内发生重大事故危及电网安全的；

（三）电力市场技术支持系统、自动化系统、数据通信系统等发生故障导致交易无法正常进行的；

（四）电力监管机构做出中止电力市场决定的；

（五）电力监管机构规定的其他情形。

第二十五条 有下列情形之一的，电力监管机构可以做出中止电力市场的决定，并向电力市场主体公布中止原因：

（一）电力市场未按照规则运行和管理的；

（二）电力市场运营规则不适应电力市场交易需要，必须进行重大修改的；

（三）电力市场交易发生恶意串通操纵市场的行为，并严重影响交易结果的；

（四）电力市场技术支持系统、自动化系统、数据通信系统等发生重大故障，导致交易长时间无法进行的；

（五）因不可抗力不能竞价交易的；

（六）电力监管机构规定的其他情形。

第二十六条 干预或者中止电力市场时，电力市场交易的方式按照区域电力市场运营规则执行。

第二十七条 干预或者中止电力市场期间，电力调度交易机构应当采取措施保证电力系统安全，记录干预或者中止过程，并向电力监管机构报告。电力监管机构应当向电力市场主体公布干预或中止过程。

第六章 电力市场争议处理

第二十八条 电力市场主体之间、电力市场主体与电力调度交易机构之间因电力市场交易发生争议，由电力监管机构依法协调或者裁决。其中，因履行合同发生的争议，可以由电力监管机构按照电力争议调解的有关规定进行调解。

第二十九条 电力市场主体、电力调度交易机构对电力监管机构的处理决定不服的，可以依法申请行政复议或者提起行政诉讼。

第七章 信息公开与披露

第三十条 电力监管机构按照电力监管信息公开的有关规定向电力投资者、经营者、使用者和社会公众公开电力市场监管信息。

第三十一条 电力市场主体、电力调度交易机构应当按照有关规定，及时、真实、准确和完整地披露有关信息。

第三十二条 电力监管机构、电力市场主体、电力调度交易机构不得泄露影响公平竞争的交易秘密。

第八章 法律责任

第三十三条 电力监管机构从事监管工作的人员违反有关规定的，按照《电力监管条例》第二十九条的规定处理。

第三十四条 电力市场主体违反本办法规定，有下列情形之一的，按照《电力监管条例》第三十一条的规定处理：

（一）未按照规定办理电力市场注册手续的；

（二）提供虚假注册资料的；

（三）未履行电力系统安全义务的；

（四）有关设备、设施不符合国家标准、行业标准的；

（五）行使市场操纵力的；

（六）有不正当竞争、串通报价等违规交易行为的；

（七）不执行调度指令的；

（八）发电厂并网、电网互联不遵守有关规章、规则的。

第三十五条 供电企业未按照国家规定的电能质量和供电服务质量标准向用户提供供电服务的，按照《电力监管条例》第三十二条的规定处理。

第三十六条　电力调度交易机构违反本办法规定，有下列情形之一的，按照《电力监管条例》第三十三条的规定处理：

（一）未按照规定办理电力市场注册的；

（二）未按照电力市场运行规则组织电力市场交易的；

（三）未按照规定公开、公平、公正地实施电力调度的；

（四）未执行电力调度规则的；

（五）未按照规定对电力市场进行干预的；

（六）泄露电力交易内幕信息的。

第三十七条　电力企业、电力调度交易机构未按照本办法和电力市场运行规则的规定披露有关信息的，按照《电力监管条例》第三十四条的有关规定处理。

第九章　附　　则

第三十八条　电力业务许可证制度实施以前，电力企业进入电力市场的资格，由电力监管机构审查批准。

第三十九条　区域电监局应当根据本办法制定实施办法，报电监会批准后实施。

第四十条　本办法自2005年12月1日起施行。国家电力监管委员会2003年7月24日公布的《电力市场监管办法（试行）》同时废止。

8-3　电力企业信息报送规定

（2005年11月30日国家电力监管委员会令第13号公布）

第一章　总　　则

第一条　为了加强电力监管，规范电力企业、电力调度交易机构信息报送行为，维护电力市场秩序，根据《电力监管条例》，制定本规定。

第二条　电力企业、电力调度交易机构向国家电力监管委员会及其派出机构（以下简称电力监管机构）报送与监管事项相关的文件、资料，适用本规定。

第三条　电力企业、电力调度交易机构报送信息遵循真实、及时、完整的原则。

第四条　电力监管机构根据电力企业、电力调度交易机构报送的信息，对电力企业、电力调度交易机构依法从事电力业务的情况实施监管。

第二章　报　送　内　容

第五条　从事发电业务的企业应当报送下列信息：

（一）企业基本情况；

（二）签订和履行并网调度协议、购售电合同的情况；

（三）上网电价情况；

（四）电力安全生产情况；

（五）电力监管机构要求报送的其他信息。

第六条 从事输电业务的企业应当报送下列信息：

（一）电网结构情况，网内发电装机分布和容量情况；

（二）签订和履行购售电合同的情况；

（三）执行输电电价情况；

（四）输电成本构成及其变动情况；

（五）电力安全生产情况；

（六）电力监管机构要求报送的其他信息。

第七条 从事供电业务的企业应当报送下列信息：

（一）提供供电服务的情况；

（二）提供电力社会普遍服务的情况；

（三）执行配电电价、销售电价的情况；

（四）供电成本构成及其变动情况；

（五）电力安全生产情况；

（六）电力监管机构要求报送的其他信息。

第八条 电力调度交易机构应当报送下列信息：

（一）电力系统运行基本情况；

（二）执行电力市场运行规则、电力调度规则和电网运行规则的情况；

（三）跨区域或者跨省、自治区、直辖市送电情况和电能交易情况；

（四）签订和履行并网调度协议的情况；

（五）电力安全生产情况；

（六）电力监管机构要求报送的其他信息。

第三章 报 送 程 序

第九条 国家电力监管委员会区域监管局城市监管办公室（以下简称城市电监办）辖区内的电力企业、省级电力调度机构向城市电监办报送信息。城市电监办汇总后报国家电力监管委员会区域监管局（以下简称区域电监局）。

未设立城市电监办的省、自治区、直辖市范围内的电力企业、省级电力调度机构，直接向所在区域电监局报送信息。

第十条 中国南方电网有限责任公司、国家电网公司所属区域电网公司、区域电力调度交易机构向区域电监局报送信息。

第十一条 区域电监局汇总本辖区内的信息，报国家电力监管委员会（以下简称电监会）。

第十二条 中央电力企业、国家电力调度机构向电监会报送信息。

第十三条 电力企业、电力调度交易机构应当指定具体负责信息报送的机构和人员，并报电力监管机构备案。

第十四条 电力企业、电力调度交易机构报送信息，应当经本单位负责的主管人员审核、签发，重要信息应当经主要负责人签发。

第四章　报　送　方　式

第十五条　电力监管机构根据电力企业、电力调度交易机构报送信息的内容，确定具体的报送形式和期限。

第十六条　电力企业、电力调度交易机构应当按照有关规定，通过信函、电报、电传、传真、电子数据交换和电子邮件等方式报送信息。

第十七条　电力企业、电力调度交易机构报送信息应当按照有关规定，填报报表、提交报告或者提供有关材料。

第十八条　电力企业、电力调度交易机构报送信息应当符合下列期限要求：

（一）日报应当在下一日 12 时前报出；

（二）周报或者旬报应当在下一周或者下一旬的第 2 日前报出；

（三）月报应当在下一月的 8 日前报出；

（四）季报应当在下一季度的第 12 日前报出；

（五）年报快报应当在下一年的 1 月 20 日前报出；

（六）年报应当在下一年的 3 月 20 日前报出。

电力企业、电力调度交易机构应当按照电监会的有关规定将与监管相关的信息系统接入电力监管信息系统，报送有关实时信息。

电力安全生产信息、企业财务信息的报送期限，法律、法规、规章另有规定的，从其规定。

第十九条　电力监管机构根据履行监管职责的需要，要求电力企业、电力调度交易机构即时报送有关信息的，电力企业、电力调度交易机构应当按照要求报送。

第二十条　电力企业、电力调度交易机构未能按照规定期限报送信息的，应当及时向电力监管机构报告，并在电力监管机构批准的期限内补报。

第五章　信　息　使　用

第二十一条　电力监管机构审查电力企业、电力调度交易机构报送的信息，发现有违反电力监管法规、规章情形的，应当责令其改正并按照有关规定做出处理。

第二十二条　电力监管机构审查电力企业、电力调度交易机构报送的信息，发现电力企业、电力调度交易机构在安全生产、成本管理和服务质量等方面存在问题的，应当对其提出整改建议。

第二十三条　电力监管机构整理、分析电力企业、电力调度交易机构报送的信息，适时向社会公开。

第六章　监　督　管　理

第二十四条　电力监管机构建立电力企业报送信息的内部管理制度，明确工作程序、职责分工和责任。

电力监管机构工作人员应当严格遵守保密纪律，保守在监管工作中知悉的国家秘密、商业秘密。

第二十五条 电力监管机构对电力企业、电力调度交易机构报送信息的情况进行监督检查。

第二十六条 电力监管机构通过网站等媒介定期通报电力企业、电力调度交易机构信息报送情况，对在信息报送工作中表现突出的单位和人员给予表彰。

第二十七条 电力企业、电力调度交易机构未按照本规定报送信息的，由电力监管机构责令其改正；情节严重的，给予通报批评。

第二十八条 电力企业、电力调度交易机构提供虚假信息或者隐瞒重要事实的，由电力监管机构责令其改正；拒不改正的，处5万元以上50万元以下的罚款，对直接负责的主管人员和其他直接责任人员，依法给予处分；构成犯罪的，依法追究刑事责任。

第七章 附 则

第二十九条 区域电监局根据本规定制定实施办法，报电监会批准后施行。

第三十条 本规定自2006年1月1日起施行。

8-4 电力企业信息披露规定

（2005年11月30日国家电力监管委员会令第14号公布）

第一章 总 则

第一条 为了加强电力监管，规范电力企业、电力调度交易机构的信息披露行为，维护电力市场秩序，根据《电力监管条例》，制定本规定。

第二条 电力企业、电力调度交易机构披露有关电力建设、生产、经营、价格和服务等方面的信息，适用本规定。

第三条 电力企业、电力调度交易机构披露信息遵循真实、及时、透明的原则。

第四条 国家电力监管委员会及其派出机构（以下简称电力监管机构）对电力企业、电力调度交易机构如实披露有关信息的情况实施监管。

第二章 披 露 内 容

第五条 从事发电业务的企业应当向电力调度交易机构披露下列信息：

（一）发电机组基础参数；

（二）新增或者退役发电机组、装机容量；

（三）机组运行检修情况；

（四）机组设备改造情况；

（五）火电厂燃料情况或者水电厂来水情况；

（六）电力市场运行规则要求披露的信息；

（七）电力监管机构要求披露的其他信息。

第六条 从事输电业务的企业应当向从事发电业务的企业披露下列信息：

（一）输电网结构情况，输电线路和变电站规划、建设、投产的情况；

（二）电网内发电装机情况；

（三）网内负荷和大用户负荷的情况；

（四）电力供需情况；

（五）主要输电通道的构成和关键断面的输电能力，网内发电厂送出线的输电能力；

（六）输变电设备检修计划和检修执行情况；

（七）电力安全生产情况；

（八）输电损耗情况；

（九）国家批准的输电电价；跨区域、跨省（自治区、直辖市）电能交易输电电价；大用户直购电输配电价；国家批准的收费标准；

（十）发电机组、直接供电用户并网接入情况，电网互联情况；

（十一）电力监管机构要求披露的其他信息。

第七条 从事供电业务的企业应当向电力用户披露下列信息：

（一）国家规定的供电质量标准；

（二）国家批准的配电电价、销售电价和收费标准；

（三）用电业务的办理程序；

（四）停电、限电和事故抢修处理情况；

（五）用电投诉处理情况；

（六）电力监管机构要求披露的其他信息。

第八条 电力调度交易机构应当向从事发电业务的企业披露下列信息：

（一）电网结构情况，并网运行机组技术性能等基础资料，新建或者改建发电设备、输电设备投产运行情况；

（二）电网安全运行的主要约束条件，电网重要运行方式的变化情况；

（三）发电设备、重要输变电设备的检修计划和执行情况；

（四）年度电力电量需求预测和电网中长期运行方式，电网年度分月负荷预测；电网总发电量、最高最低负荷和负荷变化情况；年、季、月发电量计划安排和执行情况；

（五）跨区域、跨省（自治区、直辖市）电力电量交换情况；

（六）并网发电厂机组的上网电量、年度合同电量和其他电量完成情况，发电利用小时数；实行峰谷分时电价的，各机组峰、谷、平段发电量情况；

（七）并网发电厂执行调度指令、调度纪律情况，发电机组非计划停运情况，提供调峰、调频、无功调节、备用等辅助服务的情况；

（八）并网发电厂运行考核情况，考核所得电量、资金的使用情况；

（九）电力市场运行规则要求披露的有关信息；

（十）电力监管机构要求披露的其他信息。

第九条 电力监管机构根据监管工作的需要适时调整电力企业、电力调度交易机构披露信息的范围和内容。

第三章 披露方式

第十条 电力监管机构根据电力企业、电力调度交易机构披露信息的范围和内容，确定相应的披露方式和期限。

第十一条 电力企业、电力调度交易机构披露信息可以采取下列方式：

（一）电力企业的门户网站及其子网站；

（二）报刊、广播、电视等媒体；

（三）信息发布会；

（四）简报、公告；

（五）便于及时披露信息的其他方式。

第十二条 电力企业、电力调度交易机构披露信息应当保证所披露信息的真实性、及时性，并方便相关电力企业和用户获取。

第十三条 电力企业、电力调度交易机构应当指定具体负责信息披露的机构和人员，公开咨询电话和电子咨询邮箱，并报电力监管机构备案。

第四章 监督管理

第十四条 电力监管机构对电力企业、电力调度交易机构披露信息的情况进行监督检查。

电力监管机构根据工作需要，对电力企业、电力调度交易机构披露信息的情况进行不定期抽查，并将抽查情况向社会公布。

第十五条 电力监管机构每年对在信息披露工作中取得突出成绩的单位和个人给予表彰。

第十六条 电力企业、电力调度交易机构未按照本规定披露有关信息或者披露虚假信息的，由电力监管机构给予批评，责令改正；拒不改正的，处5万元以上50万元以下的罚款，对直接负责的主管人员和其他直接责任人员，依法给予处分。

第五章 附则

第十七条 国家电力监管委员会区域监管局根据本规定制定实施办法，报国家电力监管委员会批准后施行。

第十八条 本规定自2006年1月1日起施行。

8-5 供电监管办法

（2009年11月26日国家电力监管委员会令第27号公布）

第一章 总则

第一条 为了加强供电监管，规范供电行为，维护供电市场秩序，保护电力使用者的合法权益和社会公共利益，根据《电力监管条例》和国家有关规定，制定本办法。

第二条 国家电力监管委员会（以下简称电监会）依照本办法和国家有关规定，履行全国供电监管和行政执法职能。

电监会派出机构（以下简称派出机构）负责辖区内供电监管和行政执法工作。

第三条 供电监管应当依法进行，并遵循公开、公正和效率的原则。

第四条 供电企业应当依法从事供电业务，并接受电监会及其派出机构（以下简称电力监管机构）的监管。供电企业依法经营，其合法权益受法律保护。

本办法所称供电企业是指依法取得电力业务许可证、从事供电业务的企业。

第五条 任何单位和个人对供电企业违反本办法和国家有关供电监管规定的行为，有权向电力监管机构投诉和举报，电力监管机构应当依法处理。

第二章 监管内容

第六条 电力监管机构对供电企业的供电能力实施监管。

供电企业应当加强供电设施建设，具有能够满足其供电区域内用电需求的供电能力，保障供电设施的正常运行。

第七条 电力监管机构对供电企业的供电质量实施监管。

在电力系统正常的情况下，供电企业的供电质量应当符合下列规定：

（一）向用户提供的电能质量符合国家标准或者电力行业标准；

（二）城市地区年供电可靠率不低于99%，城市居民用户受电端电压合格率不低于95%，10千伏以上供电用户受电端电压合格率不低于98%；

（三）农村地区年供电可靠率和农村居民用户受电端电压合格率符合派出机构的规定。派出机构有关农村地区年供电可靠率和农村居民用户受电端电压合格率的规定，应当报电监会备案。

供电企业应当审核用电设施产生谐波、冲击负荷的情况，按照国家有关规定拒绝不符合规定的用电设施接入电网。用电设施产生谐波、冲击负荷影响供电质量或者干扰电力系统安全运行的，供电企业应当及时告知用户采取有效措施予以消除；用户不采取措施或者采取措施不力，产生的谐波、冲击负荷仍超过国家标准的，供电企业可以按照国家有关规定拒绝其接入电网或者中止供电。

第八条 电力监管机构对供电企业设置电压监测点的情况实施监管。

供电企业应当按照下列规定选择电压监测点：

（一）35千伏专线供电用户和110千伏以上供电用户应当设置电压监测点；

（二）35千伏非专线供电用户或者66千伏供电用户、10（6、20）千伏供电用户，每10000千瓦负荷选择具有代表性的用户设置1个以上电压监测点，所选用户应当包括对供电质量有较高要求的重要电力用户和变电站10（6、20）千伏母线所带具有代表性线路的末端用户；

（三）低压供电用户，每百台配电变压器选择具有代表性的用户设置1个以上电压监测点，所选用户应当是重要电力用户和低压配电网的首末两端用户。

供电企业应当于每年3月31日前将上一年度设置电压监测点的情况报送所在地派出机构。

供电企业应当按照国家有关规定选择、安装、校验电压监测装置，监测和统计用户电压情况。监测数据和统计数据应当及时、真实、完整。

第九条 电力监管机构对供电企业保障供电安全的情况实施监管。

供电企业应当坚持安全第一、预防为主、综合治理的方针，遵守有关供电安全的法律、法规和规章，加强供电安全管理，建立、健全供电安全责任制度，完善安全供电条件，维护电力系统安全稳定运行，依法处置供电突发事件，保障电力稳定、可靠供应。

供电企业应当按照国家有关规定加强重要电力用户安全供电管理，指导重要电力用户配置和使用自备应急电源，建立自备应急电源基础档案数据库。

供电企业发现用电设施存在安全隐患，应当及时告知用户采取有效措施进行治理。用户应当按照国家有关规定消除用电设施安全隐患。用电设施存在严重威胁电力系统安全运行和人身安全的隐患，用户拒不治理的，供电企业可以按照国家有关规定对该用户中止供电。

第十条 电力监管机构对供电企业履行电力社会普遍服务义务的情况实施监管。

供电企业应当按照国家规定履行电力社会普遍服务义务，依法保障任何人能够按照国家规定的价格获得最基本的供电服务。

第十一条 电力监管机构对供电企业办理用电业务的情况实施监管。

供电企业办理用电业务的期限应当符合下列规定：

（一）向用户提供供电方案的期限，自受理用户用电申请之日起，居民用户不超过 3 个工作日，其他低压供电用户不超过 8 个工作日，高压单电源供电用户不超过 20 个工作日，高压双电源供电用户不超过 45 个工作日；

（二）对用户受电工程设计文件和有关资料审核的期限，自受理之日起，低压供电用户不超过 8 个工作日，高压供电用户不超过 20 个工作日；

（三）对用户受电工程启动中间检查的期限，自接到用户申请之日起，低压供电用户不超过 3 个工作日，高压供电用户不超过 5 个工作日；

（四）对用户受电工程启动竣工检验的期限，自接到用户受电装置竣工报告和检验申请之日起，低压供电用户不超过 5 个工作日，高压供电用户不超过 7 个工作日；

（五）给用户装表接电的期限，自受电装置检验合格并办结相关手续之日起，居民用户不超过 3 个工作日，其他低压供电用户不超过 5 个工作日，高压供电用户不超过 7 个工作日。

前款第（二）项规定的受电工程设计，用户应当按照供电企业确定的供电方案进行。

第十二条 电力监管机构对供电企业向用户受电工程提供服务的情况实施监管。

供电企业应当对用户受电工程建设提供必要的业务咨询和技术标准咨询；对用户受电工程进行中间检查和竣工检验，应当执行国家有关标准；发现用户受电设施存在故障隐患时，应当及时一次性书面告知用户并指导其予以消除；发现用户受电设施存在严重威胁电力系统安全运行和人身安全的隐患时，应当指导其立即消除，在隐患消除前不得送电。

第十三条 电力监管机构对供电企业实施停电、限电或者中止供电的情况进行监管。

在电力系统正常的情况下，供电企业应当连续向用户供电。需要停电或者限电的，应当符合下列规定：

（一）因供电设施计划检修需要停电的，供电企业应当提前 7 日公告停电区域、停电线路、停电时间；

（二）因供电设施临时检修需要停电的，供电企业应当提前 24 小时公告停电区域、停电线路、停电时间；

（三）因电网发生故障或者电力供需紧张等原因需要停电、限电的，供电企业应当按照所在地人民政府批准的有序用电方案或者事故应急处置方案执行。

引起停电或者限电的原因消除后，供电企业应当尽快恢复正常供电。

供电企业对用户中止供电应当按照国家有关规定执行。

供电企业对重要电力用户实施停电、限电、中止供电或者恢复供电，应当按照国家有关规定执行。

第十四条　电力监管机构对供电企业处理供电故障的情况实施监管。

供电企业应当建立完善的报修服务制度，公开报修电话，保持电话畅通，24 小时受理供电故障报修。

供电企业应当迅速组织人员处理供电故障，尽快恢复正常供电。供电企业工作人员到达现场抢修的时限，自接到报修之时起，城区范围不超过 60 分钟，农村地区不超过 120 分钟，边远、交通不便地区不超过 240 分钟。因天气、交通等特殊原因无法在规定时限内到达现场的，应当向用户做出解释。

第十五条　电力监管机构对供电企业履行紧急供电义务的情况实施监管。

因抢险救灾、突发事件需要紧急供电时，供电企业应当及时提供电力供应。

第十六条　电力监管机构对供电企业处理用电投诉的情况实施监管。

供电企业应当建立用电投诉处理制度，公开投诉电话。对用户的投诉，供电企业应当自接到投诉之日起 10 个工作日内提出处理意见并答复用户。

供电企业应当在供电营业场所设置公布电力服务热线电话和电力监管投诉举报电话的标识，该标识应当固定在供电营业场所的显著位置。

第十七条　电力监管机构对供电企业执行国家有关电力行政许可规定的情况实施监管。

供电企业应当遵守国家有关供电营业区、供电业务许可、承装（修、试）电力设施许可和电工进网作业许可等规定。

第十八条　电力监管机构对供电企业公平、无歧视开放供电市场的情况实施监管。

供电企业不得从事下列行为：

（一）无正当理由拒绝用户用电申请；

（二）对趸购转售电企业符合国家规定条件的输配电设施，拒绝或者拖延接入系统；

（三）违反市场竞争规则，以不正当手段损害竞争对手的商业信誉或者排挤竞争对手；

（四）对用户受电工程指定设计单位、施工单位和设备材料供应单位；

（五）其他违反国家有关公平竞争规定的行为。

第十九条　电力监管机构对供电企业执行国家规定的电价政策和收费标准的情况实施监管。

供电企业应当严格执行国家电价政策，按照国家核准电价或者市场交易价，依据计量检定机构依法认可的用电计量装置的记录，向用户计收电费。

供电企业不得自定电价，不得擅自变更电价，不得擅自在电费中加收或者代收国家政策规定以外的其他费用。

供电企业不得自立项目或者自定标准收费；对国家已经明令取缔的收费项目，不得向用户收取费用。

供电企业应用户要求对产权属于用户的电气设备提供有偿服务时，应当执行政府定价或者政府指导价。没有政府定价和政府指导价的，参照市场价格协商确定。

第二十条 电力监管机构对供电企业签订供用电合同的情况实施监管。

供电企业应当按照国家有关规定，遵循平等自愿、协商一致、诚实信用的原则，与用户、趸购转售电单位签订供用电合同，并按照合同约定供电。

第二十一条 电力监管机构对供电企业执行国家规定的成本规则的情况实施监管。

供电企业应当按照国家有关成本的规定核算成本。

第二十二条 电力监管机构对供电企业信息公开的情况实施监管。

供电企业应当依照《中华人民共和国政府信息公开条例》《电力企业信息披露规定》，采取便于用户获取的方式，公开供电服务信息。供电企业公开信息应当真实、及时、完整。

供电企业应当方便用户查询下列信息：

（一）用电报装信息和办理进度；

（二）用电投诉处理情况；

（三）其他用电信息。

第二十三条 电力监管机构对供电企业报送信息的情况实施监管。

供电企业应当按照《电力企业信息报送规定》向电力监管机构报送信息。供电企业报送信息应当真实、及时、完整。

第二十四条 电力监管机构对供电企业执行国家有关节能减排和环境保护政策的情况实施监管。

供电企业应当减少电能输送和供应环节的损失和浪费。

供电企业应当严格执行政府有关部门依法作出的对淘汰企业、关停企业或者环境违法企业采取停限电措施的决定。未收到政府有关部门决定恢复送电的通知，供电企业不得擅自对政府有关部门责令限期整改的用户恢复送电。

第二十五条 电力监管机构对供电企业实施电力需求侧管理的情况实施监管。

供电企业应当按照国家有关电力需求侧管理规定，采取有效措施，指导用户科学、合理和节约用电，提高电能使用效率。

第三章 监 管 措 施

第二十六条 电力监管机构根据履行监管职责的需要，可以要求供电企业报送与监管事项相关的文件、资料，并责令供电企业按照国家规定如实公开有关信息。

电力监管机构应当对供电企业报送信息和公开信息的情况进行监督检查，发现违法行为及时处理。

第二十七条 供电企业应当按照电力监管机构的规定将与监管相关的信息系统接入电力监管信息系统。

第二十八条 电力监管机构依法履行职责，可以采取下列措施，进行现场检查：

（一）进入供电企业进行检查；

（二）询问供电企业的工作人员，要求其对有关检查事项作出说明；

（三）查阅、复制与检查事项有关的文件、资料，对可能被转移、隐匿、损毁的文件、资料予以封存；

（四）对检查中发现的违法行为，可以当场予以纠正或者要求限期改正。

第二十九条 电力监管机构可以在用户中依法开展供电满意度调查等供电情况调查，并向社会公布调查结果。

第三十条 供电企业违反国家有关供电监管规定的，电力监管机构应当依法查处并予以记录；造成重大损失或者重大影响的，电力监管机构可以对供电企业的主管人员和其他直接责任人员依法提出处理意见和建议。

第三十一条 电力监管机构对供电企业违反国家有关供电监管规定，损害用户合法权益和社会公共利益的行为及其处理情况，可以向社会公布。

第四章 罚 则

第三十二条 电力监管机构从事监管工作的人员违反电力监管有关规定，损害供电企业、用户的合法权益以及社会公共利益的，依照国家有关规定追究其责任；应当承担纪律责任的，依法给予处分；构成犯罪的，依法追究刑事责任。

第三十三条 供电企业违反本办法第六条规定，没有能力对其供电区域内的用户提供供电服务并造成严重后果的，电力监管机构可以变更或者吊销电力业务许可证，指定其他供电企业供电。

第三十四条 供电企业违反本办法第七条、第八条、第九条、第十条、第十一条、第十二条、第十三条、第十四条、第十五条、第十六条、第二十一条、第二十四条规定的，由电力监管机构责令改正，给予警告；情节严重的，对直接负责的主管人员和其他直接责任人员，依法给予处分。

第三十五条 供电企业违反本办法第十八条规定，由电力监管机构责令改正，拒不改正的，处 10 万元以上 100 万元以下罚款；对直接负责的主管人员和其他直接责任人员，依法给予处分；情节严重的，可以吊销电力业务许可证。

第三十六条 供电企业违反本办法第十九条规定的，电力监管机构可以责令改正并向有关部门提出行政处罚建议。

第三十七条 供电企业有下列情形之一的，由电力监管机构责令改正；拒不改正的，处 5 万元以上 50 万元以下罚款，对直接负责的主管人员和其他直接责任人员，依法给予处分；构成犯罪的，依法追究刑事责任：

（一）拒绝或者阻碍电力监管机构及其从事监管工作的人员依法履行监管职责的；

（二）提供虚假或者隐瞒重要事实的文件、资料的；

（三）未按照国家有关电力监管规章、规则的规定公开有关信息的。

第三十八条 对于违反本办法并造成严重后果的供电企业主管人员或者直接责任人员，电力监管机构可以建议将其调离现任岗位，3 年内不得担任供电企业同类职务。

第五章 附 则

第三十九条 本办法所称以上、以下、不低于、不超过，包括本数。

第四十条 本办法自 2010 年 1 月 1 日起施行。2005 年 6 月 21 日电监会发布的《供电服务监管办法（试行）》同时废止。

8-6　电力业务许可证管理规定

（2005 年 10 月 13 日国家电力监管委员会令第 9 号公布，根据 2015 年 5 月 30 日国家发展和改革委员会令第 26 号《关于修改、废止部分规章和规范性文件的决定》修订）

第一章　总　　则

第一条　为了加强电力业务许可证的管理，规范电力业务许可行为，维护电力市场秩序，保障电力系统安全、优质、经济运行，根据《中华人民共和国行政许可法》《电力监管条例》和有关法律、行政法规的规定，制定本规定。

第二条　本规定适用于电力业务许可证的申请、受理、审查、决定和管理。国家另有规定的，从其规定。

第三条　国家电力监管委员会（以下简称电监会）负责电力业务许可证的颁发和管理。电监会遵循依法、公开、公正、便民、高效的原则，建立电力业务许可证监督管理制度和组织管理体系。

第四条　在中华人民共和国境内从事电力业务，应当按照本规定取得电力业务许可证。除电监会规定的特殊情况外，任何单位或者个人未取得电力业务许可证，不得从事电力业务。本规定所称电力业务，是指发电、输电、供电业务。其中，供电业务包括配电业务和售电业务。

第五条　取得电力业务许可证的单位（以下简称被许可人）按照本规定享有权利、承担义务，接受电监会及其派出机构（以下简称电力监管机构）的监督管理。被许可人依法开展电力业务，受法律保护。

第六条　任何单位和个人不得伪造、变造电力业务许可证；被许可人不得涂改、倒卖、出租、出借电力业务许可证，或者以其他形式非法转让电力业务许可。

第二章　类别和条件

第七条　电力业务许可证分为发电、输电、供电三个类别。从事发电业务的，应当取得发电类电力业务许可证。从事输电业务的，应当取得输电类电力业务许可证。从事供电业务的，应当取得供电类电力业务许可证。从事两类以上电力业务的，应当分别取得两类以上电力业务许可证。从事配电或者售电业务的许可管理办法，由电监会另行规定。

第八条　下列从事发电业务的企业应当申请发电类电力业务许可证：

（一）公用电厂；

（二）并网运行的自备电厂；

（三）电监会规定的其他企业。

第九条　下列从事输电业务的企业应当申请输电类电力业务许可证：

（一）跨区域经营的电网企业；

（二）跨省、自治区、直辖市经营的电网企业；

（三）省、自治区、直辖市电网企业；

（四）电监会规定的其他企业。

第十条 下列从事供电业务的企业应当申请供电类电力业务许可证：

（一）省辖市、自治州、盟、地区供电企业；

（二）县、自治县、县级市供电企业；

（三）电监会规定的其他企业。

第十一条 申请电力业务许可证的，应当具备下列基本条件：

（一）具有法人资格；

（二）具有与申请从事的电力业务相适应的财务能力；

（三）生产运行负责人、技术负责人、安全负责人和财务负责人具有 3 年以上与申请从事的电力业务相适应的工作经历，具有中级以上专业技术任职资格或者岗位培训合格证书；

（四）法律、法规规定的其他条件。

第十二条 申请发电类电力业务许可证的，除具备本规定第十一条所列基本条件外，还应当具备下列条件：

（一）发电项目建设经有关主管部门审批或者核准；

（二）发电设施具备发电运行的能力；

（三）发电项目符合环境保护的有关规定和要求。

第十三条 申请输电类电力业务许可证的，除具备本规定第十一条所列基本条件外，还应当具备下列条件：

（一）输电项目建设经有关主管部门审批或者核准；

（二）具有与申请从事的输电业务相适应的输电网络；

（三）输电项目按照有关规定通过竣工验收；

（四）输电项目符合环境保护的有关规定和要求。

第十四条 申请供电类电力业务许可证的，除具备本规定第十一条所列基本条件外，还应当具备下列条件：

（一）具有经有关主管部门批准的供电营业区；

（二）具有与申请从事供电业务相适应的供电网络和营业网点；

（三）承诺履行电力社会普遍服务义务；

（四）供电项目符合环境保护的有关规定和要求。

第三章 申请和受理

第十五条 申请电力业务许可证，应当向电监会提出，并按照规定的要求提交申请材料。

第十六条 本规定第八条、第九条、第十条所列企业，具有法人资格的，由本企业提出申请；不具有法人资格的，按照隶属关系由其法人企业提出申请。

第十七条 申请电力业务许可证的，应当提供下列材料：

（一）法定代表人签署的许可证申请表；

（二）法人营业执照副本及其复印件；

（三）企业最近 2 年的年度财务报告；成立不足 2 年的，出具企业成立以来的年度财务报告；

（四）由具有合格资质的会计师事务所出具的最近 2 年的财务状况审计报告和对营运资金状况的说明；成立不足2年的，出具企业成立以来的财务状况审计报告和对营运资金状况的说明；

（五）企业生产运行负责人、技术负责人、安全负责人、财务负责人的简历、专业技术任职资格证书等有关证明材料。

第十八条 申请发电类电力业务许可证的，除提供本规定第十七条所列材料外，还应当提供下列材料：

（一）发电项目建设经有关主管部门审批或者核准的证明材料；

（二）发电项目通过竣工验收的证明材料；尚未组织竣工验收的，提供发电机组通过启动验收的证明材料或者有关主管部门认可的质量监督机构同意整套启动的质量监督检查报告；

（三）发电项目符合环境保护有关规定和要求的证明材料。

第十九条 申请输电类电力业务许可证的，除提供本规定第十七条所列材料外，还应当提供下列材料：

（一）输电项目建设经有关主管部门审批或者核准的证明材料；

（二）输电项目通过竣工验收的证明材料；

（三）输电项目符合环境保护有关规定和要求的证明材料；

（四）电能质量和服务质量承诺书。

第二十条 申请供电类电力业务许可证的，除提供本规定第十七条所列材料外，还应当提供下列材料：

（一）供电营业区域的证明材料及其地理平面图；

（二）供电网络分布概况；

（三）设立的供电营业分支机构及其相应的供电营业区域概况；

（四）履行电力社会普遍服务义务的承诺书；

（五）供电项目符合环境保护有关规定和要求的证明材料。

第二十一条 电监会对申请人提出的许可申请，应当根据下列情况分别作出处理：

（一）申请事项不属于电监会职权范围，应当即时作出不予受理的决定，向申请人发出《不予受理通知书》，并告知申请人向有关行政机关申请；

（二）申请材料存在可以当场更正的错误的，应当允许申请人当场更正；

（三）申请材料不齐全或者不符合法定形式的，应当当场或者在 5 日内一次告知申请人需要补正的全部内容，逾期不告知的，自收到申请材料之日起即为受理；

（四）申请材料齐全、符合法定形式的，向申请人发出《受理通知书》。

第四章 审查与决定

第二十二条 电监会应当对申请人提交的申请材料进行审查。电监会根据需要，可以对申请材料的实质内容进行核实。

第二十三条 电监会作出电力业务许可决定，依法需要举行听证的，应当按照有关规定举行听证。

第二十四条 电监会应当自受理申请之日起20日内作出许可决定。20日内不能作出决定的，经本机关负责人批准，可以延长10日，并将延长期限的理由告知申请人。作出准予许可决定的，自作出决定之日起10日内向申请人颁发、送达许可证。作出不予许可决定的，自作出决定之日起10日内以书面形式通知申请人，说明不予许可的理由，并告知申请人享有依法申请行政复议或者提起行政诉讼的权利。

第二十五条 电力业务许可证由正文和附页组成。正文载明许可证编号、登记名称、住所、法定代表人、许可类别、有效期限、发证机关、发证日期等内容。附页包括许可证使用规定，被许可人的权利和义务，发电机组、输电网络或者供电营业区情况登记，检查情况记录，特别规定事项等内容。电力业务许可证的有效期为20年。

第五章 变更与延续

第二十六条 有下列情形之一的，被许可人应当在规定时限内向电监会提出变更申请；经审查符合法定条件的，电监会应当依法办理变更手续：

（一）新建、改建发电机组投入运营，取得或者转让已运营的发电机组，发电机组退役；

（二）新建、改建输电线路或者变电设施投入运营，终止运营输电线路或者变电设施；

（三）供电营业区变更。

第二十七条 因新建、改建发电机组投入运营，申请变更许可事项的，应当提供下列材料：

（一）变更申请表；

（二）电力业务许可证；

（三）发电项目建设经有关主管部门审批或者核准的证明材料；

（四）有关主管部门认可的质量监督机构同意整套启动的质量监督检查报告；

（五）发电项目符合环境保护有关规定和要求的证明材料。因取得或者转让已运营机组，申请变更许可事项的，除提供前款第（一）项、第（二）项所列材料外，还应当提供机组所有权合法转移的证明材料。因机组退役，申请变更许可事项的，除提供本条第一款第（一）项、第（二）项所列材料外，还应当提供机组退役符合国家有关规定的证明材料。

第二十八条 因新建、改建输电线路或者变电设施投入运营，申请变更许可事项的，应当提供下列材料：

（一）变更申请表；

（二）电力业务许可证；

（三）输电项目建设经有关主管部门审批或者核准的证明材料；

（四）输电项目通过竣工验收的证明材料；

（五）输电项目符合环境保护有关规定和要求的证明材料。因终止运营输电线路或者变电设施，申请变更许可事项的，除提供前款第（一）项、第（二）项所列材料外，还应当提供有关主管部门批准终止运营输电线路或者变电设施的证明材料。

第二十九条 因供电营业区变更，申请变更许可事项的，应当提供下列材料：

（一）变更申请表；

（二）电力业务许可证；

（三）供电营业区变更的证明材料；

（四）供电营业区变更的范围图例。

第三十条 电力业务许可证有效期届满需要延续的，被许可人应当在有效期届满30日前向电监会提出申请。电监会应当在电力业务许可证有效期届满前作出是否准予延续的决定。逾期未作出决定的，视为同意延续并补办相应手续。

第六章 监 督 管 理

第三十一条 电力监管机构建立健全电力业务许可监督检查体系和制度，对被许可人按照电力业务许可证确定的条件、范围和义务从事电力业务的情况进行监督检查。电力监管机构依法开展监督检查工作，被许可人应当予以配合。

第三十二条 被许可人应当按照规定的时间，向电力监管机构提供反映其从事许可事项活动能力和行为的材料。电力监管机构应当对被许可人所报送的材料进行核查，将核查结果予以记录；对核查中发现的问题，应当责令限期改正。

第三十三条 电力监管机构依法对被许可人进行现场检查。检查中发现被许可人有违反本规定和不履行电力业务许可证规定义务的行为，应当责令其改正。

第三十四条 电力监管机构进行监督检查工作的人员应当如实记录监督检查情况和处理结果。电力监管机构可以将监督检查情况和处理结果向社会公布。

第三十五条 任何组织和个人发现违反本规定的行为，有权向电力监管机构举报，电力监管机构应当进行核实，按照有关规定予以处理。

第三十六条 未经电监会批准，取得输电类或者供电类电力业务许可的企业不得擅自停业、歇业。

第三十七条 被许可人名称、住所或者法定代表人发生变化的，应当自变化之日起30日内到电监会办理相关手续。

第三十八条 有下列情形之一的，电监会应当按照规定办理电力业务许可证的注销手续：

（一）许可证有效期届满未延续的；

（二）被许可人不再具有发电机组、输电网络或者供电营业区的；

（三）被许可人申请停业、歇业被批准的；

（四）被许可人因解散、破产、倒闭等原因而依法终止的；

（五）电力业务许可证依法被吊销，或者电力业务许可被撤销、撤回的；

（六）经核查，被许可人已丧失从事许可事项活动能力的；

（七）法律、法规规定应当注销的其他情形。

第七章 罚 则

第三十九条 从事颁发和管理电力业务许可证的工作人员，违反法律、行政法规和本规定，擅自颁发电力业务许可证的，应当依法给予处分；构成犯罪的，依法追究刑事责任。

第四十条 未依法取得电力业务许可证非法从事电力业务的，应当责令改正，没收违法所得，可以并处以违法所得5倍以下的罚款；构成犯罪的，依法追究刑事责任。

第四十一条 被许可人以欺骗、贿赂等不正当手段获得电力业务许可证的，应当给予警告，处以1万元以下的罚款；构成犯罪的，依法追究刑事责任。

第四十二条 被许可人超出许可范围或者超过许可期限，从事电力业务的，应当给予警告，责令改正，并向社会公告；构成犯罪的，依法追究刑事责任。

第四十三条 被许可人有下列情形之一的，应当给予警告，责令改正，并可向社会公告：

（一）未经批准，擅自停业、歇业的；

（二）未在规定的期限内申请变更的。

第四十四条 被许可人有下列情形之一的，应当责令改正；拒不改正的，处以5万元以上50万元以下的罚款，对直接负责的主管人员和其他直接责任人员，依法给予处分；构成犯罪的，依法追究刑事责任：

（一）拒绝或者阻碍电力监管工作人员依法履行监管职责的；

（二）提供虚假或者隐瞒重要事实的文件、资料的。

第四十五条 涂改、倒卖、出租、出借电力业务许可证或者以其他形式非法转让电力业务许可的，应当依法给予行政处罚；构成犯罪的，依法追究刑事责任。

第八章 附 则

第四十六条 本规定颁布实施前已经从事电力业务的企业，应当按照电监会规定的期限申请办理电力业务许可证。

第四十七条 电力业务许可证由电监会统一印制和编号。

第四十八条 本规定自2005年12月1日起施行。

8-7 电力业务许可证监督管理办法

（国能发资质〔2020〕69号，2020年12月25日国家能源局发布）

第一章 总 则

第一条 为加强电力业务许可证监督管理，规范电力业务许可行为，维护电力市场秩序，保护电力企业合法权益，保障电力系统安全、优质、经济运行，根据《电力监管条例》《电力业务许可证管理规定》及相关法律、行政法规的规定，制定本办法。

第二条 本办法适用于对发电企业、输电企业、供电企业（含拥有配电网运营权的售电公司）及电力交易机构遵守电力业务许可制度的监督管理。

第三条 国家能源局负责全国电力业务许可证的监督管理工作。

国家能源局派出机构（以下简称派出机构）负责辖区内电力业务许可证的监督管理工作。

第四条 电力业务许可证监督管理工作遵循依法、公正、公开、高效的原则。

国家能源局及其派出机构依法开展电力业务许可证监督管理工作，发电、输电、供电企业及电力交易机构应当予以配合，并按照要求如实提供有关情况和材料。

第五条 任何组织或者个人有权对发电、输电、供电企业及电力交易机构违反电力业务许可制度的行为进行举报或投诉，国家能源局及其派出机构按照有关规定核实、处理。

第二章　准入与条件保持

第六条　国家能源局及其派出机构对发电、输电、供电企业实施许可准入监管和相关行为的监督管理。

除国家能源局规定的豁免情形外，任何单位或者个人未取得电力业务许可证（发电类、输电类、供电类），不得从事相应的发电、输电、供电业务（含增量配电业务）。

取得电力业务许可证的企业（以下简称持证企业），应当遵守国家法律、法规和能源监管规章制度，按照《电力业务许可证管理规定》规定的权利和义务在许可范围内从事发电、输电、供电业务，并接受国家能源局及其派出机构的监督管理。

第七条　国家能源局及其派出机构对发电、输电、供电企业及时取得许可证情况实施监督管理。

除豁免情形外，发电企业应在项目完成启动试运工作后3个月内（风电、光伏发电项目应当在并网后6个月内）取得电力业务许可证，分批投产的发电项目可分批申请。超过规定时限仍未取得电力业务许可证的，有关机组不得继续发电上网。

拥有配电网运营权的售电公司具备向配电区域内现有负荷供电的能力，具有配电网络后续建设规划，承诺供电能力、供电 质量符合《供电监管办法》等有关规定，即可申请电力业务许可证，不需待完成配电区域内所有配电网络建设后申请。

第八条　国家能源局及其派出机构对发电、输电、供电企业申请电力业务许可证时有关承诺的真实性实施监督管理。

对于采用告知承诺方式取得电力业务许可证的企业，派出机构应按告知承诺制有关规定对企业承诺的真实性进行监督检查。

第九条　国家能源局及其派出机构对持证企业按照电力业务许可证确定的条件、范围从事电力业务的情况进行监督检查。

持证企业应当保持许可条件，并在许可证确定的范围内从事电力业务。持证企业生产运行负责人、技术负责人、安全负责人和财务负责人的任职资格和工作经历应符合《电力业务许可证管理规定》要求。主要管理人员发生变化的，应在30日内向所在地派出机构报告。

第十条　国家能源局及其派出机构可以根据国家有关政策要求，规定电力业务许可证的“特别规定事项”。持证企业应当履行许可证载明的“特别规定事项”，并将履行结果及时报送所在地派出机构。

第三章　变更延续与退出

第十一条　持证企业具有下列情形之一的，应当自变化之日起30日内向派出机构提出登记事项变更申请：

（一）企业名称、住所、法定代表人等发生变化的；

（二）发电企业发电机组调度关系发生变化的；

（三）发电企业发电机组类型、单机容量发生变化的。

发电机组技改后装机容量发生变化的，应符合国家有关规定。

第十二条　持证供电企业主要供电设施及供电营业分支机构发生变化的，应当于每年二季度集中向派出机构提出登记事项变更申请。

第十三条　持证企业具有下列情形之一的，应当自变化之日起 30 日内向派出机构提出许可事项变更申请：

（一）发电企业新建、改建发电机组投入运营的；

（二）发电企业取得或者转让已运营的发电机组的；

（三）发电企业发电机组退役的；

（四）供电企业供电营业区变更的。

前款第一项所列情形应在本办法第七条规定的时限内完成许可事项变更。

第十四条　持证输电企业主网架新建、改建输电线路或变电设施投入运营，以及主网架输电线路或变电设施终止运营的，应当于每年二季度集中向派出机构提出许可事项变更申请。

第十五条　发电机组运行达到设计使用年限的，应当向派出机构申请退役或申请延续运行。申请延续运行的，应当符合下列条件：

（一）符合国家产业政策和节能减排政策；

（二）未纳入政府有关部门关停或停运计划；

（三）机组实行必要的改造并经过相关安全评估。

机组延续运行时限依据相关评估结论确定。

第十六条　输电、供电企业（以下简称电网企业）因故需要停业、歇业的，应当在停业、歇业之前以书面形式向发证机关提出申请，经批准后方可停业、歇业。

未经批准，电网企业不得擅自停业、歇业。

电网企业被撤销的，其上级单位应当在撤销之前以书面形式将实施方案报告发证机关。

第十七条　电力业务许可证有效期届满需要延续的，持证企业应当在有效期届满 30 日前向派出机构提出许可证有效期延续申请。

第十八条　持证企业电力业务许可证损毁、遗失的，应当及时向派出机构申请补办。派出机构原则上应在受理当日予以补办，并在派出机构官方网站发布公告。补办许可证有效期应与原证一致。

第十九条　持证企业具有下列情形之一的，派出机构应当按照有关规定办理电力业务许可证注销手续：

（一）许可证有效期届满未延续的；

（二）不再具有发电机组、输电网络或者供电营业区的；

（三）申请停业、歇业被批准的；

（四）因解散、破产、倒闭等原因而依法终止的；

（五）许可证依法被吊销，或者许可被撤销、撤回的；

（六）经核查，已丧失从事许可事项活动能力的；

（七）法律、法规规定应当注销的其他情形。

持证企业未配合派出机构在规定时间内办理注销手续的，派出机构可公告注销其电力业务许可证。

第二十条 发电企业变更、延续或注销电力业务许可证后，应将有关情况及时告知相关电网企业、电力交易机构。

第二十一条 派出机构应当及时公告电力业务许可证颁发、变更、延续、注销、补办等有关情况。

第四章 并网与交易注册

第二十二条 国家能源局及其派出机构对电网企业及电力调度机构落实许可制度情况实施监督管理。

电网企业在与发电企业签订并执行《并网调度协议》和《购售电合同》时，应核实发电企业是否取得电力业务许可证、机组信息是否与许可证记录相符。

发电企业在本办法第七条规定时限之前签订《并网调度协议》和《购售电合同》的，可暂不提供电力业务许可证；取得电力业务许可证后，应将有关许可内容及时告知相关电网企业。超过规定时限仍未取得电力业务许可证、并网机组信息与许可证记录信息差异较大的机组不得继续发电上网。

电力调度机构应当在每年第一季度向所在地派出机构报送其调度管辖的上一年度发电机组清单等信息。

第二十三条 国家能源局及其派出机构对电力交易机构落实许可制度情况实施监督管理。

发电企业、拥有配电网运营权的售电公司在电力交易机构注册时，电力交易机构应当核实其是否取得电力业务许可证，注册信息是否与许可证记录相符。

发电企业在本办法第七条规定时限之前到电力交易机构注册的，可暂不提供电力业务许可证；取得电力业务许可证后，应将有关许可内容及时告知相关电力交易机构。超过规定时限仍未取得电力业务许可证的、注册信息与许可证记录信息差异较大的机组不得继续参与交易。

拥有配电网运营权的售电公司未按规定取得电力业务许可证的，电力交易机构不得允许其注册、交易。

第五章 监督管理方式

第二十四条 派出机构应对持证企业执行许可制度情况开展日常监管；国家能源局及其派出机构可针对重点领域、重点问题开展不定期的专项监管。

第二十五条 国家能源局及其派出机构应按照电力业务许可信用监管要求，开展持证企业信用状况综合评价，根据企业信用等级采取差异化监管措施。对监管中产生的信用信息，国家能源局及其派出机构应及时归集至能源行业信用信息平台和全国信用信息共享平台。

第二十六条 国家能源局及其派出机构开展监督检查可采取现场和非现场方式。监督检查应落实“双随机、一公开”要求，并结合企业信用状况，确定企业抽查比例、频次和检查方式。

第二十七条 国家能源局及其派出机构进行监督检查时，应当将监督检查情况、检查结果、违规行为处理意见如实记录，并将有关情况反馈被检查单位。国家能源局及其派出机构可根据监管需要公布有关信息。

第六章　法　律　责　任

第二十八条　国家能源局及其派出机构在监督管理中发现企业违反电力业务许可制度的，按照《电力监管条例》《电力业务许可证管理规定》及有关法律、行政法规的规定处理。

第二十九条　电网企业违反本办法第二十二条规定，允许超过规定时限仍未取得电力业务许可证的机组发电上网的，或未按要求核实机组信息与许可证记录是否相符的，由派出机构责令改正；拒不改正的，按照《电力监管条例》及有关规定处理。

电力交易机构违反第二十三条规定，允许超过规定时限仍未取得电力业务许可证的发电企业、拥有配电网运营权的售电公司注册、交易的，或未按要求核实企业注册信息与许可证记录是否相符的，由派出机构责令改正；拒不改正的，按照《电力监管条例》及有关规定处理。

第三十条　持证企业违反本办法第十一、十二、十三、十四条规定，未在规定时限内提出登记事项变更、许可事项变更申请的，由派出机构责令改正，并按照《电力业务许可证管理规定》有关规定处理。

第三十一条　国家能源局及其派出机构工作人员在电力业务许可证监督管理中有违法违规行为的，按照《电力监管条例》《电力业务许可证管理规定》及有关法律、行政法规的规定处理。

第七章　附　　则

第三十二条　派出机构可依据本办法制定实施细则，并报国家能源局备案。

第三十三条　本办法自发布之日起施行。原《关于印发〈电力业务许可证（发电类）监督管理办法（试行）〉的通知》（电监资质〔2010〕36号）和《关于印发〈电力业务许可证（输电类、供电类）监督管理办法（试行）〉的通知》（电监资质〔2011〕10号）同时废止。

8-8　电力业务许可证注销管理办法

（国能发资质规〔2021〕33号，2021年6月20日国家能源局发布）

第一章　总　　则

第一条　为规范电力业务许可证注销管理，保护被许可人的合法权益，保障电力系统安全、稳定运行，维护公共利益，根据《中华人民共和国行政许可法》、《电力监管条例》、《电力业务许可证管理规定》等法律、法规、规章，制定本办法。

第二条　电力业务许可证注销的实施，适用本办法。

本办法所称电力业务许可证是指发电类、输电类、供电类电力业务许可证。

本办法所称电力业务许可证注销是指被许可人已经取得的电力业务许可被依法撤回、撤销，或者电力业务许可证被依法吊销以及其他电力业务许可被依法终止的法定情形，并依法办理注销手续的程序性行为。

第三条 电力业务许可证注销的实施，应当遵循依法、公开、公正的原则。

第四条 国家能源局及其派出机构应当依照本办法实施撤回、撤销电力业务许可和吊销电力业务许可证，办理许可证注销手续。法律、法规另有规定的，从其规定。

第二章 电力业务许可的撤回、撤销

第五条 有下列情形之一的，国家能源局派出机构（以下简称"派出机构"）应当作出撤回电力业务许可的决定：

（一）电力业务许可依据的法律、法规、规章修改或者废止导致电力业务许可项目依法被终止的；

（二）准予电力业务许可所依据的客观情况发生重大变化，导致电力业务许可被终止的；

（三）依法应当撤回电力业务许可的其他情形。

第六条 被许可人有下列情形之一的，派出机构应当作出撤销电力业务许可的决定：

（一）以欺骗、贿赂等不正当手段取得电力业务许可的；

（二）已经取得电力业务许可但不能持续保持应当具备的许可条件，且逾期未改正的；

（三）依法应当撤销电力业务许可的其他情形。

第七条 有下列情形之一的，国家能源局或准予电力业务许可的派出机构可以作出撤销电力业务许可的决定：

（一）派出机构工作人员滥用职权、玩忽职守作出准予电力业务许可决定的；

（二）超越法定职权作出准予电力业务许可决定的；

（三）违反法定程序作出准予电力业务许可决定的；

（四）对不具备申请资格或者不符合法定条件的申请人准予电力业务许可的；

（五）依法可以撤销电力业务许可的其他情形。

撤销电力业务许可可能对公共利益造成重大损害的，不予撤销。

第八条 作出撤回、撤销电力业务许可决定前，国家能源局或其派出机构应当告知被许可人撤回、撤销电力业务许可的事实、理由和处理意见，听取被许可人的陈述和申辩。如被许可人无法联系，由准予电力业务许可的派出机构在其网站公告撤销、撤回电力业务许可的事实、理由和处理意见等相关信息，公告期为30日。

对被许可人提出的陈述和申辩，国家能源局或其派出机构应当进行核实；被许可人提出的陈述和申辩成立的，国家能源局或其派出机构应当采纳。

第三章 电力业务许可证的吊销

第九条 被许可人有下列情形之一的，国家能源局或其派出机构可以作出吊销电力业务许可证的决定：

（一）不遵守电力市场运行规则，情节严重的；

（二）发电厂并网、电网互联不遵守有关规章、规则，情节严重的；

（三）不向从事电力交易的主体公平、无歧视开放电力市场或者不按照规定公平开放电网，情节严重的；

（四）依法可以吊销电力业务许可证的其他情形。

第十条　吊销电力业务许可证的行政处罚，由国家能源局或其派出机构按规定程序实施。

第十一条　作出吊销电力业务许可证行政处罚决定前，被许可人有陈述、申辩和要求举行听证的权利；被许可人在规定期限内要求听证的，由国家能源局或其派出机构组织听证。

第十二条　在听取被许可人陈述、申辩或者听证活动结束后，国家能源局或其派出机构认为被许可人违法事实清楚、证据确凿的，应当作出吊销电力业务许可证的决定。

第四章　电力业务许可证的注销

第十三条　有下列情形之一的，应当依法办理电力业务许可证的注销手续：

（一）电力业务许可被依法撤回、撤销，或者电力业务许可证被依法吊销的；

（二）电力业务许可证有效期届满未延续的，或者延续申请未被批准的；

（三）被许可人申请停业、歇业被批准的；

（四）被许可人因解散、破产、倒闭等原因而依法终止的；

（五）被许可人不再具有发电机组或者输电网络或者供电营业区的；

（六）被许可人已丧失从事许可事项活动能力的；

（七）法律、法规规定应当注销电力业务许可证的其他情形。

第十四条　发生第十三条第（一）和（二）项情形的，由派出机构在撤回、撤销、吊销决定生效或电力业务许可证有效期届满后 10 个工作日内办理注销手续。被许可人应当积极配合并在规定时限内交回电力业务许可证正本、副本。

第十五条　发生第十三条第（三）至（七）项情形的，被许可人应当在相关事项发生 30 日内向派出机构提出注销申请，并提交以下材料：

（一）法定代表人签署的电力业务许可证注销申请书；

（二）法定代表人身份证原件及复印件，如需代理人办理的，提供代理人身份证原件及复印件，以及法定代表人签字并加盖申请单位公章的《授权委托书》原件；

（三）电力业务许可证正本、副本；

（四）需办理注销事项的有关材料；

（五）法律、法规规定的其他材料。

被许可人申请材料齐全的，派出机构应在提交后 10 个工作日内办理许可证注销手续。

第十六条　被许可人未按照第十五条规定提出注销申请的，派出机构经核实相关情况后可在其网站上发布注销公告。公告期为30日，公告期满后办理注销手续。

第十七条　派出机构负责公告辖区内注销电力业务许可证的被许可人名单及注销原因。

第五章　附　　则

第十八条　本办法自印发之日起施行。原《电力业务许可证注销管理办法》（电监资质〔2012〕47 号）同时废止。

8-9　承装（修、试）电力设施许可证管理办法

（2020 年 9 月 11 日国家发展和改革委员会令第 36 号公布）

第一章　总　　则

第一条　为了加强承装（修、试）电力设施许可管理，规范承装（修、试）电力设施许可行为，维护承装、承修、承试电力设施市场秩序，促进电力安全，根据《中华人民共和国行政许可法》《电力供应与使用条例》《电力监管条例》和国家有关规定，制定本办法。

第二条　承装（修、试）电力设施许可证（以下简称许可证）的申请、受理、审查、颁发、管理和监督，适用本办法。

第三条　国家能源局负责指导、监督全国许可证的颁发和管理。

国家能源局派出机构（以下简称派出机构）负责辖区内许可证的受理、审查、颁发和日常监督管理。

第四条　在中华人民共和国境内从事承装、承修、承试电力设施活动的，应当按照本办法的规定取得许可证。除国家能源局另有规定外，任何单位或者个人未取得许可证，不得从事承装、承修、承试电力设施活动。

本办法所称承装、承修、承试电力设施，是指对输电、供电、受电电力设施的安装、维修和试验。

第五条　取得许可证的单位依法开展活动，受法律保护。

第二章　分类分级与申请条件

第六条　许可证分为承装、承修、承试三个类别。

取得承装类许可证的，可以从事电力设施的安装活动。

取得承修类许可证的，可以从事电力设施的维修活动。

取得承试类许可证的，可以从事电力设施的试验活动。

第七条　许可证分为一级、二级、三级、四级和五级。

取得一级许可证的，可以从事所有电压等级电力设施的安装、维修或者试验活动。

取得二级许可证的，可以从事 330 千伏以下电压等级电力设施的安装、维修或者试验活动。

取得三级许可证的，可以从事 110 千伏以下电压等级电力设施的安装、维修或者试验活动。

取得四级许可证的，可以从事 35 千伏以下电压等级电力设施的安装、维修或者试验活动。

取得五级许可证的，可以从事 10 千伏以下电压等级电力设施的安装、维修或者试验活动。

第八条　申请许可证应当具备法人资格及健全有效的安全生产组织和制度，并符合下列条件：

（一）净资产

具有与开展承装（修、试）电力设施活动相适应的净资产，其所占总资产比例不低于 15%。

（二）技术负责人、安全负责人

1. 申请一级至三级许可证的，分别拥有 5 年以上与所申请许可证类别相适应的电力设施安

装、维修或试验管理工作经历，具有电力相关专业中级以上职称；其中申请一级许可证的，应具有电力相关专业高级职称；

2．申请四级至五级许可证的，分别拥有3年以上与所申请许可证类别相适应的电力设施安装、维修或试验管理工作经历，具有电力相关专业初级以上职称。

（三）专业技术及技能人员

1．申请一级至三级许可证的，电力相关专业技术人员分别不少于50人、30人和15人，其中具有中级以上技术任职资格的分别不少于30人、15人和5人；电力相关专业技能人员分别不少于60人、30人和20人，其中高压电工分别不少于30人、15人和10人；

2．申请四级至五级许可证的，电力相关专业技术人员分别不少于10人和5人；电力相关专业技能人员分别不少于15人和5人，其中高压电工分别不少于8人和3人。

前款第（二）项、第（三）项规定的各类人员均不得同时在其他单位任职；技术负责人可由本单位专业技术人员兼任，安全负责人应专人专岗。

第九条　申请一级至三级许可证的，除具备本办法第八条规定的相应条件外，还应具有下列与申请的许可证类别和等级相适应的业绩：

（一）申请一级至三级承装类许可证的，最近3年内应分别具有从事330（220）千伏、110（66）千伏、35千伏以下10千伏以上电压等级变（配）电及线路设施的安装活动业绩，且质量合格；在此期间从事电力设施安装业务的最高年度工程结算收入分别不少于2亿元、1亿元和3000万元；

（二）申请一级至三级承修类或承试类许可证的，最近2年均应分别具有从事330（220）千伏、110（66）千伏、35千伏以下10千伏以上电压等级变（配）电及线路设施的维修或试验活动业绩。

第三章　申请、受理、审查与决定

第十条　申请许可证，应当向申请人所在地的派出机构提出，并提交申请表；申请一级至三级许可证的，还需要提交相关业绩材料。

第十一条　取得许可证的单位合并或分立后新设单位申请许可证的，应当提交申请表以及合并或分立相关材料。

分立后至多一个单位可承继分立前单位从事同类活动的业绩；其他新设单位同时申请该类别许可证的，按首次申请办理。

第十二条　派出机构收到申请，应当对申请材料是否齐全、是否符合法定形式进行审查。派出机构有权要求申请人就申请事项作出解释或者说明。

第十三条　派出机构对申请人提出的申请，应当根据下列情况分别作出处理：

（一）申请材料存在可以当场更正的错误的，应当允许申请人当场更正；

（二）申请材料不齐全或者不符合法定形式的，应当当场或者五日内向申请人发出申请材料补正通知书，并一次告知需要补正的全部内容；

（三）申请材料齐全并符合法定形式的，或者申请人按照派出机构的要求提交全部补正申请材料的，应当向申请人发出受理通知书。

第十四条　派出机构应当自受理之日起十五日内完成申请审查，并按下列规定作出是否许可的决定：

（一）经审查，申请人的条件符合法定条件、标准的，派出机构应当依法作出准予许可的书面决定，并自作出决定之日起五日内向申请人颁发、送达许可证；

（二）经审查，申请人的条件不符合法定条件、标准的，派出机构应当依法作出不予许可的决定，以书面形式通知申请人，通知书中应当说明不予许可的理由。

第十五条 派出机构在审查过程中认为需要对申请材料的实质性内容进行核实的，应当指派两名以上的工作人员进行现场核查。

第十六条 派出机构自受理通知书发出之日起十五日内不能作出决定的，经派出机构负责人批准，可以延长十日，并将延长期限的理由告知申请人。

第十七条 派出机构应当按照国家有关规定建立信息公开工作制度，向社会公开承装（修、试）电力设施许可的依据、条件、程序、期限、办理情况以及申请材料目录、申请材料示范文本等信息。

第四章 变更与延续

第十八条 许可证的变更分为许可事项变更和登记事项变更。许可事项变更是指许可证类别和等级的变更。

登记事项变更是指承装（修、试）电力设施单位名称、住所、法定代表人等事项的变更。

变更后的许可证，有效期限不变。

第十九条 申请许可事项变更，应当提交本办法第十条规定的相关材料；派出机构按照本办法第三章规定的程序予以办理。申请增加许可证类别或者提高许可证等级的，在申请之日起前一年内未出现下列情形的，应予受理：

（一）发生较大以上生产安全事故或者二次以上一般生产安全事故的；

（二）发生重大质量责任事故的；

（三）超越许可范围从事承装（修、试）电力设施活动的；

（四）涂改、倒卖、出租、出借许可证，或者以其他形式非法转让许可证的；

（五）违反国家有关规定将本单位承包的承装（修、试）电力设施业务转包或者分包的。

第二十条 承装（修、试）电力设施单位名称、住所或者法定代表人发生变化的，应当自市场监督管理部门依法办理变更登记之日起三十日内，提出登记事项变更申请，并提交登记事项变更申请表。

变更后的住所与原住所属于不同派出机构管辖的，应当向变更后住所地的派出机构提出登记事项变更申请。

派出机构应当自收到登记事项变更申请之日起十日内，办理变更手续。

第二十一条 许可证有效期为六年。

有效期届满需要延续的，应当在有效期届满三十日前提出申请，并提交申请表；申请一级至三级许可证有效期延续的，还应分别提供在其许可范围内的330（220）千伏以上、110（66）千伏以上、10千伏以上电压等级相关业绩材料。

派出机构应当在许可证有效期届满前作出是否准予延续的决定。逾期未作出决定的，视为同意延续并补办相应手续。

第二十二条 许可证损毁或遗失的，应当及时向颁发许可证的派出机构申请补办，并提交下列材料：

（一）许可证补办申请表；

（二）损毁许可证原件或者许可证遗失声明。

派出机构应当自收到许可证补办申请之日起三日内补发许可证。

第五章 监督检查

第二十三条 国家能源局对派出机构实施承装（修、试）电力设施许可工作进行监督检查，及时纠正工作中的违法行为。

第二十四条 派出机构依法对辖区内从事承装（修、试）电力设施活动的单位或者个人的下列事项实施监督检查：

（一）依法取得许可证的情况；

（二）在许可范围内从事承装（修、试）电力设施活动的情况；

（三）依法使用许可证的情况；

（四）符合许可证法定条件的情况；

（五）遵守国家有关转包或者分包承装（修、试）电力设施业务规定的情况；

（六）遵守国家其他有关规定的情况。

第二十五条 承装（修、试）电力设施单位有下列情形之一的，应当按照规定向有关派出机构报送信息：

（一）人员、资产等情况发生重大变化，已不符合许可证法定条件、标准的，应当自发生重大变化之日起三十日内向颁发许可证的派出机构报告；

（二）解散、破产、倒闭、歇业、合并或者分立的，应当自市场监督管理部门办理相关手续之日起十日内向颁发许可证的派出机构报告；

（三）发生生产安全事故的，应当按照国家有关规定向事故发生地派出机构报告；

（四）发生重大质量责任事故的，应当自有关主管机关作出事故结论之日起十日内，向事故发生地派出机构报告。

前款第（三）项、第（四）项规定事项，事故发生地不属于颁发许可证的派出机构管辖的，事故发生地派出机构应当及时将有关情况通报颁发许可证的派出机构。

第二十六条 派出机构对电力企业遵守承装（修、试）电力设施许可制度的情况实施监督检查。

电网企业对用户受电工程依法实施检查及竣工检验，应当查验施工企业是否具有许可证；对未经许可或者超越许可范围承揽用户受电工程的，应当立即向派出机构报告。

第二十七条 派出机构履行监督检查职责，可以采取下列措施：

（一）进入被检查单位的生产经营场所进行检查；

（二）询问被检查单位的工作人员，要求其对有关检查事项作出说明；

（三）查阅、复制与检查事项有关的文件、资料，对可能被转移、隐匿、损毁的文件、资料予以封存；

（四）对与检查事项有关的业务组织技术鉴定；

（五）对检查中发现的违法行为，有权当场予以纠正或者要求限期改正。

派出机构实施监督检查，被检查单位应当依法予以配合。

第二十八条 国家能源局及其派出机构应按照国家关于加快构建以信用为基础的新型监管机制的要求，依法组织实施承装（修、试）电力设施单位信用监管，并与“双随机、一公开”监管相结合，采取差异化监管措施，不断提升信用监管效能。

第二十九条 承装（修、试）电力设施单位的人员、资产等情况发生重大变化，已不符合相应许可证条件、标准的，派出机构应当责令其限期整改；逾期不改或整改后仍不符合许可证条件的，派出机构应根据其实际具有的条件，重新核定许可证的类别和等级。

第三十条 有下列情形之一的，国家能源局及其派出机构可以依法撤销承装（修、试）电力设施许可：

（一）派出机构工作人员滥用职权、玩忽职守作出准予许可决定的；

（二）超越法定职权作出准予许可决定的；

（三）违反法定程序作出准予许可决定的；

（四）对不具备申请资格或者不符合法定条件的申请人准予许可的；

（五）依法可以撤销许可的其他情形。

承装（修、试）电力设施单位以欺骗、贿赂等不正当手段取得许可的，应当予以撤销。

依照本条第一款的规定撤销许可，承装（修、试）电力设施单位的合法权益受到损害的，派出机构应当依法给予赔偿。依照本条第二款的规定撤销许可的，承装（修、试）电力设施单位基于许可取得的利益不受保护。

第三十一条 有下列情形之一的，派出机构应当依法办理承装（修、试）电力设施许可注销手续：

（一）许可有效期届满未按照本办法规定申请延续或者延续申请未批准的；

（二）承装（修、试）电力设施单位因解散、破产、倒闭、歇业、合并、分立等原因依法终止的；

（三）许可依法被撤销、撤回，或者许可证被依法吊销的；

（四）法律、法规规定的应当注销许可的其他情形。

第六章 法 律 责 任

第三十二条 申请人隐瞒有关情况或者提供虚假申请材料申请承装（修、试）电力设施许可的，派出机构不予受理或者不予许可，并给予警告；情节严重的，一年内不再受理其许可申请。

第三十三条 承装（修、试）电力设施单位采取欺骗、贿赂等不正当手段取得许可的，由派出机构撤销许可，给予警告，处一万元以上三万元以下罚款；情节严重的，三年内不再受理其许可申请；构成犯罪的，依法追究刑事责任。

第三十四条 承装（修、试）电力设施单位转包或违法分包承装（修、试）电力设施业务，涂改、倒卖、出租、出借许可证，或者以其他形式非法转让许可证的，《建设工程质量管理条例》等法律法规对上述违法行为有相关行政处罚规定的，依照其规定执行；未作规定的，由派出机构责令其改正，给予警告，并处一万元以上三万元以下罚款。

第三十五条 违反本办法规定未取得许可证或者超越许可范围，非法从事承装、承修、承试电力设施活动的，《无证无照经营查处办法》《建设工程质量管理条例》等法律法规对上述违法行为有相关行政处罚规定的，依照其规定执行；未作规定的，由派出机构责令其停止相关经营活动，给予警告，并处一万元以上三万元以下罚款。

第三十六条 承装（修、试）电力设施单位在从事承装、承修、承试电力设施活动中发生重大以上生产安全事故或者重大质量责任事故，由派出机构依法降低许可证等级；情节严重的，依法吊销许可证。

第三十七条 承装（修、试）电力设施单位未按照本办法规定办理许可证登记事项变更手续的，由派出机构责令其限期办理；逾期未办理的，处五千元以下罚款。

第三十八条 电力企业违反国家有关规定，将承装（修、试）电力设施业务发包给未取得许可证或者超越许可范围承揽工程的单位或者个人的，由派出机构责令其限期改正，给予警告，并处一万元以上三万元以下罚款。

电网企业发现未取得许可证或者超越许可范围承揽用户受电工程的单位或者个人，未按照本办法规定及时报告的，由派出机构给予警告，处一万元以上三万元以下罚款。

第三十九条 违反本办法第二十四条、第二十五条、第二十六条、第二十七条规定，向派出机构提供虚假或隐瞒重要事实的文件、资料，或者拒绝、阻碍派出机构及其从事监管工作的人员依法履行监管职责的，依照《电力监管条例》有关规定追究其责任。

第四十条 国家能源局及其派出机构工作人员玩忽职守、滥用职权、徇私舞弊、收受贿赂的，对直接负责的主管人员和其他直接责任人员依法给予处分；构成犯罪的，依法追究刑事责任。

第七章　附　　则

第四十一条 本办法中所称“以上”、“以下”、“不低于”、“不少于”均包含本数。

第四十二条 许可证由国家能源局统一印制，分为正本和副本，具有同等法律效力。

第四十三条 本办法自 2020 年 10 月 11 日起施行。原国家电力监管委员会于 2009 年 12 月 18 日公布的《承装（修、试）电力设施许可证管理办法》（国家电力监管委员会令第 28 号）同时废止。

8-10　供用电监督管理办法

（1996 年 5 月 19 日电力工业部令第 4 号公布，根据 2011 年 6 月 30 日国家发展和改革委员会令第 10 号修订）

第一章　总　　则

第一条 为加强电力供应与使用的监督管理，根据《电力供应与使用条例》第三十六条规定，制定本办法。

第二条 从事供用电监督管理的机构和人员，在执行监督检查任务时，必须遵守本办法。

第三条 供用电监督管理必须以事实为依据，以电力法律和行政法规以及电力技术标准为准则，遵循本办法的规定进行。

第二章 监 督 管 理

第四条 县以上电力管理部门负责本行政区域内供电、用电的监督工作。但上级电力管理部门认为工作必需，可指派供用电监督人员直接进行监督检查。

第五条 供用电监督管理的职责是：

1．宣传、普及电力法律和行政法规知识；

2．监督电力法律、行政法规和电力技术标准的执行；

3．监督国家有关电力供应与使用政策、方针的执行；

4．负责月用电计划审核和批准工作；

5．协调处理供用电纠纷，依法保护电力投资者、供应者与使用者的合法权益；

6．负责进网作业电工和承装（修、试）单位资格审查，并核发许可证；

7．协助司法机关查处电力供应与使用中发生的治安、刑事案件；

8．依法查处电力违法行为，并作出行政处罚。

第六条 供用电监督人员在依法执行监督检查公务时，应出示《供用电监督证》。被检查的单位应接受检查，并根据监督人员依法提出的要求，提供有关情况、回答有关询问、协助提取证据、出示工作证件等。

第七条 供用电监督人员依法执行监督公务时，应遵守被检查单位的保卫保密规定；现场勘查不得直接或替代他人从事电工作业，也不得非法干预被检查单位正常的生产调度工作。

第三章 监督检查人员资格

第八条 各级电力管理部门应依法配备供用电监督管理人员。担任供用电监督管理工作的人员必须是经过国家考试合格，并取得相应聘任资格证书的人员。

第九条 供用电监督资格由个人提出书面申请，经申请人所在单位同意，县以上电力管理部门推荐，接受专门知识和技能的培训，参加全国统一组织的考试，合格后发给《供用电监督资格证》。

第十条 申请供用电监督资格者应具备下列条件：

1．作风正派，办事公道，廉洁奉公；

2．具有电气专业中专以上或相当学历的文化程度；

3．有三年以上从事供用电专业工作的实际经验和相应的管理能力；

4．经过法律知识培训，熟悉电力方面的法律、行政法规和电力技术的标准以及供用电管理规章。

第十一条 省级电力管理部门负责本行政区域内的供用电监督管理人员的资格申请、审查和专门知识及技能的培训工作。

国务院电力管理部门负责供用电监督资格的全国统一考试，并对合格者颁发《供用电监督资格证》。

《供用电监督资格证》由国务院电力管理部门统一制作。

第十二条 县以上电力管理部门必须从取得《供用电监督资格证》的人员中，择优聘用供用电监督人员，报经省电力管理部门批准，并取得《供用电监督证》后，方能从事电力监督管理工作。

《供用电监督证》由国务院电力管理部门统一制作。

第四章 电力违法行为查处

第十三条 各级电力管理部门负责本行政区域内发生的电力违法行为查处工作。上级电力管理部门认为必要时，可直接查处下级电力管理部门管辖的电力违法行为，也可将自己查处的电力违法事件交由下级电力管理部门查处。对电力违法行为情节复杂，需由上一级电力管理部门查处更为适宜时，下级电力管理部门可报请上一级电力管理部门查处。

第十四条 电力管理部门对下列方式要求处理的电力违法事件，应当受理：

1．用户或群众举报的；

2．供电企业提请处理的；

3．上级电力管理部门交办的；

4．其他部门移送的。

电力管理部门对受理的电力违法事件，可视电力违法事件性质和危及电网安全运行的紧迫程度，可依法在现场查处，也可立案处理。

第十五条 电力违法行为，可用书面和口头方式举报。口头方式举报的事件，受理人应详细记录并经核对无误后，由举报人签章。举报人举报的事件如不愿使用真实姓名的，电力管理部门应尊重举报人的意愿。

第十六条 电力管理部门发现受理的举报事件不属于本部门查处的，应及时向举报人说明，同时将举报信函或笔录移送有权处理的部门。对明显的治安违法行为或刑事违法行为，电力管理部门应主动协助公安、司法机关查处。

第十七条 符合下列条件之一的电力违法行为，电力管理部门应当立案：

1．具有电力违法事实的；

2．依照电力法规可能追究法律责任的；

3．属于本部门管辖和职责范围内处理的。

第十八条 符合立案条件的，应填写《电力违法行为受理、立案呈批表》，经电力管理部门领导批准后立案。

经批准立案的事件，应及时指派承办人调查。现场调查时，调查承办人应填写《电力违法案件调查笔录》。调查结束后，承办人应提出《电力违法案件调查报告》。

第十九条 电力管理部门对危及电网运行安全或人身安全的违法行为，当供电企业在现场制止无效时，应当即指派供用电监督人员赶赴现场处理，制止违法行为，以确保电网和人身安全。

第二十条 案件调查结束后，应视案情可依法作出下列处理：

1．对举报不实或证据不足，未构成违法事实的，应报请批准立案主管领导准予撤销；

2．对违法事实清楚，证据确凿的，应依法作出行政处罚决定，并发出《违反电力法规行政处罚决定通知书》，并送达当事人；

3．违法行为已构成犯罪的，应及时将案件移送司法机关，依法追究其刑事责任。

第二十一条 案件处理完毕后，承办人应及时填写《电力违法案件结案报告》，经主管领导批准后结案。案情重大或上级交办的案件结束后，应向上一级电力管理部门备案。

第二十二条 当事人对行政处罚决定不服的，可在接到《违反电力法规行政处罚决定通知书》之日起，十五日内向作出行政处罚决定机关的上一级机关申请复议；对复议决定不服的，可在接到复议决定之日起十五日内，向人民法院起诉。当事人也可在接到处罚决定通知书之日起的十五日内，直接向人民法院起诉。对不履行处罚决定的，由作出处罚决定的机关向人民法院申请强制执行。

第五章 行 政 处 罚

第二十三条 违反《电力法》和国家有关规定，未取得《供电营业许可证》而从事电力供应业务者，电力管理部门应以书面形式责令其停止营业，没收其非法所得，并处以违法所得五倍以下的罚款。

第二十四条 违反《电力法》和国家有关规定，擅自伸入或跨越其他供电单位供电营业区供电者，电力管理部门应以书面形式责令其拆除伸入或跨越的供电设施，作出书面检查，没收其非法所得，并处以违法所得四倍以下的罚款。

第二十五条 违反《电力法》和国家有关规定，擅自向外转供电者，电力管理部门应以书面形式责令其拆除转供电设施，作出书面检查，没收其非法所得，并处以违法所得三倍以下的罚款。

第二十六条 供电企业未按《电力法》和国家有关规定中规定的时间通知用户或进行公告，而对用户中断供电的，电力管理部门责令其改正，给予警告；情节严重的，对有关主管人员和直接责任人员给予行政处分。

第二十七条 供电企业违反规定，减少农业和农村用电指标的，电力管理部门责令改正；情况严重的，对有关主管人员和直接责任人员给予行政处分；造成损失的，责令赔偿损失。

第二十八条 电力管理部门对危害供电、用电安全，扰乱正常供电、用电秩序的行为，除协助供电企业追缴电费外，应分别给予下列处罚：

1．擅自改变用电类别的，应责令其改正，给予警告；再次发生的，可下达中止供电命令，并处以一万元以下的罚款。

2．擅自超过合同约定的容量用电的，应责令其改正，给予警告；拒绝改正的，可下达中止供电命令，并按私增容量每千瓦（或每千伏安）100 元，累计总额不超过五万元的罚款。

3．擅自超过计划分配的用电指标用电的，应责令其改正，给予警告，并按超用电力、电量分别处以每千瓦每次 5 元和每千瓦时 10 倍电度电价，累计总额不超过五万元的罚款；拒绝改正的，可下达中止供电命令。

4．擅自使用已经在供电企业办理暂停使用手续的电力设备，或者擅自启用已经被供电企业查封的电力设备的，应责令其改正，给予警告；启用电力设备危及电网安全的，可下达中止供电命令，并处以每次二万元以下的罚款。

5．擅自迁移、更动或者擅自操作供电企业的用电计量装置、电力负荷控制装置、供电设施以及约定由供电企业调度的用户受电设备，且不构成窃电和超指标用电的，应责令其改正，给予警告；造成他人损害的，还应责令其赔偿，危及电网安全的，可下达中止供电命令，并处以三万元以下的罚款。

6．未经供电企业许可，擅自引入、供出电力或者将自备电源擅自并网的，应责令其改正，给予警告；拒绝改正的，可下达中止供电命令，并处以五万元以下的罚款。

第二十九条 电力管理部门对盗窃电能的行为，应责令其停止违法行为，并处以应交电费五倍以下的罚款；构成违反治安管理行为的，由公安机关依照治安管理处罚法的有关规定予以处罚；构成犯罪的，依照刑法有关规定追究刑事责任。

第六章 附 则

第三十条 本办法自一九九六年九月一日起施行。

8-11 电网电能质量技术监督管理规定

（电综〔1998〕211号，1998年3月19日电力工业部公布）

第一章 总 则

第一条 为加强电网电能质量管理，保证电网的安全运行和电能质量，维护电气安全使用环境，保护发、供、用各方的合法权益，根据《电力法》和国家有关规定，制定本规定。

第二条 本规定所称的电能质量是指公用电网供到用户受电端的交流电能质量，其衡量的指标有：

1．供电频率允许偏差；

2．供电电压允许偏差；

3．供电电压允许波动和闪变；

4．供电三相电压允许不平衡度；

5．电网谐波允许指标。

第三条 电网电能质量应符合下列国家标准：

1．《电能质量电力系统频率允许偏差》（GB/T 15945—1995）；

2．《电能质量供电电压允许偏差》（GB 12325—1990）；

3．《电能质量电压允许波动和闪变》（GB 12326—1990）；

4．《电能质量三相电压允许不平衡度》（GB/T 15543—1995）；

5．《电能质量公用电网谐波》（GB/T 14549—1993）。

第四条 电网电能质量技术监督应按电网覆盖的供电营业区实行分级管理。电网经营企业应依法负责本电网内的电能质量技术监督管理工作，并接受上一级电网经营企业电能质量技术监督管理部门指导管理。

第五条 因电网或用户用电原因引起的电能质量不符合国家标准时，按“谁干扰，谁污染，谁治理”的原则及时处理，并贯穿于电网及用电设施设计、建设和生产的全过程。

第六条 本规定适用于各级电网经营企业、电力生产企业、电力建设企业、电力设计单位、并网运行的发电厂和电网以及由公用电网供电的用户。

第二章　技术监督管理机构与职责

第七条　国家电力公司、跨省、省和地方独立电网经营企业以及地（市）级供电企业，应指定一个职能部门（或专职），统一负责电能质量的技术监督管理工作，并设置电能质量检验测试中心（站）及电能质量运行监督部门（专职），分工负责电能质量技术监督工作。

第八条　为保证电网安全、稳定、经济、优质运行，不断提高供电质量，国家电力公司在电能质量技术监督管理职能方面的主要职责是：

1．负责全国电网电能质量技术监督归口管理；

2．组织贯彻、执行国家有关电能质量法规、标准；

3．负责提出电网电能质量技术监督规定，并组织实施；

4．负责全国电能质量技术监督管理专（兼）职人员资质培训、考核、颁证工作；负责对电能质量检验测试中心（站）资质审查和认证工作；

5．指导、督促跨省和省电网经营企业电能质量技术监督管理工作；

6．组织制定并实施提高改善电能质量的计划和重大（新）技术措施；

7．组织电能质量技术监督管理经验和先进技术交流、推广的工作，定期发布电能质量运行指标；

8．负责对影响电能质量的干扰源防治工作，并组织重大电能质量事故的调查。

第九条　电能质量指标运行监督部门的职责是：

1．负责电网电能质量指标运行统计及考核的归口管理；

2．负责制订提出电能质量指标运行监督管理制度，并组织实施；

3．负责本电网内电能质量指标运行偏差的调整和控制；

4．参与重大电能质量事故或异常情况的调查等其他运行监督工作。

第十条　电能质量检验测试中心（站）的职责是：

1．负责全国电网电能质量指标计量标准的建立及量值传递工作；

2．负责电能质量指标测量仪器、仪表、装置产品质量的检验、测试；

3．承担电能质量纠纷的技术检验测试，并向委托者出具技术检测报告；

4．提供电能质量问题的技术咨询和技术服务；

5．电能质量问题防治技术措施的开发研究和推广应用工作；

6．有关部门委托的有关电能质量的其他技术检测工作。

第三章　指标检测及运行监督

第十一条　电能质量指标检测有连续检测，不定时检测和专项检测三种方式：

1．连续检测主要适用于供电电压偏差和频率偏差指标的运行检测；

2．不定时检测主要适用于需要掌握供电电能质量而连续检测不具备条件所采用的检测方式；

3．专项检测主要适用于干扰源设备接入电网（或容量变化）前后的检测方式，用以确定电网电能质量指标的背景状况和干扰发生的实际量，或验证技术措施效果。

第十二条　电能质量指标检测点的设置，应综合考虑下列因素：

1．应覆盖主网及全部供电电压等级，并在电网内（地域和线路首末）呈均匀分布；

2．满足电能质量指标调整与控制的要求；

3．满足特殊用户和订有电能质量指标条款合同用户的要求；

各类检测方式检测点的具体设置，根据电能质量不同指标的特点可以不同，并应按照有关国家标准、导则结合本电网实际而确定。

第十三条　各项供电电能质量指标实际运行偏差（百分数）测量及计算按第三条所列相应国家标准进行。各项电能质量指标运行合格率按下列公式计算：

1．对某一连续运行检测点 x，统计（测试）期（年、季、月）内，供电频率及供电电压合格率 Kx 为

$$Kx=\left(1-\frac{\Sigma t_i}{T_0}\right)\times 100\% \tag{1}$$

式中　t_i ——测试期内第 i 次不合格的时间，h；

T_0 ——测试期全部时间，h。

通常电压合格率采用统计记录型仪表测量。

2．对某不定期检测点或专项检测点 x，测试期电压专项指标运行合格率 Kx 为：

$$Kx=\left(1-\frac{m}{m_0}\right)\times 100\% \tag{2}$$

式中　m ——测试期内该电压专项指标实测值不合格的次数；

m_0 ——测试期内总测量次数。

此公式适用于电压波动和闪变、三相电压不平衡度或谐波运行合格率的测试、计算。通常应采用专用仪表、仪器测量。

第十四条　各项电能质量指标运行偏差（百分数）应当在第三条所列国家标准允许偏差以内。考虑到电网结构、运行方式以及用户用电特性等因素，各项电能质量指标运行合格率标准为：

1．连续运行统计期（年、季、月）内电网频率合格率应不低于99.5%；

2．连续运行统计期（年、季、月）内电压合格率应当不低于下列值：

专线和10kV及以上用户受电端的电压合格率：98%；

380（220）V用户受电端电压合格率应不低于：95%；

3．电压波动与闪变合格率应不低于：99%；

4．三相电压不平衡度合格率应不低于：98%；

5．电压正弦波畸变合格率应不低于：98%。

第十五条　各跨省和省电网经营企业及其供电企业应加强对各种影响和干扰电能质量的用电设备的运行监督。当干扰影响量超过标准导致有关电能质量指标运行合格率低于本规定时，应及时检验、测试，查明原因，并责成产生干扰的用户限期采取措施改善。

第十六条　对于干扰影响电能质量和污染电气安全使用环境的电气设备、工程，必须在该设备、工程立项前，根据当地电网条件、国家标准和有关规定，对其接入电网运行产生的干扰、影响进行技术评估。发现不符合规定时，该设备、工程应采取有效的防治措施，并与工程同时

设计、同时施工、同时验收、同时接入使用。

第十七条 各跨省和省电网经营企业及其供电企业应加强对电力生产企业、并网运行的发电厂和电网的运行监督，包括有功功率和无功功率的调整、控制及改进，使电网供电频率和供电电压调控在标准规定允许范围之内。

第四章 检测设备的管理

第十八条 对用于电能质量检测的仪器、仪表、装置实行产品质量许可制度。未经电力管理部门认定的电能质量检验测试中心（站）检定、测试合格的产品，不得用于公用电网中电能质量指标的监视和测试。

第十九条 应加强对电能质量检测仪器、仪表、装置的质量监督和管理，建立维护制度，按周检计划进行检验，并建立有关档案。

第五章 技术监督工作的管理

第二十条 电网电能质量技术监督工作实行报告责任制度。电能质量指标的统计按半年（于8月底前）报送一次，年度电能质量指标统计及技术监督报告应于次年三月底前报送。

第二十一条 重大电能质量事故或异常情况应立即报告本电网电能质量技术监督主管领导和上级监督管理部门，亦可越级上报反映。

第二十二条 电能质量技术监督工作在电网内实行考核制度，对各项电能质量指标实行统计考核。

第二十三条 应建立和健全电能质量技术监督的基础资料和档案管理，以及电能质量事故及其分析处理档案管理，加强电能质量信息管理。

第二十四条 应加强对电能质量技术监督管理专（兼）职人员的培训和考核，组织多种形式的经验交流，不断提高业务素质。

第二十五条 各跨省和省电网经营企业应每年对本电网电能质量指标进行评估，针对电能质量问题采取防治或改进措施。

第二十六条 用户对电能质量问题有权反映、申诉，相应电网经营企业应依照国家有关规定处理。

第二十七条 电能质量不合格引起的民事法律责任，应由造成电能质量不合格的责任者承担。因电能质量问题发生责任纠纷时，由电能质量技术监督管理部门组织检验、测试，依据检验测试数据、技术报告进行协调或技术仲裁。一方对仲裁结果有异议时，可申请上一级电能质量技术监督管理部门进行复核。

第六章 附 则

第二十八条 各跨省和省电网经营企业应根据本规定结合本电网实际制定实施细则，并上报备核。

第二十九条 本规定自发布之日起施行。

8-12　电力可靠性管理办法（暂行）

（2022 年 4 月 16 日中华人民共和国国家发展和改革委员会令第 50 号公布）

第一章　总　　则

第一条　能源安全事关国家经济社会发展全局，电力供应保障是能源安全的重要组成部分。党中央、国务院高度重视电力供应保障工作，习近平总书记多次作出重要指示批示。为充分发挥电力可靠性管理在电力供应保障工作中的基础性作用，促进电力工业高质量发展，提升供电水平，满足人民日益增长的美好生活需要，依据《中华人民共和国电力法》《电力供应与使用条例》《电网调度管理条例》《电力设施保护条例》和《电力监管条例》等法律法规，制定本办法。

第二条　电力可靠性管理是指为提高电力可靠性水平而开展的管理活动，包括电力系统、发电、输变电、供电、用户可靠性管理等。

第三条　电力企业和电力用户依照本办法开展电力可靠性管理工作。国家能源局及其派出机构、地方政府能源管理部门和电力运行管理部门依据本办法对电力可靠性管理工作进行监督管理。

第四条　国家能源局负责全国电力可靠性的监督管理，国家能源局派出机构、地方政府能源管理部门和电力运行管理部门根据各自职责和国家有关规定负责辖区内的电力可靠性监督管理。

第五条　电力企业是电力可靠性管理的重要责任主体，其法定代表人是电力可靠性管理第一责任人。电力企业按照下列要求开展本企业电力可靠性管理工作：

（一）贯彻执行国家有关电力可靠性管理规定，制定本企业电力可靠性管理工作制度；

（二）建立电力可靠性管理工作体系，落实电力可靠性管理相关岗位及职责；

（三）采集分析电力可靠性信息，并按规定准确、及时、完整报送；

（四）开展电力可靠性管理创新、成果应用以及培训交流。

第六条　电力用户是其产权内配用电系统和设备可靠性管理的责任主体，做好配用电系统和设备的配置与运行维护。

第七条　鼓励电力设备制造企业充分应用电力可靠性管理的成果，加强产品可靠性设计、试验及生产过程质量控制，依靠技术进步、管理创新和标准完善，提升设备可靠性水平。

第八条　充分发挥行业协会等的作用，开展行业自律和服务，提供技术支持，推动可靠性信息应用，开展交流与合作。

第二章　电力系统可靠性管理

第九条　电力系统可靠性管理指为保障电力系统充裕性和安全性而开展的活动，包括电力系统风险的事前预测预警、事中过程管控、事后总结评估及采取的防范措施。

第十条　电网企业应当对电力供应及安全风险进行预测，对运行数据开展监测分析并评估电力系统满足电力电量需求的能力。在系统稳定破坏事件、影响系统安全的非计划停运事件和停电事件发生时，电网企业应当依据《电网调度管理条例》果断快速处置；开展事后评价，对发现的风险进行闭环管控。

第十一条 电网企业应当根据电力系统风险和自然灾害影响，制定风险管控措施，完善输电系统网络结构。对发现的风险和隐患按规定向政府有关部门和相关电力企业预警。

第十二条 发电企业和配置自备发电机组的其他企业要根据政府有关部门和电力调度机构的要求做好电力供应保障工作，提高设备运行可靠性，不得无故停运或隐瞒真实原因申请停运。

发电企业应当做好涉网安全管理，加强机组燃料、蓄水管控，制定重要时期的燃料计划与预案，制定水库调度运行计划，对发现的风险和隐患及时报电力调度机构。

新能源发电企业应当加强发电功率预测管理。

第十三条 积极稳妥推动发电侧、电网侧和用户侧储能建设，合理确定建设规模，加强安全管理，推进源网荷储一体化和多能互补。建立新型储能建设需求发布机制，充分考虑系统各类灵活性调节资源的性能，允许各类储能设施参与系统运行，增强电力系统的综合调节能力。

第十四条 各级能源管理部门应当科学制定并适时调整电力规划，优化配置各种类型的电源规模和比例，统筹安排备用容量，合理划分黑启动区域。国家能源局派出机构应当对辖区省级电力规划的执行情况进行监管。

负荷备用容量为最大发电负荷的2%～5%，事故备用容量为最大发电负荷的10%左右，区外来电、新能源发电、不可中断用户占比高的地区，应当适当提高负荷备用容量。每个黑启动区域须合理配置1—2台具备黑启动能力且具有足够容量的机组。

第十五条 经国务院批复的国家级城市群，应当适当提高电力可靠性标准，加强区域电力系统的统筹规划和项目建设衔接，优化资源配置，推进电网协调有序发展。

第十六条 国家能源局及其派出机构应当按照权限和程序，指导有关单位制订大面积停电应急预案，组织、协调、指导电力突发安全事件应急处置工作，对电力供应和运行的风险管控情况进行监管。地方政府电力运行管理部门应当会同有关部门开展电力需求侧管理，严格审核事故及超计划用电的限电序位表，严禁发生非不可抗力拉闸限电。

第三章 发电可靠性管理

第十七条 发电可靠性管理是指为实现发电机组及配套设备的可靠性目标而开展的活动，包括并网燃煤（燃气）、水力、核能、风力、太阳能等发电机组及配套设备的可靠性管理。

第十八条 燃煤（燃气）发电企业应当对参与深度调峰的发电机组开展可靠性评估，加强关键部件监测，确保调峰安全裕度。电力调度机构应当优化调峰控制策略，综合考虑发电机组的安全性和经济性。

第十九条 水电流域梯级电站和具备调节性能的水电站应当建立水情自动测报系统，做好电站水库优化调度，建立信息共享机制。

第二十条 核电企业应当对常规岛和配套设备（非核级设备）开展设备分级、监测与诊断、健康管理、全寿命周期可靠性管理、动态风险评价等工作。

第二十一条 沙漠、戈壁、荒漠地区的大规模风力、太阳能等可再生能源发电企业要建立与之适应的电力可靠性管理体系，加强系统和设备的可靠性管理，防止大面积脱网，对电网稳定运行造成影响。

第二十二条 发电企业应当建立发电设备分级管理制度，完善事故预警机制，构建设备标准化管理流程。发电企业应当基于可靠性信息，建立动态优化的设备运行、检修和缺陷管理体系，定期评估影响机组可靠性的风险因素，掌握设备状态、特性和运行规律，发挥对机组运行维护的指导作用。

第二十三条 地方政府能源管理部门和电力运行管理部门应当对燃煤（燃气）发电企业的燃料库存、水电站入库水量情况进行监测分析、协调处理，保障能源供应。

第四章 输变电可靠性管理

第二十四条 输变电可靠性管理是指为实现输变电系统和设备的可靠性目标而开展的活动，包括交流和直流的输变电系统和设备的可靠性管理。

第二十五条 电力企业应当合理安排变电站站址和线路路径，科学选择主接线和站间联络方式，增加系统运行的安全裕度。

第二十六条 电力企业应当加强线路带电作业、无人机巡检、设备状态监测等先进技术应用，优化输变电设备运维检修模式。

第二十七条 鼓励电力企业基于可靠性数据开展电力设备选型和运行维护工作，建立核心组部件溯源管理机制，优先选用高可靠性的输变电设备，鼓励开展状态检修，提高设备运行可靠性。

第二十八条 地方政府能源管理部门和电力运行管理部门按职责组织指导开展电力设施保护工作。

第五章 供电可靠性管理

第二十九条 供电可靠性管理是指为实现向用户可靠供电的目标而开展的活动，包括配电系统和设备的可靠性管理。

第三十条 供电企业应当加强城乡配电网建设，合理设置变电站、配变布点，合理选择配电网接线方式，保障供电能力。

第三十一条 供电企业应当强化设备的监测和分析，加强巡视和维护，及时消除设备缺陷和隐患。

第三十二条 供电企业应当开展综合停电和配电网故障快速抢修复电管理，推广不停电作业和配电自动化等技术，减少停电时间、次数和影响范围。

第三十三条 地方政府能源管理部门应当将供电可靠性指标纳入电力系统规划，并与城乡建设总体规划衔接。

第三十四条 地方政府发展改革部门可依据本地区供电可靠性水平，按照合理成本和优质优价原则，完善可靠性电价机制。

第六章 用户可靠性管理

第三十五条 用户可靠性管理是指为保证用电的可靠性目标，减少对电网安全和其他用户造成影响，对其产权内的配用电系统和设备开展的活动。

第三十六条 电力用户应当根据国家有关规定和标准开展配用电工程建设与运行维护，消除设备隐患，预防电气设备事故，防止对公用电网造成影响。

第三十七条 电力用户配用电设备危及系统安全时，应当立即检修或者停用。因用户原因导致电力企业无法向其他用户正常供电或造成其他严重后果的，应当承担相应责任。

第三十八条 重要电力用户应当按规定配置自备应急电源，加强运行维护，容量应当达到保安负荷的120%。地方政府电力运行管理部门应当确定重要电力用户名单，对重要电力用户自备应急电源配置和使用情况进行监督管理。国家能源局派出机构对重要电力用户供电电源配置情况进行监督管理。

第三十九条 供电企业应当按规定为重要电力用户提供相应的供电电源，指导和督促重要用户安全使用自备应急电源。对重要电力用户较为集中的区域，供电企业应当科学合理规划和建设供电设施，及时满足重要用户用电需要，确保供电能力和供电质量。

第七章 网络安全

第四十条 电力网络安全坚持积极防御、综合防范的方针，坚持安全分区、网络专用、横向隔离、纵向认证的原则，加强全业务、全生命周期网络安全管理，提高电力可靠性。

第四十一条 电力企业应当落实网络安全保护责任，健全网络安全组织体系，设立专门的网络安全管理及监督机构，加快各级网络安全专业人员配备；落实网络安全等级保护、关键信息基础设施安全保护和数据安全制度，加强网络安全审查、容灾备份、监测审计、态势感知、纵深防御、信任体系建设、供应链管理等工作；开展网络安全监测、风险评估和隐患排查治理，提高网络安全监测分析与应急处置能力。

第四十二条 电力企业应当强化电力监控系统安全防护，完善结构安全、本体安全和基础设施安全，逐步推广安全免疫。电力企业应当开展电力监控系统安全防护评估，并将其纳入电力系统安全评价体系。电力调度机构应当加强对直接调度范围内的发电厂涉网部分电力监控系统安全防护的技术监督。

第四十三条 电力用户是其产权内配用电系统和设备网络安全责任主体，应当根据国家有关规定和标准开展网络安全防护，预防网络安全事件，防止对公用电网造成影响。电力企业应当在并网协议中明确网络安全相关要求并监督落实。

第四十四条 国家能源局依法依规履行电力行业网络安全监督管理职责，地方各级人民政府有关部门按照法律、行政法规和国务院的规定，履行网络安全属地监督管理职责，国家能源局派出机构根据授权开展网络安全监督管理工作。

第八章 信息管理

第四十五条 电力可靠性信息实行统一管理、分级负责。国家能源局负责全国电力可靠性信息的统计、分析、发布和核查，国家能源局派出机构负责辖区内电力可靠性信息分析、发布和核查。

根据工作需要，国家能源局及其派出机构可以委托行业协会、科研单位及技术咨询机构等协助开展电力可靠性信息统计分析、预测、评估、评价等工作。

第四十六条 国家能源局应当建立电力可靠性监督管理信息系统，实施全国范围内电力可靠性信息注册、报送、分析、评价、应用、核查等监督管理工作，通过电力可靠性监督管理信息系统实时向国家能源局派出机构、省级政府能源管理部门和电力运行管理部门推送辖区内电力可靠性信息。

第四十七条 电力企业应当建立电力可靠性信息报送机制和校核制度，准确、及时、完整报送电力可靠性信息。

供电企业应当按国家有关规定定期公布供电可靠性指标。

第四十八条 电力企业应当通过电力可靠性监督管理信息系统向国家能源局报送以下电力可靠性信息：

（一）发电设备可靠性信息，包括100兆瓦及以上容量火力发电机组、300兆瓦及以上容量核电机组常规岛、50兆瓦及以上容量水力发电机组的可靠性信息，总装机50兆瓦及以上容量风力发电场、10兆瓦及以上集中式太阳能发电站的可靠性信息；

（二）输变电设备可靠性信息，包括110（66）千伏及以上电压等级输变电设备可靠性信息；

（三）直流输电系统可靠性信息，包括±120千伏及以上电压等级直流输电系统可靠性信息；

（四）供电可靠性信息，包括35千伏及以下电压等级供电系统用户可靠性信息；

（五）其他电力可靠性信息。

第四十九条 电力可靠性信息报送应当符合下列期限要求：

（一）每月8日前报送上月火力发电机组主要设备、核电机组、水力发电机组、输变电设备、直流输电系统以及供电系统用户可靠性信息；

（二）每季度首月12日前报送上一季度发电机组辅助设备、风力发电场和太阳能发电站的可靠性信息。

第五十条 电力企业应当于每年2月15日前将上一年度电力可靠性管理和技术分析报告报送所在地国家能源局派出机构、省级政府能源管理部门和电力运行管理部门；中央电力企业总部于每年3月1日前报送国家能源局。

省级电网企业应当于每年1月份将上一年度电力系统可靠性的评估和本年度的预测情况，报国家能源局派出机构、省级政府能源管理部门和电力运行管理部门；中央电网企业总部于每年2月份报送国家能源局。

系统稳定破坏事件、非计划停运事件、停电事件的等级分类、信息报送内容和程序由国家能源局另行规定。

第五十一条 国家能源局应当定期发布电力可靠性指标。

第五十二条 电力可靠性监督管理信息系统中的原始信息、统计分析信息及年度电力可靠性评价、评估、预测结果等须按程序经国家能源局审核后对外发布或使用。

第九章 监督管理

第五十三条 国家能源局负责以下电力可靠性监督管理工作：

（一）研究起草电力可靠性监督管理规章、制定电力可靠性监督管理规范性文件和电力可靠性行业技术标准，并组织实施；

（二）建立健全电力可靠性监督管理工作体系；

（三）对国家能源局派出机构、地方政府能源管理部门和电力运行管理部门、电力企业、电力用户贯彻执行电力可靠性管理规章制度的情况进行监督管理；

（四）组织建立电力可靠性监督管理信息系统，统计分析电力可靠性信息，组织实施电力可靠性预测、评估和评价工作；

（五）组织开展电力可靠性管理工作检查、核查；

（六）发布电力可靠性指标和电力可靠性监管报告；

（七）对特别重大系统稳定破坏事件、特别重大非计划停运事件、特别重大停电事件进行分析、核查；

（八）推动电力可靠性理论研究和技术应用；

（九）组织电力可靠性技术和管理培训；

（十）开展电力可靠性国际交流与合作。

第五十四条　国家能源局派出机构负责辖区内以下电力可靠性监督管理工作：

（一）建立健全电力可靠性监督管理工作体系；

（二）对电力企业贯彻执行电力可靠性管理规章制度的情况进行监督管理；

（三）分析、发布可靠性信息，组织实施电力可靠性预测、评估和评价工作；

（四）开展电力可靠性管理工作检查、核查、处罚；

（五）对重大系统稳定破坏事件、重大非计划停运事件、重大停电事件进行分析、核查；

（六）监督指导电力企业排查治理电力可靠性管理中发现的风险和隐患；

（七）发布电力可靠性指标和电力可靠性监管报告。

第五十五条　地方政府能源管理部门和电力运行管理部门按各自职责负责辖区内以下电力可靠性监督管理工作：

（一）建立健全地方政府电力可靠性监督管理工作体系；

（二）对电力系统的充裕性进行监测协调和监督管理，保障电力供应；

（三）对电力用户贯彻执行电力可靠性管理规章制度的情况进行监督管理；

（四）组织落实国家乡村振兴、优化营商环境、电网升级改造等工作中相关电力可靠性要求；

（五）监督指导重要电力用户排查治理电力可靠性管理中发现的风险和隐患；

（六）支持和配合国家能源局派出机构开展相关电力可靠性监督管理工作。

第五十六条　国家能源局派出机构应当会同地方政府能源管理部门和电力运行管理部门建立电力可靠性联席协调机制，定期分析、通报电力供需和电网运行情况，协调解决电力供应和电力系统稳定运行面临的问题。

第五十七条　国家能源局及其派出机构、地方政府能源管理部门和电力运行管理部门对电力可靠性管理规章制度落实情况进行监督检查，可以采取以下措施：

（一）进入电力企业进行检查并询问相关人员，要求其对检查事项作出说明；

（二）查阅、复制与检查事项有关的文件、资料和信息。

第五十八条　国家能源局及其派出机构、地方政府能源管理部门和电力运行管理部门对电力企业报送的信息和报告存在疑问的，应当要求作出说明，可以开展现场核查。

第五十九条　任何单位和个人发现电力可靠性管理不到位或存在弄虚作假情况的，有权向国家能源局及其派出机构、地方政府能源管理部门和电力运行管理部门举报，国家能源局及其派出机构、地方政府能源管理部门和电力运行管理部门应当及时处理。

第十章 奖 惩 措 施

第六十条 鼓励电力企业、科研单位和电力用户等根据电力规划、建设、生产、供应、使用和设备制造等工作需要，研究、开发和采用先进的可靠性科学技术和管理方法，对取得显著成绩的单位和个人给予表彰奖励。

第六十一条 国家能源局及其派出机构、地方政府能源管理部门和电力运行管理部门未按照本办法实施电力可靠性监督管理有关工作并造成严重后果的，依法追究其责任。

第六十二条 电力企业有下列情形之一的，由国家能源局及其派出机构根据《电力监管条例》第三十四条的规定予以处罚：

（一）拒绝或者阻碍国家能源局及其派出机构从事电力可靠性监管工作的人员依法履行监管职责的；

（二）提供虚假或者隐瞒重要事实的电力可靠性信息的；

（三）供电企业未按照本办法规定定期披露其供电可靠性指标的。

第六十三条 国家能源局及其派出机构、地方政府能源管理部门和电力运行管理部门按照电力行业信用体系规定，对电力可靠性监督检查过程中产生的约谈、通报、奖励、处罚等记录依法依规进行归集、共享和公示，对相应的责任主体依法实施守信激励与失信惩戒。

第十一章 附 则

第六十四条 本办法自 2022 年 6 月 1 日起施行，《电力可靠性监督管理办法》（国家电力监管委员会令第 24 号）同时废止。

8-13 国家能源局关于进一步规范用户受电工程市场的通知

（国能监管〔2013〕408 号，2013 年 11 月 12 日国家能源局发布）

各派出机构，国家电网公司、南方电网公司、内蒙古电力集团公司，各有关单位：

为进一步规范用户受电工程市场，保障用户的知情权和自主选择权，保障市场主体平等参与竞争的权利，构建公平、开放的用户受电工程市场环境，根据《电力监管条例》《供电监管办法》等有关规定，特通知如下：

一、规范用户受电工程市场相关制度

（一）完善用户受电工程业扩报装管理制度。供电企业应按照国家有关规定，明确工作原则、内部职责分工、服务流程和标准，形成从申请用电到装表接电的全过程服务体系，规范业扩报装工作的各个工作环节；实行用户工程业务办理全程信息化管理，业务办理与信息录入同步，办理工作单、结果告知书等项目全部档案信息资料实行微机打印，需有关当事人签字（盖章）的，必须在打印单上完成，确保档案资料与实际情况的一致性，实现业务办理进展情况网上网下实时公开查询。

（二）规范用户受电工程市场准入制度。具备承揽用户受电工程电力设计、设备材料供应、承装（修、试）资质要求的单位，供电企业不再另设“入围”审查或资质许可。需要单独设定某些条件的，供电企业应作出明确说明，向市场主体公示并向国家能源局派出机构备案。

（三）健全用户受电工程招标投标管理制度。用户受电工程的招标投标工作应按国家规定，实行业主负责制。由供电企业统一组织的用户受电工程（包括统一收取新建住宅小区电力设施建设费的供电配套工程和业主委托供电企业组织的供电配套工程，下同），除按照有关规定或业主明确要求不进行招投标的，其工程设计、施工、监理和设备材料制造（供应）应实行公开招投标。供电企业在依法组织招投标时，应选择中立招标代理机构并委托其组织招投标工作。

二、实现用户受电工程信息公开

供电企业应按相关规定及时公开相关信息，实现用户受电工程业务的“阳光化”管理。

（一）信息公开的内容

1. 供电企业制定的有关管理制度和技术标准；

2. 从申请用电到装表接电的业务流程和工作规范；

3. 各服务环节的收费项目和标准；

4. 供电方案；

5. 由供电企业统一组织的用户受电工程的招投标结果，包括工程的设计、施工、监理及主要设备制造（供应）企业名单和合同金额；

6. 省或市统一收取住宅小区供电工程配套费的标准、依据以及收支情况，并向国家能源局派出机构及政府有关部门备案；

7. 其他应当公开的内容。

（二）信息公开方式

供电企业的信息应通过省级电网企业门户网站、95598 客户服务热线、营业厅公开栏等多种便于公众知晓的方式公开，通过门户网站公开的信息要与国家能源局派出机构的官方网站链接。按照有关规定不属于供电企业主动公开的信息，电力用户可以根据需要向供电企业申请获取相关信息。因故不能公开的，需报国家能源局派出机构备案。

（三）信息公开时限

管理制度、技术标准、工作流程、收费项目和标准等内容应在生效或发生变化之后及时公开。

承接用户受电工程的设计、施工、监理和设备材料制造（供应）企业的名单、合同金额和小区“配套费”收支情况等相关信息，每半年应至少公开一次。

供电企业收到信息公开申请，能够当场答复的，应当场予以答复；不能当场答复的，应最迟在 15 个工作日内予以答复。

三、促进用户受电工程市场公平竞争

各地应进一步开放用户受电工程市场，消除省、市之间的市场壁垒，保障符合条件的市场主体平等参与用户受电工程市场竞争的权利。跨省（区）作业的承装（修、试）电力设施单位，应按照国家有关规定和工程所在地国家能源局派出机构的要求及时备案，并依法接受其监管。

供电企业应认真清理自行出台的报装管理流程，取消在用户受电工程管理环节设置的障碍，不得直接、间接或变相指定设计、承装（修、试）和设备材料供应企业，同时，应认真履行中间检查、竣工验收等各环节的责任，保证相关要求落到实处。

用户受电工程的设计、施工、设备材料制造（供应）企业，应具备相关业务许可证和必要的资质条件，并在规定范围内开展业务，不得违规转包、分包工程，确保用户受电工程质量；用户应对自行组织的设计、施工、设备材料制造（供应）企业的资质条件进行审查把关，并按照规定及时提交中间检查、竣工验收等检验申请。

供电企业要进一步规范主业与用户受电工程设计、施工关联企业的关系，按照现代企业制度要求，实现在人、财、物上的彻底分离，为促进用户受电工程市场公平竞争营造良好的机制环境。

四、加强用户受电工程市场监管

各市场主体应当按照要求向国家能源局派出机构报送用户受电工程市场监管信息，确保信息真实、可靠；供电企业应及时梳理、汇总设计、施工、设备企业在承揽用户受电工程中发生的未遵循国家、地方、行业有关法律法规和相关规定的现象，以及发生的有关安全、质量、进度责任问题等相关信息，按照当地国家能源局派出机构的要求建立定期报告制度。

国家能源局各派出机构应畅通和完善信息渠道，探索建立承装修试企业信息联络员制度，不断健全 12398 热线等投诉举报工作制度，密切跟踪了解用户受电工程市场的发展态势，对发现的违法违规行为加大查处力度，以点及面，带动供电企业不断加强自律，全面提升经营和服务的合法性和规范性。

国家能源局各派出机构要结合本地区实际情况，制定和完善市场规则和实施细则；积极推进信息平台的建设，搭建电力用户受电工程市场信息与监管系统平台，公开与用户受电工程相关的信息。

国家能源局及其各派出机构要每年组织对市场运行及开放情况进行抽查，促进规范用户受电工程市场的各项措施落到实处，抽查比例不低于 20%，并视情况将检查结果通过监管报告等方式向社会公布。

充分发挥社会中介组织和行业自律作用，国家能源局各派出机构要推动建立信用信息系统和信用信息档案管理机制，制定和完善信用评价标准与评价制度，有关评价结果及时向社会公开。

国家能源局

2013 年 11 月 12 日

8-14　供电企业信息公开实施办法

（国能发监管规〔2021〕56 号，2021 年 11 月 23 日国家能源局发布）

第一条　为了提高供电企业工作透明度，充分发挥供电企业信息公开对人民群众生产生活和经济社会活动的服务作用，切实保障广大电力用户的知情权、参与权、监督权，根据《电力监管条例》《公共企事业单位信息公开规定制定办法》和《电力企业信息披露规定》，制定本办法。

第二条　本办法所称供电企业是指已取得供电类电力业务许可证，依法从事供电业务的企业。

第三条　供电企业信息公开应当遵循真实准确、规范及时、便民利民的原则，并对本企业发布的信息内容负责。

本办法所称供电企业信息，是指供电企业在提供公共服务过程中制作或者获取的，以一定形式记录、保存的信息。

第四条 国务院能源主管部门及其派出机构对供电企业信息公开的情况实施监管。

第五条 供电企业信息公开的内容，分为主动公开的信息和依申请公开的信息。

第六条 依法确定为国家秘密的信息，法律、行政法规禁止公开的信息，以及公开后可能危及国家安全、公共安全、经济安全、社会稳定的信息，不予公开。

涉及商业秘密、个人隐私等公开会对第三方合法权益造成损害的信息，不得公开。但是，不公开会对公共利益造成重大影响或者第三方同意公开的，应当予以公开。

本办法所称的商业秘密，是指不为公众所知悉、具有商业价值并经权利人采取相应保密措施的技术信息、经营信息等商业信息。

第七条 供电企业应当依照本办法和国家有关规定，主动公开以下与人民群众利益密切相关的信息：

（一）供电企业基本情况。企业性质、办公地址、营业场所、联系方式、供电类电力业务许可证及编号等。如有变化，应当自发生变化之日起 10 个工作日内更新；

（二）供电企业办理用电业务有关信息。各类用户办理新装、增容与变更用电性质等用电业务的工作流程、办理时限、办理环节、申请资料以及业务办理环节中涉及审核查验事项的范围、明细和依据等。如有变化，应当自发生变化之日起 10 个工作日内更新。国家另有规定的，按照规定执行；

（三）供电企业执行的电价和收费标准。供电企业向各类用户计收电费时执行的政策文件以及供电企业向用户提供有偿服务时收费的项目、标准和依据等。如有变化，应当自发生变化之日起 10 个工作日内更新；

（四）供电质量情况。包括供电可靠性、用户受电端电压合格率等政策文件和相关标准。如有变化，应当自发生变化之日起 10 个工作日内更新。电压合格率和供电可靠性指标按季度发布，供电可靠性指标应根据国家能源局统一发布的指标进行公布；

（五）停限电有关信息。包括停电区域、停电线路、停电起止时间及供电营业区有序用电方案、限电序位等信息。供电企业应按国家规定将有关情况及时公布；

（六）供电企业供电服务所执行的法律法规以及供电企业制定的涉及用户利益的有关管理制度和技术标准。如有变化，应当自发生变化之日起 10 个工作日内更新；

（七）供电企业供电服务承诺以及供电服务热线、12398 能源监管热线等投诉渠道。供电服务热线与 12398 能源监管热线标识同步、同对象公开。如有变化，应当自发生变化之日起 10 个工作日内更新。供电企业应主动将供电服务热线号码与 12398 能源监管热线号码通过即时通讯软件、短信、移动客户端等渠道推送告知到用户；

（八）用户受电工程市场公平开放相关信息。供电企业执行的规范用户受电工程市场行为的政策文件和制定的相关制度文件。如有变化，应当自发生变化之日起 10 个工作日内更新；

（九）可开放容量有关信息。包括本地区配电网接入能力和容量受限情况，相关情况按季度更新；

（十）其他需要主动公开的信息。

第八条 供电企业应当在门户网站或移动客户端设立专门的信息公开栏目，全面、完整、集中公开本办法第七条规定的信息内容，便于公众查询和获取信息，并可通过公开栏、电子显示屏、便民资料手册、信息发布会、新闻媒体、即时通讯软件、短信等其他便于公众知晓的方式公开。

第九条 除本办法第七条规定供电企业主动公开的信息外，电力用户可以向供电企业申请获取与自身直接相关的信息。

第十条 电力用户依照本办法第九条规定向供电企业申请获取信息的，应当采用书面形式。采用书面形式确有困难的，申请人可以口头提出，由受理该申请的供电企业代为填写信息公开申请。

供电企业信息公开申请应当包括下列内容：

（一）申请人的姓名或者名称、身份证明、联系方式；

（二）申请公开的供电企业信息的名称或者便于供电企业查询的其他特征性描述；

（三）申请公开的供电企业信息的形式要求，包括获取信息的方式、途径；

（四）申请公开内容与其自身相关的描述。

第十一条 信息公开申请内容不明确的，供电企业应当给予指导和释明，并自收到申请之日起 3 个工作日内一次性告知申请人作出补正，说明需要补正的事项和合理的补正期限。答复期限自供电企业收到补正的申请之日起计算。申请人无正当理由逾期未补正的，视为放弃申请，供电企业不再处理该信息公开申请。

第十二条 供电企业收到信息公开申请，能够当场答复的，应当当场予以答复。

供电企业不能当场答复的，应当自收到申请之日起 7 个工作日内予以答复；如需延长答复期限的，应当经供电企业信息公开工作机构负责人同意，并告知申请人，延长答复的期限不得超过 15 个工作日。

如不能公开的，应当说明理由。

第十三条 对供电企业信息公开申请，供电企业根据下列情况分别作出答复：

（一）所申请公开信息已经主动公开的，告知申请人获取该信息的方式、途径；

（二）所申请公开信息可以公开的，向申请人提供该信息；

（三）供电企业依据本办法的规定决定不予公开的，告知申请人不予公开并说明理由；

（四）供电企业已就申请人提出的供电企业信息公开申请作出答复、申请人重复申请公开相同供电企业信息的，告知申请人不予重复处理。

第十四条 申请公开的信息中含有不应当公开或者不属于供电企业信息的内容，但是能够作区分处理的，供电企业应当向申请人提供可以公开的供电企业信息内容，并对不予公开的内容说明理由。

第十五条 申请人以供电企业信息公开申请的形式进行信访、投诉、举报、供电服务查询等活动，供电企业应当告知申请人不作为供电企业信息公开申请处理并可以告知通过相应渠道提出。

申请人提出的申请内容为要求供电企业提供报刊、书籍等公开出版物的，供电企业可以告知获取的途径。

第十六条 供电企业依申请提供信息的，不得向申请人收取费用，国家另有规定的除外。供电企业不得通过其他组织、个人以有偿服务的方式提供信息。

第十七条 供电企业应当编制并公布信息公开指南和目录，如有变动应同步更新。

信息公开指南应当包括信息的分类、获取方式、信息公开工作机构的名称、办公地址、办公时间、联系电话、传真号码、电子邮箱等内容。

信息公开目录，应当包括信息索引、名称、内容概要、生成日期等内容。

第十八条 供电企业应当建立健全信息公开咨询机制，设置信息公开咨询窗口。咨询窗口设置以 95598 等供电服务热线为主，也可设立网站互动交流平台、接受现场咨询等。信息公开咨询原则上应即时办理，不能即时回复的，应当在 3 个工作日内予以回复。

第十九条 供电企业应当建立健全信息发布保密审查机制，明确审查的责任和程序，依照国家相关法律法规以及有关规定对拟公开的信息进行保密审查和管理。

第二十条 供电企业应每年 3 月底前编写上一年度信息公开年报，并在其门户网站上发布，同时按要求报国务院能源主管部门派出机构。

第二十一条 供电企业未按照本办法规定公开有关信息的，由国务院能源主管部门及其派出机构责令改正，拒不改正的，按照《供电监管办法》给予行政处罚。

第二十二条 公民、法人或者其他组织认为供电企业不依法履行信息公开义务的，可以通过信函、邮件或 12398 能源监管热线等方式向国务院能源主管部门及其派出机构申诉。

国务院能源主管部门及其派出机构应当依法依规及时处理申诉事项。信息公开申诉事项的处理应当参照 12398 能源监管热线投诉举报处理有关程序及时限规定。

第二十三条 本办法自发布之日起施行，有效期 5 年。

8-15 国家能源局能源争议纠纷调解规定

（国能监管〔2017〕74 号，2017 年 3 月 17 日国家能源局发布）

第一条 为了规范能源争议纠纷调解行为，完善能源争议纠纷调解制度，及时解决能源争议纠纷，根据有关法律、行政法规，结合工作实际，制定本规定。

第二条 国家能源局调解能源争议纠纷，适用本规定。

本规定所称能源争议纠纷是指平等主体之间发生的，属于国家能源局职责范围内的电力、煤炭、石油、天然气、新能源、可再生能源等争议纠纷。

第三条 国家能源局调解能源争议纠纷，遵循下列原则：

（一）在当事人自愿、平等基础上进行调解；

（二）不违背法律、行政法规和国家政策，公平合理；

（三）尊重当事人的权利，不得因调解而阻止当事人依法通过仲裁、司法等途径维护自己的权利。

第四条 当事人向国家能源局申请调解，应当符合下列条件：

（一）申请人为能源争议纠纷的一方当事人；

（二）有明确的被申请人；

（三）有具体的调解请求、事实和理由；

（四）争议纠纷事项属于国家能源局职责范围。

第五条 国家能源局收到调解申请后，应当在 7 日内决定是否受理并通知当事人。

第六条 符合本规定第四条规定条件的调解申请，被申请人同意调解的，国家能源局应当受理。国家能源局主动调解的，双方当事人同意即为受理。

第七条 调解申请有下列情形之一的，国家能源局不予受理：

（一）被申请人明确拒绝调解的；

（二）已就争议纠纷事项提起仲裁或者诉讼的；

（三）不符合本规定第四条规定条件的。

国家能源局决定不予受理的，应当向当事人说明理由。

第八条 国家能源局调解能源争议纠纷，应当根据争议纠纷复杂程度和争议纠纷标的大小，指定2名以上调解员进行调解。

第九条 调解员一般由国家能源局的工作人员担任。国家能源局也可以根据工作需要，聘任能源、经济、财会、法律等方面的专业人员担任调解员，调解员履职前应当征得其所在单位同意。

聘任的调解员与国家能源局工作人员担任的调解员在能源争议纠纷调解工作中享有同等权利，履行同等义务。

调解员应当具备下列条件：

（一）拥护党的路线、方针、政策，坚持四项基本原则；

（二）遵纪守法，作风正派，廉洁自律；

（三）熟悉能源法律、法规、规章和国家有关政策；

（四）具备相应的能源、经济等专业知识。

国家能源局应当加强对聘任调解员的监督和管理，对聘任调解员业务能力、遵守有关规章制度的情况进行考核。

第十条 调解员进行调解工作，不得偏袒一方当事人，不得利用调解工作的便利牟取不正当利益，不得泄露当事人的商业秘密和个人隐私。

第十一条 当事人认为调解员与能源争议纠纷有利害关系或者其他关系，可能影响公正调解的，可以向国家能源局申请调解员回避。调解员认为自己与能源争议纠纷有利害关系或者其他关系，可能影响公正调解的，应当自行申请回避。

调解员是否回避，由局领导决定。

第十二条 当事人可以委托代理人参加调解。委托代理人代理的，被委托人应当提交授权委托书。授权委托书应当由委托人签名或者盖章，载明委托代理人姓名、性别、年龄、身份证明、联系方式、委托期限和代理权限。

第十三条 能源争议纠纷涉及第三人的，应当通知第三人参加。

第十四条 调解员可以采取下列方式调解能源争议纠纷：

（一）根据已掌握的情况向当事人提出争议纠纷解决建议；

（二）单独会见一方当事人或者同时会见各方当事人；

（三）以书面或者口头方式征求一方当事人或者各方当事人的意见；

（四）要求当事人提出争议纠纷解决建议或者方案；

（五）经当事人同意，聘请与争议纠纷各方无利害关系的专家或者机构对争议纠纷事项提供咨询建议或者鉴定意见；

（六）有利于当事人达成一致意见的其他方式。

第十五条 调解过程中，当事人应当如实陈述事实，遵守调解秩序，尊重调解员和对方当事人。

第十六条 调解过程中，当事人有下列情形之一的，国家能源局可以终止调解：

（一）隐瞒重要事实、提供虚假情况的；

（二）故意拖延时间的；

（三）无正当理由缺席或者以其他方式表明退出调解的；

（四）就能源争议纠纷事项提起仲裁或者诉讼的；

（五）影响调解正常进行的其他情况。

第十七条 调解结果涉及第三人利益的，应当征得第三人同意。第三人不同意的，终止调解。

第十八条 调解应当自受理之日起三个月内结案。因情况复杂，在规定时间内不能结案的，可以适当延长，但最长不超过六个月。

第十九条 调解达不成协议的，终止调解。

第二十条 调解达成协议的，国家能源局可以制作调解书。调解书应当载明下列事项：

（一）当事人的基本情况；

（二）能源争议纠纷的主要事实、争议纠纷事项以及各方当事人的责任；

（三）当事人达成调解协议的内容，履行的方式、期限。

调解书应当由调解员以及当事人签名或者盖章，并加盖国家能源局印章。国家能源局应当将调解书及时送达当事人。

第二十一条 参与调解的人员应当依法保守在调解过程中获知的涉及国家秘密、商业秘密和个人隐私的信息。

第二十二条 国家能源局调解能源争议纠纷不收取任何费用。

第二十三条 国家能源局派出能源监管机构和省级能源主管部门可以参照本规定制定调解工作程序。

每年 12 月 20 日前，派出能源监管机构应当将年内发生能源争议纠纷调解案件的情况统计报告市场监管司。

第二十四条 本规定中有关“7 日”的规定是指工作日，不含节假日。

第二十五条 本规定自 2017 年 4 月 1 日起施行。

8-16 国家能源局用户受电工程“三指定”行为认定指引

（国能发监管〔2020〕65 号，2020 年 11 月 30 日国家能源局发布）

第一条 为了规范用户受电工程“三指定”行为的认定工作，有效防范和杜绝“三指定”行为，保障公民、法人和其他组织的合法权益，促进供电市场公平开放，依据《电力监管条例》《电力供应与使用条例》以及《供电监管办法》等有关规定，结合监管工作实际，制定本指引。

第二条 本指引适用于国家能源局及派出机构对用户受电工程“三指定”行为的认定及“三指定”行为案件的立案、调查、审查、审理、处罚等工作。

第三条 本指引所称供电企业，是指依法取得电力业务许可证，从事供电、增量配电网业务的企业法人、组织和分支机构。

第四条 本指引所称用户受电工程，是指由用户出资建设，在用户办理新装、增容、变更用电等用电业务时涉及的电力工程。

第五条 本指引所称用户受电工程“三指定”行为，是指供电企业直接、间接或者变相指定用户受电工程的设计、施工和设备材料供应单位，限制或者排斥其他单位的公平竞争，侵犯用户自由选择权的行为。

施工单位包括承装（修、试）电力设施单位和工程监理单位。

设备材料供应单位包括设备材料供应商和设备材料生产厂家。

第六条 国家能源局及派出机构执法人员办理“三指定”行为案件过程中，应当遵循专业标准和职业道德，全面、客观、公正地调查、收集、审核证据，确认事实。

第七条 供电企业有下列情形之一的，可以认定为指定设计单位的行为：

（一）为用户受电工程直接指明、确定、认定或者限定设计单位，影响用户选择设计单位的；

（二）通过口头、书面或者公示等方式，向用户推荐或者限定特定的设计单位，影响用户选择设计单位的；

（三）授意特定的设计单位介入报装申请、现场勘察、供电方案答复、设计图纸审查和竣工检验等用电报装环节，影响用户选择设计单位的；

（四）采用不合理的供电方案答复标准、拖延供电方案答复时间等方式，或者在供电方案中未明确引入电源或者供电方式、计量计费方式等设计所需要的必要信息，影响用户选择设计单位的；

（五）通过批复不合理的接电点、隐瞒供电能力等手段增加用户投资成本，影响用户选择设计单位的；

（六）自行提高设计、施工单位资质等级、业绩标准，或者自行提高设计图纸审查标准，影响用户选择设计单位的；

（七）自行设置设计准入条件，导致用户只能选择特定设计单位的；

（八）采用不受理、不通过、拖延设计图纸审查，或者不出具设计图纸审查意见等方式，影响用户选择设计单位的；

（九）国家能源局及派出机构认定的其他指定设计单位的行为。

第八条 供电企业有下列情形之一的，可以认定为指定施工单位的行为：

（一）为用户受电工程直接指明、确定、认定或者限定施工单位，影响用户选择施工单位的；

（二）通过口头、书面或者公示等方式，向用户推荐或者限定特定的施工单位，影响用户选择施工单位的；

（三）授意特定的施工单位介入报装申请、现场勘察、供电方案答复、设计图纸审查和竣工检验等用电报装环节，影响用户选择施工单位的；

（四）自行提高设计、施工单位资质等级标准、业绩标准，或者自行提高设计图纸审查标准，影响用户选择施工单位的；

（五）采用不合理的供电方案答复标准、拖延答复时间，或者采取不受理、不通过、拖延设计图纸审查、中间检查及竣工检验等方式，影响用户选择施工单位的；

（六）以不合理的供电方案或者无故提高设计图纸审查标准增加用户投资成本，引导用户为降低投资成本选择特定施工单位的；

（七）在接电时，要求用户或者导致用户选择特定施工单位进行接电施工，为特定施工单位牟取利益提供便利的；

（八）自行设置施工准入条件，导致用户只能选择特定施工单位的；

（九）要求用户自主选择的施工单位，与特定的施工单位签订分包合同（协议）的；

（十）国家能源局及派出机构认定的其他指定施工单位的行为。

第九条 供电企业有下列情形之一的，可以认定为指定设备材料供应单位的行为：

（一）为用户受电工程直接指明、确定、认定或者限定设备材料的品牌、生产厂家或者供应单位，影响用户选择设备材料供应单位的；

（二）通过口头、书面或者公示等方式，向用户推荐或者限定特定的设备材料供应单位，影响用户选择设备材料采购选择权利的；

（三）自行提高设计、施工单位资质等级标准、业绩标准，或者自行提高设计图纸审查标准，影响用户或者施工单位选择设备材料供应单位的；

（四）采用不合理的供电方案答复标准、拖延答复时间，或者采取不受理、不通过、拖延设计图纸审查、中间检查及竣工检验等方式，影响用户或者施工单位选择设备材料供应单位的；

（五）要求用户或者施工单位对设备材料额外进行试验检测，影响用户或者施工单位选择设备材料供应单位的；

（六）指定设备材料特定型号、规格、生产厂家，或者限定设备材料供应品牌范围，影响用户或者施工单位选择设备材料的；

（七）通过指定设计、施工单位，以工程总承包等形式，指定设备材料供应单位的；

（八）国家能源局及派出机构认定的其他指定设备材料供应单位的行为。

第十条 供电企业要求用户委托其代建或者指定特定单位代建用户受电工程，可以认定为“三指定”行为。

第十一条 用户委托实施的用户受电工程，供电企业未按规定组织招投标或者违反招投标有关规定，选择特定设计、施工或者设备材料供应单位的，可以认定为“三指定”行为。

第十二条 对于用户自主选择设计单位、施工单位和设备材料供应单位的，供电企业在业务受理、供电方案答复、设计图纸审查、中间检查、竣工检验和装表接电等环节采用不同标准、设置障碍的，认定如下：

（一）用户被迫改变选择供电企业指定的设计、施工或者设备材料供应单位的，可以认定为“三指定”行为；

（二）用户未改变选择，供电企业不按照规定办理用电业务的，按照《供电监管办法》第十八条第一、五款认定；

（三）用户未改变选择，但是足以影响其他用户选择权或者该用户后续用户受电工程选择权的，按照《供电监管办法》第十八条第五款认定。

第十三条 有下列情形之一的，国家能源局及派出机构已对“三指定”行为进行责令改正：

（一）要求该地市供电企业进行过“三指定”行为整改的；

（二）在该地市供电企业开展过“三指定”行为监管，并采取了监管措施的；

（三）要求该地市供电企业开展过“三指定”行为治理，并采取了监管措施的；

（四）其他对该地市供电企业进行过“三指定”行为整改的情形。

第十四条 供电企业有下列情形之一的，可以依法从重处罚：

（一）社会影响恶劣的；

（二）以暴力、胁迫手段实施“三指定”行为的；

（三）不配合或者干扰国家能源局及派出机构以及所属工作人员执行公务的；

（四）因“三指定”行为发生电力安全事故的；

（五）因“三指定”行为接受过行政处罚等处理后，又实施“三指定”行为的；

（六）其他依法从重处罚情节。

第十五条 供电企业有下列情形之一的，可以依法从轻或者减轻处罚：

（一）主动消除或者减轻“三指定”行为危害后果的；

（二）配合国家能源局及派出机构调查有立功表现的；

（三）其他依法从轻或者减轻处罚情节。

第十六条 国家能源局及派出机构可以就用户受电工程“三指定”行为咨询并采用专家意见书和法律意见书。

第十七条 本指引由国家能源局负责解释。

第十八条 本指引自印发之日起施行。《国家电力监管委员会用户受电工程“三指定”行为认定指引（试行）》（办稽查〔2009〕76号）同时废止。

8-17 电网公平开放监管办法

（国能发监管规〔2021〕49号，2021年9月29日国家能源局发布）

第一章 总 则

第一条 为规范电网公平开放行为，加强电网公平开放监管，保护相关各方合法权益和社会公共利益，根据《中共中央国务院关于进一步深化电力体制改革的若干意见》、《电力监管条例》等有关规定，制定本办法。

第二条 本办法适用于电源接入各类电网，以及地方独立电网、增量配电网、微电网与省级及以下大电网互联工程建设项目的流程、时限、信息公开等相关工作。跨省跨区电源外送和电网互联另行规定。电网企业向电力交易主体公平无歧视提供输配电服务适用电力市场监管相关规定。电力用户接入电网工程适用《供电监管办法》等相关规定。地方电网、增量配电网、微电网等之间的电网互联参照执行。

第三条 电源项目业主和电网企业均享有本办法规定的电网公平开放相关权利，并根据国家法律法规和本办法要求履行相应的义务。

第四条 电网公平开放应遵循以下原则：

（一）依法依规。遵守国家法律法规，满足国家、地方及行业有关政策要求和技术标准。

（二）程序规范。符合国家能源发展战略规划、电力发展规划及地方相关规划要求，加强统筹，避免重复建设，规范有序实施公平开放服务。

（三）公开透明。强化信息公开，保障电网公平开放相关企业知情权。

（四）加强监管。科学高效开展监管工作，严肃查处违法违规行为，维护公平公正的市场秩序。

第五条 国家能源局依照本办法和国家有关规定，负责全国电网公平开放监管和行政执法工作。

国家能源局派出机构负责辖区内电网公平开放监管和行政执法工作。各级地方能源主管部门负责辖区内电网公平开放涉及的电力规划、建设管理工作。

第六条 对电网企业及电源项目业主、电网互联双方违反本办法的行为，任何单位和个人有权通过12398能源监管热线等向国家能源局及其派出机构投诉和举报，国家能源局及其派出机构应依法及时处理。

第二章 电源接入电网

第七条 电网企业应公平无歧视地向电源项目业主提供电网接入服务，不得从事下列行为：

（一）无正当理由拒绝电源项目业主提出的接入申请，或拖延接入系统；

（二）拒绝向电源项目业主提供接入电网须知晓的输配电网络的接入位置、可用容量、实际使用容量、出线方式、可用间隔数量等必要信息；

（三）对分布式发电等符合国家要求建设的发电设施，除保证电网和设备安全运行的必要技术要求外，接入适用的技术要求高于国家和行业技术标准、规范；

（四）违规收取不合理服务费用；

（五）其他违反电网公平开放的行为。

第八条 电网企业应建立电源项目接入电网工作制度，明确提供接入服务的工作部门、工作流程、工作时限，以及负责电源项目配套送出工程建设的工作部门、工作流程。

第九条 向电网企业申请接入电网的电源项目，应满足以下条件：

（一）符合国家产业政策，不属于国家《产业结构调整指导目录》中淘汰类及限制类项目；

（二）已列入政府能源主管部门批准的电力发展规划或专项规划项目，或已纳入省级及以上政府能源主管部门年度实施方案的项目；

（三）接入增量配电网的电源项目，应满足国家关于增量配电业务改革试点的相关政策。

第十条 申请接入电网的电源项目业主应向电网企业提交并网意向书等相关材料，并网意向书应包括以下内容：

（一）电源项目名称及所在地；

（二）电源项目规划及本期工程规模（本期建设总容量、机组数量、单机容量、机组类型、主要技术参数等）；

（三）电源项目拟建成投产时间；

（四）电源项目的性质（公用或自备）；

（五）电源项目前期工作进展情况；

（六）电源项目纳入政府能源主管部门批准的电力发展规划或专项规划，或省级及以上政府能源主管部门年度实施方案的证明文件，以及有权部门出具的核准文件、备案文件等；

（七）与电源项目并网相关的其他必要信息。

第十一条 收到电源项目并网意向书后，电网企业应于5个工作日内（对于分布式新能源发电项目，应于2个工作日内）给予书面回复。电源项目并网意向书的内容完整性和规范性符合相关要求的，电网企业应出具受理通知书；不符合相关要求的，电网企业应出具不予受理的书面凭证，并告知其原因；需要补充相关材料的，电网企业应一次性书面告知。逾期不回复的，电网企业自收到电源项目并网意向书之日起视为已经受理。

第十二条 电源项目业主应委托具有相应资质、独立的设计单位开展电源项目接入系统设计工作(分布式新能源发电项目按相关规定执行),一般应在电源项目本体可行性研究阶段开展。电网企业应按照相关行业标准，根据接入系统设计要求，及时一次性地提供开展接入系统设计所需的电网现状、电网规划、接入条件等基础资料。确实不能及时提供的，电网企业应书面告知电源项目业主，并说明原因。各方应按照国家有关信息安全与保密的要求，规范提供和使用有关资料。

第十三条 在接入系统设计工作完成后，电源项目业主应向电网企业提交接入系统设计方案报告。收到接入系统设计方案报告后，电网企业应于5个工作日内（对于分布式新能源发电项目，应于2个工作日内）给予书面回复。接入系统设计方案报告的内容完整性和规范性符合相关要求的，电网企业应出具受理通知书；不符合相关要求的，电网企业出具不予受理的书面凭证，并告知其原因；需要补充相关材料的，电网企业应一次性书面告知。逾期不回复的，自电网企业收到接入系统设计方案报告之日起即视为已经受理。

第十四条 电网企业受理电源项目接入系统设计方案报告后，应按照“公平、公开、高效、安全”的原则，根据国家和行业技术标准、规范，及时会同电源项目业主组织对接入系统设计方案进行研究，并向电源项目业主出具书面回复意见。

（一）接入系统电压等级为500千伏及以上的，电网企业应于40个工作日内出具书面回复意见；

（二）接入系统电压等级为110（66）～220（330）千伏的，电网企业应于30个工作日内出具书面回复意见，其中分布式新能源发电项目接入应于20个工作日内出具书面答复意见；

（三）接入系统电压等级为35千伏及以下的，电网企业应于20个工作日内出具书面回复意见，其中分布式新能源发电项目接入应于10个工作日内出具答复意见。

第十五条 电网企业应按照国家有关规定依法依规组织开展接入工程相关前期工作。接入工程前期工作所需时间原则上不超过电网企业同电压等级、条件相近的其他电网工程。接入工程受规划、土地、环保等外部条件限制不可实施时，电源项目业主应重新开展接入系统方案设计。

因单方原因调整接入系统设计方案的，应商对方按照程序重新确定新的方案，相关费用原则上由调整提出方承担。

国家政策文件允许的电网企业以外其他投资方开展接入工程相关前期工作时，按照相关政策文件规定执行。

第十六条 电源项目和接入工程项目均核准（备案）后，电网企业与电源项目业主一般情况下应于30个工作日内（对于分布式新能源发电项目，应于15个工作日内）签订接网协议。接网协议应考虑电源本体和接入工程的合法建设和合理工期，内容包括电源项目本期规模、开工时间、投产时间、配套送出工程投产时间、产权分界点、电力电量计量点、并网点电能质量限值要求及控制措施、违约责任及赔偿标准等内容。

第十七条 电网企业、电源项目业主应严格执行接网协议，确保电源电网同步建成投产。因单方原因违反接网协议约定并给对方造成损失的，违约方应根据约定承担违约责任。

第十八条 对于依法核准（备案）建设的分布式新能源发电项目，电网企业应简化工作流程，提供“一站式”办理服务。经双方协商一致，在不违反法律法规及国家有关规定的情况下，可以合并优化或取消某些接入电网工作环节，进一步缩短工作时限。

第三章　电　网　互　联

第十九条　电网企业应公平无歧视提供电网互联服务，不得从事下列行为：

（一）无正当理由拒绝电网互联提出方提出的联网申请，或拖延联网；

（二）拒绝向电网互联提出方提供电网互联须知晓的输配电网络的互联位置、可用容量、实际使用容量、出线方式、可用间隔数量等必要信息；

（三）对电网互联提出方符合国家要求建设的输配电设施，除保证电网和设备安全运行的必要技术要求外，联网适用的技术要求高于国家和行业技术标准、规范；

（四）违规收取不合理服务费用；

（五）其他违反电网公平开放的行为。

第二十条　电网企业应建立本企业电网互联相关工作制度，明确提供联网服务的工作部门、工作流程、工作时限，以及负责电网互联配套工程建设的工作部门、工作流程。

第二十一条　电网互联项目应符合政府能源主管部门批准的电网发展规划。电网互联提出方应向电网企业提交联网意向书等相关材料。

收到电网互联提出方提交的联网意向书后，电网企业应于5个工作日内给予书面回复。纳入电网发展规划的，电网企业应出具受理通知书；未纳入电网发展规划的，电网企业应出具不予受理的书面凭证，并告知其原因；需要补充相关材料的，电网企业应一次性书面告知。逾期不回复的，电网企业自收到联网意向书之日起视为已经受理。

第二十二条　电网互联提出方应组织开展电网互联系统设计工作。在受理联网通知书出具后20个工作日内，电网互联双方互相向对方提供开展联网设计所需的电网现状（包括相关主变的负载率和间隔情况等）、运行方式、电网规划（包括电网投资建设方案等）、电源分布、联网条件等基础资料；不能及时提供的，应书面告知对方原因。电网企业应向电网互联提出方书面告知互联有关的技术标准和要求。双方应按照国家有关信息安全与保密的要求，规范提供和使用有关资料。

第二十三条　在电网互联系统设计工作完成后，电网互联提出方应向电网企业提交电网互联系统设计方案报告。收到电网互联系统设计方案报告后，电网企业应于5个工作日内给予书面回复。电网互联系统设计方案报告的内容完整性和规范性符合相关要求的，电网企业应出具受理通知书；不符合相关要求的，电网企业应出具不予受理的书面凭证，并告知原因；需要补充相关材料的，电网企业应一次性书面告知。逾期不回复的，电网企业自收到电网互联系统设计方案报告之日起即视为已经受理。

鼓励电网企业采用线上方式提供本办法第十一条、第十三条、第二十一条和本条上款规定的受理及回复服务。

第二十四条　电网企业受理电网互联提出方提交的电网互联系统设计方案报告后，按照“公平、公开、高效、安全”原则，根据国家和行业技术标准、规范，及时会同电网互联提出方组织对设计方案进行研究，并出具书面回复意见。

（一）电网互联系统电压等级为110（66）～220（330）千伏的，电网企业应于30个工作日内出具书面回复意见；

（二）电网互联系统电压等级为35千伏及以下的，电网企业应于20个工作日内出具书面回复意见。

双方对互联方案有争议经协商不能达成一致的，由当地省级能源主管部门会同当地国家能源局派出机构协调确定。

第二十五条 电网互联工程投资建设方应按照国家有关规定依法依规开展联网工程相关前期工作。电网互联工程受规划、土地、环保等外部条件限制不可实施时，电网互联提出方应重新开展电网互联系统设计。

因单方原因调整电网互联系统设计方案的，应商对方按照程序重新确定新的方案，相关费用原则上由调整提出方承担。

第二十六条 电网互联工程核准（备案）后，电网互联双方一般情况下应于30个工作日内签订互联协议。互联协议应包括互联工程开工时间、投产时间、产权分界点、电力电量计量点、违约责任及赔偿标准等内容。

第二十七条 电网互联双方应严格执行互联协议，确保互联工程及时建成投产。因单方原因造成投产时间迟于互联协议约定时间并给对方造成损失的，违约方应根据约定承担违约责任。

第四章 信 息 公 开

第二十八条 电网企业应公开电源接入制度，为电源项目业主查询相关信息提供便利，并通过门户网站等方式每月向电源项目业主公布以下信息：

（一）截至上月末配套送出工程尚未投产的电源项目列表，配套送出工程前期工作进展情况，各电源项目业主提交并网意向书、接入系统设计方案报告时间，电网企业出具相应受理通知书、接入系统方案书面回复时间；

（二）上述电源项目配套电网工程项目概况、投产计划及工程建设进度；

（三）与电网公平开放相关的其他信息。

申请接入的电源项目业主应每月向电网企业通报电源项目前期工作进展、方案变化调整情况、建设进度情况以及与电源项目接入电网相关的其他信息。

第二十九条 电网企业应公开电网互联制度，为电网互联提出方查询相关信息提供便利，并通过门户网站等方式每月向电网互联提出方公布以下信息：

（一）截至上月末联网工程尚未投产的电网互联项目列表，电网互联提出方提交联网意向书、电网互联系统设计方案报告时间，电网企业出具相应受理通知书、电网互联系统方案书面回复时间；

（二）与电网公平开放相关的其他信息。

电网互联提出方应每月向电网企业通报电网互联项目概况、前期工作进展、工程计划、建设进度以及与电网互联相关的其他信息。

第三十条 电网公平开放相关企业按照本办法第二十八条、第二十九条规定公开相关信息时，应遵守国家有关信息安全与保密要求。

第五章 监 管 措 施

第三十一条 电网企业按照第八条、第二十条建立的相关工作制度，应在编制完成后一个月内报送国家能源局及其派出机构。上述工作制度如有更新，应于更新之日起10个工作日内另行报送。

电网企业应每季度第一个月 10 日前向国家能源局及其派出机构报送上一季度电网公平开放情况，包括各类电源接入、电网互联、信息公开等情况。

国家能源局及其派出机构根据履行监管职责的需要，可要求电网企业报送与监管事项相关的其他信息和资料。

第三十二条 国家能源局及其派出机构可采取下列现场监管措施，有关企业及其工作人员应予以配合：

（一）进入电网公平开放相关企业进行检查；

（二）询问电网公平开放相关企业的工作人员，要求其对有关检查事项作出说明；

（三）查阅、复制与检查事项有关的文件、资料和电子数据，对可能被转移、隐匿、损毁的文件、资料予以封存；

（四）通过电网公平开放相关企业数据信息系统对有关信息进行调取、分析。

现场监管时可以邀请第三方机构专家参加并提供专业意见建议。现场监管中发现的违法违规行为，国家能源局及其派出机构有权当场予以纠正或要求限期改正。

第三十三条 电网公平开放相关企业违反本办法规定的，国家能源局及其派出机构应依法查处并予以记录，可以对其采取监管约谈、限期整改、监管通报、出具警示函、行政处罚等措施，依法依规纳入不良信用记录。造成重大损失或重大影响的，国家能源局及其派出机构可对责任单位直接负责的主管人员和其他直接责任人员依法提出处理建议。

第三十四条 国家能源局及其派出机构对电网公平开放相关企业违反本办法规定、损害相关方合法权益和社会公共利益的行为及其处理情况，可适时向社会公布。

第六章 法 律 责 任

第三十五条 国家能源局及其派出机构从事监管工作的人员违反能源监管有关规定，损害电网公平开放相关企业的合法权益或社会公共利益的，依照国家有关规定追究其责任；构成犯罪的，依法追究其刑事责任。

第三十六条 电网企业违反本办法第二章、第三章规定，未按要求提供电源接入电网、电网互联服务的，由国家能源局及其派出机构责令限期改正；拒不改正的，按照《电力监管条例》第三十一条规定进行处罚，并可对直接负责的主管人员和其他直接责任人员提出处理建议。

第三十七条 电网企业有下列情形之一的，由国家能源局及其派出机构责令限期改正；拒不改正的，按照《电力监管条例》第三十四条规定进行处罚，并可对直接负责的主管人员和其他直接责任人员提出处理建议。

（一）拒绝或阻挠国家能源局及其派出机构从事监管工作的人员依法履行监管职责的；

（二）提供虚假或隐瞒重要事实的文件、资料的；

（三）违反本办法第四章规定，未按要求公开有关信息。

第七章 附 则

第三十八条 本办法下列用语的含义：

（一）本办法所称电网企业是指依法取得电力业务许可证、负责电网设施运营、从事输电或配电业务的企业。

（二）本办法所称地方独立电网是指地方独立电网企业所建设运营的电网系统；本办法所称省级及以下大电网是指国家电网有限公司、中国南方电网有限责任公司所建设运营的省级及以下电网系统。

（三）本办法所称电源包括常规电源、集中式新能源发电、分布式发电、储能等。常规电源是指除分布式发电外的燃煤发电、燃气发电、核电、水电等。集中式新能源发电是指除分布式发电外的风电、太阳能发电、生物质发电等。分布式发电是指在用户所在场地或附近安装，以用户侧自发自用为主、多余电量上网、且在配电网系统平衡调节为特征的发电设施或有电力输出的能量综合梯级利用多联供设施。

（四）本办法所称储能（含抽水蓄能）包括电源侧储能、电网侧储能和用户侧储能等。电源侧储能是指装设并接入在常规电厂、风电场、光伏电站等电源厂站内部的储能设施。电网侧储能是指在专用站址建设，直接接入公用电网的储能设施。电源侧储能、电网侧储能接入电网参照常规电源接入电网。用户侧储能是指在用户内部场地或邻近建设的储能设施。用户侧储能接入电网参照分布式发电接入电网。

（五）本办法所称电网公平开放相关企业包括电网企业和电源项目业主。

第三十九条　国家能源局派出机构可依据本办法会同地方政府有关部门制订辖区实施细则。

第四十条　本办法自发布之日起施行，有效期为5年。

8-18　承装（修、试）电力设施许可证注销管理办法

（国能发资质规〔2021〕48号，2021年9月26日国家能源局发布）

第一章　总　　则

第一条　为进一步完善承装（修、试）电力设施许可管理制度，规范承装（修、试）电力设施许可证注销管理，保护被许可人合法权益，维护市场秩序，根据《中华人民共和国行政许可法》《电力供应与使用条例》《承装（修、试）电力设施许可证管理办法》等法律、法规、规章，制定本办法。

第二条　承装（修、试）电力设施许可证（以下简称许可证）注销的实施，适用本办法。

本办法所称许可证注销是指被许可人已经取得的承装（修、试）电力设施许可（以下简称许可）存在被依法撤销、撤回，或许可证被依法吊销以及终止等法定情形，并依法办理注销手续的行政许可程序性行为。

第三条　国家能源局及其派出机构应当依照本办法实施撤销、撤回许可和吊销许可证，办理许可证注销手续。法律、法规另有规定的，从其规定。

国家能源局对其派出机构实施的许可证注销工作进行指导、监督。

第四条　许可证注销的实施，应当遵循依法、公开、公正的原则。

第二章　注销的适用

第五条　有下列情形之一的，国家能源局派出机构（以下简称派出机构）应当依法办理许

可证注销手续：

（一）许可依法被撤销、撤回，或者许可证被依法吊销的；

（二）许可有效期届满未按规定申请延续，或者延续申请未批准的；

（三）被许可人因解散、破产、倒闭、歇业、合并、分立等原因依法终止的；

（四）法律、法规规定的应当注销许可证的其他情形。

第六条 本办法第五条中所称许可依法被撤销，包括下列情形：

（一）派出机构工作人员滥用职权、玩忽职守作出准予许可决定的；

（二）超越法定职权作出准予许可决定的；

（三）违反法定程序作出准予许可决定的；

（四）对不具备申请资格或者不符合法定条件的申请人准予许可的；

（五）被许可人以欺骗、贿赂等不正当手段取得许可的；

（六）依法可以撤销许可的其他情形。

第七条 本办法第五条中所称许可依法被撤回，包括下列情形：

（一）许可依据的法律、法规、规章修改或者废止的；

（二）准予许可所依据的客观情况发生重大变化，导致许可被终止的；

（三）依法应当撤回许可的其他情形。

第八条 撤销许可的决定由国家能源局或颁发许可证的派出机构作出；撤回许可的决定由颁发许可证的派出机构作出。其他派出机构发现应当撤销、撤回许可情形的，可以向颁发许可证的派出机构提出处理建议。

第九条 作出撤销、撤回许可决定前，国家能源局或其派出机构应当告知被许可人撤销、撤回许可的事实、理由和处理意见，听取被许可人的陈述和申辩。如被许可人无法联系，由颁发许可证的派出机构在其网站公告撤销、撤回许可的事实、理由和处理意见等相关信息，公告期为30日。

对被许可人提出的陈述和申辩，国家能源局或其派出机构应当进行核实；被许可人提出的陈述和申辩成立的，应当予以采纳。

第十条 本办法第五条中所称许可证被依法吊销，包括下列情形：

（一）违反《建设工程质量管理条例》《承装（修、试）电力设施许可证管理办法》等有关规定，存在转包、违法分包、出租出借许可证、超越许可范围从事承装（修、试）电力设施活动等违法违规行为，情节严重的；

（二）被许可人在从事承装（修、试）电力设施活动中发生重大以上安全生产事故或者重大质量事故，情节严重的；

（三）依法可以吊销许可证的其他情形。

第十一条 吊销许可证的行政处罚，由相关违法违规行为发生地的派出机构按规定程序实施，并将违法违规事实、行政处罚决定抄告颁发许可证的派出机构；颁发许可证的派出机构依据行政处罚决定办理许可证注销手续。

第十二条 作出吊销许可证的行政处罚决定前，被许可人有陈述、申辩和要求举行听证的权利；被许可人在规定期限内要求听证的，由相关派出机构组织听证。

在听取被许可人陈述、申辩或者听证活动结束后，相关派出机构认为被许可人违法事实清楚、证据确凿的，应当作出吊销许可证的决定。

第三章 许可证的注销程序

第十三条 发生本办法第五条第（一）项、第（二）项情形的，由颁发许可证的派出机构在撤销、撤回、吊销决定生效之日或许可证有效期届满次日起10个工作日内办理注销手续。被许可人应当积极配合并在规定时限内交回许可证正本、副本。

第十四条 发生本办法第五条第（三）项、第（四）项情形的，被许可人应当在相关事项发生之日起30日内向颁发许可证的派出机构提出注销申请，并提交以下材料：

（一）法定代表人签署的许可证注销申请表；

（二）许可证正本、副本；

（三）办理注销需要的其他相关材料。

派出机构应当在收到上述申请材料之日起3个工作日内办理许可证注销手续。

第十五条 被许可人未按照本办法第十四条规定提出注销申请的，颁发许可证的派出机构经核实相关情况后可在其网站上发布注销公告。公告期为30日，公告期满后办理注销手续。

第十六条 被许可人交回的许可证正本及副本，由颁发许可证的派出机构加盖注销专用章后归档保存。

第十七条 派出机构应当依法向社会公开辖区内注销许可证的原被许可人名单及注销原因。

第四章 附　　则

第十八条 本办法自印发之日起施行，有效期5年。

8-19 电力现货市场信息披露办法（暂行）

（国能发监管〔2020〕56号，2020年11月6日国家能源局发布）

第一章 总　　则

第一条 为指导和规范电力现货市场信息披露工作，加强信息披露管理，维护市场主体合法权益，依据《中共中央 国务院关于进一步深化电力体制改革的若干意见》（中发〔2015〕9号）及其配套文件、《电力监管条例》（中华人民共和国国务院令第432号）等有关规定，结合电力现货市场实践，制定本办法。

第二条 本办法适用于开展电力现货交易地区的信息披露。未开展电力现货交易的地区，应当根据各地实际情况，加强和完善信息披露工作，不断丰富信息披露内容，可参照本办法执行。

第三条 本办法所称信息披露主体是指参与电力现货市场的市场成员，包括发电企业、售电公司、电力用户、电网企业和市场运营机构。市场运营机构包括电力交易机构和电力调度机构。本办法所称市场主体是指参与电能量买卖或者辅助服务买卖的市场成员。

第四条 本办法所称信息披露是指信息披露主体提供、发布与电力现货市场相关信息的行为。

第二章　信息披露原则和方式

第五条　信息披露应当遵循真实、准确、完整、及时、易于使用的原则。

第六条　市场竞争所需信息应当充分披露，信息披露主体对其提供信息的真实性、准确性、完整性负责。

第七条　电力交易机构总体负责电力现货市场信息披露的实施，创造良好的信息披露条件，制定信息披露标准格式，开放数据接口。电力交易机构应当设立信息披露平台，信息披露平台原则上以电力交易机构现有信息平台为基础。

第八条　信息披露主体按照标准格式通过信息披露平台向电力交易机构提供信息，由电力交易机构通过信息披露平台发布信息。

第三章　信息披露内容

第九条　按照信息公开范围，电力现货市场信息分为公众信息、公开信息、私有信息和依申请披露信息四类。

（一）公众信息：是指向社会公众披露的信息。

（二）公开信息：是指向所有市场成员披露的信息。

（三）私有信息：是指向特定的市场主体披露的信息。

（四）依申请披露信息：是指仅在履行申请、审核程序后向申请人披露的信息。

第一节　发电企业

第十条　发电企业应当披露的公众信息包括：

（一）企业全称、企业性质、所属发电集团、工商注册时间、营业执照、统一社会信用代码（以下简称信用代码）、法定代表人（以下简称法人）、联系方式、电源类型、装机容量、所在地区等。

（二）企业变更情况，包括企业减资、合并、分立、解散及申请破产的决定；或者依法进入破产程序、被责令关闭等重大经营信息。

（三）与其他市场主体之间的关联企业信息。

（四）其他政策法规要求向社会公众公开的信息。

第十一条　发电企业应当披露的公开信息包括：

（一）电厂机组信息，包括电厂调度名称、电力业务许可证（发电类）编号、机组调度管辖关系、投运机组台数及编号、单机容量及类型、投运日期、接入电压等级；单机最大出力、核定最低技术出力、核定深调极限出力；机组出力受限的技术类型，如流化床、高背压供热等。

（二）机组出力受限情况、机组检修及设备改造计划等。

第十二条　发电企业私有信息包括：

（一）中长期交易结算曲线、电力市场申报电能量价曲线、上下调报价、机组启动费用、机组空载费用、辅助服务报价信息等。

（二）机组爬坡速率、机组边际能耗曲线、机组最小开停机时间、机组预计并网和解列时间、机组启停出力曲线、机组调试计划曲线、调频、调压、日内允许启停次数、厂用电率、热电联产机组供热信息等机组性能参数。

（三）机组运行情况，包括出力及发电量等。

（四）各新能源发电企业日前、实时发电预测。

（五）发电企业燃料、燃气供应情况、存储情况、燃料供应风险等。

（六）非国际河流水电企业来水情况、水库运行情况等。

第二节 售电公司

第十三条 售电公司应当披露的公众信息包括：

（一）企业全称、企业性质、售电公司类型、工商注册时间、注册资本金、营业执照、信用代码、法人、联系方式、信用承诺书、资产总额、股权结构、年最大售电量等。

（二）企业资产证明、从业人员相关证明材料、资产总额验资报告等。

（三）企业变更情况，企业减资、合并、分立、解散及申请破产的决定；或者依法进入破产程序、被责令关闭等重大经营信息。

（四）与其他市场主体之间的关联关系信息。

（五）其他政策法规要求向社会公众公开的信息。

第十四条 售电公司应当披露的公开信息包括：

（一）拥有配电网运营权的售电公司应当披露电力业务许可证（供电类）编号、配电网电压等级、配电区域、配电价格等信息。

（二）履约保函缴纳信息（如有）。

第十五条 售电公司私有信息包括：

中长期交易结算曲线、电力市场申报电能量价曲线、与代理电力用户签订的相关合同或者协议信息、与发电企业签订的交易合同信息等。

第三节 电力用户

第十六条 电力用户应当披露的公众信息包括：

（一）企业全称、企业性质、行业分类、用户类别、工商注册时间、营业执照、信用代码、法人、联系方式、主营业务、所属行业等。

（二）企业变更情况，包括企业减资、合并、分立、解散及申请破产的决定；或者依法进入破产程序、被责令关闭等重大经营信息。

（三）与其他市场主体之间的关联关系信息。

（四）其他政策法规要求向社会公众公开的信息。

第十七条 电力用户应当披露的公开信息包括：

企业用电类别、接入地区、年用电量、用电电压等级、供电方式、自备电源（如有）、变压器报装容量以及最大需量等。

第十八条 电力用户私有信息包括：

（一）电力用户用电信息，包括用电户号、用电户名、结算户号、计量点信息、用户电量信息、用户用电曲线等。

（二）中长期交易结算曲线、批发用户电力市场申报电能量价曲线、可参与系统调节的响应能力和响应方式等。

第四节 电网企业

第十九条 电网企业应当披露的公众信息包括：

（一）企业全称、企业性质、工商注册时间、营业执照、信用代码、法人、联系人、联系方式、供电区域、政府核定的输配电线损率等。

（二）与其他市场主体之间的关联关系信息。

（三）政府定价类信息，包括输配电价、各类政府性基金及其他市场相关收费标准等。

（四）电网主要网络通道示意图。

（五）其他政策法规要求向社会公众公开的信息。

第二十条 电网企业应当披露的公开信息包括：

（一）电力业务许可证（输电类）、电力业务许可证（供电类）编号。

（二）市场结算收付费总体情况及市场主体欠费情况。

（三）电网企业代理非市场用户每个交易时段的总购电量、总售电量、平均购电价格、平均售电价格等，含事前预测和事后实际执行。

（四）各类型发电机组装机总体情况，各类型发用电负荷总体情况等。

（五）电网设备信息，包括线路、变电站等输变电设备投产、退出和检修情况等。

（六）全社会用电量、重点行业用电量等。

第五节 市场运营机构

第二十一条 市场运营机构应当披露的公众信息包括：

（一）机构全称、机构性质、机构工商注册时间、股权结构、营业执照、信用代码、法人、组织机构、业务流程、服务指南、联系方式、办公地址、网站网址等。

（二）电力市场适用的法律法规、政策文件。

（三）电力市场规则类信息，包括交易规则、交易相关收费标准，制定、修订市场规则过程中涉及的解释性文档，对市场主体问询的答复等。

（四）信用评价类信息，包括市场主体电力交易信用信息、售电公司违约情况等。

（五）其他政策法规要求向社会公众公开的信息。

（六）市场暂停、中止、重新启动等情况。

第二十二条 市场运营机构应当披露的公开信息包括：

（一）公告类信息，包括电力交易机构财务审计报告、信息披露报告等定期报告、经国家能源局派出机构或者地方政府电力管理部门认定的违规行为通报、市场干预情况、第三方校验报告等。

（二）交易公告，包括交易品种、交易主体、交易规模、交易方式、交易准入条件、交易开始时间及终止时间、交易参数、出清方式、交易约束信息、交易操作说明、其他准备信息等。

（三）交易计划及其实际执行情况等。

（四）市场主体申报信息和交易结果，包括参与交易的主体数量、交易总申报电量、成交的主体数量、最终成交电量、成交均价等。

（五）市场边界信息，包括电网安全运行的主要约束条件、输电通道可用容量、关键输电断面及线路传输限额、必开必停机组组合及原因、非市场机组出力曲线、备用及调频等辅助服务需求、抽蓄电站蓄水水位、参与市场新能源总出力预测等。

（六）市场参数信息，包括市场出清模块算法及运行参数、价格限值、约束松弛惩罚因子、节点分配因子及其确定方法、节点及分区划分依据和详细数据等。

（七）预测信息，包括系统负荷预测、外来（外送）电交易计划、可再生能源出力预测，水电发电计划预测等，任何预测类信息都应当在实际运行后一日内发布对应的实际值。

（八）运行信息，包括实际负荷、实时频率、系统备用信息，重要通道实际输电情况、实际运行输电断面约束情况及其影子价格情况、联络线潮流，输变电设备检修计划执行情况、发电机组检修计划执行情况，非市场机组实际出力曲线等。

（九）参与现货市场机组分电源类型中长期合约占比、合约平均价格、总上网电量等。

（十）市场干预情况原始日志，包括干预时间、干预人员、干预操作、干预原因，涉及《电力安全事故应急处置和调查处理条例》（中华人民共和国国务院令第599号）规定电力安全事故等级的事故处理情形除外。

（十一）市场出清类信息，包括各时段出清电价（节点边际电价市场应当披露所有节点的节点边际电价以及各节点边际电价的电能量、阻塞和网损等各分量价格）、出清电量，调频容量价格和调频里程价格，备用总量、备用价格，输电断面约束及阻塞情况，各电压等级计算网损等。

（十二）每个交易时段的分类结算情况，不平衡资金明细及每项不平衡资金的分摊方式等。

第二十三条　市场运营机构应当向特定市场主体披露其私有信息包括：

（一）中长期结算曲线、分时段中长期交易结算电量及结算电价，日前中标出力及日前节点边际电价，实时中标出力及实时节点边际电价。

（二）结算类信息，包括日清算单、月结算单、电费结算依据等。

第六节　依申请披露信息

第二十四条　市场成员应当报送的依申请披露信息包括：

（一）发电企业报送国际河流水电企业相关数据（如有）。

（二）电网企业报送各非市场用户的类型，购售电电量和电价等。

（三）电网企业报送市场用户进入市场前的用电信息。

（四）电网企业报送能够准确复现完整市场出清结果的电力系统市场模型及相关参数（采用节点边际电价、分区边际电价的电力现货市场地区），包括220kV及以上输电设备（输电线路和变压器）联结关系，输电断面包含的输电设备及其系数、潮流方向、潮流上下限额等。

第二十五条　依申请披露信息纳入特定管理流程，由市场成员向试点地区第一责任单位报送。申请人发起申请，经试点地区第一责任单位审核通过并承诺履行保密责任后方可获取相关信息。申请人应当为参与电力现货市场的市场成员，需书面向试点地区第一责任单位提交申请，申请内容至少包括申请人单位、申请信息内容、申请信息必要性说明、联系方式等。

第二十六条　试点地区第一责任单位应当及时审核申请人提出的信息披露申请。如认定不通过或者披露信息范围需要调整，应及时通知申请人。如不能按时披露申请人提出的相关信息，应当明确延期披露的原因及时限，并在信息披露平台上专栏公示。

第七节　其　　他

第二十七条　征得电力用户同意后，电网企业和市场运营机构应当允许售电公司和发电企业获取电力用户历史分时用电数据、用电信息等有关信息，并约定信息开放内容、频率、时效性，以满足市场主体参与现货交易的要求。

第二十八条　市场成员可申请扩增信息，应当将申请发送至信息披露平台，电力交易机构收到扩增信息披露申请后应及时通知所有受影响的市场主体，并报试点地区第一责任单位审核。扩增信息披露申请及审核结果应当通过信息披露平台专栏公示。

第二十九条　信息披露文档形式以可导出的、常规文件格式为主。

第三十条　电力交易机构应当定期向市场主体出具信息披露报告，内容应当包含但不限于电网概况、电力供需及预测情况、市场准入、市场交易、市场结算、市场建设、违规情况、市场干预情况等方面。

第四章　信息保密和封存

第三十一条　任何市场成员不得违规获取或者泄露未经授权披露的信息。市场成员的工作人员未经许可不得公开发表可能影响市场成交结果的言论。市场成员应当建立健全信息保密管理制度，定期开展保密培训，明确保密责任，必要时应当对办公系统、办公场所采取隔离措施。

第三十二条　信息封存是指对关键信息的记录留存。任何有助于还原运行日（指执行日前电力市场交易计划，保证实时电力平衡的自然日）情况的关键信息应当记录、封存。封存信息包括但不限于：

（一）运行日市场出清模型信息。

（二）市场申报量价信息。

（三）市场边界信息，包括外来（外送）电曲线、检修停运类信息、预测信息、新能源发电曲线、电网约束信息等。

（四）市场干预行为，包括修改计划机组出力、修改外来（外送）电出力、修改市场出清参数、修改预设约束条件、调整检修计划、调整既有出清结果等，应当涵盖人工干预时间、干预人员、干预操作、干预原因、受影响主体以及影响程度信息等。

（五）实时运行数据，包括机组状态及机组出力曲线、电网实时频率等。

（六）市场结算数据、计量数据。

第三十三条　电力交易机构、电力调度机构应当建立市场干预记录管理机制，明确记录保存方式。任何单位或者个人不得违法违规更改已封存信息。市场干预记录应当报市场管理委员会备案，国家能源局派出机构可定期对市场干预行为进行监管，保证市场干预行为的公平性。

第三十四条　封存的信息应当以易于访问的形式存档，并且存储系统应当满足访问、数据处理和安全方面的要求。

第三十五条　信息的封存期限为 5 年，特殊情形除外。

第五章　监　督　管　理

第三十六条　国家能源局派出机构对市场成员按照本办法开展的信息披露行为进行监管，

并根据履行监管职责的需要采取信息报送、现场检查、行政执法等监管措施。

第三十七条 市场主体对披露的信息内容、时限等有异议或者疑问，可向电力交易机构提出，由电力交易机构责成信息披露主体予以解释及配合。对未按要求及时披露、变更或者披露虚假信息的市场成员，一年之内出现上述情形两次以上的，国家能源局派出机构可对其采取监管约谈、监管通报、责令改正、出具警示函、出具监管意见等监管措施，并依据《电力监管条例》等有关规定作出行政处罚。

第三十八条 国家能源局派出机构组织专业机构对信息披露总体情况作出评价，从信息披露的有效性、易于使用性和保密性等方面对信息披露情况进行分析，将评价结果向所有市场成员公布，并抄送地方政府电力管理等部门。

第六章 附 则

第三十九条 本办法由国家能源局负责解释。

第四十条 本办法自发布之日起施行。

附件（略）

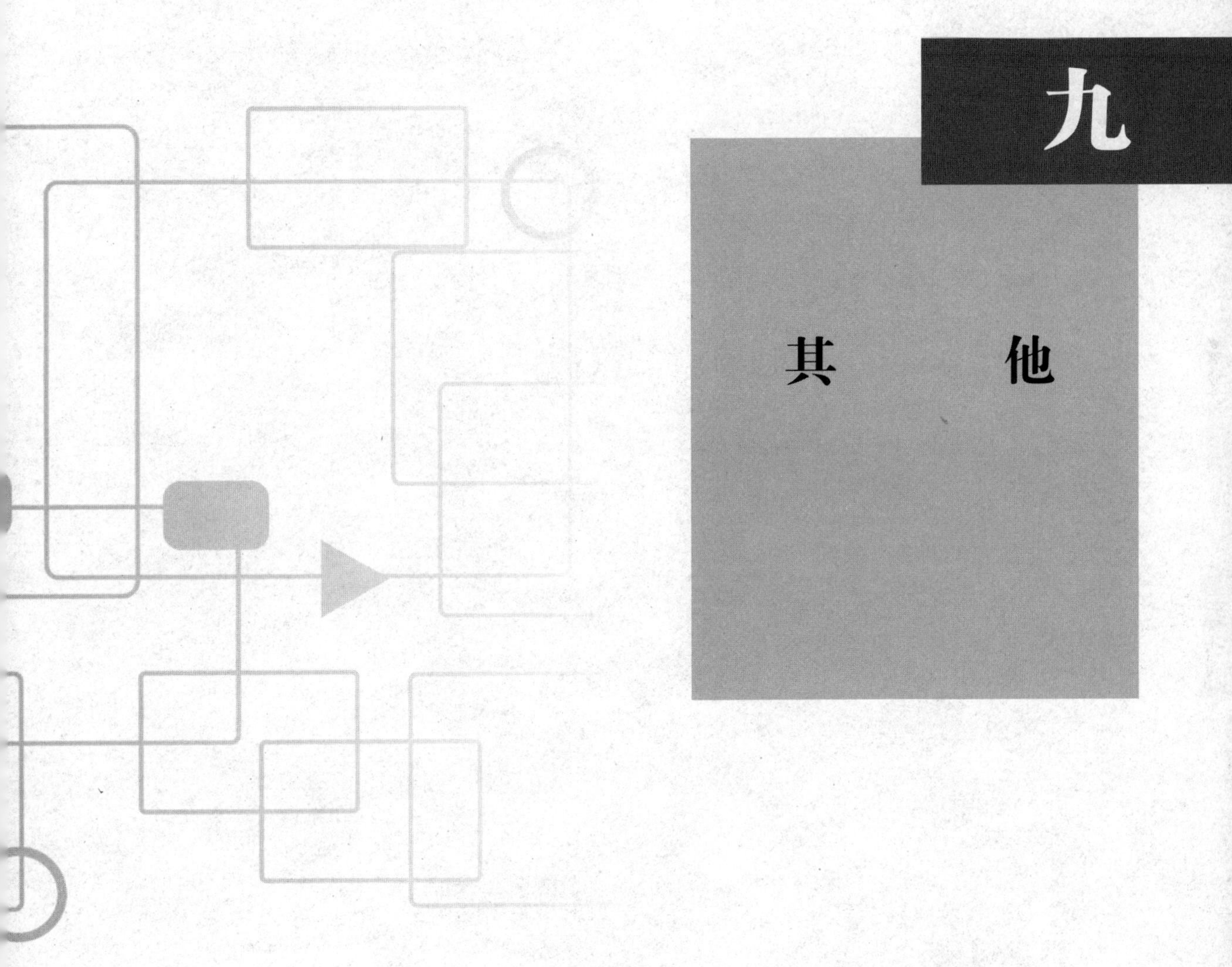

九

其　　他

9-1　中华人民共和国企业破产法（节选）

（2006年8月27日第十届全国人民代表大会常务委员会第二十三次会议通过）

第二条　企业法人不能清偿到期债务，并且资产不足以清偿全部债务或者明显缺乏清偿能力的，依照本法规定清理债务。

企业法人有前款规定情形，或者有明显丧失清偿能力可能的，可以依照本法规定进行重整。

第七条　债务人有本法第二条规定的情形，可以向人民法院提出重整、和解或者破产清算申请。

债务人不能清偿到期债务，债权人可以向人民法院提出对债务人进行重整或者破产清算的申请。

企业法人已解散但未清算或者未清算完毕，资产不足以清偿债务的，依法负有清算责任的人应当向人民法院申请破产清算。

第四十四条　人民法院受理破产申请时对债务人享有债权的债权人，依照本法规定的程序行使权利。

第四十五条　人民法院受理破产申请后，应当确定债权人申报债权的期限。债权申报期限自人民法院发布受理破产申请公告之日起计算，最短不得少于三十日，最长不得超过三个月。

第四十六条　未到期的债权，在破产申请受理时视为到期。

附利息的债权自破产申请受理时起停止计息。

第四十七条　附条件、附期限的债权和诉讼、仲裁未决的债权，债权人可以申报。

第四十八条　债权人应当在人民法院确定的债权申报期限内向管理人申报债权。

债务人所欠职工的工资和医疗、伤残补助、抚恤费用，所欠的应当划入职工个人账户的基本养老保险、基本医疗保险费用，以及法律、行政法规规定应当支付给职工的补偿金，不必申报，由管理人调查后列出清单并予以公示。职工对清单记载有异议的，可以要求管理人更正；管理人不予更正的，职工可以向人民法院提起诉讼。

第四十九条　债权人申报债权时，应当书面说明债权的数额和有无财产担保，并提交有关证据。申报的债权是连带债权的，应当说明。

第五十条　连带债权人可以由其中一人代表全体连带债权人申报债权，也可以共同申报债权。

第五十一条　债务人的保证人或者其他连带债务人已经代替债务人清偿债务的，以其对债务人的求偿权申报债权。

债务人的保证人或者其他连带债务人尚未代替债务人清偿债务的，以其对债务人的将来求偿权申报债权。但是，债权人已经向管理人申报全部债权的除外。

第五十二条　连带债务人数人被裁定适用本法规定的程序的，其债权人有权就全部债权分别在各破产案件中申报债权。

第五十三条　管理人或者债务人依照本法规定解除合同的，对方当事人以因合同解除所产生的损害赔偿请求权申报债权。

第五十四条　债务人是委托合同的委托人，被裁定适用本法规定的程序，受托人不知该事实，继续处理委托事务的，受托人以由此产生的请求权申报债权。

第五十五条　债务人是票据的出票人，被裁定适用本法规定的程序，该票据的付款人继续付款或者承兑的，付款人以由此产生的请求权申报债权。

第五十六条 在人民法院确定的债权申报期限内，债权人未申报债权的，可以在破产财产最后分配前补充申报；但是，此前已进行的分配，不再对其补充分配。为审查和确认补充申报债权的费用，由补充申报人承担。

债权人未依照本法规定申报债权的，不得依照本法规定的程序行使权利。

第一百零七条 人民法院依照本法规定宣告债务人破产的，应当自裁定作出之日起五日内送达债务人和管理人，自裁定作出之日起十日内通知已知债权人，并予以公告。

债务人被宣告破产后，债务人称为破产人，债务人财产称为破产财产，人民法院受理破产申请时对债务人享有的债权称为破产债权。

第一百零八条 破产宣告前，有下列情形之一的，人民法院应当裁定终结破产程序，并予以公告：

（一）第三人为债务人提供足额担保或者为债务人清偿全部到期债务的；

（二）债务人已清偿全部到期债务的。

第一百零九条 对破产人的特定财产享有担保权的权利人，对该特定财产享有优先受偿的权利。

第一百一十条 享有本法第一百零九条规定权利的债权人行使优先受偿权利未能完全受偿的，其未受偿的债权作为普通债权；放弃优先受偿权利的，其债权作为普通债权。

第一百一十三条 破产财产在优先清偿破产费用和共益债务后，依照下列顺序清偿：

（一）破产人所欠职工的工资和医疗、伤残补助、抚恤费用，所欠的应当划入职工个人账户的基本养老保险、基本医疗保险费用，以及法律、行政法规规定应当支付给职工的补偿金；

（二）破产人欠缴的除前项规定以外的社会保险费用和破产人所欠税款；

（三）普通破产债权。

破产财产不足以清偿同一顺序的清偿要求的，按照比例分配。

破产企业的董事、监事和高级管理人员的工资按照该企业职工的平均工资计算。

9-2 中华人民共和国民事诉讼法（节选）

（1991 年 4 月 9 日第七届全国人民代表大会第四次会议通过，根据 2007 年 10 月 28 日第十届全国人民代表大会常务委员会第三十次会议《关于修改〈中华人民共和国民事诉讼法〉的决定》第一次修正，根据 2012 年 8 月 31 日第十一届全国人民代表大会常务委员会第二十八次会议《关于修改〈中华人民共和国民事诉讼法〉的决定》第二次修正，根据 2017 年 6 月 27 日第十二届全国人民代表大会常务委员会第二十八次会议《关于修改〈中华人民共和国民事诉讼法〉和〈中华人民共和国行政诉讼法〉的决定》第三次修正，根据 2021 年 12 月 24 日第十三届全国人民代表大会常务委员会第三十二次会议《关于修改〈中华人民共和国民事诉讼法〉的决定》第四次修正）

第一编 总 则

第一章 任务、适用范围和基本原则

第一条 中华人民共和国民事诉讼法以宪法为根据，结合我国民事审判工作的经验和实际

情况制定。

第二条 中华人民共和国民事诉讼法的任务，是保护当事人行使诉讼权利，保证人民法院查明事实，分清是非，正确适用法律，及时审理民事案件，确认民事权利义务关系，制裁民事违法行为，保护当事人的合法权益，教育公民自觉遵守法律，维护社会秩序、经济秩序，保障社会主义建设事业顺利进行。

第三条 人民法院受理公民之间、法人之间、其他组织之间以及他们相互之间因财产关系和人身关系提起的民事诉讼，适用本法的规定。

第四条 凡在中华人民共和国领域内进行民事诉讼，必须遵守本法。

第五条 外国人、无国籍人、外国企业和组织在人民法院起诉、应诉，同中华人民共和国公民、法人和其他组织有同等的诉讼权利义务。

外国法院对中华人民共和国公民、法人和其他组织的民事诉讼权利加以限制的，中华人民共和国人民法院对该国公民、企业和组织的民事诉讼权利，实行对等原则。

第六条 民事案件的审判权由人民法院行使。

人民法院依照法律规定对民事案件独立进行审判，不受行政机关、社会团体和个人的干涉。

第七条 人民法院审理民事案件，必须以事实为根据，以法律为准绳。

第八条 民事诉讼当事人有平等的诉讼权利。人民法院审理民事案件，应当保障和便利当事人行使诉讼权利，对当事人在适用法律上一律平等。

第九条 人民法院审理民事案件，应当根据自愿和合法的原则进行调解；调解不成的，应当及时判决。

第十条 人民法院审理民事案件，依照法律规定实行合议、回避、公开审判和两审终审制度。

第十一条 各民族公民都有用本民族语言、文字进行民事诉讼的权利。

在少数民族聚居或者多民族共同居住的地区，人民法院应当用当地民族通用的语言、文字进行审理和发布法律文书。

人民法院应当对不通晓当地民族通用的语言、文字的诉讼参与人提供翻译。

第十二条 人民法院审理民事案件时，当事人有权进行辩论。

第十三条 民事诉讼应当遵循诚信原则。

当事人有权在法律规定的范围内处分自己的民事权利和诉讼权利。

第十四条 人民检察院有权对民事诉讼实行法律监督。

第十五条 机关、社会团体、企业事业单位对损害国家、集体或者个人民事权益的行为，可以支持受损害的单位或者个人向人民法院起诉。

第十六条 经当事人同意，民事诉讼活动可以通过信息网络平台在线进行。

民事诉讼活动通过信息网络平台在线进行的，与线下诉讼活动具有同等法律效力。

第十七条 民族自治地方的人民代表大会根据宪法和本法的原则，结合当地民族的具体情况，可以制定变通或者补充的规定。自治区的规定，报全国人民代表大会常务委员会批准。自治州、自治县的规定，报省或者自治区的人民代表大会常务委员会批准，并报全国人民代表大会常务委员会备案。

第二章 管 辖

第一节 级别管辖

第十八条 基层人民法院管辖第一审民事案件，但本法另有规定的除外。

第十九条 中级人民法院管辖下列第一审民事案件：

（一）重大涉外案件；

（二）在本辖区有重大影响的案件；

（三）最高人民法院确定由中级人民法院管辖的案件。

第二十条 高级人民法院管辖在本辖区有重大影响的第一审民事案件。

第二十一条 最高人民法院管辖下列第一审民事案件：

（一）在全国有重大影响的案件；

（二）认为应当由本院审理的案件。

第二节 地域管辖

第二十二条 对公民提起的民事诉讼，由被告住所地人民法院管辖；被告住所地与经常居住地不一致的，由经常居住地人民法院管辖。

对法人或者其他组织提起的民事诉讼，由被告住所地人民法院管辖。

同一诉讼的几个被告住所地、经常居住地在两个以上人民法院辖区的，各该人民法院都有管辖权。

第二十三条 下列民事诉讼，由原告住所地人民法院管辖；原告住所地与经常居住地不一致的，由原告经常居住地人民法院管辖：

（一）对不在中华人民共和国领域内居住的人提起的有关身份关系的诉讼；

（二）对下落不明或者宣告失踪的人提起的有关身份关系的诉讼；

（三）对被采取强制性教育措施的人提起的诉讼；

（四）对被监禁的人提起的诉讼。

第二十四条 因合同纠纷提起的诉讼，由被告住所地或者合同履行地人民法院管辖。

第二十五条 因保险合同纠纷提起的诉讼，由被告住所地或者保险标的物所在地人民法院管辖。

第二十六条 因票据纠纷提起的诉讼，由票据支付地或者被告住所地人民法院管辖。

第二十七条 因公司设立、确认股东资格、分配利润、解散等纠纷提起的诉讼，由公司住所地人民法院管辖。

第二十八条 因铁路、公路、水上、航空运输和联合运输合同纠纷提起的诉讼，由运输始发地、目的地或者被告住所地人民法院管辖。

第二十九条 因侵权行为提起的诉讼，由侵权行为地或者被告住所地人民法院管辖。

第三十条 因铁路、公路、水上和航空事故请求损害赔偿提起的诉讼，由事故发生地或者车辆、船舶最先到达地、航空器最先降落地或者被告住所地人民法院管辖。

第三十一条 因船舶碰撞或者其他海事损害事故请求损害赔偿提起的诉讼，由碰撞发生地、碰撞船舶最先到达地、加害船舶被扣留地或者被告住所地人民法院管辖。

第三十二条 因海难救助费用提起的诉讼，由救助地或者被救助船舶最先到达地人民法院管辖。

第三十三条 因共同海损提起的诉讼，由船舶最先到达地、共同海损理算地或者航程终止地的人民法院管辖。

第三十四条 下列案件，由本条规定的人民法院专属管辖：

（一）因不动产纠纷提起的诉讼，由不动产所在地人民法院管辖；

（二）因港口作业中发生纠纷提起的诉讼，由港口所在地人民法院管辖；

（三）因继承遗产纠纷提起的诉讼，由被继承人死亡时住所地或者主要遗产所在地人民法院管辖。

第三十五条 合同或者其他财产权益纠纷的当事人可以书面协议选择被告住所地、合同履行地、合同签订地、原告住所地、标的物所在地等与争议有实际联系的地点的人民法院管辖，但不得违反本法对级别管辖和专属管辖的规定。

第三十六条 两个以上人民法院都有管辖权的诉讼，原告可以向其中一个人民法院起诉；原告向两个以上有管辖权的人民法院起诉的，由最先立案的人民法院管辖。

第三节 移送管辖和指定管辖

第三十七条 人民法院发现受理的案件不属于本院管辖的，应当移送有管辖权的人民法院，受移送的人民法院应当受理。受移送的人民法院认为受移送的案件依照规定不属于本院管辖的，应当报请上级人民法院指定管辖，不得再自行移送。

第三十八条 有管辖权的人民法院由于特殊原因，不能行使管辖权的，由上级人民法院指定管辖。

人民法院之间因管辖权发生争议，由争议双方协商解决；协商解决不了的，报请它们的共同上级人民法院指定管辖。

第三十九条 上级人民法院有权审理下级人民法院管辖的第一审民事案件；确有必要将本院管辖的第一审民事案件交下级人民法院审理的，应当报请其上级人民法院批准。

下级人民法院对它所管辖的第一审民事案件，认为需要由上级人民法院审理的，可以报请上级人民法院审理。

第三章 审 判 组 织

第四十条 人民法院审理第一审民事案件，由审判员、陪审员共同组成合议庭或者由审判员组成合议庭。合议庭的成员人数，必须是单数。

适用简易程序审理的民事案件，由审判员一人独任审理。基层人民法院审理的基本事实清楚、权利义务关系明确的第一审民事案件，可以由审判员一人适用普通程序独任审理。

陪审员在执行陪审职务时，与审判员有同等的权利义务。

第四十一条 人民法院审理第二审民事案件，由审判员组成合议庭。合议庭的成员人数，必须是单数。

中级人民法院对第一审适用简易程序审结或者不服裁定提起上诉的第二审民事案件，事实清楚、权利义务关系明确的，经双方当事人同意，可以由审判员一人独任审理。

发回重审的案件，原审人民法院应当按照第一审程序另行组成合议庭。

审理再审案件，原来是第一审的，按照第一审程序另行组成合议庭；原来是第二审的或者是上级人民法院提审的，按照第二审程序另行组成合议庭。

第四十二条 人民法院审理下列民事案件，不得由审判员一人独任审理：

（一）涉及国家利益、社会公共利益的案件；

（二）涉及群体性纠纷，可能影响社会稳定的案件；

（三）人民群众广泛关注或者其他社会影响较大的案件；

（四）属于新类型或者疑难复杂的案件；

（五）法律规定应当组成合议庭审理的案件；

（六）其他不宜由审判员一人独任审理的案件。

第四十三条 人民法院在审理过程中，发现案件不宜由审判员一人独任审理的，应当裁定转由合议庭审理。

当事人认为案件由审判员一人独任审理违反法律规定的，可以向人民法院提出异议。人民法院对当事人提出的异议应当审查，异议成立的，裁定转由合议庭审理；异议不成立的，裁定驳回。

第四十四条 合议庭的审判长由院长或者庭长指定审判员一人担任；院长或者庭长参加审判的，由院长或者庭长担任。

第四十五条 合议庭评议案件，实行少数服从多数的原则。评议应当制作笔录，由合议庭成员签名。评议中的不同意见，必须如实记入笔录。

第四十六条 审判人员应当依法秉公办案。

审判人员不得接受当事人及其诉讼代理人请客送礼。

审判人员有贪污受贿，徇私舞弊，枉法裁判行为的，应当追究法律责任；构成犯罪的，依法追究刑事责任。

第四章　回　　避

第四十七条 审判人员有下列情形之一的，应当自行回避，当事人有权用口头或者书面方式申请他们回避：

（一）是本案当事人或者当事人、诉讼代理人近亲属的；

（二）与本案有利害关系的；

（三）与本案当事人、诉讼代理人有其他关系，可能影响对案件公正审理的。

审判人员接受当事人、诉讼代理人请客送礼，或者违反规定会见当事人、诉讼代理人的，当事人有权要求他们回避。

审判人员有前款规定的行为的，应当依法追究法律责任。

前三款规定，适用于书记员、翻译人员、鉴定人、勘验人。

第四十八条 当事人提出回避申请，应当说明理由，在案件开始审理时提出；回避事由在案件开始审理后知道的，也可以在法庭辩论终结前提出。

被申请回避的人员在人民法院作出是否回避的决定前，应当暂停参与本案的工作，但案件需要采取紧急措施的除外。

第四十九条 院长担任审判长或者独任审判员时的回避，由审判委员会决定；审判人员的回避，由院长决定；其他人员的回避，由审判长或者独任审判员决定。

第五十条 人民法院对当事人提出的回避申请，应当在申请提出的三日内，以口头或者书面形式作出决定。申请人对决定不服的，可以在接到决定时申请复议一次。复议期间，被申请回避的人员，不停止参与本案的工作。人民法院对复议申请，应当在三日内作出复议决定，并通知复议申请人。

第五章 诉讼参加人

第一节 当　事　人

第五十一条 公民、法人和其他组织可以作为民事诉讼的当事人。

法人由其法定代表人进行诉讼。其他组织由其主要负责人进行诉讼。

第五十二条 当事人有权委托代理人，提出回避申请，收集、提供证据，进行辩论，请求调解，提起上诉，申请执行。

当事人可以查阅本案有关材料，并可以复制本案有关材料和法律文书。查阅、复制本案有关材料的范围和办法由最高人民法院规定。

当事人必须依法行使诉讼权利，遵守诉讼秩序，履行发生法律效力的判决书、裁定书和调解书。

第五十三条 双方当事人可以自行和解。

第五十四条 原告可以放弃或者变更诉讼请求。被告可以承认或者反驳诉讼请求，有权提起反诉。

第五十五条 当事人一方或者双方为二人以上，其诉讼标的是共同的，或者诉讼标的是同一种类、人民法院认为可以合并审理并经当事人同意的，为共同诉讼。

共同诉讼的一方当事人对诉讼标的有共同权利义务的，其中一人的诉讼行为经其他共同诉讼人承认，对其他共同诉讼人发生效力；对诉讼标的没有共同权利义务的，其中一人的诉讼行为对其他共同诉讼人不发生效力。

第五十六条 当事人一方人数众多的共同诉讼，可以由当事人推选代表人进行诉讼。代表人的诉讼行为对其所代表的当事人发生效力，但代表人变更、放弃诉讼请求或者承认对方当事人的诉讼请求，进行和解，必须经被代表的当事人同意。

第五十七条 诉讼标的是同一种类、当事人一方人数众多在起诉时人数尚未确定的，人民法院可以发出公告，说明案件情况和诉讼请求，通知权利人在一定期间向人民法院登记。

向人民法院登记的权利人可以推选代表人进行诉讼；推选不出代表人的，人民法院可以与参加登记的权利人商定代表人。

代表人的诉讼行为对其所代表的当事人发生效力，但代表人变更、放弃诉讼请求或者承认对方当事人的诉讼请求，进行和解，必须经被代表的当事人同意。

人民法院作出的判决、裁定，对参加登记的全体权利人发生效力。未参加登记的权利人在诉讼时效期间提起诉讼的，适用该判决、裁定。

第五十八条 对污染环境、侵害众多消费者合法权益等损害社会公共利益的行为，法律规定的机关和有关组织可以向人民法院提起诉讼。

人民检察院在履行职责中发现破坏生态环境和资源保护、食品药品安全领域侵害众多消费者合法权益等损害社会公共利益的行为，在没有前款规定的机关和组织或者前款规定的机关和组织不提起诉讼的情况下，可以向人民法院提起诉讼。前款规定的机关或者组织提起诉讼的，人民检察院可以支持起诉。

第五十九条 对当事人双方的诉讼标的，第三人认为有独立请求权的，有权提起诉讼。

对当事人双方的诉讼标的，第三人虽然没有独立请求权，但案件处理结果同他有法律上的利害关系的，可以申请参加诉讼，或者由人民法院通知他参加诉讼。人民法院判决承担民事责任的第三人，有当事人的诉讼权利义务。

前两款规定的第三人，因不能归责于本人的事由未参加诉讼，但有证据证明发生法律效力的判决、裁定、调解书的部分或者全部内容错误，损害其民事权益的，可以自知道或者应当知道其民事权益受到损害之日起六个月内，向作出该判决、裁定、调解书的人民法院提起诉讼。人民法院经审理，诉讼请求成立的，应当改变或者撤销原判决、裁定、调解书；诉讼请求不成立的，驳回诉讼请求。

第二节 诉 讼 代 理 人

第六十条 无诉讼行为能力人由他的监护人作为法定代理人代为诉讼。法定代理人之间互相推诿代理责任的，由人民法院指定其中一人代为诉讼。

第六十一条 当事人、法定代理人可以委托一至二人作为诉讼代理人。

下列人员可以被委托为诉讼代理人：

（一）律师、基层法律服务工作者；

（二）当事人的近亲属或者工作人员；

（三）当事人所在社区、单位以及有关社会团体推荐的公民。

第六十二条 委托他人代为诉讼，必须向人民法院提交由委托人签名或者盖章的授权委托书。

授权委托书必须记明委托事项和权限。诉讼代理人代为承认、放弃、变更诉讼请求，进行和解，提起反诉或者上诉，必须有委托人的特别授权。

侨居在国外的中华人民共和国公民从国外寄交或者托交的授权委托书，必须经中华人民共和国驻该国的使领馆证明；没有使领馆的，由与中华人民共和国有外交关系的第三国驻该国的使领馆证明，再转由中华人民共和国驻该第三国使领馆证明，或者由当地的爱国华侨团体证明。

第六十三条 诉讼代理人的权限如果变更或者解除，当事人应当书面告知人民法院，并由人民法院通知对方当事人。

第六十四条 代理诉讼的律师和其他诉讼代理人有权调查收集证据，可以查阅本案有关材料。查阅本案有关材料的范围和办法由最高人民法院规定。

第六十五条 离婚案件有诉讼代理人的，本人除不能表达意思的以外，仍应出庭；确因特殊情况无法出庭的，必须向人民法院提交书面意见。

第六章　证　　据

第六十六条　证据包括：

（一）当事人的陈述；

（二）书证；

（三）物证；

（四）视听资料；

（五）电子数据；

（六）证人证言；

（七）鉴定意见；

（八）勘验笔录。

证据必须查证属实，才能作为认定事实的根据。

第六十七条　当事人对自己提出的主张，有责任提供证据。

当事人及其诉讼代理人因客观原因不能自行收集的证据，或者人民法院认为审理案件需要的证据，人民法院应当调查收集。

人民法院应当按照法定程序，全面地、客观地审查核实证据。

第六十八条　当事人对自己提出的主张应当及时提供证据。

人民法院根据当事人的主张和案件审理情况，确定当事人应当提供的证据及其期限。当事人在该期限内提供证据确有困难的，可以向人民法院申请延长期限，人民法院根据当事人的申请适当延长。当事人逾期提供证据的，人民法院应当责令其说明理由；拒不说明理由或者理由不成立的，人民法院根据不同情形可以不予采纳该证据，或者采纳该证据但予以训诫、罚款。

第六十九条　人民法院收到当事人提交的证据材料，应当出具收据，写明证据名称、页数、份数、原件或者复印件以及收到时间等，并由经办人员签名或者盖章。

第七十条　人民法院有权向有关单位和个人调查取证，有关单位和个人不得拒绝。

人民法院对有关单位和个人提出的证明文书，应当辨别真伪，审查确定其效力。

第七十一条　证据应当在法庭上出示，并由当事人互相质证。对涉及国家秘密、商业秘密和个人隐私的证据应当保密，需要在法庭出示的，不得在公开开庭时出示。

第七十二条　经过法定程序公证证明的法律事实和文书，人民法院应当作为认定事实的根据，但有相反证据足以推翻公证证明的除外。

第七十三条　书证应当提交原件。物证应当提交原物。提交原件或者原物确有困难的，可以提交复制品、照片、副本、节录本。

提交外文书证，必须附有中文译本。

第七十四条　人民法院对视听资料，应当辨别真伪，并结合本案的其他证据，审查确定能否作为认定事实的根据。

第七十五条　凡是知道案件情况的单位和个人，都有义务出庭作证。有关单位的负责人应当支持证人作证。

不能正确表达意思的人，不能作证。

第七十六条　经人民法院通知，证人应当出庭作证。有下列情形之一的，经人民法院许可，可以通过书面证言、视听传输技术或者视听资料等方式作证：

（一）因健康原因不能出庭的；

（二）因路途遥远，交通不便不能出庭的；

（三）因自然灾害等不可抗力不能出庭的；

（四）其他有正当理由不能出庭的。

第七十七条 证人因履行出庭作证义务而支出的交通、住宿、就餐等必要费用以及误工损失，由败诉一方当事人负担。当事人申请证人作证的，由该当事人先行垫付；当事人没有申请，人民法院通知证人作证的，由人民法院先行垫付。

第七十八条 人民法院对当事人的陈述，应当结合本案的其他证据，审查确定能否作为认定事实的根据。

当事人拒绝陈述的，不影响人民法院根据证据认定案件事实。

第七十九条 当事人可以就查明事实的专门性问题向人民法院申请鉴定。当事人申请鉴定的，由双方当事人协商确定具备资格的鉴定人；协商不成的，由人民法院指定。

当事人未申请鉴定，人民法院对专门性问题认为需要鉴定的，应当委托具备资格的鉴定人进行鉴定。

第八十条 鉴定人有权了解进行鉴定所需要的案件材料，必要时可以询问当事人、证人。

鉴定人应当提出书面鉴定意见，在鉴定书上签名或者盖章。

第八十一条 当事人对鉴定意见有异议或者人民法院认为鉴定人有必要出庭的，鉴定人应当出庭作证。经人民法院通知，鉴定人拒不出庭作证的，鉴定意见不得作为认定事实的根据；支付鉴定费用的当事人可以要求返还鉴定费用。

第八十二条 当事人可以申请人民法院通知有专门知识的人出庭，就鉴定人作出的鉴定意见或者专业问题提出意见。

第八十三条 勘验物证或者现场，勘验人必须出示人民法院的证件，并邀请当地基层组织或者当事人所在单位派人参加。当事人或者当事人的成年家属应当到场，拒不到场的，不影响勘验的进行。

有关单位和个人根据人民法院的通知，有义务保护现场，协助勘验工作。

勘验人应当将勘验情况和结果制作笔录，由勘验人、当事人和被邀参加人签名或者盖章。

第八十四条 在证据可能灭失或者以后难以取得的情况下，当事人可以在诉讼过程中向人民法院申请保全证据，人民法院也可以主动采取保全措施。

因情况紧急，在证据可能灭失或者以后难以取得的情况下，利害关系人可以在提起诉讼或者申请仲裁前向证据所在地、被申请人住所地或者对案件有管辖权的人民法院申请保全证据。

证据保全的其他程序，参照适用本法第九章保全的有关规定。

第七章 期间、送达

第一节 期 间

第八十五条 期间包括法定期间和人民法院指定的期间。

期间以时、日、月、年计算。期间开始的时和日，不计算在期间内。

期间届满的最后一日是法定休假日的，以法定休假日后的第一日为期间届满的日期。

期间不包括在途时间，诉讼文书在期满前交邮的，不算过期。

第八十六条 当事人因不可抗拒的事由或者其他正当理由耽误期限的，在障碍消除后的十日内，可以申请顺延期限，是否准许，由人民法院决定。

第二节 送 达

第八十七条 送达诉讼文书必须有送达回证，由受送达人在送达回证上记明收到日期，签名或者盖章。

受送达人在送达回证上的签收日期为送达日期。

第八十八条 送达诉讼文书，应当直接送交受送达人。受送达人是公民的，本人不在交他的同住成年家属签收；受送达人是法人或者其他组织的，应当由法人的法定代表人、其他组织的主要负责人或者该法人、组织负责收件的人签收；受送达人有诉讼代理人的，可以送交其代理人签收；受送达人已向人民法院指定代收人的，送交代收人签收。

受送达人的同住成年家属，法人或者其他组织的负责收件的人，诉讼代理人或者代收人在送达回证上签收的日期为送达日期。

第八十九条 受送达人或者他的同住成年家属拒绝接收诉讼文书的，送达人可以邀请有关基层组织或者所在单位的代表到场，说明情况，在送达回证上记明拒收事由和日期，由送达人、见证人签名或者盖章，把诉讼文书留在受送达人的住所；也可以把诉讼文书留在受送达人的住所，并采用拍照、录像等方式记录送达过程，即视为送达。

第九十条 经受送达人同意，人民法院可以采用能够确认其收悉的电子方式送达诉讼文书。通过电子方式送达的判决书、裁定书、调解书，受送达人提出需要纸质文书的，人民法院应当提供。

采用前款方式送达的，以送达信息到达受送达人特定系统的日期为送达日期。

第九十一条 直接送达诉讼文书有困难的，可以委托其他人民法院代为送达，或者邮寄送达。邮寄送达的，以回执上注明的收件日期为送达日期。

第九十二条 受送达人是军人的，通过其所在部队团以上单位的政治机关转交。

第九十三条 受送达人被监禁的，通过其所在监所转交。

受送达人被采取强制性教育措施的，通过其所在强制性教育机构转交。

第九十四条 代为转交的机关、单位收到诉讼文书后，必须立即交受送达人签收，以在送达回证上的签收日期，为送达日期。

第九十五条 受送达人下落不明，或者用本节规定的其他方式无法送达的，公告送达。自发出公告之日起，经过三十日，即视为送达。

公告送达，应当在案卷中记明原因和经过。

第八章 调 解

第九十六条 人民法院审理民事案件，根据当事人自愿的原则，在事实清楚的基础上，分清是非，进行调解。

第九十七条 人民法院进行调解，可以由审判员一人主持，也可以由合议庭主持，并尽可能就地进行。

人民法院进行调解，可以用简便方式通知当事人、证人到庭。

第九十八条 人民法院进行调解，可以邀请有关单位和个人协助。被邀请的单位和个人，应当协助人民法院进行调解。

第九十九条 调解达成协议，必须双方自愿，不得强迫。调解协议的内容不得违反法律规定。

第一百条 调解达成协议，人民法院应当制作调解书。调解书应当写明诉讼请求、案件的事实和调解结果。

调解书由审判人员、书记员署名，加盖人民法院印章，送达双方当事人。

调解书经双方当事人签收后，即具有法律效力。

第一百零一条 下列案件调解达成协议，人民法院可以不制作调解书：

（一）调解和好的离婚案件；

（二）调解维持收养关系的案件；

（三）能够即时履行的案件；

（四）其他不需要制作调解书的案件。

对不需要制作调解书的协议，应当记入笔录，由双方当事人、审判人员、书记员签名或者盖章后，即具有法律效力。

第一百零二条 调解未达成协议或者调解书送达前一方反悔的，人民法院应当及时判决。

第九章 保全和先予执行

第一百零三条 人民法院对于可能因当事人一方的行为或者其他原因，使判决难以执行或者造成当事人其他损害的案件，根据对方当事人的申请，可以裁定对其财产进行保全、责令其作出一定行为或者禁止其作出一定行为；当事人没有提出申请的，人民法院在必要时也可以裁定采取保全措施。

人民法院采取保全措施，可以责令申请人提供担保，申请人不提供担保的，裁定驳回申请。

人民法院接受申请后，对情况紧急的，必须在四十八小时内作出裁定；裁定采取保全措施的，应当立即开始执行。

第一百零四条 利害关系人因情况紧急，不立即申请保全将会使其合法权益受到难以弥补的损害的，可以在提起诉讼或者申请仲裁前向被保全财产所在地、被申请人住所地或者对案件有管辖权的人民法院申请采取保全措施。申请人应当提供担保，不提供担保的，裁定驳回申请。

人民法院接受申请后，必须在四十八小时内作出裁定；裁定采取保全措施的，应当立即开始执行。

申请人在人民法院采取保全措施后三十日内不依法提起诉讼或者申请仲裁的，人民法院应当解除保全。

第一百零五条 保全限于请求的范围，或者与本案有关的财物。

第一百零六条 财产保全采取查封、扣押、冻结或者法律规定的其他方法。人民法院保全财产后，应当立即通知被保全财产的人。

财产已被查封、冻结的，不得重复查封、冻结。

第一百零七条 财产纠纷案件，被申请人提供担保的，人民法院应当裁定解除保全。

第一百零八条 申请有错误的，申请人应当赔偿被申请人因保全所遭受的损失。

第一百零九条 人民法院对下列案件，根据当事人的申请，可以裁定先予执行：

（一）追索赡养费、扶养费、抚养费、抚恤金、医疗费用的；

（二）追索劳动报酬的；

（三）因情况紧急需要先予执行的。

第一百一十条 人民法院裁定先予执行的，应当符合下列条件：

（一）当事人之间权利义务关系明确，不先予执行将严重影响申请人的生活或者生产经营的；

（二）被申请人有履行能力。

人民法院可以责令申请人提供担保，申请人不提供担保的，驳回申请。申请人败诉的，应当赔偿被申请人因先予执行遭受的财产损失。

第一百一十一条 当事人对保全或者先予执行的裁定不服的，可以申请复议一次。复议期间不停止裁定的执行。

第十章 对妨害民事诉讼的强制措施

第一百一十二条 人民法院对必须到庭的被告，经两次传票传唤，无正当理由拒不到庭的，可以拘传。

第一百一十三条 诉讼参与人和其他人应当遵守法庭规则。

人民法院对违反法庭规则的人，可以予以训诫，责令退出法庭或者予以罚款、拘留。

人民法院对哄闹、冲击法庭，侮辱、诽谤、威胁、殴打审判人员，严重扰乱法庭秩序的人，依法追究刑事责任；情节较轻的，予以罚款、拘留。

第一百一十四条 诉讼参与人或者其他人有下列行为之一的，人民法院可以根据情节轻重予以罚款、拘留；构成犯罪的，依法追究刑事责任：

（一）伪造、毁灭重要证据，妨碍人民法院审理案件的；

（二）以暴力、威胁、贿买方法阻止证人作证或者指使、贿买、胁迫他人作伪证的；

（三）隐藏、转移、变卖、毁损已被查封、扣押的财产，或者已被清点并责令其保管的财产，转移已被冻结的财产的；

（四）对司法工作人员、诉讼参加人、证人、翻译人员、鉴定人、勘验人、协助执行的人，进行侮辱、诽谤、诬陷、殴打或者打击报复的；

（五）以暴力、威胁或者其他方法阻碍司法工作人员执行职务的；

（六）拒不履行人民法院已经发生法律效力的判决、裁定的。

人民法院对有前款规定的行为之一的单位，可以对其主要负责人或者直接责任人员予以罚款、拘留；构成犯罪的，依法追究刑事责任。

第一百一十五条 当事人之间恶意串通，企图通过诉讼、调解等方式侵害他人合法权益的，人民法院应当驳回其请求，并根据情节轻重予以罚款、拘留；构成犯罪的，依法追究刑事责任。

第一百一十六条 被执行人与他人恶意串通，通过诉讼、仲裁、调解等方式逃避履行法律文书确定的义务的，人民法院应当根据情节轻重予以罚款、拘留；构成犯罪的，依法追究刑事责任。

第一百一十七条 有义务协助调查、执行的单位有下列行为之一的，人民法院除责令其履行协助义务外，并可以予以罚款：

（一）有关单位拒绝或者妨碍人民法院调查取证的；

（二）有关单位接到人民法院协助执行通知书后，拒不协助查询、扣押、冻结、划拨、变价财产的；

（三）有关单位接到人民法院协助执行通知书后，拒不协助扣留被执行人的收入、办理有关财产权证照转移手续、转交有关票证、证照或者其他财产的；

（四）其他拒绝协助执行的。

人民法院对有前款规定的行为之一的单位，可以对其主要负责人或者直接责任人员予以罚款；对仍不履行协助义务的，可以予以拘留；并可以向监察机关或者有关机关提出予以纪律处分的司法建议。

第一百一十八条 对个人的罚款金额，为人民币十万元以下。对单位的罚款金额，为人民币五万元以上一百万元以下。

拘留的期限，为十五日以下。

被拘留的人，由人民法院交公安机关看管。在拘留期间，被拘留人承认并改正错误的，人民法院可以决定提前解除拘留。

第一百一十九条 拘传、罚款、拘留必须经院长批准。

拘传应当发拘传票。

罚款、拘留应当用决定书。对决定不服的，可以向上一级人民法院申请复议一次。复议期间不停止执行。

第一百二十条 采取对妨害民事诉讼的强制措施必须由人民法院决定。任何单位和个人采取非法拘禁他人或者非法私自扣押他人财产追索债务的，应当依法追究刑事责任，或者予以拘留、罚款。

第十一章 诉讼费用

第一百二十一条 当事人进行民事诉讼，应当按照规定交纳案件受理费。财产案件除交纳案件受理费外，并按照规定交纳其他诉讼费用。

当事人交纳诉讼费用确有困难的，可以按照规定向人民法院申请缓交、减交或者免交。

收取诉讼费用的办法另行制定。

第二编 审判程序

第十二章 第一审普通程序

第一节 起诉和受理

第一百二十二条 起诉必须符合下列条件：

（一）原告是与本案有直接利害关系的公民、法人和其他组织；

（二）有明确的被告；

（三）有具体的诉讼请求和事实、理由；

（四）属于人民法院受理民事诉讼的范围和受诉人民法院管辖。

第一百二十三条 起诉应当向人民法院递交起诉状，并按照被告人数提出副本。

书写起诉状确有困难的，可以口头起诉，由人民法院记入笔录，并告知对方当事人。

第一百二十四条 起诉状应当记明下列事项：

（一）原告的姓名、性别、年龄、民族、职业、工作单位、住所、联系方式，法人或者其他组织的名称、住所和法定代表人或者主要负责人的姓名、职务、联系方式；

（二）被告的姓名、性别、工作单位、住所等信息，法人或者其他组织的名称、住所等信息；

（三）诉讼请求和所根据的事实与理由；

（四）证据和证据来源，证人姓名和住所。

第一百二十五条 当事人起诉到人民法院的民事纠纷，适宜调解的，先行调解，但当事人拒绝调解的除外。

第一百二十六条 人民法院应当保障当事人依照法律规定享有的起诉权利。对符合本法第一百二十二条的起诉，必须受理。符合起诉条件的，应当在七日内立案，并通知当事人；不符合起诉条件的，应当在七日内作出裁定书，不予受理；原告对裁定不服的，可以提起上诉。

第一百二十七条 人民法院对下列起诉，分别情形，予以处理：

（一）依照行政诉讼法的规定，属于行政诉讼受案范围的，告知原告提起行政诉讼；

（二）依照法律规定，双方当事人达成书面仲裁协议申请仲裁、不得向人民法院起诉的，告知原告向仲裁机构申请仲裁；

（三）依照法律规定，应当由其他机关处理的争议，告知原告向有关机关申请解决；

（四）对不属于本院管辖的案件，告知原告向有管辖权的人民法院起诉；

（五）对判决、裁定、调解书已经发生法律效力的案件，当事人又起诉的，告知原告申请再审，但人民法院准许撤诉的裁定除外；

（六）依照法律规定，在一定期限内不得起诉的案件，在不得起诉的期限内起诉的，不予受理；

（七）判决不准离婚和调解和好的离婚案件，判决、调解维持收养关系的案件，没有新情况、新理由，原告在六个月内又起诉的，不予受理。

第二节 审理前的准备

第一百二十八条 人民法院应当在立案之日起五日内将起诉状副本发送被告，被告应当在收到之日起十五日内提出答辩状。答辩状应当记明被告的姓名、性别、年龄、民族、职业、工作单位、住所、联系方式；法人或者其他组织的名称、住所和法定代表人或者主要负责人的姓名、职务、联系方式。人民法院应当在收到答辩状之日起五日内将答辩状副本发送原告。

被告不提出答辩状的，不影响人民法院审理。

第一百二十九条 人民法院对决定受理的案件，应当在受理案件通知书和应诉通知书中向当事人告知有关的诉讼权利义务，或者口头告知。

第一百三十条 人民法院受理案件后，当事人对管辖权有异议的，应当在提交答辩状期间提出。人民法院对当事人提出的异议，应当审查。异议成立的，裁定将案件移送有管辖权的人民法院；异议不成立的，裁定驳回。

当事人未提出管辖异议，并应诉答辩的，视为受诉人民法院有管辖权，但违反级别管辖和专属管辖规定的除外。

第一百三十一条 审判人员确定后，应当在三日内告知当事人。

第一百三十二条 审判人员必须认真审核诉讼材料，调查收集必要的证据。

第一百三十三条 人民法院派出人员进行调查时，应当向被调查人出示证件。

调查笔录经被调查人校阅后，由被调查人、调查人签名或者盖章。

第一百三十四条 人民法院在必要时可以委托外地人民法院调查。

委托调查，必须提出明确的项目和要求。受委托人民法院可以主动补充调查。

受委托人民法院收到委托书后，应当在三十日内完成调查。因故不能完成的，应当在上述期限内函告委托人民法院。

第一百三十五条 必须共同进行诉讼的当事人没有参加诉讼的，人民法院应当通知其参加诉讼。

第一百三十六条 人民法院对受理的案件，分别情形，予以处理：

（一）当事人没有争议，符合督促程序规定条件的，可以转入督促程序；

（二）开庭前可以调解的，采取调解方式及时解决纠纷；

（三）根据案件情况，确定适用简易程序或者普通程序；

（四）需要开庭审理的，通过要求当事人交换证据等方式，明确争议焦点。

第三节 开 庭 审 理

第一百三十七条 人民法院审理民事案件，除涉及国家秘密、个人隐私或者法律另有规定的以外，应当公开进行。

离婚案件，涉及商业秘密的案件，当事人申请不公开审理的，可以不公开审理。

第一百三十八条 人民法院审理民事案件，根据需要进行巡回审理，就地办案。

第一百三十九条 人民法院审理民事案件，应当在开庭三日前通知当事人和其他诉讼参与人。公开审理的，应当公告当事人姓名、案由和开庭的时间、地点。

第一百四十条 开庭审理前，书记员应当查明当事人和其他诉讼参与人是否到庭，宣布法庭纪律。

开庭审理时，由审判长或者独任审判员核对当事人，宣布案由，宣布审判人员、书记员名单，告知当事人有关的诉讼权利义务，询问当事人是否提出回避申请。

第一百四十一条 法庭调查按照下列顺序进行：

（一）当事人陈述；

（二）告知证人的权利义务，证人作证，宣读未到庭的证人证言；

（三）出示书证、物证、视听资料和电子数据；

（四）宣读鉴定意见；

（五）宣读勘验笔录。

第一百四十二条 当事人在法庭上可以提出新的证据。

当事人经法庭许可，可以向证人、鉴定人、勘验人发问。

当事人要求重新进行调查、鉴定或者勘验的，是否准许，由人民法院决定。

第一百四十三条 原告增加诉讼请求，被告提出反诉，第三人提出与本案有关的诉讼请求，可以合并审理。

第一百四十四条 法庭辩论按照下列顺序进行：

（一）原告及其诉讼代理人发言；

（二）被告及其诉讼代理人答辩；

（三）第三人及其诉讼代理人发言或者答辩；

（四）互相辩论。

法庭辩论终结，由审判长或者独任审判员按照原告、被告、第三人的先后顺序征询各方最后意见。

第一百四十五条 法庭辩论终结，应当依法作出判决。判决前能够调解的，还可以进行调解，调解不成的，应当及时判决。

第一百四十六条 原告经传票传唤，无正当理由拒不到庭的，或者未经法庭许可中途退庭的，可以按撤诉处理；被告反诉的，可以缺席判决。

第一百四十七条 被告经传票传唤，无正当理由拒不到庭的，或者未经法庭许可中途退庭的，可以缺席判决。

第一百四十八条 宣判前，原告申请撤诉的，是否准许，由人民法院裁定。

人民法院裁定不准许撤诉的，原告经传票传唤，无正当理由拒不到庭的，可以缺席判决。

第一百四十九条 有下列情形之一的，可以延期开庭审理：

（一）必须到庭的当事人和其他诉讼参与人有正当理由没有到庭的；

（二）当事人临时提出回避申请的；

（三）需要通知新的证人到庭，调取新的证据，重新鉴定、勘验，或者需要补充调查的；

（四）其他应当延期的情形。

第一百五十条 书记员应当将法庭审理的全部活动记入笔录，由审判人员和书记员签名。

法庭笔录应当当庭宣读，也可以告知当事人和其他诉讼参与人当庭或者在五日内阅读。当事人和其他诉讼参与人认为对自己的陈述记录有遗漏或者差错的，有权申请补正。如果不予补正，应当将申请记录在案。

法庭笔录由当事人和其他诉讼参与人签名或者盖章。拒绝签名盖章的，记明情况附卷。

第一百五十一条 人民法院对公开审理或者不公开审理的案件，一律公开宣告判决。

当庭宣判的，应当在十日内发送判决书；定期宣判的，宣判后立即发给判决书。

宣告判决时，必须告知当事人上诉权利、上诉期限和上诉的法院。

宣告离婚判决，必须告知当事人在判决发生法律效力前不得另行结婚。

第一百五十二条 人民法院适用普通程序审理的案件，应当在立案之日起六个月内审结。有特殊情况需要延长的，经本院院长批准，可以延长六个月；还需要延长的，报请上级人民法院批准。

第四节　诉讼中止和终结

第一百五十三条 有下列情形之一的，中止诉讼：

（一）一方当事人死亡，需要等待继承人表明是否参加诉讼的；

（二）一方当事人丧失诉讼行为能力，尚未确定法定代理人的；

（三）作为一方当事人的法人或者其他组织终止，尚未确定权利义务承受人的；
（四）一方当事人因不可抗拒的事由，不能参加诉讼的；
（五）本案必须以另一案的审理结果为依据，而另一案尚未审结的；
（六）其他应当中止诉讼的情形。
中止诉讼的原因消除后，恢复诉讼。
第一百五十四条 有下列情形之一的，终结诉讼：
（一）原告死亡，没有继承人，或者继承人放弃诉讼权利的；
（二）被告死亡，没有遗产，也没有应当承担义务的人的；
（三）离婚案件一方当事人死亡的；
（四）追索赡养费、扶养费、抚养费以及解除收养关系案件的一方当事人死亡的。

第五节 判决和裁定

第一百五十五条 判决书应当写明判决结果和作出该判决的理由。判决书内容包括：
（一）案由、诉讼请求、争议的事实和理由；
（二）判决认定的事实和理由、适用的法律和理由；
（三）判决结果和诉讼费用的负担；
（四）上诉期间和上诉的法院。
判决书由审判人员、书记员署名，加盖人民法院印章。
第一百五十六条 人民法院审理案件，其中一部分事实已经清楚，可以就该部分先行判决。
第一百五十七条 裁定适用于下列范围：
（一）不予受理；
（二）对管辖权有异议的；
（三）驳回起诉；
（四）保全和先予执行；
（五）准许或者不准许撤诉；
（六）中止或者终结诉讼；
（七）补正判决书中的笔误；
（八）中止或者终结执行；
（九）撤销或者不予执行仲裁裁决；
（十）不予执行公证机关赋予强制执行效力的债权文书；
（十一）其他需要裁定解决的事项。
对前款第一项至第三项裁定，可以上诉。
裁定书应当写明裁定结果和作出该裁定的理由。裁定书由审判人员、书记员署名，加盖人民法院印章。口头裁定的，记入笔录。
第一百五十八条 最高人民法院的判决、裁定，以及依法不准上诉或者超过上诉期没有上诉的判决、裁定，是发生法律效力的判决、裁定。
第一百五十九条 公众可以查阅发生法律效力的判决书、裁定书，但涉及国家秘密、商业秘密和个人隐私的内容除外。

第十三章　简　易　程　序

第一百六十条　基层人民法院和它派出的法庭审理事实清楚、权利义务关系明确、争议不大的简单的民事案件，适用本章规定。

基层人民法院和它派出的法庭审理前款规定以外的民事案件，当事人双方也可以约定适用简易程序。

第一百六十一条　对简单的民事案件，原告可以口头起诉。

当事人双方可以同时到基层人民法院或者它派出的法庭，请求解决纠纷。基层人民法院或者它派出的法庭可以当即审理，也可以另定日期审理。

第一百六十二条　基层人民法院和它派出的法庭审理简单的民事案件，可以用简便方式传唤当事人和证人、送达诉讼文书、审理案件，但应当保障当事人陈述意见的权利。

第一百六十三条　简单的民事案件由审判员一人独任审理，并不受本法第一百三十九条、第一百四十一条、第一百四十四条规定的限制。

第一百六十四条　人民法院适用简易程序审理案件，应当在立案之日起三个月内审结。有特殊情况需要延长的，经本院院长批准，可以延长一个月。

第一百六十五条　基层人民法院和它派出的法庭审理事实清楚、权利义务关系明确、争议不大的简单金钱给付民事案件，标的额为各省、自治区、直辖市上年度就业人员年平均工资百分之五十以下的，适用小额诉讼的程序审理，实行一审终审。

基层人民法院和它派出的法庭审理前款规定的民事案件，标的额超过各省、自治区、直辖市上年度就业人员年平均工资百分之五十但在二倍以下的，当事人双方也可以约定适用小额诉讼的程序。

第一百六十六条　人民法院审理下列民事案件，不适用小额诉讼的程序：

（一）人身关系、财产确权案件；

（二）涉外案件；

（三）需要评估、鉴定或者对诉前评估、鉴定结果有异议的案件；

（四）一方当事人下落不明的案件；

（五）当事人提出反诉的案件；

（六）其他不宜适用小额诉讼的程序审理的案件。

第一百六十七条　人民法院适用小额诉讼的程序审理案件，可以一次开庭审结并且当庭宣判。

第一百六十八条　人民法院适用小额诉讼的程序审理案件，应当在立案之日起两个月内审结。有特殊情况需要延长的，经本院院长批准，可以延长一个月。

第一百六十九条　人民法院在审理过程中，发现案件不宜适用小额诉讼的程序的，应当适用简易程序的其他规定审理或者裁定转为普通程序。

当事人认为案件适用小额诉讼的程序审理违反法律规定的，可以向人民法院提出异议。人民法院对当事人提出的异议应当审查，异议成立的，应当适用简易程序的其他规定审理或者裁定转为普通程序；异议不成立的，裁定驳回。

第一百七十条　人民法院在审理过程中，发现案件不宜适用简易程序的，裁定转为普通程序。

第十四章　第二审程序

第一百七十一条　当事人不服地方人民法院第一审判决的，有权在判决书送达之日起十五日内向上一级人民法院提起上诉。

当事人不服地方人民法院第一审裁定的，有权在裁定书送达之日起十日内向上一级人民法院提起上诉。

第一百七十二条　上诉应当递交上诉状。上诉状的内容，应当包括当事人的姓名，法人的名称及其法定代表人的姓名或者其他组织的名称及其主要负责人的姓名；原审人民法院名称、案件的编号和案由；上诉的请求和理由。

第一百七十三条　上诉状应当通过原审人民法院提出，并按照对方当事人或者代表人的人数提出副本。

当事人直接向第二审人民法院上诉的，第二审人民法院应当在五日内将上诉状移交原审人民法院。

第一百七十四条　原审人民法院收到上诉状，应当在五日内将上诉状副本送达对方当事人，对方当事人在收到之日起十五日内提出答辩状。人民法院应当在收到答辩状之日起五日内将副本送达上诉人。对方当事人不提出答辩状的，不影响人民法院审理。

原审人民法院收到上诉状、答辩状，应当在五日内连同全部案卷和证据，报送第二审人民法院。

第一百七十五条　第二审人民法院应当对上诉请求的有关事实和适用法律进行审查。

第一百七十六条　第二审人民法院对上诉案件应当开庭审理。经过阅卷、调查和询问当事人，对没有提出新的事实、证据或者理由，人民法院认为不需要开庭审理的，可以不开庭审理。

第二审人民法院审理上诉案件，可以在本院进行，也可以到案件发生地或者原审人民法院所在地进行。

第一百七十七条　第二审人民法院对上诉案件，经过审理，按照下列情形，分别处理：

（一）原判决、裁定认定事实清楚，适用法律正确的，以判决、裁定方式驳回上诉，维持原判决、裁定；

（二）原判决、裁定认定事实错误或者适用法律错误的，以判决、裁定方式依法改判、撤销或者变更；

（三）原判决认定基本事实不清的，裁定撤销原判决，发回原审人民法院重审，或者查清事实后改判；

（四）原判决遗漏当事人或者违法缺席判决等严重违反法定程序的，裁定撤销原判决，发回原审人民法院重审。

原审人民法院对发回重审的案件作出判决后，当事人提起上诉的，第二审人民法院不得再次发回重审。

第一百七十八条　第二审人民法院对不服第一审人民法院裁定的上诉案件的处理，一律使用裁定。

第一百七十九条　第二审人民法院审理上诉案件，可以进行调解。调解达成协议，应当制作调解书，由审判人员、书记员署名，加盖人民法院印章。调解书送达后，原审人民法院的判决即视为撤销。

第一百八十条　第二审人民法院判决宣告前，上诉人申请撤回上诉的，是否准许，由第二审人民法院裁定。

第一百八十一条　第二审人民法院审理上诉案件，除依照本章规定外，适用第一审普通程序。

第一百八十二条　第二审人民法院的判决、裁定，是终审的判决、裁定。

第一百八十三条　人民法院审理对判决的上诉案件，应当在第二审立案之日起三个月内审结。有特殊情况需要延长的，由本院院长批准。

人民法院审理对裁定的上诉案件，应当在第二审立案之日起三十日内作出终审裁定。

第十五章　特　别　程　序

第一节　一　般　规　定

第一百八十四条　人民法院审理选民资格案件、宣告失踪或者宣告死亡案件、认定公民无民事行为能力或者限制民事行为能力案件、认定财产无主案件、确认调解协议案件和实现担保物权案件，适用本章规定。本章没有规定的，适用本法和其他法律的有关规定。

第一百八十五条　依照本章程序审理的案件，实行一审终审。选民资格案件或者重大、疑难的案件，由审判员组成合议庭审理；其他案件由审判员一人独任审理。

第一百八十六条　人民法院在依照本章程序审理案件的过程中，发现本案属于民事权益争议的，应当裁定终结特别程序，并告知利害关系人可以另行起诉。

第一百八十七条　人民法院适用特别程序审理的案件，应当在立案之日起三十日内或者公告期满后三十日内审结。有特殊情况需要延长的，由本院院长批准。但审理选民资格的案件除外。

第六节　确认调解协议案件

第二百零一条　经依法设立的调解组织调解达成调解协议，申请司法确认的，由双方当事人自调解协议生效之日起三十日内，共同向下列人民法院提出：

（一）人民法院邀请调解组织开展先行调解的，向作出邀请的人民法院提出；

（二）调解组织自行开展调解的，向当事人住所地、标的物所在地、调解组织所在地的基层人民法院提出；调解协议所涉纠纷应当由中级人民法院管辖的，向相应的中级人民法院提出。

第二百零二条　人民法院受理申请后，经审查，符合法律规定的，裁定调解协议有效，一方当事人拒绝履行或者未全部履行的，对方当事人可以向人民法院申请执行；不符合法律规定的，裁定驳回申请，当事人可以通过调解方式变更原调解协议或者达成新的调解协议，也可以向人民法院提起诉讼。

第七节　实现担保物权案件

第二百零三条　申请实现担保物权，由担保物权人以及其他有权请求实现担保物权的人依照民法典等法律，向担保财产所在地或者担保物权登记地基层人民法院提出。

第二百零四条 人民法院受理申请后，经审查，符合法律规定的，裁定拍卖、变卖担保财产，当事人依据该裁定可以向人民法院申请执行；不符合法律规定的，裁定驳回申请，当事人可以向人民法院提起诉讼。

第十六章 审判监督程序

第二百零五条 各级人民法院院长对本院已经发生法律效力的判决、裁定、调解书，发现确有错误，认为需要再审的，应当提交审判委员会讨论决定。

最高人民法院对地方各级人民法院已经发生法律效力的判决、裁定、调解书，上级人民法院对下级人民法院已经发生法律效力的判决、裁定、调解书，发现确有错误的，有权提审或者指令下级人民法院再审。

第二百零六条 当事人对已经发生法律效力的判决、裁定，认为有错误的，可以向上一级人民法院申请再审；当事人一方人数众多或者当事人双方为公民的案件，也可以向原审人民法院申请再审。当事人申请再审的，不停止判决、裁定的执行。

第二百零七条 当事人的申请符合下列情形之一的，人民法院应当再审：

（一）有新的证据，足以推翻原判决、裁定的；

（二）原判决、裁定认定的基本事实缺乏证据证明的；

（三）原判决、裁定认定事实的主要证据是伪造的；

（四）原判决、裁定认定事实的主要证据未经质证的；

（五）对审理案件需要的主要证据，当事人因客观原因不能自行收集，书面申请人民法院调查收集，人民法院未调查收集的；

（六）原判决、裁定适用法律确有错误的；

（七）审判组织的组成不合法或者依法应当回避的审判人员没有回避的；

（八）无诉讼行为能力人未经法定代理人代为诉讼或者应当参加诉讼的当事人，因不能归责于本人或者其诉讼代理人的事由，未参加诉讼的；

（九）违反法律规定，剥夺当事人辩论权利的；

（十）未经传票传唤，缺席判决的；

（十一）原判决、裁定遗漏或者超出诉讼请求的；

（十二）据以作出原判决、裁定的法律文书被撤销或者变更的；

（十三）审判人员审理该案件时有贪污受贿，徇私舞弊，枉法裁判行为的。

第二百零八条 当事人对已经发生法律效力的调解书，提出证据证明调解违反自愿原则或者调解协议的内容违反法律的，可以申请再审。经人民法院审查属实的，应当再审。

第二百零九条 当事人对已经发生法律效力的解除婚姻关系的判决、调解书，不得申请再审。

第二百一十条 当事人申请再审的，应当提交再审申请书等材料。人民法院应当自收到再审申请书之日起五日内将再审申请书副本发送对方当事人。对方当事人应当自收到再审申请书副本之日起十五日内提交书面意见；不提交书面意见的，不影响人民法院审查。人民法院可以要求申请人和对方当事人补充有关材料，询问有关事项。

第二百一十一条 人民法院应当自收到再审申请书之日起三个月内审查，符合本法规定的，裁定再审；不符合本法规定的，裁定驳回申请。有特殊情况需要延长的，由本院院长批准。

因当事人申请裁定再审的案件由中级人民法院以上的人民法院审理，但当事人依照本法第二百零六条的规定选择向基层人民法院申请再审的除外。最高人民法院、高级人民法院裁定再审的案件，由本院再审或者交其他人民法院再审，也可以交原审人民法院再审。

第二百一十二条 当事人申请再审，应当在判决、裁定发生法律效力后六个月内提出；有本法第二百零七条第一项、第三项、第十二项、第十三项规定情形的，自知道或者应当知道之日起六个月内提出。

第二百一十三条 按照审判监督程序决定再审的案件，裁定中止原判决、裁定、调解书的执行，但追索赡养费、扶养费、抚养费、抚恤金、医疗费用、劳动报酬等案件，可以不中止执行。

第二百一十四条 人民法院按照审判监督程序再审的案件，发生法律效力的判决、裁定是由第一审法院作出的，按照第一审程序审理，所作的判决、裁定，当事人可以上诉；发生法律效力的判决、裁定是由第二审法院作出的，按照第二审程序审理，所作的判决、裁定，是发生法律效力的判决、裁定；上级人民法院按照审判监督程序提审的，按照第二审程序审理，所作的判决、裁定是发生法律效力的判决、裁定。

人民法院审理再审案件，应当另行组成合议庭。

第二百一十五条 最高人民检察院对各级人民法院已经发生法律效力的判决、裁定，上级人民检察院对下级人民法院已经发生法律效力的判决、裁定，发现有本法第二百零七条规定情形之一的，或者发现调解书损害国家利益、社会公共利益的，应当提出抗诉。

地方各级人民检察院对同级人民法院已经发生法律效力的判决、裁定，发现有本法第二百零七条规定情形之一的，或者发现调解书损害国家利益、社会公共利益的，可以向同级人民法院提出检察建议，并报上级人民检察院备案；也可以提请上级人民检察院向同级人民法院提出抗诉。

各级人民检察院对审判监督程序以外的其他审判程序中审判人员的违法行为，有权向同级人民法院提出检察建议。

第二百一十六条 有下列情形之一的，当事人可以向人民检察院申请检察建议或者抗诉：

（一）人民法院驳回再审申请的；

（二）人民法院逾期未对再审申请作出裁定的；

（三）再审判决、裁定有明显错误的。

人民检察院对当事人的申请应当在三个月内进行审查，作出提出或者不予提出检察建议或者抗诉的决定。当事人不得再次向人民检察院申请检察建议或者抗诉。

第二百一十七条 人民检察院因履行法律监督职责提出检察建议或者抗诉的需要，可以向当事人或者案外人调查核实有关情况。

第二百一十八条 人民检察院提出抗诉的案件，接受抗诉的人民法院应当自收到抗诉书之日起三十日内作出再审的裁定；有本法第二百零七条第一项至第五项规定情形之一的，可以交下一级人民法院再审，但经该下一级人民法院再审的除外。

第二百一十九条 人民检察院决定对人民法院的判决、裁定、调解书提出抗诉的，应当制作抗诉书。

第二百二十条 人民检察院提出抗诉的案件，人民法院再审时，应当通知人民检察院派员出席法庭。

第十七章 督 促 程 序

第二百二十一条 债权人请求债务人给付金钱、有价证券，符合下列条件的，可以向有管辖权的基层人民法院申请支付令：

（一）债权人与债务人没有其他债务纠纷的；

（二）支付令能够送达债务人的。

申请书应当写明请求给付金钱或者有价证券的数量和所根据的事实、证据。

第二百二十二条 债权人提出申请后，人民法院应当在五日内通知债权人是否受理。

第二百二十三条 人民法院受理申请后，经审查债权人提供的事实、证据，对债权债务关系明确、合法的，应当在受理之日起十五日内向债务人发出支付令；申请不成立的，裁定予以驳回。

债务人应当自收到支付令之日起十五日内清偿债务，或者向人民法院提出书面异议。

债务人在前款规定的期间不提出异议又不履行支付令的，债权人可以向人民法院申请执行。

第二百二十四条 人民法院收到债务人提出的书面异议后，经审查，异议成立的，应当裁定终结督促程序，支付令自行失效。

支付令失效的，转入诉讼程序，但申请支付令的一方当事人不同意提起诉讼的除外。

第十八章 公示催告程序

第二百二十五条 按照规定可以背书转让的票据持有人，因票据被盗、遗失或者灭失，可以向票据支付地的基层人民法院申请公示催告。依照法律规定可以申请公示催告的其他事项，适用本章规定。

申请人应当向人民法院递交申请书，写明票面金额、发票人、持票人、背书人等票据主要内容和申请的理由、事实。

第二百二十六条 人民法院决定受理申请，应当同时通知支付人停止支付，并在三日内发出公告，催促利害关系人申报权利。公示催告的期间，由人民法院根据情况决定，但不得少于六十日。

第二百二十七条 支付人收到人民法院停止支付的通知，应当停止支付，至公示催告程序终结。

公示催告期间，转让票据权利的行为无效。

第二百二十八条 利害关系人应当在公示催告期间向人民法院申报。

人民法院收到利害关系人的申报后，应当裁定终结公示催告程序，并通知申请人和支付人。

申请人或者申报人可以向人民法院起诉。

第二百二十九条 没有人申报的，人民法院应当根据申请人的申请，作出判决，宣告票据无效。判决应当公告，并通知支付人。自判决公告之日起，申请人有权向支付人请求支付。

第二百三十条 利害关系人因正当理由不能在判决前向人民法院申报的，自知道或者应当知道判决公告之日起一年内，可以向作出判决的人民法院起诉。

第三编 执行程序

第十九章 一般规定

第二百三十一条 发生法律效力的民事判决、裁定，以及刑事判决、裁定中的财产部分，由第一审人民法院或者与第一审人民法院同级的被执行的财产所在地人民法院执行。

法律规定由人民法院执行的其他法律文书，由被执行人住所地或者被执行的财产所在地人民法院执行。

第二百三十二条 当事人、利害关系人认为执行行为违反法律规定的，可以向负责执行的人民法院提出书面异议。当事人、利害关系人提出书面异议的，人民法院应当自收到书面异议之日起十五日内审查，理由成立的，裁定撤销或者改正；理由不成立的，裁定驳回。当事人、利害关系人对裁定不服的，可以自裁定送达之日起十日内向上一级人民法院申请复议。

第二百三十三条 人民法院自收到申请执行书之日起超过六个月未执行的，申请执行人可以向上一级人民法院申请执行。上一级人民法院经审查，可以责令原人民法院在一定期限内执行，也可以决定由本院执行或者指令其他人民法院执行。

第二百三十四条 执行过程中，案外人对执行标的提出书面异议的，人民法院应当自收到书面异议之日起十五日内审查，理由成立的，裁定中止对该标的的执行；理由不成立的，裁定驳回。案外人、当事人对裁定不服，认为原判决、裁定错误的，依照审判监督程序办理；与原判决、裁定无关的，可以自裁定送达之日起十五日内向人民法院提起诉讼。

第二百三十五条 执行工作由执行员进行。

采取强制执行措施时，执行员应当出示证件。执行完毕后，应当将执行情况制作笔录，由在场的有关人员签名或者盖章。

人民法院根据需要可以设立执行机构。

第二百三十六条 被执行人或者被执行的财产在外地的，可以委托当地人民法院代为执行。受委托人民法院收到委托函件后，必须在十五日内开始执行，不得拒绝。执行完毕后，应当将执行结果及时函复委托人民法院；在三十日内如果还未执行完毕，也应当将执行情况函告委托人民法院。

受委托人民法院自收到委托函件之日起十五日内不执行的，委托人民法院可以请求受委托人民法院的上级人民法院指令受委托人民法院执行。

第二百三十七条 在执行中，双方当事人自行和解达成协议的，执行员应当将协议内容记入笔录，由双方当事人签名或者盖章。

申请执行人因受欺诈、胁迫与被执行人达成和解协议，或者当事人不履行和解协议的，人民法院可以根据当事人的申请，恢复对原生效法律文书的执行。

第二百三十八条 在执行中，被执行人向人民法院提供担保，并经申请执行人同意的，人民法院可以决定暂缓执行及暂缓执行的期限。被执行人逾期仍不履行的，人民法院有权执行被执行人的担保财产或者担保人的财产。

第二百三十九条 作为被执行人的公民死亡的，以其遗产偿还债务。作为被执行人的法人或者其他组织终止的，由其权利义务承受人履行义务。

第二百四十条 执行完毕后，据以执行的判决、裁定和其他法律文书确有错误，被人民法院撤销的，对已被执行的财产，人民法院应当作出裁定，责令取得财产的人返还；拒不返还的，强制执行。

第二百四十一条 人民法院制作的调解书的执行，适用本编的规定。

第二百四十二条 人民检察院有权对民事执行活动实行法律监督。

第二十章 执行的申请和移送

第二百四十三条 发生法律效力的民事判决、裁定，当事人必须履行。一方拒绝履行的，对方当事人可以向人民法院申请执行，也可以由审判员移送执行员执行。

调解书和其他应当由人民法院执行的法律文书，当事人必须履行。一方拒绝履行的，对方当事人可以向人民法院申请执行。

第二百四十四条 对依法设立的仲裁机构的裁决，一方当事人不履行的，对方当事人可以向有管辖权的人民法院申请执行。受申请的人民法院应当执行。

被申请人提出证据证明仲裁裁决有下列情形之一的，经人民法院组成合议庭审查核实，裁定不予执行：

（一）当事人在合同中没有订有仲裁条款或者事后没有达成书面仲裁协议的；

（二）裁决的事项不属于仲裁协议的范围或者仲裁机构无权仲裁的；

（三）仲裁庭的组成或者仲裁的程序违反法定程序的；

（四）裁决所根据的证据是伪造的；

（五）对方当事人向仲裁机构隐瞒了足以影响公正裁决的证据的；

（六）仲裁员在仲裁该案时有贪污受贿，徇私舞弊，枉法裁决行为的。

人民法院认定执行该裁决违背社会公共利益的，裁定不予执行。

裁定书应当送达双方当事人和仲裁机构。

仲裁裁决被人民法院裁定不予执行的，当事人可以根据双方达成的书面仲裁协议重新申请仲裁，也可以向人民法院起诉。

第二百四十五条 对公证机关依法赋予强制执行效力的债权文书，一方当事人不履行的，对方当事人可以向有管辖权的人民法院申请执行，受申请的人民法院应当执行。

公证债权文书确有错误的，人民法院裁定不予执行，并将裁定书送达双方当事人和公证机关。

第二百四十六条 申请执行的期间为二年。申请执行时效的中止、中断，适用法律有关诉讼时效中止、中断的规定。

前款规定的期间，从法律文书规定履行期间的最后一日起计算；法律文书规定分期履行的，从最后一期履行期限届满之日起计算；法律文书未规定履行期间的，从法律文书生效之日起计算。

第二百四十七条 执行员接到申请执行书或者移交执行书，应当向被执行人发出执行通知，并可以立即采取强制执行措施。

第二十一章 执 行 措 施

第二百四十八条 被执行人未按执行通知履行法律文书确定的义务，应当报告当前以及收到执行通知之日前一年的财产情况。被执行人拒绝报告或者虚假报告的，人民法院可以根据情节轻重对被执行人或者其法定代理人、有关单位的主要负责人或者直接责任人员予以罚款、拘留。

第二百四十九条 被执行人未按执行通知履行法律文书确定的义务，人民法院有权向有关单位查询被执行人的存款、债券、股票、基金份额等财产情况。人民法院有权根据不同情形扣押、冻结、划拨、变价被执行人的财产。人民法院查询、扣押、冻结、划拨、变价的财产不得超出被执行人应当履行义务的范围。

人民法院决定扣押、冻结、划拨、变价财产，应当作出裁定，并发出协助执行通知书，有关单位必须办理。

第二百五十条 被执行人未按执行通知履行法律文书确定的义务，人民法院有权扣留、提取被执行人应当履行义务部分的收入。但应当保留被执行人及其所扶养家属的生活必需费用。

人民法院扣留、提取收入时，应当作出裁定，并发出协助执行通知书，被执行人所在单位、银行、信用合作社和其他有储蓄业务的单位必须办理。

第二百五十一条 被执行人未按执行通知履行法律文书确定的义务，人民法院有权查封、扣押、冻结、拍卖、变卖被执行人应当履行义务部分的财产。但应当保留被执行人及其所扶养家属的生活必需品。

采取前款措施，人民法院应当作出裁定。

第二百五十二条 人民法院查封、扣押财产时，被执行人是公民的，应当通知被执行人或者他的成年家属到场；被执行人是法人或者其他组织的，应当通知其法定代表人或者主要负责人到场。拒不到场的，不影响执行。被执行人是公民的，其工作单位或者财产所在地的基层组织应当派人参加。

对被查封、扣押的财产，执行员必须造具清单，由在场人签名或者盖章后，交被执行人一份。被执行人是公民的，也可以交他的成年家属一份。

第二百五十三条 被查封的财产，执行员可以指定被执行人负责保管。因被执行人的过错造成的损失，由被执行人承担。

第二百五十四条 财产被查封、扣押后，执行员应当责令被执行人在指定期间履行法律文书确定的义务。被执行人逾期不履行的，人民法院应当拍卖被查封、扣押的财产；不适于拍卖或者当事人双方同意不进行拍卖的，人民法院可以委托有关单位变卖或者自行变卖。国家禁止自由买卖的物品，交有关单位按照国家规定的价格收购。

第二百五十五条 被执行人不履行法律文书确定的义务，并隐匿财产的，人民法院有权发出搜查令，对被执行人及其住所或者财产隐匿地进行搜查。

采取前款措施，由院长签发搜查令。

第二百五十六条 法律文书指定交付的财物或者票证，由执行员传唤双方当事人当面交付，或者由执行员转交，并由被交付人签收。

有关单位持有该项财物或者票证的，应当根据人民法院的协助执行通知书转交，并由被交付人签收。

有关公民持有该项财物或者票证的，人民法院通知其交出。拒不交出的，强制执行。

第二百五十七条 强制迁出房屋或者强制退出土地，由院长签发公告，责令被执行人在指定期间履行。被执行人逾期不履行的，由执行员强制执行。

强制执行时，被执行人是公民的，应当通知被执行人或者他的成年家属到场；被执行人是法人或者其他组织的，应当通知其法定代表人或者主要负责人到场。拒不到场的，不影响执行。被执行人是公民的，其工作单位或者房屋、土地所在地的基层组织应当派人参加。执行员应当将强制执行情况记入笔录，由在场人签名或者盖章。

强制迁出房屋被搬出的财物，由人民法院派人运至指定处所，交给被执行人。被执行人是公民的，也可以交给他的成年家属。因拒绝接收而造成的损失，由被执行人承担。

第二百五十八条 在执行中，需要办理有关财产权证照转移手续的，人民法院可以向有关单位发出协助执行通知书，有关单位必须办理。

第二百五十九条 对判决、裁定和其他法律文书指定的行为，被执行人未按执行通知履行的，人民法院可以强制执行或者委托有关单位或者其他人完成，费用由被执行人承担。

第二百六十条 被执行人未按判决、裁定和其他法律文书指定的期间履行给付金钱义务的，应当加倍支付迟延履行期间的债务利息。被执行人未按判决、裁定和其他法律文书指定的期间履行其他义务的，应当支付迟延履行金。

第二百六十一条 人民法院采取本法第二百四十九条、第二百五十条、第二百五十一条规定的执行措施后，被执行人仍不能偿还债务的，应当继续履行义务。债权人发现被执行人有其他财产的，可以随时请求人民法院执行。

第二百六十二条 被执行人不履行法律文书确定的义务的，人民法院可以对其采取或者通知有关单位协助采取限制出境，在征信系统记录、通过媒体公布不履行义务信息以及法律规定的其他措施。

第二十二章　执行中止和终结

第二百六十三条 有下列情形之一的，人民法院应当裁定中止执行：

（一）申请人表示可以延期执行的；

（二）案外人对执行标的提出确有理由的异议的；

（三）作为一方当事人的公民死亡，需要等待继承人继承权利或者承担义务的；

（四）作为一方当事人的法人或者其他组织终止，尚未确定权利义务承受人的；

（五）人民法院认为应当中止执行的其他情形。

中止的情形消失后，恢复执行。

第二百六十四条 有下列情形之一的，人民法院裁定终结执行：

（一）申请人撤销申请的；

（二）据以执行的法律文书被撤销的；

（三）作为被执行人的公民死亡，无遗产可供执行，又无义务承担人的；

（四）追索赡养费、扶养费、抚养费案件的权利人死亡的；

（五）作为被执行人的公民因生活困难无力偿还借款，无收入来源，又丧失劳动能力的；

（六）人民法院认为应当终结执行的其他情形。

第二百六十五条 中止和终结执行的裁定，送达当事人后立即生效。

9–3 中华人民共和国仲裁法（节选）

（1994年8月31日第八届全国人民代表大会常务委员会第九次会议通过，根据2009年8月27日第十一届全国人民代表大会常务委员会第十次会议《关于修改部分法律的决定》第一次修正，根据2017年9月1日第十二届全国人民代表大会常务委员会第二十九次会议《关于修改〈中华人民共和国法官法〉等八部法律的决定》第二次修正）

第四条 当事人采用仲裁方式解决纠纷，应当双方自愿，达成仲裁协议。没有仲裁协议，一方申请仲裁的，仲裁委员会不予受理。

第五条 当事人达成仲裁协议，一方向人民法院起诉的，人民法院不予受理，但仲裁协议无效的除外。

第六条 仲裁委员会应当由当事人协议选定。

仲裁不实行级别管辖和地域管辖。

第七条 仲裁应当根据事实，符合法律规定，公平合理地解决纠纷。

第八条 仲裁依法独立进行，不受行政机关、社会团体和个人的干涉。

第九条 仲裁实行一裁终局的制度。裁决作出后，当事人就同一纠纷再申请仲裁或者向人民法院起诉的，仲裁委员会或者人民法院不予受理。

裁决被人民法院依法裁定撤销或者不予执行的，当事人就该纠纷可以根据双方重新达成的仲裁协议申请仲裁，也可以向人民法院起诉。

第十六条 仲裁协议包括合同中订立的仲裁条款和以其他书面方式在纠纷发生前或者纠纷发生后达成的请求仲裁的协议。

仲裁协议应当具有下列内容：

（一）请求仲裁的意思表示；

（二）仲裁事项；

（三）选定的仲裁委员会。

第十七条 有下列情形之一的，仲裁协议无效：

（一）约定的仲裁事项超出法律规定的仲裁范围的；

（二）无民事行为能力人或者限制民事行为能力人订立的仲裁协议；

（三）一方采取胁迫手段，迫使对方订立仲裁协议的。

第十八条 仲裁协议对仲裁事项或者仲裁委员会没有约定或者约定不明确的，当事人可以补充协议；达不成补充协议的，仲裁协议无效。

第十九条 仲裁协议独立存在，合同的变更、解除、终止或者无效，不影响仲裁协议的效力。

仲裁庭有权确认合同的效力。

第二十条 当事人对仲裁协议的效力有异议的，可以请求仲裁委员会作出决定或者请求人民法院作出裁定。一方请求仲裁委员会作出决定，另一方请求人民法院作出裁定的，由人民法院裁定。

当事人对仲裁协议的效力有异议，应当在仲裁庭首次开庭前提出。

第二十一条 当事人申请仲裁应当符合下列条件：

（一）有仲裁协议；

（二）有具体的仲裁请求和事实、理由；

（三）属于仲裁委员会的受理范围。

第二十二条 当事人申请仲裁，应当向仲裁委员会递交仲裁协议、仲裁申请书及副本。

第四十九条 当事人申请仲裁后，可以自行和解。达成和解协议的，可以请求仲裁庭根据和解协议作出裁决书，也可以撤回仲裁申请。

第五十条 当事人达成和解协议，撤回仲裁申请后反悔的，可以根据仲裁协议申请仲裁。

第五十一条 仲裁庭在作出裁决前，可以先行调解。当事人自愿调解的，仲裁庭应当调解。调解不成的，应当及时作出裁决。

调解达成协议的，仲裁庭应当制作调解书或者根据协议的结果制作裁决书。调解书与裁决书具有同等法律效力。

第五十二条 调解书应当写明仲裁请求和当事人协议的结果。调解书由仲裁员签名，加盖仲裁委员会印章，送达双方当事人。

调解书经双方当事人签收后，即发生法律效力。

在调解书签收前当事人反悔的，仲裁庭应当及时作出裁决。

第五十七条 裁决书自作出之日起发生法律效力。

第五十九条 当事人申请撤销裁决的，应当自收到裁决书之日起六个月内提出。

第六十条 人民法院应当在受理撤销裁决申请之日起两个月内作出撤销裁决或者驳回申请的裁定。

第六十一条 人民法院受理撤销裁决的申请后，认为可以由仲裁庭重新仲裁的，通知仲裁庭在一定期限内重新仲裁，并裁定中止撤销程序。仲裁庭拒绝重新仲裁的，人民法院应当裁定恢复撤销程序。

第六十二条 当事人应当履行裁决。一方当事人不履行的，另一方当事人可以依照民事诉讼法的有关规定向人民法院申请执行。受申请的人民法院应当执行。

第六十四条 一方当事人申请执行裁决，另一方当事人申请撤销裁决的，人民法院应当裁定中止执行。

人民法院裁定撤销裁决的，应当裁定终结执行。撤销裁决的申请被裁定驳回的，人民法院应当裁定恢复执行。

9-4 中华人民共和国公证法（节选）

（2005 年 8 月 28 日第十届全国人民代表大会常务委员会第十七次会议通过，根据 2015 年 4 月 24 日第十二届全国人民代表大会常务委员会第十四次会议《关于修改〈中华人民共和国义务教育法〉等五部法律的决定》第一次修正，根据 2017 年 9 月 1 日第十二届全国人民代表大会常务委员会第二十九次会议《关于修改〈中华人民共和国法官法〉等八部法律的决定》第二次修正）

第十一条 根据自然人、法人或者其他组织的申请，公证机构办理下列公证事项：

（一）合同；

（二）继承；

（三）委托、声明、赠与、遗嘱；

（四）财产分割；

（五）招标投标、拍卖；

（六）婚姻状况、亲属关系、收养关系；

（七）出生、生存、死亡、身份、经历、学历、学位、职务、职称、有无违法犯罪记录；

（八）公司章程；

（九）保全证据；

（十）文书上的签名、印鉴、日期，文书的副本、影印本与原本相符；

（十一）自然人、法人或者其他组织自愿申请办理的其他公证事项。

法律、行政法规规定应当公证的事项，有关自然人、法人或者其他组织应当向公证机构申请办理公证。

第十二条 根据自然人、法人或者其他组织的申请，公证机构可以办理下列事务：

（一）法律、行政法规规定由公证机构登记的事务；

（二）提存；

（三）保管遗嘱、遗产或者其他与公证事项有关的财产、物品、文书；

（四）代写与公证事项有关的法律事务文书；

（五）提供公证法律咨询。

第十三条 公证机构不得有下列行为：

（一）为不真实、不合法的事项出具公证书；

（二）毁损、篡改公证文书或者公证档案；

（三）以诋毁其他公证机构、公证员或者支付回扣、佣金等不正当手段争揽公证业务；

（四）泄露在执业活动中知悉的国家秘密、商业秘密或者个人隐私；

（五）违反规定的收费标准收取公证费；

（六）法律、法规、国务院司法行政部门规定禁止的其他行为。

第二十五条 自然人、法人或者其他组织申请办理公证，可以向住所地、经常居住地、行为地或者事实发生地的公证机构提出。

申请办理涉及不动产的公证，应当向不动产所在地的公证机构提出；申请办理涉及不动产的委托、声明、赠与、遗嘱的公证，可以适用前款规定。

第三十六条 经公证的民事法律行为、有法律意义的事实和文书，应当作为认定事实的根据，但有相反证据足以推翻该项公证的除外。

第三十七条 对经公证的以给付为内容并载明债务人愿意接受强制执行承诺的债权文书，债务人不履行或者履行不适当的，债权人可以依法向有管辖权的人民法院申请执行。

前款规定的债权文书确有错误的，人民法院裁定不予执行，并将裁定书送达双方当事人和公证机构。

第三十八条 法律、行政法规规定未经公证的事项不具有法律效力的，依照其规定。

第三十九条 当事人、公证事项的利害关系人认为公证书有错误的，可以向出具该公证书的公证机构提出复查。公证书的内容违法或者与事实不符的，公证机构应当撤销该公证书并予以公告，该公证书自始无效；公证书有其他错误的，公证机构应当予以更正。

第四十条 当事人、公证事项的利害关系人对公证书的内容有争议的，可以就该争议向人民法院提起民事诉讼。

9-5 物业管理条例（节选）

（2003 年 6 月 8 日国务院令第 379 号公布，根据 2007 年 8 月 26 日《国务院关于修改〈物业管理条例〉的决定》第一次修订，根据 2016 年 2 月 6 日《国务院关于修改部分行政法规的决定》第二次修订，根据 2018 年 3 月 19 日《国务院关于修改和废止部分行政法规的决定》第三次修订）

第四十四条 物业管理区域内，供水、供电、供气、供热、通信、有线电视等单位应当向最终用户收取有关费用。

物业服务企业接受委托代收前款费用的，不得向业主收取手续费等额外费用。

第四十五条 对物业管理区域内违反有关治安、环保、物业装饰装修和使用等方面法律、法规规定的行为，物业服务企业应当制止，并及时向有关行政管理部门报告。

有关行政管理部门在接到物业服务企业的报告后，应当依法对违法行为予以制止或者依法处理。

第四十六条 物业服务企业应当协助做好物业管理区域内的安全防范工作。发生安全事故时，物业服务企业在采取应急措施的同时，应当及时向有关行政管理部门报告，协助做好救助工作。

物业服务企业雇请保安人员的，应当遵守国家有关规定。保安人员在维护物业管理区域内的公共秩序时，应当履行职责，不得侵害公民的合法权益。

第五十一条 供水、供电、供气、供热、通信、有线电视等单位，应当依法承担物业管理区域内相关管线和设施设备维修、养护的责任。

前款规定的单位因维修、养护等需要，临时占用、挖掘道路、场地的，应当及时恢复原状。

9-6 建设部办公厅关于对《物业管理条例》有关条款理解适用问题的批复

（2003 年 10 月 17 日建设部办公厅发布）

黑龙江省建设厅：

你厅《关于〈物业管理条例〉有关条款解释的请示》（黑建函〔2003〕121 号）收悉。经研究，批复如下：

一、根据我国《立法法》的规定，地方性法规可以作为《物业管理条例》第五十二条[1]规定中“依法承担物业管理区域内相关管线和设施设备的维修、养护责任”的依据。

---

[1] 根据 2018 年修订后的《物业管理条例》，原第五十二条变为第五十一条，特此说明。下同。

二、根据《物业管理条例》第五十二条的规定，物业管理区域内相关管线和设施设备的维修、养护责任的划分，法律法规有规定的，依照其规定；法律法规没有规定的，应当通过合同约定来确定；没有合同或者合同没有约定的，由当事人协商解决；如果供水、供电、供气、供热、通讯、有线电视等供应价格已包含了物业管理区域内相关管线和设施设备的维修、养护费用的，物业管理区域内相关管线和设施设备的维修、养护责任由相应的供应单位承担。

建设部办公厅

2003 年 10 月 17 日